《汉学大系》学术委员会

学术委员会主任

傅　刚

学术委员（以姓氏笔画排序）

卜　键　左东岭　朱青生　刘玉才
刘跃进　汪小洋　周绚隆　赵化成
赵宪章　钟宗宪　党圣元　高建平
常绍民　傅　刚　詹福瑞　魏崇新

《汉学大系》编辑委员会

编辑委员会主任

曹新平

副主任

任　平　徐放鸣　华桂宏　周汝光

编辑委员会（以姓氏笔画排序）

王　健　冯其谱　任　平　朱存明
华桂宏　岑　红　张文德　周汝光
郑元林　赵明奇　徐放鸣　曹新平
黄德志

主编

朱存明

国家社科基金重大招标课题
"《汉学大系》编纂及海外传播研究（14ZDB029）"成果

汉学大系

朱存明 主编

翘袖折腰

汉画舞蹈的深描与重建

刘建 高众 著

文化藝術出版社
Culture and Art Publishing House

图书在版编目（CIP）数据

翘袖折腰：汉画舞蹈的深描与重建/刘建，高众著.—北京：文化艺术出版社，2021.12
（汉学大系/朱存明主编）
ISBN 978-7-5039-7189-1

Ⅰ.①翘… Ⅱ.①刘…②高… Ⅲ.①画像石—舞蹈—研究—中国—汉代 Ⅳ.①K879.424

中国版本图书馆CIP数据核字（2021）第255711号

翘袖折腰

——汉画舞蹈的深描与重建

著　　者	刘建　高众
责任编辑	董良敏
责任校对	董　斌
书籍设计	楚燕平　赵　矗
出版发行	文化藝術出版社
地　　址	北京市东城区东四八条52号　（100700）
网　　址	www.caaph.com
电子邮箱	s@caaph.com
电　　话	（010）84057666（总编室）　84057667（办公室） 84057696—84057699（发行部）
传　　真	（010）84057660（总编室）　84057670（办公室） 84057690（发行部）
经　　销	新华书店
印　　刷	国英印务有限公司
版　　次	2022年3月第1版
印　　次	2022年3月第1次印刷
开　　本	710毫米×1000毫米　1/16
印　　张	30.5
字　　数	430千字
书　　号	ISBN 978-7-5039-7189-1
定　　价	98.00元

版权所有，侵权必究。如有印装错误，随时调换。

《汉学大系》总序

世界总是在不断地变化。历史上，有些文明消失了，有些文明则不断壮大，以至于形成现代世界的格局。进入 21 世纪，世界格局面临一个新的调整，美国人塞缪尔·亨廷顿写了《文明的冲突与世界秩序的重建》，认为不同文明的冲突将导致未来社会的对抗。这个观点值得警惕，也值得研究。做好中国自己的事，勇敢面临挑战是我们面临的任务。

中国文明发展了几千年，历史上曾经有过自己的辉煌，但是清朝后期，由于没有科学民主的现代理念，曾经落后挨打，令多少志士仁人痛心疾首。中华人民共和国成立后，经过一个甲子年的现代发展，中国又迎来了一个快速崛起的历史新时期。

中国文化现代性的发展，一方面要学习国外的先进经验，促进科学技术的发展与社会的进步；另一方面要不断回溯历史，在历史的记忆中寻求民族之根。当今世界的寻根与怀旧实际上都有现实的基础，它是民族凝聚力的根源。在回溯历史的新的阐释中，一个新的历史轴心期即将来临。

我们编纂《汉学大系》丛书就是为了探求中华文化的历史起源、学术源流、基因谱系、思维模式、道德价值等，为实现中华文化的历史复兴奠定基础。

"汉学"，是一个历史的概念，因时间与空间的不同而发生变化。究其变化之因，皆因对"汉"字的理解与运用不同所致。"汉"字既可指汉代，也可指汉族，还可以作为中华民族的代称。"汉文化"可以指两汉文化，也可以指代中国传统文化。所以"汉学"一词在不同的语境中有不同的内涵：可以指两汉的学术文化，可以指清代的汉学流派，也可以指中国及海外关于中国文化的研究。具体来看，汉学研究范围以经学为中心，而衍及小学、音韵、史学、天算、水地、典章制度、金石、校勘、辑佚等，引证取材多集于两汉。"汉学"一词在南宋就已出现，专指两汉时期的学术思想。清朝汉学有复兴之势，江藩著《汉学师承记》，自居为汉学宗传。汉学又称"朴学"，意为朴质之学。"朴学"重考据，推崇汉儒朴实学风，反对宋儒空谈义理。现代"汉学"或称作"中国学"，自20世纪80年代以来或称"海外汉学"，是国外的学者对有关中国方方面面进行研究的一门学科。

梁启超在《清代学术概论》中提出清代汉学的复兴是对当时理学思潮的反动，其学术动力就是来源于复汉学之古；钱穆在《清儒学案》中认为，汉学的兴起是继承与发展传统的结果；侯外庐在《中国思想通史》等著作中认为，清代汉学思想的发展动力是"早期启蒙思想"。

在国外，汉学的经典名称为"汉学"（Sinology），有的称为"中国学"（Chinese Studies）。"汉学"（Sinology）或"中国学"（Chinese Studies）是国外研究中国的学术总称，具有跨学科、跨文化的特征，反映着世界范围内的学术变化及学术发展趋势。

在西方，主要是欧洲，严格意义上的汉学研究已经有四百多年的历史。这一学科的形成，表明了中国文化所具有的世界历史性意义。从汉学发展的历史和研究成果看，其研究对象不仅仅是中国汉民族的历史和文化，更是包括中国少数民族历史和文化的整个中国的学问。由于汉民族是中国的主体，而且汉学最初发轫于汉语言领域，因而学术界一直将汉学的名称沿用下来。汉学只是一个命名方式，丝毫没有轻视中国其他民族的意思。经过几百年的发展，世界汉学已经形成三大地域：美国汉学、欧洲汉学、东亚汉学。

21世纪以来，随着全球一体化的进程，国内外汉学的研究又形成了一个热潮。在新的历史条件下，中国学术界需要发出自己的呼声。海外汉学与中国本土学术进行跨文化对话，才能洞悉中国文化的深层奥秘；中国学人向世界敞开自己，才能进一步激活古老的传统和思想的底蕴。

因此，汉学是继承先秦诸子文化在汉代统一性国家建立基础上形成的中华民族的学术。"汉学"的研究重心是以中华民族统一性的价值观为主体，以汉语言为基础，以汉字为符号载体的文化共同体。汉文化是在融合了不同民族、不同区域文化而形成的一个文化统一体。从人类文明发展史来看，这个文化与西方基督教文化、印度佛教文化、阿拉伯伊斯兰文化有着不同的发展模式与价值体系。"汉学"作为中国传统学术流派的称谓，常常与"国学""经学"相混，也有人赋予"汉学"以新内涵，将国内的中国学研究也称为"汉学"，这可以称之为"新汉学"。汉民族是历史上多民族长期交流融合的结果，历史上形成的汉语、汉字及其独特的汉文化对中国文明以至世界文明都产生了巨大影响。汉学就是对建立在汉语、汉字、汉文化基础之上的中华民族的学术传统的学理性探讨。

中华文化在历史上就对世界产生过影响，中外文化交流一直是世界历史的一部分。16世纪以来，中华文化进一步引起西方的注意，西方汉学研究也随之兴起。西方人对于汉学的研究是基于他们的文化立场的，虽然取得了一些成果，但是也有一些误读。目前，时代赋予了我们新的历史使命，本课题就是基于目前中国的现实需要对中国"汉学"学术内涵进行的基础研究。

由于历史原因，一段时间内中国的汉学在国外得到研究，国内研究反而滞后，国内外有些研究机构把汉学的概念仅仅看成外国人对中国学的研究，这无疑缩小了汉学的视域。西方有些国家从自身战略利益出发，正在通过各种渠道争夺中国的学术资源。今天我们有责任对民族文化进行深入系统的研究，为中华民族的现代复兴打下深厚的话语基础。文化是一个民族生存的基础，保护民族文化基因就是我们面临的一个重要的历史任务。

《汉学大系》的编纂旨在促进汉学的历史回归，既是对汉学内涵的理论建构，也是对汉文化研究成果的学术汇编；既是对"国学"基因谱系的深度描述与重新阐释，也是对国外汉学研究历史的重新定位，更是在新的历史形势下对中国传统文化价值进行的一次新的发掘。

目前中国的发展到了一个历史的转折点，过去我们大量翻译了西方的学术著作，促进了中国对国外的了解，也给新中国的建设奠定了基础。但是长期以来，由于革命的需要，我们对传统文化否定、破坏的多，肯定、继承的少，中国传统学术在西学的影响下逐渐式微。现在中国面临一个新的发展机遇，就像西方的文艺复兴时代回归古希腊罗马文明一样，中国新的历史复兴将在恢复传统文化的基础上，指向科学民主繁荣昌盛的未来。

《汉学大系》是汉文化的学术成果的集约创新，既是对"汉学"内容的研究，又是对"汉学"内容的确定。既有深入的学术探讨，又有普泛性的知识体系；既有现代性的学科划分与学术视野，又有现代性的学术理念与学术规范。编者希冀恢复汉代经学的原典传统，并对经典进行现代性的阐释，从经学原著中深入挖掘对现代社会普遍有效的思想资源，明确中国汉学的智慧传统，为中国文化的复兴寻找历史的深度。以汉代汉学为正统，以清代朴学与海外汉学为两翼，深入探讨汉文化之源。

丛书对汉学的内涵进行发掘、整理、探讨。力求做到汉学历史的考据与研究同步进行，经典阐释与主题研究并重，历史的考据与新出土文物的互证，古典文献与出土简牍对读。以汉代的现实生活与原典为基础，兼及汉代以后的发展，参以国外汉学的不同阐释，通过比较来探讨汉学的真正内涵，寻求中华文化的话语模式，进而形成自己的话语权。发掘中国的智慧，促进新观念的变革，促进社会进步，实现大同世界的美梦。

朱存明

2014 年 7 月 8 日

目 录

001 前　言

上篇
汉画舞蹈与中国古典舞

003 **第一章**
汉家天下四百年与中国古典舞的一种元模式
003 　　第一节　汉家舞蹈
020 　　第二节　元模式及其焦点
032 　　第三节　汉画舞蹈的重建

052 **第二章**
汉画舞蹈
052 　　第一节　处身的世界
075 　　第二节　作为艺术舞蹈的舞种
107 　　第三节　性质与功能
140 　　第四节　分门别类

177 第三章
从汉画舞蹈到中国古典舞

177　第一节　从汉画舞蹈到汉代舞蹈
192　第二节　从汉族舞蹈到汉民族舞蹈
206　第三节　从中华民族大传统舞蹈到中国古典舞

222 第四章
从中国古典舞到汉画舞蹈

222　第一节　"创造"的终结与"重建"的开始
237　第二节　以"左图右书"为基础
254　第三节　身体历史的延迟表达

下篇
一粒沙子看世界

273 第五章
从羽人舞说开

273　第一节　亦鸟亦人舞出格
297　第二节　亦仙亦神通天地
305　第三节　跨越生死的前提

315 第六章
手舞足蹈

315　第一节　名正则言顺
324　第二节　身体言说
332　第三节　在仪式与表演之间

351　第七章
　　　舞动三界
351　　第一节　人界的活泼灵动
365　　第二节　仙界的肃穆超然
380　　第三节　天界的高远恣肆

399　第八章
　　　深描基础上的重建
399　　第一节　高棉古典舞范例
412　　第二节　从在场到不在场到重新在场
438　　第三节　中国古典舞建设的一条路径

467　结语：走向经典
472　后　记

前　言

　　这是一本颇为复杂的书："汉画"是静的，"舞蹈"是动的；"深描"贴近学术，"重建"贴近艺术；此外，它们还和缠夹不清的"中国古典舞"连线，所以更显错综复杂。换个说法，这本书意在用学术文字深描汉画舞蹈，但其图解的目的不是发怀古之幽思，而是力图去重建——重建中国大传统身体文化与审美的一种元模式，以让当下的中国古典舞在"我们是谁？我们从哪里来？我们向哪里去"这一年多的迷思中多一条探索路径。

　　在哲学地思考教育学的问题上，康德曾提出"怀疑""探究""实践""理念""禀赋""自由"6个相互独立又相互关联的关键词。这些"不掺任何感性事物"的形而上学的术语[1]，或许是我们思考上述问题的节点。

　　作为20世纪80年代落脚北京舞蹈学院的舞蹈教育者来讲，刚踏进这座"舞蹈家摇篮"时，一切都是阳光灿烂，须仰视方可见。但慢慢地，"怀疑"破土而出：芭蕾舞为什么是中国"舞蹈王冠上的明珠"，并且跳的不是"君王的舞蹈"？现代舞缘起于"上帝死了"之后，但中国现代舞为什么不能有更多的对于现代中国的身体反思？中国职业化民间舞的体量世界第一，为什么它的母亲——乡土民间舞却面临着"人亡艺绝"？[2] 世界各国

---

[1] 参见陈家琪《哲学地思考教育学问题》，《读书》2019年第6期。
[2] 参见刘建、赵铁春《身份、模态与话语——当代中国民间舞反思》，民族出版社2015年版。

都以古典舞为"国舞",为什么中国古典舞不能与印度、韩国、印度尼西亚、柬埔寨等20世纪中期独立的国家重建的古典舞同场交流?……这些怀疑其实不仅仅是个人性的,中国老百姓不知其中的所以然,于是用自发的数亿人的广场舞无意识地对抗"摇篮"里摇出来的主流舞蹈;至于外国人,可以用一位多年出入于北京舞蹈学院的英国舞蹈学者的话来概括:"请你们给世界一个解释。"怀疑就是提问题,是人的基本意识之一,它直接引发同意或拒绝,继而开始行动,有点儿"悲而后有学,愤而后有学,无可奈何而后有学,救亡图存而后有学"(欧阳竟无)的意味。如果我们总是满足于"存在即合理",就无法追问到"合乎理性的存在"。

"探究"是"怀疑"的接续,是中国古人"传道、授业"过程中的"解惑"。芭蕾舞是西方的舞蹈艺术,道深似海;现代舞是直面现实的,八面迎风;民间舞是乡土的,自应由大地母亲滋养;唯中国古典舞,本是"学院派舞蹈"的近义词,是代表国家和民族的,其荣辱事关国舞存亡,但如今却不能参加"世界杯",这是不容回避的问题。2020年,由国家社科基金支持的《在世界坐标与多元方法中——中国古典舞界说》[①]出版,它在分析了当代中国古典舞创建的历程之后,剥离出其四种存在方式——"垂直传承""重建复现""综合创造"和"重构创新",并且挑明"重建复现"是国舞自立并与世界接轨的转折点。于此之中,图像乐舞重建复现中的"重建"又在断代、断面、断点的聚焦中给予国舞以丰富多彩的关注点,"汉家天下四百年"的汉画舞蹈只是其一。饭要一口一口地吃,探究问题也应该安其位,遂其生,"将趣味集中,务成就其一"(梁启超)。只有当一个又一个"隐藏文本"逐渐加入目前单一的"公开文本"(斯科特)时,我们的国舞才会听见蛙鸣。

作为艺术学的一个门类,舞蹈学中的中国古典舞学科建设属于传统舞蹈中的大传统舞蹈,其"实践"应该是学术的"冷知识系统"和艺术的"热

---

① 刘建:《在世界坐标与多元方法中——中国古典舞界说》,民族出版社2020年版。

知识系统"的融合。但现实则不然——冷知识系统常常独立寒秋或信口开河；热知识系统则是闭关自守地划定一个身份群体，非诚勿扰，我行我素，开绷直立，跳转翻滚，即便起"好古"之心，对中国古典文学的青睐也远甚于中国古代舞蹈史，满台孔子、杜甫、李清照和纳兰性德的手舞足蹈取代了"西施《响屐舞》"、"赵飞燕《掌上舞》"、《霓裳羽衣舞》和《十六天魔舞》。至于镌刻在历史纪念碑上的遍及华夏的汉画舞蹈，更多情况下也是被视而不见，对其实践嗤之以鼻——尽管它还是北京舞蹈学院院徽的标识。但不管愿不愿意去看、去做，汉画舞蹈已经以实践形态闯进了中国古典舞的殿堂，粗粝、幼弱，却立场坚定，热情深切，宣示了一种自主方式，在中国古典舞建设实践的一个原点走出了狭隘身份群体把持的迷局。这样，在探究的焦点确立之后，学术研究与艺术实践并行的操作方式就成为今天中国古典舞建设必须确立的理念。

"理念"属于知性，即康德的"实践理性"或者当代学者提出的"实践理论"（西奥多·夏兹金），后者更强调实践活动。它是主导人类思维和实践活动的知识和能力，是实践活动的某种理论预设或行动策略。佛陀曾把人类罪恶归之于愚昧无知，即人的实践缺乏知性。像敦煌壁画中的舞蹈一样，汉画舞蹈图像为我们提供了历史的视觉直观，你可以说它们是静止不动的，但却不能否认它们中的多数是古代在场的舞蹈，有大量的文献予以佐证。可以说，这些"左图右书"在哪里，哪里就应该是中国古典舞实践理论的操作中心。这个中心周围还需要人文科学、社会科学和自然科学中多项学科拱卫，如从舞蹈身体语言学到"汉唐古典舞"中的"斜塔"与"半月"的训练。理念不是什么"主义"，会面临着不断丰富与完善，特别是像汉画舞蹈重建这样的实践理论薄弱者。可以这样讲，汉画舞蹈的实践理论建立，需要立场、观念、方法，更需要材料、身体实验，将二维空间的身体描述转向四维空间的身体表达，让身体的内在性与外在性结构成一个整体，投身于当下，经世致用。李白《嘲鲁儒》云："鲁叟谈五经，白发死章句。问以经济策，茫如坠烟雾。"更有甚者如李贺诗："寻章摘句老雕虫，晓月当帘挂玉弓。不见年年辽海上,文章何处哭秋风。"面对中国古典舞的现状,高高在上的学术应该尽快向"实践理性"或"实践理论"靠拢;不然,所谓学术只能是纸上谈兵。

学术研究也好,艺术实践也好,它们最初都是来自个人的兴趣爱好。如此,个体的"禀赋"就要被承认。也是在此意义上,我们才说学术和艺术各自都不是万能的,能够成为经典的舞蹈一定是多种禀赋的联手创造。禀赋是个人的体魄、智力等方面的素质的合成,在由多模态话语媒介系统构成的舞蹈中,其作用尤为鲜明:有人天生会跳舞,有人天生好沉思;有人会编舞,有人编舞之外还会作词作曲、破解古乐谱,如孙颖先生和刘凤学先生,但他们自己不表演。在没有天才的背景下,汉画舞蹈的重建需要多种禀赋的建设者共同参与。这正像高金荣老师的敦煌古典舞教学曾得益于敦煌歌舞剧院《丝路花雨》的创作与表演,而《丝路花雨》的创作与表演则得益于常任侠、董锡久等舞蹈史专家多年默默耕耘的铺垫。

最后我们谈"自由"。它是敢于怀疑、勇于探索、大胆实践、保持理念、发挥禀赋的基础。无此,前四者均是妄谈。所以古今中外的教育家都认定大学主要培养的是"自由之精神"。从主体来讲,人之大脑的"空穴"就是为自由所准备的,所以布农维尔天马行空地奠定了古典芭蕾的丹麦学派;孙颖先生和刘凤学先生"汉唐古典舞"和"唐乐舞"也是自由追求的结果,可惜他们后面没有"皇家"的支持体系。从客体来讲,舞蹈对象和对对象的研究是多元的,因而它们必然带来多元的自由选择,诸如中国图像乐舞自西向东重建的"古格王朝壁画乐舞""龟兹石窟乐舞""敦煌石窟乐舞""唐墓葬壁画乐舞""响堂山石窟乐舞""云冈石窟乐舞"及"汉画乐舞"等,它们都是在民族复兴背景下中国古典舞踪迹的自由显露,聚在一起,一定是五彩缤纷的。

本书的书写,最初基于对当代创建的中国古典舞的怀疑。而后,在寻求解决路径时,尝试着以汉画舞蹈的深描与重建构成一种探究方法。于此之中,依靠理念从事实践,保持冷热知识系统的合一,使历史化为身体认知,再化为身体行为和身体艺术。这不仅需要有各类禀赋的参与者形成集团冲击力,而且需要他们身处自由状态,如人类学的情怀和语言学的精微、考古学的严肃与舞蹈学的身体经验……当然,所有的自由状态都是围绕一个中心,向着一个目标——让汉画舞蹈"活起来"。在这一过程中,没有"老大",没有"中心",借用音乐考古与复原的前辈张振涛的话来讲:"我们来到这个世界上时,这些乐器就存在了;我们离开这个世界时,这些乐器还要流传下去。如何让一个学术集体成为中心,根本不用忧虑,这批乐器在哪里,哪里就是中心!器物尚在,影迹犹存,它们终将会以意想不到的方式,重新涅槃。"

全书分为两篇。上篇"汉画舞蹈与中国古典舞",从"怀疑"开始进行"探究",在汉画舞蹈的元模式中寻找到一个焦点;而后,对焦点的汉画舞蹈进行深描;再而后,从焦点的微观层面向宏观层面的中国古典舞逐渐扩展;再从宏观层面向微观层面的汉画舞蹈开掘,"自由"地行走在"实践"与"理念"之中。这其中的第二章"汉画舞蹈"承上启下,是全书的重心。下篇"一粒沙子看世界",用第五、六、七章解剖了汉画舞蹈的一只"麻雀"——羽人舞。羽人舞非常不起眼,但又满目皆是,选择它来解剖的微言大义是想表明:羽人舞尚可重建,汉画鼓舞、袖舞、巾舞等更有前景,是所谓微观史的案例都具有"特殊的正常性"(金斯堡)。第八章跳脱出羽人舞,以后来居上且已成为世界非遗项目的高棉古典舞为范例,将汉画舞蹈延展至整个中国图像舞蹈,指出中国古典舞可以按照"左图右书"进行建设的一条路径,并由此使自己羽翼丰满。

诚然,由于"禀赋"所限,这本错杂之书无论在理念上还是在实践上,都是捉襟见肘,望各位专家及朋友斧正,最终为"国舞"复兴而努力。

作者
2019年7月26日于北京舞蹈学院

上篇 汉画舞蹈与中国古典舞

第一章
汉家天下四百年与中国古典舞的一种元模式

第一节 汉家舞蹈

一、历史时间的考量

在今天的中国古代舞蹈史研究中，有"先秦舞蹈定型说""唐代舞蹈高峰说""宋代舞蹈成熟说""清代戏曲舞蹈集大成说"云云。汉代舞蹈虽然不能落下，却常常是虚位以待的状况，或以"秦汉"相称，或与"魏晋南北朝"共在，难见独立价值判断的断代史。倒是后来依据"左图右书"中"图"的汉代舞蹈专论，弥补了史的不足。[①]

中国舞蹈史的前辈常任侠先生认为："秦汉时代的舞蹈，是中国古代舞蹈艺术孕育成长的第一个阶段，经过南北朝的酝酿，多方吸收，并且从中亚的各民族舞中汲取营养，增加了新的成分，到隋唐时代的再度统一，于

---

① 参见萧亢达《汉代乐舞百戏艺术研究》，文物出版社1991年版，2010年版；季伟主编《汉代乐舞百戏概论》，中国文联出版社2009年版；孙颖主编《中国汉代舞蹈概论》，中国文联出版社2010年版；杜鹃《汉代乐舞研究》，现代教育出版社2014年版；顾颖《汉画像艺术概论》，文化艺术出版社2017年版。

是发展成熟，奠定了中国古典舞蹈的深厚基础。"[①]这里的"秦汉"是放在一起的，属于"孕育"阶段，"成熟"阶段在隋唐。此后，又有学者以为，以"队舞"为代表的宋代舞蹈"标志着中国古代舞蹈进入了高度规范化的阶段，标志着舞蹈形式的充分成熟与定型"，"成为中国古代宫廷舞蹈形式的总结和终结，以及戏曲舞蹈的铺路者"。[②]当然，也有把汉代舞蹈视为高峰的，像徐小蛮先生的《舞蹈艺术》所言："我国舞蹈艺术从远古以来，经过不断发展，到了汉代形成封建社会舞蹈史上第一个高峰。当时舞蹈的名目已经很多，根据史书记载有武德舞、文始舞、王行舞、昭德舞、盛德舞、四时舞、云翘舞、育命舞等。尤其在汉武帝时开辟了国际文化交流史上有名的丝绸之路，促进了各民族和中外之间的交流，为我国乐舞艺术的发展增添了新的活力。同时封建帝王为了维护和加强他们的统治，满足封建统治阶级的享乐和对外文化交流的需要，还建立了专门的乐舞机构，培养了大批的专业歌舞艺人，客观上大大推进了我国古代舞蹈的发展。"[③]但细观这些乐舞名、乐舞机构和中外交流，未能见出"高峰"中直观的建鼓舞、长袖舞等干货，还是有些虚。

出于这种史学的行动策略，当代中国古典舞的建设要么从眼前的京昆戏曲开始，要么从五彩的敦煌唐窟壁画开始（"敦煌古典舞"），即便眼光落在了汉代，也是以"汉唐古典舞"复合名词称之（实为"中国古典舞"的别称）。

中国古典舞是中国古代大传统舞蹈文化中以作品形态构成的经典系列，前后左右时间长、跨度大，为多元一体的中国大传统身体文化与审美的表征。今天，在民族复兴的背景下，民族舞蹈的复兴也被提到日程上来，其代表当是中国古典舞。于此之中，作为承上启下的中转深水港，对汉家舞蹈四百年或许应该另眼相看了。无论如何，今天被公认的汉唐古典舞的立身之作《踏歌》是脱不开"汉家舞蹈"核心力量的，从"左图"的舞

---

① 常任侠：《中国舞蹈史话》，上海文艺出版社1983年版，第20页。
② 袁禾：《中国舞蹈》，上海外语教育出版社1999年版，第205、212页。
③ 徐小蛮：《舞蹈艺术》，上海三联书店1991年版，第6页。

姿到"右书"的舞义来看都是如此。《西京杂记》载:"十月十五日,共入灵女庙,以豚黍乐神,吹笛击筑,歌《上灵》之曲。既而相与连臂,踏地为节,歌《赤凤凰来》。"①

按历史时间的草蛇灰线推导,清代京剧被"老佛爷"认可后渐成国粹,梅兰芳更是将其中"唱念做打舞"的舞蹈发展到极致。携梅兰芳成此奇迹的齐如山先生独具慧眼,洞悉其舞姿缘于前朝各代,直至先秦两汉。所以徐小蛮先生坚持认为"中国戏曲的产生多源于古舞,中国戏曲是中国舞的延伸"②。也就是说,古舞是源,戏曲是别一艺术门类、吸纳古舞的流,要做古舞当去寻源,比如京剧旦角的水袖。比京昆戏曲更早的是"宋元南戏活化石"的梨园戏、莆仙戏③,其"姜尊手""蝶步""人形偶态"和"扫地裙"被台湾的陈美娥女士化为"梨园舞"(又称"汉唐乐府")表演,其中古典女性的文质彬彬源自汉代首倡的"废黜百家,独尊儒术"。所以,汉代女性温柔敦厚的舞姿还是主流形态之一,像同样"人形偶态"着"扫地裙"的西汉曲裾女舞俑(图1-1),其舞姿和梅兰芳先生的"羞式"长袖舞姿一脉相承,只是后者更加封闭。(图1-2)

明代审美取"以瘦为美"的"杨柳腰"标准。明遗民张岱出身仕宦,早岁生活优裕,久居杭州。他在《扬州瘦马》中对富人如何挑选佳人"瘦马"做过描述。蓄养"瘦马"之风始于元代,江南第一佳人珠帘秀即"扬州瘦马"。佳人如此,舞人亦然。仇英《汉宫春晓图》中有翩翩起舞的女子④,清瘦飘逸,舞袖环身。(图1-3)万事有头,舞人取瘦之源头在"楚王好细腰"(汉代谚语),到汉代时定于一尊,凡舞伎,莫不如"瘦马"。(图1-4)舞女"杨柳腰"的身形之外,长裙窄袖双人舞在汉画舞蹈中也有表现。

---

① (晋)葛洪撰,周天游校注:《西京杂记》,三秦出版社2006年版,第146页。
② 徐小蛮:《舞蹈艺术》,上海三联书店1991年版,第77页。
③ 参见林男《重拾莆仙戏旦角动作语言的价值》,《当代舞蹈艺术研究》2018年第4期。
④ 陈美娥的"梨园舞"跳的当是宋元形态,却用了"汉唐乐府";仇英画的是明代跳舞女子,也是用了《汉宫春晓图》之名,用汉代王昭君绘制明代"美人图";在清代乾隆皇帝眼中,《汉宫春晓图》甚至成为绘画楷模……可见"汉"之穿透力。

图1-1 徐州博物馆藏汉代曲裾施礼舞俑

图1-2 梅兰芳"羞式"长袖舞姿(梅兰芳纪念馆提供)

图1-3 明仇英《汉宫春晓图》局部

图1-4 北京大堡台出土西汉玉佩舞人

元代为蒙古人统治,除了自身大传统的歌舞之外,蒙古贵族亦好汉族歌舞。元大都(今北京)每年农历二月十五都举行"游皇城"仪式,游行队伍达千人以上。计有:"教坊司云和署掌大乐鼓、板杖鼓、筚篥、龙笛、琵琶、筝、纂七色,凡四百人。兴和署掌妓女杂办队戏一百五十人,祥和署掌杂把戏男女一百五十人,仪凤司掌汉人、回回、河西三色细乐,每色各三队,凡三百二十四人。"①(《元史·祭祀六》)元朝皇帝每年都去上都避暑,随行队伍中就有仪凤司和教坊司的乐工和优人。皇帝抵达上都后,"前有教坊舞女引导,且歌且舞,舞出'天下太平'字样,至玉阶乃止"(元杨允孚《滦京杂咏》)。所谓"玉阶",即元上都大安阁汉白玉踏道。汉白玉踏道前的教坊舞女要进行审美选择,选择的标准是"环肥燕瘦"的后者。英国维多利亚和阿尔伯特博物馆藏有一件元青花《西厢记·拷红》梅瓶,图中描绘红娘送莺莺到张生书房幽会,不料被崔夫人发现,唤来红娘进行拷问。所绘红娘,人比黄花瘦,也是以汉白玉踏道上的汉代审美为标准,其服饰也是由汉代女子服饰而来。

两宋之际,理学兴盛,文化格局窄而精致,对此比老杜"会当凌绝顶,一览众山小"(《望岳》),苏轼"君看道旁石,尽是补天余"(《儋耳山》)可见出基调。在大传统舞蹈上,也是儒舞为先,收缩防守,其影响力一直辐射到朝鲜王朝,其时的"丁亥进馔图屏"刻画着许多唐乐呈才的舞图,像《莲花台》(图1-5),明摆着与宋代《柘枝队舞》相关,亦是温柔敦厚,所舞套袖中的螺袖则是变化的汉代女子套袖舞(图1-6),哪怕它染上了佛

图1-5 韩国《莲花台》螺袖舞线描图(金英淑提供)

―――――――――
① (明)宋濂等:《元史·祭祀六》,中华书局1976年版,第1926页。

图1-6 四川什邡出土的东汉"螺袖双人舞图"

教礼仪元素。① 又像韩国的祭孔乐舞,也是今日中国舞蹈界大力复原的热门,但它终究韩国化了,我们要做的只能是走自己的路。所以这样讲,是因为以"六代乐"舞拜祭孔子是从东汉章帝时(85)发轫的,汉代的舞蹈史料会留下些蛛丝马迹,这在舞蹈身体语言学中属于"语言树"和"语言波"的问题。②

唐代以诗著称,杜甫"纯儒",李白是道教徒,王维信佛,这都是诗背后形而上的动力,而儒释道均在汉代立足。唐代舞蹈在诗歌的通觉和敦煌壁画的视觉中比《舞赋》和汉画砖石的舞蹈漂亮得多。白居易描写过唐代宫廷燕乐大曲《霓裳羽衣舞》:"案前舞者颜如玉,不著人间俗衣服……飘然转旋回雪轻,嫣然纵送游龙惊。"到了敦煌壁画中,《霓裳羽衣舞》就化成回雪游龙的"山水飞天"(图1-7),亦佛亦道。道教和道教之舞是在汉代安身立命的:盘鼓舞把日月星辰放在丹庭内,"斜曳裙时云欲生";而"身生羽"之羽人舞也是一种"霓裳羽衣"的原型。不仅如此,羽人还从人界飞到天界,以东来的"飞天前的飞天"与敦煌飞天系列中的"羽人"(图

---

① 参见[韩]金英淑《仪轨和图屏的呈才——以丁亥〈进馔仪轨〉为例》、[韩]沈淑庆《韩国唐乐呈才〈莲花台〉与中国〈柘枝舞〉的相关性》、[韩]宋惠真《〈乐学轨范〉中〈鹤·莲花台·处容舞合设〉体现的佛教礼仪元素》,《当代舞蹈艺术研究》2018年第4期。
② 参见张素琴、刘建《舞蹈身体语言学》,首都师范大学出版社2013年版,第21、24页。

图1-7 敦煌榆林窟第25窟唐"山林飞天图"

图1-8 敦煌莫高窟第249窟西魏"天界羽人舞图"

1-8)"飞仙"或"天女"勾连。另外,现在日本宫内厅乐部表演的雅乐《迦陵频》舞①,是敦煌壁画上迦陵频鸟舞的迁居,而敦煌的迦陵频鸟舞又是在汉代羽人舞之后。羽人又被称作"仙人",专家们或以为是西域"西来",或以为是东夷"东来";其实,按"英雄所见略同"之说,中原地区同样可以产生"带翼天使",这在汉画中上天入地的羽人舞中随处可见,且比飞天更具可舞性。

按历史时间倒推到汉家天下之后,我们再由先秦往两汉顺推。"长袖善舞",历史久远。公元前11世纪的西周建立雅乐舞体系时,就用袖舞教育"国子"(贵族子弟),其《六小舞》之一的《人舞》张弛有致。到了汉代,这种袖舞便被定型,彬彬有礼。(图1-9)春秋战国时期,天下纷争,袖舞得到发展,战国铜

图1-9 郑州黄淮艺术馆藏汉代直裾施礼舞俑

---

① [日]三田德明:《从日本雅乐看林邑乐舞乐和越南占族舞蹈》,《当代舞蹈艺术研究》2019年第1期。

| 第一章 汉家天下四百年与中国古典舞的一种元模式 | 009 |

图1-10　山东博物馆藏"翘袖折腰男女双人舞图"

器上有了窄袖(筒袖)舞,常舞于桑间陌上,男女皆宜,摇曳多姿。到了汉代,与长袖、广袖、垂胡袖以及复杂的套袖舞相继发展定型相伴,窄袖也变化成熟。今天,汉唐古典舞代表作《踏歌》的舞服即从中演化而来。汉代袖舞不仅在构型上臻于完善,而且在舞姿上也大放异彩,如有名的"翘袖折腰"袖技便在其中,而且有男女双人舞形式。(图1-10)从此,这些袖舞纵横延伸,成为中国乃至东亚古典舞的标识之一。

春秋时期建鼓舞已成型,湖北随县曾侯乙墓出土的战国漆绘鸳鸯盒上,两个头饰羽的拟鸟兽舞人,一人执槌击鼓,一人佩剑扬窄袖起舞,其建鼓鼓形矮小,基座似蛇,应为作法巫舞。(图1-11)到了汉代,建鼓舞定为正宗,从鼓形、鼓人到鼓技丰富多彩,各成系列,包括汉人马上建鼓舞和胡人骆驼上的建鼓舞(图1-12),蔚为大观。汉代是汉民族意识开始形成的时代,先秦典籍有"内诸夏而外夷狄"(《公羊传·成公十五年》)之说,这里"诸夏"和"夷狄"代表了先人对民族问题的看法。之后华夏族从黄河流域滥觞,经过长年疆域拓展、战争、怀柔、同化、兼并与融合,逐渐形成了现代意义上的中国和中华民族,当初的"夷狄"在汉代就包括了大量的"胡""胡文化"和"胡舞"。

汉武帝时期,同西域的和亲政策促进了中原和西域乐舞交流。据《汉书·西域传》载,为了确保中原与西域边境的和谐稳定,元封年间,汉武帝曾赐婚江都王刘建的女儿刘细君,以公主的身份远嫁匈奴西边的乌孙国

图1-11 湖北曾侯乙墓出土战国漆绘"建鼓舞图"

图1-12 四川新都出土东汉画像砖"胡人骆驼建鼓舞图"

王昆莫。公主死后，汉武帝又封楚王刘戊的孙女刘解忧为公主嫁给乌孙王，同时举行了盛大的歌舞表演。后来，解忧公主的女儿回汉朝学习古琴，在学成返回乌孙的路上，经过龟兹（今新疆库车）时被龟兹王留下，并向解忧公主的女儿求婚，得到解忧公主的同意。宣帝元康年间，解忧公主的女儿同龟兹王到天朝朝贺汉宣帝，号称汉朝公主，宣帝赐官印和绶带，并赐"车骑旗鼓，歌吹数十人"[①]。车骑建鼓应当在"车骑旗鼓"中。又《史记·匈奴列传》里说："唐虞以上有山戎、猃狁、荤粥，居于北蛮，随畜牧而转移。其畜之所多则马、牛、羊。其奇畜则橐驼（即骆驼）……"[②] 骆驼上架起建鼓，就又有了骆驼建鼓舞。东汉灵帝时期（168—189），在西域与中原频繁交往中，西北各族独具风格的生活用品和乐舞文化在中原盛行一时。《后汉书·五行志》载："灵帝好胡服、胡帐、胡床、胡坐、胡饭、胡空侯、胡笛、胡舞，京都贵戚皆竞为之。"[③] 由此，大批胡人成为汉地职业乐师和舞者，有了独具风格的建鼓舞，使建鼓舞成为中华民族乐舞的一种标识。

汉代建鼓舞一直延续到清代，北京故宫和天坛神乐署中均有复制的建鼓，华盖取代了羽葆。（图1-13）建鼓舞还横向地在韩国（图1-14）和日

---

① （汉）班固撰，（唐）颜师古注：《汉书·西域传》，中华书局1962年版，第3916页。
② （汉）司马迁：《史记》，中华书局1982年版，第265—266页。
③ （南朝宋）范晔撰，（唐）李贤等注：《后汉书》，中华书局1965年版，第3272页。

图 1-13　天坛神乐署清代建鼓　　　图 1-14　韩国建鼓

本安家落户，以原生文明的姿态向次生文明拓展，一直延续到今天：

> 日本"太鼓"，韩国"建鼓"，图漆满体，通身华丽，底座繁复，羽葆庄严，不禁让享有原创权的中国人生出"且宜如此之丽"的感叹。中国业已失去的"华服"，"邦亲"依然壮丽！敲来敲去、槌来槌去的蓬蓬鼓膛，在异邦大礼上，依然承载皇室重托。古人把鼓称为"金鼓""画鼓""警鼓""社鼓"，寄予重托，"喧天画鼓要他听"（辛弃疾《西江月·人道偏宜歌舞》）。容不得素颜，容不得俯视，容不得委屈。

韩国建鼓与宋代陈旸《乐书》图录一模一样，说明宋代送给朝鲜官廷的一套乐器，一仍其旧。天坛"神乐署"与故宫复制的建鼓，均以清代的《皇朝礼器图式》《律吕正义续编》为底本。而在日本和韩国，还是中国老式样，让人怀疑是否健在的建鼓——一眼望去没有被缺失透视感的古代绘画碾压变形的式样——在异国他乡，依然腰杆挺壮……

2001 年和 2003 年，联合国教科文组织批准的"人类非物质文化遗产代表作名录"项目中，"雅乐"由韩国和越南申报，而雅乐指挥,就是建鼓。①

作为建鼓舞上下2000年过渡的代表,故宫博物院藏《洛神赋图》中的建鼓舞是一个典型代表。(图1-15)按照"左图右书"中书之所载,洛神当从《楚辞》中承接而来,到了曹子建笔下定型。按照图之所示,战国时期的

图1-15 故宫博物院藏《洛神赋图》局部

建鼓舞业已成型,从巫之鼓舞发展到成熟的乐悬。到了汉代,建鼓舞已成大观。②学者们考证,《洛神赋图》本是晋代顾恺之所作,故宫博物院所藏是宋代人所为。这样,其中的建鼓舞就不知不觉地跨越了魏晋南北朝和唐代而到达两宋。细观图中"冯夷鸣鼓,女娲清歌"画面,建鼓构型精致,一䌽鼓缚于侧,属于复合构型,表演形式为男子执桴击鼓独舞,其在汉画建鼓舞中亦有之;伴鼓声而清歌的女娲广袖长裙,飘带飞舞,将巾、袖舞合于一身,"飘飘兮若流风之回雪"……

从青铜时代开始,诸如窄袖舞、建鼓舞就诞生在中华大地上,延至汉代长大成人,"承载皇室重托",呈树状、波状地按照线性历史繁衍后代,用实物建构和书写了中国舞蹈史中的汉代舞蹈断代史。这一断代史还应该用身体将其重建,就像梅兰芳先生承载了"同光十三绝"一样。

二、文化空间的确认

汉家天下400年连接起了上下4000年,见出悠久;"天下"是空间维

---

① 张振涛:《一鼓立中国》,《读书》2019年第8期。
② 详见第二章第四节"分门别类"中的汉画建鼓舞。

度，显示出一种文化力。汉帝国是中国历史上第一个具有世界影响力的大帝国，与西方的罗马帝国、中亚的贵霜帝国、西亚的安息帝国并称"世界四大帝国"。与同时期的罗马帝国相比，汉帝国的疆域是其两倍之多，见出汉家天下之广，故汉家舞蹈的覆盖面也极其辽阔，是谓"夷狄而中国，则中国之"。

向东，汉武帝灭朝鲜，以高句丽为县，赐鼓吹伎人。朝鲜"其民喜歌舞，国中邑落，暮夜男女群聚，相就歌戏"（《三国志·魏书》）。这些歌舞歌戏中，经常运用各种各样的鼓，至今依然，其中就有汉代建鼓及其变形样式，像今天已成为舞台上礼仪性的《三鼓舞》。

向西，据葛洪《西京杂记》记载：刘邦宠伎戚夫人的侍女贾佩兰出宫后，向人叙述宫中刘邦和戚夫人歌舞游乐情形："至七月七日，临百子池，作于阗乐。"于阗位于今新疆和田县，属西域地区，图1-12中的骆驼建鼓舞应该游走于此：驼峰之间置矮鼓，羽葆上垂铜铃，鼓舞者高鼻深目，广袖汉服加身，跽坐打鼓，桴藏套袖中，别具一格。

向南，《巴渝舞》是汉高祖刘邦做汉王时从巴蜀地区带回中原的。《史记·司马相如列传》郭璞集解："巴西阆中有俞水，獠人居其上，皆刚勇好舞，汉高募取以平三秦。后使乐府习之，因名巴俞舞也。"[①]又《后汉书·南蛮西南夷列传》："阆中有渝水，其人多居水左右。天性劲勇，初为汉前锋，数陷陈。俗喜歌舞，高祖观之，曰：'此武王伐纣之歌也。'乃命乐人习之，所谓《巴渝舞》也。遂世世服从。"[②]汉人尚武，汉画舞蹈中有兵器舞一类，与鼓舞、袖舞、巾舞等平行（按形象划分，又可称武士舞，与俳优、羽人等平行），时有乐器伴奏。南阳汉画馆藏有"武士图"（见图2-30），中间武士戴甲佩剑，赤手与挥钺舞剑者相搏；画间饰有蝎与壁虎、龙与朱雀，借以助威，大有巴渝舞风。

---

① （汉）司马迁：《史记》，中华书局1982年版，第3039页。
② （南朝宋）范晔撰，（唐）李贤等注：《后汉书》，中华书局1965年版，第2842页。

图1-16　徐州汉画像石艺术馆藏"建鼓舞·长袖舞图"及局部

向北，有《汉书·叙传》云："始皇之末，班壹避地于楼烦……当孝惠、高后时，以财雄边，出入弋猎，旌旗鼓吹。"[①] 楼烦是一个古代部落名，曾活动于今内蒙古一带。鼓吹曲有可能就源自楼烦，而最早接受这种音乐的可能就是秦末避难北方大漠的中原人班壹，这种打猎时用的鼓吹曲雄壮而富有节奏，所以西汉初年传入汉朝后主要用作军歌。萧涤非先生认为，汉代乐府声调主要由三部分构成，即楚声、秦声和新声，楚声和秦声为汉朝腹地原本所有，所谓新声即新近传入的北狄西域之声，也就是《鼓吹曲》和《横吹曲》。[②] 郭茂倩《乐府诗集》解"鼓吹曲"为"一曰短箫铙歌"，解"横吹曲"原为乘舆的武乐。由此推测，山东长清孝堂山出土的"鼓吹乐图"与之相近，属于边疆向中原的内渗，与胡人骆驼建鼓舞恰成反向。

如此互渗，打破了文化空间"中心""边缘""区域"等一系列观念的界定，以致形成"你中有我，我中有你"的文化确认。我们可以见到汉人的建鼓舞、胡人的建鼓舞、胡汉相合的建鼓舞，还有胡汉不辨的建鼓舞。徐州汉画像石艺术馆藏的"建鼓舞·长袖舞图"（图1-16）中，以编钟石磬组成的乐队在上，建鼓舞者身形与服饰似胡，但跨步击打舞姿如汉，以

---

① （汉）班固撰，（唐）颜师古注：《汉书》，中华书局1962年版，第4197—4198页。
② 参见郑永乐《先秦、两汉乐舞交流考》，《北京舞蹈学院学报》2004年第1期。

致羽葆震荡飘飞。又有一对长袖舞者同此，在古琴伴奏下，双双抛垂袖拧身相对，与图1-4类似，但其脸形似胡。

在文献记载中，胡汉乐舞的互动融合贯穿了两汉主流文化空间。（表1-1）[①]

表1-1 胡汉乐舞交流表

区间	时期	内容
汉—于阗	汉高祖时期	《西京杂记》：宫中"七月七日，临百子池，作《于阗乐》。乐毕，以五色缕相羁，谓为相连爱"。
汉—四夷	汉文帝、景帝时期	《汉书·西域传》：文、景"设酒池肉林以飨四夷之客，作巴俞都卢、海中砀极、漫衍鱼龙、角抵之戏以观视之"。
汉—大宛	汉武帝时期	《汉书·张骞传》：大宛诸国发使来汉，汉"散财帛赏赐，厚具饶给之，以览视汉富厚焉"。
汉—乌孙	汉武帝时期	《汉书·西域传》："天子自临平乐观，会匈奴使者、外国君长大角抵，设乐而遣之。"
汉—乌孙—龟兹	汉宣帝时期	《汉书·西域传》：乌孙、龟兹"数来朝贺，乐汉衣服制度，归其国，治宫室，作徼道周卫，出入传呼，撞钟鼓，如汉家仪。外国胡人皆曰：'驴非驴，马非马，若龟兹王，所谓骡也。'"
汉—匈奴	汉光武帝时期	《后汉书·南匈奴列传》："南单于遣子入侍，奉奏诣阙。诏赐单于冠带……乐器鼓车。"
汉—匈奴	汉顺帝时期	《后汉书·南匈奴列传》："诏太常、大鸿胪与诸国侍子于广阳城门外祖会，飨赐作乐，角抵百戏。顺帝幸胡桃宫临观之。"
汉—掸国	汉安帝时期	《后汉书·李陈庞陈桥列传》："永宁元年，西南夷掸国王献乐及幻人……安帝与群臣共观，大奇之。"
汉—夫馀	汉顺帝时期	《后汉书·东夷列传》："顺帝永和元年，其王（夫馀王）来朝京师，帝作黄门鼓吹、角抵戏以遣之。"

[①] 参见周仪《胡汉乐舞文化交流中汉代舞蹈的新变》，《北京舞蹈学院学报》2020年第3期。

作为互动融合的表征，服饰道具的舞蹈构型是外在标识，包括尖帽、裸身下裤、紧身衣、长襦裤、盘鼓的去盘留鼓、建鼓的骆驼低鼓等；舞蹈形象也是外在可见的，像胡人舞伎的深目高鼻、新月脸型、留须披发等，他们还直接带来了俳优、羽人、杂技艺人等舞蹈形象中的不同角色；舞蹈形式是这种表征的又一个观察点，形式即内容，从播鼗弹罐的鼗鼓舞表演、非武士身体行为的弄剑等，可见一斑。许多情况下，这些舞蹈的表演都是胡汉合作，因为它们已经融为一体。

这种文化的"天下"再扩大，就出了今天现有的地理边界。如常任侠先生所言：唐舞之传入日本，宋舞之传入朝鲜，虽彼邦遗有故书可供参考，但按之实际，或与我唐宋原来的诸舞也不尽相同。据日本学者的研究，西汉交趾（今越南）有"林邑乐舞"和"占族舞蹈"，与日本雅乐中的武舞《拨头》相关。"林邑乐"指日本雅乐外来体系"左舞"（"唐乐"）中从现在的越南传来的曲目。"林邑"是2—8世纪中国对位于中南半岛东南部的占族人的王国占婆（林邑）的称呼。越南的占族现在虽然是少数民族，但在占婆王国时代却是国内的主要民族。[①]占族舞蹈今天虽然已归属民间，但不排除"林邑乐"的"礼失而求诸野"。细观今天越南占族舞蹈（图1-17），其动作节奏与其说与《拨头》相通，不如说和汉画"徒手格斗舞"相似。（图1-18）早在春秋战国时期，我国就实行"文武分途"，各种典籍中已有"拳勇""技击""相博"等的记载。到了汉代，更盛行"卞身舞戏"。孟康注《汉书·傅常郑甘陈段傅》："卞，手搏。""卞"已是具有套路性质的武术。"武""舞"不分家，当"卞"成为一种表演性质的身体行为时，就成为徒手格斗舞。所以，日本人现在要做"雅乐回家"的活动，意欲在中国寻根。

地理空间的延展和思想空间的延展是相伴随的。一些中国学者曾论证

---

① 参见［日］三田德明《从日本雅乐看林邑乐舞乐和越南占族舞蹈》，《当代舞蹈艺术研究》2019年第1期。

图1-17 越南留学生表演的占族舞蹈(刘建提供)

图1-18 四川璧山区小河坝墓群M2出土画像石"徒手格斗舞图"

图1-19 库木吐拉"吴带当风飞天线描图"

了龟兹石窟中的道教因素,勾连起汉代西王母信仰与早期佛教信仰的关系,以为8世纪的库木吐拉第16窟的飞天即是化"曲铁盘丝"为"吴带当风"的道宗显形(图1-19);又有第45窟的汉风菩萨脚踏流云,取代了莲花。[①] 这大约也是汉代贵族惹的祸。与唐代的新兴贵族不同,汉代贵族由分封而来,特别是到了东汉,贵族之兴起形成了一个由贵族支配社会和国家的时代。他们衣食无忧,崇尚黄老,无为而治,任性而为。"教随国定",舞随国行,结果孕育出了与道教相关的巾舞、盘鼓舞、羽人舞。伴随着老子西出嘉峪关,这些舞蹈还从中原跳到了敦煌,又跳到了龟兹,跳到了西王母所居的"日落之地"。

从另一个向度来看,在佛教传入中国初期,佛陀被视为黄、老一类的

---

① 参见张素琴《龟兹石窟中的道教因素》,《北京舞蹈学院学报》2005年第4期。

神祇。《后汉书·楚王英传》载："英少时好游侠，交通宾客，晚节更喜黄老，学为浮屠斋戒祭祀。"又《后汉书·襄楷传》载："又闻宫中立黄老、浮屠之祠。此道清虚，贵尚无为，好生恶杀，省欲去奢。"①因此佛教在汉地传播之初，尤其是东汉时期，归信者甚少。法令上禁止汉人出家，就连传播佛法的贵霜僧团的寺院布局及建筑风格都和神仙观念有关。在印度，原本佛教建筑主体窣堵坡是馒头形的，到中原以后

图1-20　河南灵宝出土东汉绿釉陶乐舞楼

被改造成重楼飞檐的塔，置佛像于其中。汉代人认为仙神人之属乃居于高楼之上矣，故羽人、凤鸟常在阁楼、汉阙上起舞亮翅。这变形的塔要置于五方观念的方形庭院中，时称"塔院"。最重要的是，这塔院式的建筑上可以供飞仙、羽人往来，下可以供胡汉乐舞展演，以舞供神佛。这情形有如河南灵宝出土的东汉绿釉陶乐舞楼（图1-20），楼门口有4个乐舞俑，1人吹笛，1人吹箫，2人起舞，其"拉弓式"和"击掌式"体现了西域风。如果此时敦煌的羽人和库木吐拉的飞天要来共舞，可以在楼顶的飞檐之上落脚。

英国人彼得·伯克有《图像证史》一书②，讲究由图像发现历史与文化的功能、观念和套式（程式）。功能用于社会实践，像汉代的施礼舞俑，是教化的手段；功能还可以建立起崇拜的对象，唤起冥思的刺激物，像羽人取丹和驭天马舞。观念是作图者的动机，无论是思想的还是审美的，像施礼舞俑体现的儒家的文质彬彬和羽人舞体现的道家的羽化成仙及天马行

---

① （南朝宋）范晔撰，（唐）李贤等注：《后汉书》，中华书局1965年版，第1428、1075页。
② ［英］彼得·伯克：《图像证史》，杨豫译，北京大学出版社2008年版。

空。功能和观念的叠加和沉积就形成了套式或程式，经年不变，形成习以为常的视觉习惯，像"长袖善舞"的中国古典舞习惯和"身生羽毛"的各种飞舞的思维定式。如此，深广的汉家舞蹈就在图像中留下了特定的身体历史文化踪迹，成为中国古典舞"深沉雄大"（鲁迅）之"强悍的艺术"（冯其庸）。

第二节　元模式及其焦点

一、寻踪

"元模式"指最初的模式，集功能、观念和程式于一身，像古典芭蕾模式、婆罗多舞模式、"身韵古典舞"汲取戏曲的"唱、念、做、打、舞"模式、"敦煌古典舞"依凭的敦煌壁画舞蹈模式、"汉唐古典舞"依凭的以汉画舞蹈为中心的多元古代乐舞模式、"唐乐舞"依凭的唐代乐谱模式等，汉画舞蹈显然只能依凭汉画舞蹈图像元模式。扩展开来讲，正如重建的"龟兹乐舞"之元模式在龟兹壁画中，复现的《人舞》之元模式在朱载堉《人舞》舞图和舞谱中，等等。这是中国古典舞建设的一个基本原则，即"寻踪"。梁启超在论述近代中国过渡时代时，曾比喻如"以一身立于过去遗骸与将来胚胎之中，赤手空拳，无一物可把持"。当代中国古典舞之建设状况如出一辙，所以要寻踪，它是一门学问——"踪迹学"（德里达）。

在舞种属性上，汉代舞蹈是"承载皇室重托"之舞蹈（张振涛），但却有鲜明的世俗化特征，贵族趣味与平民趣味同在（有些像日本江户时代的舞蹈，雅乐、能乐、歌舞伎及庶民舞蹈同场），我们称之为汉代"乐舞百戏"，上下打通，当为中国古典舞一元。但是，这个问题总有一些缠夹不清，弄得中国古典舞至今六神无主。和许多中国古典舞者一样，汉代舞蹈《罗敷行》的表演者也有点儿"始乱终弃"，后来也转身投入现代舞的怀抱，换了一种"存在即合理"的生存方式，其观念便是流行的"关于舞蹈，我没有标准答案"①。对于现代舞来讲，这一观念代表功能上的自由表达；对于由古典舞转向现代舞的身体行为来讲，这一观念是去标准化或程式化的改换门庭；但对于古典舞来讲，这一观念是一个致命重创，因为古典舞不仅有标准的观念，而且还有标准的功能和标准的程式。

古典舞诞生在历史时间之流中，有着特定文化空间的遗存模式，是某种元文化的身体表征，比如古希腊和古罗马文化与中国汉文化，又比如基督教世界芭蕾舞的"开绷直立"和印度教世界婆罗多的"脚踏大地"。当这种元文化的身体表征形成一种创作者、身体文本和接受者都认定的惯习时，它们就成为一种露丝·本尼迪克特所谓的"文化模式"，即我们常说的需要原样保存的文化遗产，比如至今还跳在奥运会火种采集仪式上的古希腊身着图尼克衫的"太阳神舞"，又比如在两汉成熟的长袖舞至今也还是中国古典舞的标识之一。它们都有"标准答案"，并且被模式化——无此各自内部标准便无法让他者辨识，更无法实现"与世界接轨"的外部交往。

《罗敷行》曾获中国古典舞金奖，跳的是汉代乐府《陌上桑》，其"桑园的故事"是文本模式，从《西京杂记》中的"秋胡戏妻"故事一直延续到欧阳予倩先生所跳的京剧《桑园会》。《桑园会》中罗敷的原型是汉代有夫之妇，长袖长裙加身，其视觉模式被雕刻在了汉画石上。（图1-21）按照巫鸿的图像空间分析，在左侧，自周代起就同女性联系在一起的桑树与秋胡妇形成了相对闭合的、带有自我保护性质的女性空间；位于画面右侧占据更大空间的秋胡则代表了外部的男性世界及其所带来的危险——那匹马也是男性空间的象征。这一画像石中，"桑树的比重被大大缩减，它与秋胡妇构成的女性空间因此也被削弱，取而代之的是对女性身体和流动衣纹的表现"，由此显现出汉代女性自身具有的张力及其与社会的矛盾。"所有

---

① 高艳鸽：《关于舞蹈，我没有标准答案——青年舞蹈家华宵一谈舞蹈剧场〈一刻〉的创作》，《中国艺术报》2017年10月27日第7版。这种"没有标准答案"的舞蹈原指所从事的"中国古典舞"。

图1-21 四川射洪出土画像石"秋胡戏妻图"　　图1-22 中国古典舞剧目《罗敷行》(刘婷提供)

这些讨论都始于一个明确的方法论起点,即将被孤立和抽出的女性形象还原到它们所属的图画、建筑和社会环境中去,通过重构其所从属的原作进而思考这些作品在社会、宗教与文化环境中的意义。"[①]

与之相悖,《罗敷行》以天真烂漫少女形象出场,着"薄露透"肚脐装,跳转翻,下大腰(图1-22),因为"没有标准答案"。事实上,标准答案是有的,可以近取欧阳予倩等戏曲舞蹈的《桑园会》(欧阳予倩先生是"身韵古典舞"的鼻祖),远取晋陆机《罗敷艳歌》中的动作描述,也可以是汉画袖舞的重建,从文本、服装和动作的源头贴近汉代罗敷,借以取得中国古典舞元模式之一的汉代舞蹈标准及汉代儒舞标准。

当我们把中国古典舞的诸多元模式收缩到汉家舞蹈时,其寻踪就有迹可循了,"左图右书",处处可见。汉家舞蹈元模式的定位,不仅在于历史时间和文化空间,在于其功能、观念和程式的确立,更在于它们身后的真善美是否被一直贯彻执行至今。与俗乐相对,中国有西周礼乐制度建立的雅乐模式,用以确立儒家乐舞为正宗与典范,多用于祭祀天地、祖先以及宫廷礼仪,并以"六舞"贯彻之。可惜后来礼崩乐坏,把孔子气得要死,

---

① [美]巫鸿:《中国绘画中的"女性空间"》,生活·读书·新知三联书店2019年版,第79—80、481页。

直到汉代才又东山再起,一直贯彻执行到近代,并波及韩国、日本和越南,方兴未艾。如今韩日雅乐经常到中国表演和传授,反哺原生文明。由此,我们看到了一种以文质彬彬之美保存下来的东方身体礼仪。

即便是俗乐,也没有脱离这种礼仪,没有俗到"娱乐至死",因为这在汉

图1-23　山东长清孝堂山石祠"车马出行、鼓吹乐图"及局部

代是被激烈反对的。汉代刘向《列女传·齐钟离春》就批判过齐宣王的"娱乐至死":"钟离春者,齐无盐邑之女,宣王之正后也。其为人极丑无双。"但她心地正直,面批齐宣王"饮酒沉湎,以夜继昼,女乐俳优,纵横大笑。外不修诸侯之礼,内不秉国家之治"。"于是宣王喟然而叹曰:'痛乎无盐君之言,乃今一闻。'于是拆渐台,罢女乐,退谄谀,去雕琢,选兵马,实府库,四辟公门,招进直言。""颂曰:无盐之女,干说齐宣。分别四殆,称国乱烦。宣王从之,四辟公门。遂立太子,拜无盐君。"[①] 所谓"颂曰",是汉人的价值判断。一般来讲,汉画舞蹈是经过价值判断和去粗取精而成为模式的舞蹈,即便俗乐舞也都不沉湎色情,不搞笑,不伤"国家之治",且有高超的技艺。按照刘振东先生的见解,汉代墓葬的性质中有种"神圣性"和"礼仪性"。[②] 墓葬如此,墓葬中的乐舞图像亦当保持这种神圣与礼仪。像山东长清孝堂山石祠汉画中车马出行队伍中的建鼓舞。(图1-23)图中完整可见的有十骑两车,十骑人马轩昂威武,前呼后拥;主人四马车

---

① (汉)刘向:《列女传》,载《四部丛刊》(六十),商务印书馆1937年版,第58页。
② 参见刘振东《以汉代墓葬为例解读中国古代墓葬性质》,《考古与文物》2020年第4期。

驾显赫；又有两马所驾车骑鼓乐，车中四人吹短箫，车上两人拧倾反身击打建鼓，其动势欲走而留，当是贵族出行时的鼓乐侍奉。其实，即便俳优之舞，也未必都是为了"纵横大笑"，其"跳丸"之仙丹隐喻和"弄剑"之尚武精神同样具有社会功能。

汉家舞蹈四百年，灿烂如锦，其洋洋大观的模式及内涵均有落脚的微观关注点，仅文献中的史学与文学的资料，就浩如烟海，挂一漏万，像傅毅的《舞赋》、张衡的《舞赋》。《舞赋》汪洋恣肆，其实主要是写汉代鼓舞中盘鼓舞一类，而且多关涉其中女子之舞，但就能独立成篇，足见盘鼓舞模式的完整、复杂和细腻。在创作上，《舞赋》以为，盘鼓舞之动机在于"修仪操以显志兮，独驰思乎杳冥"，"游心无垠，远思长想"，明显带着外儒内道情怀。所以，才有了舞蹈文本上的"罗衣从风、长袖交横"，"若翔若行，若竦若倾"，"若俯若仰，若来若往"，"及至回身还入，迫于急节，浮腾累跪，跗踢摩跌"，最终"雍容惆怅，不可为象"。所谓"不可为象"，不是说没有舞蹈形象，而是说形象的飘逸感。

文献中的《舞赋》属于寻踪过程中"左图右书"中的"书"，会带来文字描述的通感，但终究形象飘忽，所以有"一千个读者就有一千个哈姆雷特"之说；即使伴以"乐"，带来节奏律动，其音乐形象也是虚无缥缈的。此外，还有服饰道具等，都只能隐约地想见"第二层皮肤"下的舞姿。它们都制约着舞蹈身体形象的直观把握，却也都不是形象直观。宋郑樵《通志·乐略第一》云："歌主声，舞主形。"明代朱载堉《律吕精义》亦云："有乐而无舞，似瞽者知音而不能见。"所以舞蹈的直观形象是第一位的，而汉画舞蹈则以直观形象提供了这种"图"的服务，如山东沂南北寨汉墓出土的"乐舞百戏图"（图1-24），汉武帝元封三年春，"作角抵戏，三百里内皆来观"。元封六年夏，"京师民观角抵于上林平乐馆"[①]和汉武帝舅

[①] （汉）班固撰，（唐）颜师古注：《汉书·武帝纪》，中华书局1962年版，第194、198页。

图1-24 山东沂南北寨汉墓"乐舞百戏图"

父、丞相田蚡亦自称"所好音乐狗马田宅，所爱倡优巧匠之属"①的视觉直观。又有《盐铁论》载："今富者钟鼓五乐，歌儿数曹。中者鸣竽调瑟，郑舞赵讴。"②它们均当有图相对应。具体到图1-24舞蹈场中的盘鼓舞和济南历城区黄台上出土的盘鼓舞图，或男子发力于扣盘上"跗踏摩跌"（见图1-24左下角），或女子足尖于敞盘上"若翔若行"，一目了然。如今，汉代文献学已成专门学问，成果累累；汉代"音乐考古学"也成了专门的学问，音乐界正在一钟一鼓、一弦一柱地研究。汉画舞蹈研究应该与之并行，其首选当是舞图，但必须辅之以书，舞之有理；辅之以乐，舞之有律；辅之以服饰，舞之有规。由此，中国古典舞在汉代的元模式，就可以聚焦在汉画舞蹈上面了。

二、最大限度的聚焦

汉画舞蹈和汉画艺术相关，汉画艺术又和汉代墓葬文化相关。中国人有神仙观念，兴盛于汉代。"由于中国古人相信死亡是身体与灵魂的分离而非生命的终结，他们自然会把求仙的欲望从生者转移到死后仍然存在的魂魄，把墓葬想象成为灵魂进入仙界的入口，并通过艺术手段实现这

---

① （汉）班固撰，（唐）颜师古注：《汉书·田蚡传》，中华书局1962年版，第1824页。
② （汉）桓宽：《盐铁论·散不足》，中华书局2015年版，第865页。

个转化。"① 这样，以对死亡的态度为起点，汉代文化、汉代艺术、汉代舞蹈——特别是汉画舞蹈就形成了我们后文所要谈到的快乐原则和达观精神。

汉画舞蹈，且广且深，密布在不同材料中，包括画像砖、画像石、壁画、帛画、漆画、铜镜、器皿、陶俑、玉雕、青铜俑、摇钱树、当卢……材料的不同不仅能够带来汉画舞蹈表现的不同，而且还会使所表现对象的精微程度有所不同：都是女子长袖舞，雕成能够手中把玩的玉石、制作成陶舞俑和刻在汉画石上，都会产生服饰色彩、舞蹈姿态等不同。又像汉器皿中的银提梁壶和鎏金当卢，都是贵重的装饰材料，也是身份的象征，所以刻画的内容也很讲究。如羽人舞，多是跨人界、超仙界而直奔天界，或驭瑞兽白虎（图1-25），或踏满天流云。（图1-26）

比银制提梁壶、鎏金当卢有过之而无不及，汉墓壁画是王公与贵族私人订制的装饰，描绘细致，色彩夺目，制作昂贵，华丽精致，便于重建中

 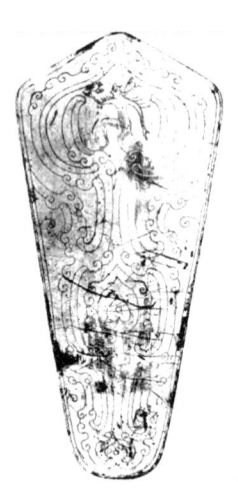

图1-25　徐州私人汉画像馆藏汉代银提梁壶上的"羽人驭白虎图"　　图1-26　巴黎集美博物馆藏西汉鎏金当卢"云气羽人舞图"

---

① [美]巫鸿：《中国绘画中的"女性空间"》，生活·读书·新知三联书店2019年版，第43页。

国古典舞之参照。材料的不同往往会关系到内容的差别：汉墓壁画中，多见建鼓舞之威严、盘鼓舞之飘逸，少有耕种纺织等劳作图，稳坐昆仑山的西王母也少见其踪影，由此使仙界舞供奉的羽人亦少见。

西王母是中国古老的女神，在《山海经》中她是半人半兽的刑杀之神，地位较低。到了汉代，她被改造成了道教的女仙形象，演变为民众所追随的西天王母娘娘。在中国传统文化中，"神"和"仙"分属两个概念（《太平广记》），"神"早于"仙"，出现在春秋以前，而"仙"为战国时期产物。"神话"与"仙话"也存在着区别。由于谶纬、神仙、长生不死信仰盛行，汉代仙和仙话发展迅猛，一部分神话在流变过程中也向仙话转化，包括伏羲、女娲、黄帝、舜、后羿等高级神人完成了向仙人的转化，这在刘安《淮南子》中多有体现。在此声势浩大的造仙运动中，西王母也完成了由低级神到仙的转化，促使了仙界的完善。在汉画中，西王母生活在仙界，而非更高级的神所在的天界。与仙界相比，天界更高一层，它在汉人心中是高不可攀的，以天帝太乙神为首的诸神体系是国家宗教的核心内容，是政治神学的产物。皇室和大贵族希望现实的王系得到神系的支持，即使成仙，其目的也是享受坐稳江山的利益，所以在现实世界中神系地位自然高于仙系，因此西王母就被社会高层的墓室壁画所排除在外了。[①] 这一排除，也波及西王母身边的羽人——除非它们单独与祥瑞或天神同在。

汉画像砖石墓多为中层官吏贵族所有，相对朴素。在画面上，日月星辰、云纹仙草、楼台阙门、农耕桑蚕、庖厨宴饮、百戏舞乐、车马出行等尽力囊括。于此之中，仙界的西王母和她身边的羽人也多有亮相，甚至频频跑到人界。安徽淮北洪山汉画像石祠中有两幅羽人图，一幅为人界"车马出行·羽人饲鹤·伏羲女娲图"（图1-27-1）：一羽人在车马边持鱼跨步饲鹤，有祝车马主人长寿之意；其上的伏羲女娲羽饰蛇尾，呈"双人舞"

---

① 参见戎天佑、贺俊《探析汉壁画墓中西王母图像缺少的原因》，《民间文化论坛》2016年第4期。

图1-27 安徽淮北洪山汉画像石祠羽人图
1.车马出行·羽人饲鹤·伏羲女娲图；2.羽人持鱼侍奉西王母与东王公图

向西行，似导引车马。另一幅为仙界"羽人持鱼侍奉西王母与东王公图"（图1-27-2）：图中央有玉兔捣药，九尾狐、仙鹤和翼马分立两侧；二羽人持鱼跨步分别侍奉左边的西王母和右边的东王公。此二画像石与提梁壶和当卢中的羽人恰恰构成了"三界"的手舞足蹈，其间还有建鼓舞等相伴（图1-28）。

汉画材料的研究是一种聚焦方式，但更为重要的聚焦方式体现在各种材料所显示的汉画舞蹈构型上。中国古代舞蹈以道具舞著称，而道具舞中"乐舞一体"的道具又应该排在前面，像由被公认为主流的"乐悬"（钟、鼓、磬、铎、鼗、铃等）而形成大类的鼓舞。乐悬之鼓中大的有建鼓，小的有鼗鼓，布满在壁画、画像石等不同材料中。

建鼓舞顶天立地，多位于汉画乐舞图中心，作为乐器兼舞具，其构造形制复杂多样，令人眼花缭乱。不要说鼓舞，不同造型的建鼓造型本身就可以成为一个工艺品系列，像图1-24双羽葆、双华盖的圆椎鼓就是一件建鼓的艺术品。此外，作为通天达地的汉画鼓舞，它不仅容纳了"周礼之教"和"巫道之教"，而且将官方的祭祀体系和民间的祭祀习俗汇于一炉。观其龙虎座，威然伏地；观其羽葆，飘然上天。天地人和，全在其中，是谓"一鼓立中国"。

与大型建鼓形成反差的是小型的"乐悬"之鼓鼗鼓，其聚焦也有微"鼓"大义。在古汉语中，"鼗鼓""鞉鼓""韬鼓"相通，它们和礼乐所体

图1-28 安徽淮北洪山汉画像石祠C1复原图

图1-29 山东滕州龙阳店出土"建鼓、鼗鼓、巾舞、槌袖舞图"

现的文化政治相关。《淮南子·氾论训》提到夏禹的乐悬政治:"禹之时以五音听治,悬钟、鼓、磬、铎,置鞀,以待四方之士,为号曰:'教寡人以道者击鼓,谕寡人以义者击钟,告寡人以事者振铎,语寡人以忧者击磬,有狱讼者摇鞀(古同鼗)。'"① 它们形成了乐悬系列。郑玄讲商的置鼓时笺曰:"置读曰植,植鞀鼓者,为楹贯而树之。"《诗经·商颂·那》孔颖达正义曰:"鞀则鼓之小者,故连言之……鞀虽不植,以木贯而摇之,亦植之类,故与鼓同言植也。"《诗经·商颂·那》又有"置我鞀鼓",说明"鞀鼓"和建鼓同类,它们于汉画舞蹈中常常共在。山东滕州龙阳店汉画像石乐舞图像中有建鼓与鼗鼓的同场表演(图1-29)。图的左右上角,二男子执双鼓,一跨步拧身,一跨步前趋,与跨步拧身击打的建鼓舞者舞姿同步——借建鼓舞的通天达地而实现"鞀鼓之摇"的严肃性。建鼓羽葆上方的5人巾舞、羽葆两侧2人单袖执槌舞和建鼓下方的2人长袖跪坐舞均强化了这种中正方圆。其间,又有跳丸与倒立者,调节着过于严肃的气氛。他们似在为下层西向的车马送行。

鼗鼓自上古夏商之时,就是明王们手中的礼器、法器和乐器。西周时

---

① (汉)刘安等:《淮南子》,岳麓书社2015年版,第127页。

图1-30 河南南阳崔庄出土乐舞百戏图像中的"俳优弹罐鼗鼓舞图"

成为宫廷雅乐乐器,小师掌管鼗乐。礼崩乐坏后,宫廷乐师四散,"大师挚适齐,亚饭干适楚,三饭缭适蔡,四饭缺适秦,鼓方叔入于河,播鼗武入于汉,少师阳击磬襄入于海"①。其中掌管鼗鼓的乐师武到了汉水流域,就是今天南阳及豫陕鄂交界一带。南阳居于南北要冲,南船北马繁荣交汇隘口,是两汉时冶铁中心,经济昌盛,文化发达,为光武帝陪都及五大都市之一,流落至此的雅乐器鼗鼓得以生根发芽,至今南阳街头小贩叫卖的各式鼗鼓(拨浪鼓)为其遗绪②,但已难见祖先之舞容和舞技了。当年,鼗鼓舞分布广泛,种类繁多,功能各异,技艺高超,其表演或男或女,或坐或立,或肃穆或滑稽,或单鼓或双鼓,或独舞或合舞,形式多样。像南阳崔庄出土乐舞百戏画像中的"俳优弹罐鼗鼓舞图"。(图1-30)图右面乐队由古琴、鼗鼓、排箫、铎组成,以雅压阵;左面中心是俳优,戴面具,裸上身,左手摇鼗,右臂弹罐,与长巾伎及倒立杂技艺人相戏,戏艺高超,亦庄亦谐,打破了乐悬之严肃。

再进一步,被构型聚焦的鼗鼓舞还会被更细致地按照自身的构型、舞者身份、舞蹈形象、表演形式、风格特征等不断地被剥离、被聚焦,如同时执箫播鼗的天神女娲独舞,显得飘飘然。

鼗鼓舞外,乐悬中之小者还有铜铃,除纯粹的铃舞外,多间接参与建

---

① 杨伯峻译注:《论语译注》,中华书局1980年版,第197页。
② 参见季伟《汉画艺术中的鼗鼓舞形象》,《北京舞蹈学院学报》2016年第5期。

鼓舞。考古发现证明了陶寺和二里头的铜铃都出现于高级墓葬之中，与特磬、龟鼓一道构成古乐体系的核心，同时，与铜牌、玉笄、龙盘或绿松石龙形器一道，构成政治象征的核心；青铜文化及其中的乐器正是在这一时期产生的，其演进方向"在很大的程度上，是受政治制度上的从五帝时的公天下（部落联盟）向夏商周的家天下（以一族一姓为天下之王）的演进，以及文化上重大仪式的举行从社坛中心到祖庙中心的演进所影响，并与之互动"①。汉画中的铜铃常悬在建鼓的羽葆和鼓下面，同"鞉鼓之摇"在于鼓舞者的手舞足蹈一样，铜铃振响在于羽葆或鼓之振动、在于建木之振动、在于建鼓之振动、在于鼓舞者之原振动。

乐悬舞具的一个又一个焦点之外，是和身体一体的服饰舞具，像袖舞。袖有长袖、广袖、窄袖、垂胡袖、套袖、袖里藏巾，等等。仅是长袖，又有纯袖和混合舞具之袖。在纯袖中，有一般长袖和超长长袖之分，以及它们的质地、颜色之分。凡此构型的聚焦，均是借以表现不同的舞容。

"长袖善舞，多钱善贾"的互文，说明袖是古代贵族舞蹈文化的象征之一。像江苏徐州博物馆藏"长袖绕襟衣舞俑"（图1-31）：红白相间的厚重的螺袖舞伎，垂头含胸屈膝，呈前后三个空间点的"S"形，右手扬垂袖而左手绕袖身前，似"粉面含春威不露"。这与我们今天舞台上中国舞剧《孔子·采薇》粉红翠绿轻纱包裹的身体的四种信号（仰头、亮胸、出胯、摆膝），呈左右四个空间点的"S"形全然不同（图1-32）。"智者乐水，仁者乐山"（《论语·雍也》），又有窄袖盘鼓舞，为道家脚踏日月星辰的形而上存在（图1-33）——不遮不掩，大大方方，"气若浮云，志若秋霜"。②

除了按道具服饰外，汉画舞蹈还可以聚焦在形象分类之中，比如俳优舞、武士舞、羽人舞和神仙舞等。仅羽人舞的考释与分类，又需要进行再

---

① 张法：《铃—庸—钟演进的政治和文化关联》，《中国文艺评论》2016年第9期。
② 《孔子·采薇》和《罗敷行》都使用了南唐《韩熙载夜宴图》中舞伎的天蓝色服饰，其动作比窄袖小垂手舞姿的出胯摆腰更为夸张，并且把男性私人空间的舞蹈形象置于开放的公共空间之中，完全是当代编舞者的私人想象，借用偷窥的方式博取眼球。

图1-31　徐州博物馆藏"长袖绕襟衣舞俑"　　图1-32　中国舞剧《孔子·采薇》长袖舞（中国歌剧舞剧院提供）　　图1-33　纽约大都会博物馆藏汉代"窄袖盘鼓舞俑"

聚焦——从人界、仙界到天界，从六博、格斗到侍奉、饲凤取丹，再到踏流云、戏祥瑞、化阴阳，其手舞足蹈的形象遍布汉画之中，足见汉代舞蹈门道之深广。

汉画舞蹈的道具构型、舞者形象，最终要体现在由表演形式与身体形式构成的舞蹈形式上。我们蜻蜓点水式地掠过先秦、两汉、魏晋南北朝、隋、唐、五代十国、宋、元、明、清及近现当代图像中的女子舞蹈形式，唯汉画中女子舞蹈的表演形式和身体形式最为丰富，并且同时投射到焦点化的个人空间、社会空间、历史空间和宇宙空间之中。"大汉气象"，前无古人，后无来者，此之谓也。

第三节　汉画舞蹈的重建

一、不求何得

2017年4月15日，以"汉画舞蹈实验演出"命名的导师工作坊在北京舞蹈学院综合楼黑匣子进行，内容涉及表演与问答。演出的目的是寻踪中国古典舞一个焦点上,以其重建证明:保存在汉画中的汉代舞蹈对今天依旧有重要价值。这一重建过程用孙颖先生(汉唐古典舞创建者)的话说,就是"不求何得"。其原话是:"中华舞姿,千古之美,悠悠吾心,不求何得?"①

一个"古"字,同时制约着我们的理念与实践。今天,人们一再发现,那些不假思索地被归类为"现代的"或者"后现代的"事物或情形,其实是更古老的原初事物,或者至少早有前身。从历史学辨析的视角出发,我们可以把某些有前身的事物和情形标记出来,这些地方是形成新结构的节点,这是结果型社会追求的结果。② 正如格罗伊斯(Boris Groys)所言:对新事物的强调完全是对旧事物传统的强调,此乃现代性的逻辑。中国古典舞现在的情形,许多都是汉代舞蹈留下的尾巴,像长袖舞中的袖舞、兵器舞中的剑舞。当这一情形被聚焦在汉画舞蹈上时,我们就有了一种元模式视觉直观的寻踪焦点,看到了依其时所见而刻画出的舞蹈形象。

这些品类群生的汉画舞蹈,是重建的落脚点,古人称之为"左图";但它还必须有"右书"来做历史文献的支撑,以使每一幅图像和它们产生的时代、社会、文化、审美和技艺血肉相连,比如汉代的雅乐。汉代雅乐已经在体制和形制上有别于周代奠定的礼乐制度,其时活跃的俗乐舞进入宫廷后冲击雅乐,造成汉代舞蹈雅中有俗、俗中有雅的相互影响局面。观"汉郊庙诗歌,未有祖宗之事,八音调均,又不协于钟律,而内有掖庭材人,外有上林乐府,皆以郑声施于朝廷"(《汉书·礼乐志》)。这些不同内容与形式的乐舞被汉代人同时记录在了图像和文献中,成为汉画舞蹈实验的依据。

站在现代或后现代的时间点上,我们对汉代舞蹈的想象可以借助"右书"的描写。像傅毅在《舞赋》中记录的长袖盘鼓舞:道具的"蹑节鼓陈";舞姿的"长袖交横";主题的"远思长想";结构的起承转合——"其始兴

---

① 刘建等:《汉画像舞蹈图像的表达》"序",民族出版社2011年版,第2页。
② 参见[德]赫尔曼·鲍辛格《结果型社会》,吴秀杰译,《民间文化论坛》2019年第1期。

也,若俯若仰,若来若往","其少进也,若翔若行,若竦若倾","于是合场递进,按次而俟","体如游龙,袖如素霓。黎收而拜,曲度究毕。迁延微笑,退复次列"。这种文学的描写给我们带来了身体叙事的种种要素,但唯独缺少了直观的舞蹈形象:"记传所以叙其事,不能载其容;赋颂有以咏其美,不能备其象。图画之制,所以兼之也。"[①] 于是,汉画舞蹈"左图"的整理就后来居上地成为汉画舞蹈重建的前提——通过视觉图像来阐明文字资料无法获知的史实和身体经验。像汉墓壁画中的长袖盘鼓舞,不仅给我们提供了"若翔若行"的舞姿,提供了蓝白相间的服装色彩,而且以其视觉直观区分开了"远思长想"的盘鼓舞与追逐嬉戏的盘鼓舞。(图1-34、图1-35)凡此"左图右书"的研究,为汉画舞蹈重建的第一阶段工作。

与俄罗斯古典芭蕾或日本雅乐相比,由于种种历史与社会的原因,中国古典舞的活体传承几近"流产与断种"(鲁迅)。因此,所能保持一种视觉直观者,唯有中国历代图像乐舞,它们是至今还能够"观看"的中国古代舞蹈。尽管这些静态舞蹈呈碎片化和零散化,却并不缺乏身体文化与审美的文本性,无论是作为单幅的文本还是作为串联的文本汇编。也就是说,在这些刹那间静止的画面中,不仅连带着种种前因后果的动势,而且还深藏着广泛的身体知识。

在今天的中国古典舞中,敦煌古典舞和汉唐古典舞都是以静止的身体知识为出发点——一个是敦煌壁画舞蹈,一个是汉画舞蹈而开掘出的新品种。只是这种开掘不是为了回到"古旧的原初事物",使它们本真性地重现原初的价值;而是一种基于历史的综合创造,创造出编舞者想见的敦煌舞蹈或汉唐舞蹈,诸如舞剧《丝路花雨》《大梦敦煌》和《铜雀伎》。即便如此,两者的第一阶段工作也花费了近30年时间和整整一代人的心血,如董锡玖、王克芬、孙颖、高金荣等前辈。他们最初的心血都是用来识别

[①] (唐)张彦远:《历代名画记》卷一,浙江人民美术出版社2011年版,第3页。

图1-34 山东东平汉墓出土壁画"长巾盘鼓舞图"

图1-35 河南荥阳彩绘陶仓楼"长巾舞伎与俳优盘鼓舞图"

图像文本"典型特征和属性的文化基础"①。汉画舞蹈的重建也必须首先站在这一立足点上,而且要更切实地聚焦。

这样,我们就来到了"左图右书"的图像学研究和文献学研究面前。图像学研究可以理解为是对视觉艺术的一种历史探究,以用眼睛看到的画面为研究对象来诠释其意义。图像研究(Iconography)和图像学

---

① [美]李·哈林编:《民俗学的宏大理论》,程鹏等译,上海社会科学院出版社2018年版,第75页。

（Iconology）的概念由16世纪人文主义者首创，用以研究考古学发现的符号、钱币上的肖像和其他图像证据，包括对图像内容的描述、阐释以及视觉的象征体系和事实研究。到了19世纪，这种研究成为艺术史确立的专门学科，使用综合分析方法分析图像的内容和形式。20世纪初，图像学的分支学科——"音乐图像学"诞生，主要借助于人类学、民族学、民俗学、艺术学和音乐史、舞蹈史等学科的系统性和知识结构来研究古代流传下来和考古发掘出来的有关音乐、舞蹈方面的图像资料，即反映在美术作品中的乐舞视觉图像。

艺术史学家欧文·潘诺夫斯基（Erwin Panofsky）将图像学研究分为三个层次：第一层次为前图像志描述阶段，需要一定的实际经验来对艺术母题世界的自然题材进行描述与解释，即依照历史常识来辨识图像中的对象和母题等，比如汉画舞蹈中作为"乐悬"的建鼓舞的造型及隐喻。第二层次为图像志分析阶段，需要依凭原典知识对图像、故事和寓言世界的程式化题材进行分析，比如《山海经》《吕氏春秋》等关于建鼓舞的记述和汉画中大量建鼓舞的分类研究。第三层次为图像学阐释阶段，需要利用综合直觉对图像相关价值世界的内在意义进行阐释，比如关于建鼓舞的前世今生：远古巫舞，即有于高大杆木之下祭祀天地鬼神的形式；发展到汉代，形成建鼓舞，每每于百戏中心表演——植木穿横鼓，上有羽葆辟邪，顶有神鸟通灵，亦有跗鼓于下者，鼓舞者边鼓边舞，用以表达通天地、事鬼神之敬畏，是《乐记·乐论》所谓"大乐与天地同和，大礼与天地同节"。通俗地讲，"图像学就是在回答'有什么''是什么''为什么'这三个基本问题"[①]，如汉画舞蹈中有建鼓舞，它是用来祭祀天地的，因为其通天达地的建木和鼓可以传达人们的心声。

按深入程度，巫鸿将图像学研究分为高、中、低三个层级：低层研究专注于对单独画像形式和内容的描述分析；中层研究专注于细致分析代表

---

① 武利华：《中华图像文化史：秦汉卷》"总论"，中国摄影出版社2016年版，第2页。

性的墓葬、享堂或茔域的题材
选择、题材之间的联系以及装
饰部位的意义；高层研究则是
宏观地看待汉画的发展及其与
社会生活、意识形态、宗教观
念的一般性关系。① 对于汉画舞
蹈研究而言，三个层次的研究
正在平面展开；而对于三个层
级的重建来讲，则只能说刚步
入初级阶段，正向中级和高级阶
段探寻。所以如此，在于汉画舞
蹈的重建不只是纯美术史的二维
或三维空间研究，它还面临着舞

图1-36　2018年成为世界古典舞非遗项目的
泰国古典舞《孔》（刘建提供）

蹈身体艺术与技术的更复杂的系统工程。这将是重建的第二阶段工作，由视觉通向知觉，继而走向动觉操作。无此，我们将一直停留在纸上谈兵中。

在世界古典舞的范围内，绝大多数的东方古典舞是在20世纪中期前后伴随着民族解放运动而重建复现的②，如印度、印度尼西亚、泰国（图1-36）、柬埔寨、韩国、阿拉伯联合酋长国、布隆迪等。重建复现之后，这些国家的古典舞便以世界非遗的身份开始了垂直传承，以多元的舞台化主体性身姿与古典芭蕾、日本雅乐等进行平行对话。在此基础上，它们才有可能综合创造或重构创造出自己的新舞蹈，我们常称之为"当代舞"（像韩国的"新传统舞蹈"）乃至相应的商业性舞蹈（像印度的"宝莱坞舞蹈"）。

就个案而言，离我们最近的东亚舞蹈文化圈的韩国，其重建构想始于1920年的韩成俊，目标是恢复传统舞蹈并将其舞台化；40多年后的1962

---

① 参见巫鸿《国外百年汉画像研究之回顾》，《中原文物》1994年第1期。
② "重建"有别于"复现"，详见第四章第二节"有别于创新、复现与仿古的重建"。汉画舞蹈的激活在于重建方式。

图1-37 韩国"新传统舞蹈"中的长鼓舞（尹美罗提供）

年，重建的传统舞蹈由点而线而面地形成了国家认定的诸多"无形文化财"，并开始垂直传承，如《春莺啭》《莲花台》等；以此为立足点，2000年后，才有了第三阶段新传统舞蹈的建设。①（图1-37）凡此重建的发展，最根本的在于本体身体语言与身体修辞建设，而非仅仅是视觉范围内非本体的服饰道具或舞台装置。

"重建"不是什么新话题，是历史复兴螺旋发展之必然。据《后汉书》，刘秀在建立东汉王朝之后，立即下令在新都洛阳为高祖修建高庙，同时也下令"重修"了沛县的原庙，借以表达"世功莫大于高皇帝"。建筑之外，还有乐舞，也是在东汉，帝国重建了"六舞"，借以祭祀孔子，确保礼正乐清。今天，从三皇五帝到圣贤伟人，中国的各种庙堂在重建，孔庙的佾舞也在其中。凡此，皆用于民族文化复兴。汉画舞蹈的重建也是在这一大背景下被提出来的，力图在历史基础上使美术学的对象按照舞蹈学的逻辑跳出古物学的文物古迹，超越时空，"重见天日"（朱青生），以恢复我们身

---

① 参见［韩］尹美罗《韩国传统舞蹈中新传统舞蹈的过渡与实例分析》，北京师范大学"国际创意舞蹈学术研讨会"发言，2017年9月23日。

体的历史记忆与技艺。历史记忆是一个民族对其历史上重大事件、活动的一种记录和纪念，目的在于其不被遗忘，并且能够发挥现实的功能，形成民族认同。就中国传统舞蹈而言，民族认同最重要的方式，就是进行身体母语记忆与技艺的恢复与强化。这种恢复与强化在民间舞中是用乡土仪式保持，而对香火中断的中国古典舞来说，就是重建复现，继而形成垂直传承，汉画舞蹈的重建只是其一。

作为综合创造的古典舞，孙颖先生是以汉画舞蹈为基础而兼容了其他图像乐舞和文献乐舞资料而自成个人风格。他的第一阶段工作（20世纪50年代至80年代），除了对中国古典舞创建的身体实践摸索外，绝大部分时间和精力是在"二十四史"的研读和"古舞钩沉"中度过的；如此，他才有第二阶段工作的厚积薄发——64岁编排出《踏歌》，74岁创作出《楚腰》，其后才有了"汉唐古典舞基本功训练教材"和《寻根述祖》的作品系列，使自身的长期修养同步亮相于舞台和课堂。

从语言学的角度讲，这种舞蹈身体语言与身体修辞的激活，是同一语言轴上的水平表现，沉淀着身体母语，使其"创作—文本—阅读"成为一体化。清代有五言回文诗："红雨淡霞薄月迷香雾流风舞艳花落雪飞芳树幽。"20个字呈圆形排列在泥茶壶上，无论从任何一个字读起也无论顺读或倒读，均为一首五言绝句。这是任何外语都无法翻译出来的。同理，当我们用"土芭蕾"去跳汉代的《昭君出塞》、用洋芭蕾去跳唐代的《敦煌》时，就已经跳脱了同一舞蹈身体语言轴，退而求取其他语言轴上的舞种装点自己，还美其名曰"用芭蕾舞跳中国的故事""用世界语言表演中国的故事"。这种做法不仅是肤浅的，而且是有害的，缺乏一种"结果型社会"的严肃的未来学思考，甚至让中国古典舞背负上了巨大的负资产，致使其与世界古典舞脱轨。

全球化时代，世界变平，尤其是在文化方面，已经不存在所谓的领先者。每一种文化都与其他文化竞争，激活自己的传统才有竞争力。"不求而得"的"洋芭蕾"和"土芭蕾"开绷直立，有如造型感极强的直向青天与上帝的哥特式建筑，它们与汉代融入大地与自然的居所截然不同。受日本传统审美文化的影响，提出"负建筑"理念的日本建筑师把反造型的日式庭园视为理想形态，将建筑的起源追溯到洞穴。[1]由此可知日本传统舞蹈的重心何以向下再向下。建筑是凝固的舞蹈，舞蹈是活动的建筑。学习西方无可厚非，求取固有的传统在今天更为重要，无此不能在普遍的西方身体话语中赢得自身。用孙颖先生常挂在嘴边的一句话说，就是我们不能"捧着金碗要饭吃"。

二、实验过程

费孝通先生晚年迫切地意识到，应该"切实做到把中国文化里边好的东西提炼出来，应用到现实中去。在和西方世界保持接触，进行交流的过程中，把我们文化中好的东西讲清楚，使其变成世界性的东西。首先是本土化，然后是全球化"[2]。这些"本土化"的"好的东西"就是从中国古代流传至今的经典。楼宇烈先生以为："整个中国文化的传承围绕一些根源性的经典展开发挥，这是中国文化非常重要的一个特点。"[3]在艺术范畴内，这些根源性经典包括建筑经典、绘画经典、书法经典、音乐经典、服饰经典、舞蹈经典等，而舞蹈经典中就包括了印证汉代四百多年历史的汉画舞蹈。

相对于"左图右书"的第一阶段的汉画舞蹈图像学与文献学研究成果，第二阶段汉画舞蹈重建的身体行为操作始终处在自发的、无序的和零散的状态。20世纪80年代，随着中国改革开放后的"寻根"热潮，一大批仿古乐舞也随之涌出，包括汉代乐舞。显而易见，由于缺乏第一阶段的研究基

---

[1] 参见［日］隈研吾《反造型：与自然连接的建筑》，郝皓译，江苏凤凰科技出版社2018年版。
[2] 方李莉编著：《费孝通晚年思想录——文化的传统与创造》，岳麓书社2005年版，第97、123页。
[3] 金涛：《四通八达，寻传统之根 由艺登道，觅现实之径——访北京大学著名学者楼宇烈》，《中国艺术报》2016年8月31日第3版。

础,又由于不在同一身体母语语言轴上下气力建设,所以其舞台表达也还是"土芭蕾"的旧瓶装新酒,很快成为明日黄花。(详见第四章第二节)再往后的诸如《昭君出塞》的情况也同样如此,算是"你方唱罢我登场"的仿古。何以如此,"旧瓶"如摆设,"旧酒"难酿就。因此,即便我们今天敢于提出汉画舞蹈的重建,并且有了一定的"左图右书"基础,但其身体实践的操作也只能说是一种实验,特别是在缺乏有力的支持体系的情况下。因此,这一实验过程花费了10年工夫尚未磨出一把利剑:

> 2007年,我带着研究生从徐州汉墓考察回来,送给孙颖先生两幅两米长的汉画舞蹈拓片。先生欣喜若狂,小酒下肚,挥毫泼墨:其一为"民族要有记忆,舞种必讲祖源";其二为"中华舞姿,千古之美。悠悠吾心,不求何得?与刘建共勉。孙颖,丁亥孟春"(图1-38)。孙颖先生是大家,可以挥洒自如地综合创造;我是"小家",只能从汉画舞蹈研究起步。
>
> 2009年,孙颖先生驾鹤西行,与我们作别。
>
> 2011年,《汉画像舞蹈图像的表达》专著出版[①],扉页白纸中一行黑字——"谨以此书献给孙颖先生"。我把书送给领导和朋友,还留下了一句话:"不管支持不支持,该做的事会有人做下去。"
>
> 2014年,"汉画舞蹈实践的操作理性"公选课在北京舞蹈学院开设,以学人做舞蹈的"公鸡下蛋"的实践操作尝试着一种历史重建,将汉画舞蹈四维空间地置于练功房中进行实验。
>
> 2015年11月17日,在"北京舞蹈学院舞蹈学学科成立三十周年"之际,磨合出的几个剧目为之助兴,借以探索一条舞蹈史论与实践结合的路径,力图建构一个舞蹈学、编导、表演共在的舞蹈场。(图1-39、图1-40)有如观看演出的中国艺术研究院舞蹈研究所中国舞蹈

---

① 刘建等:《汉画像舞蹈图像的表达》,民族出版社2011年版。

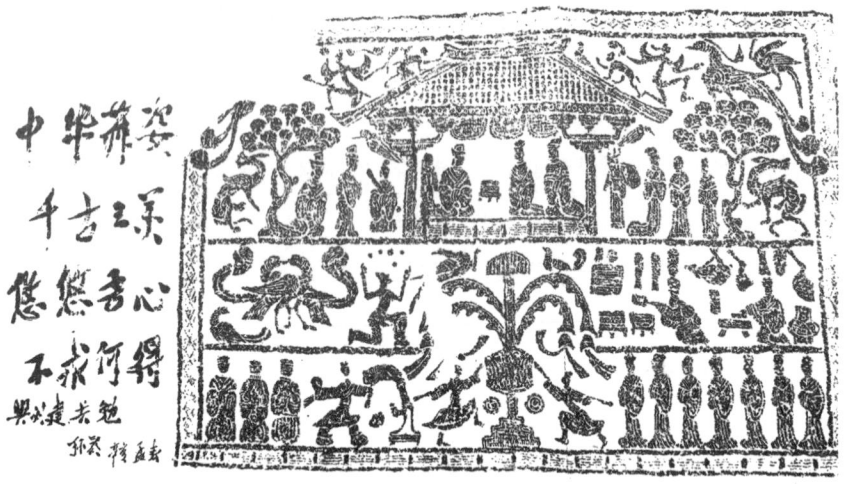

图1-38 徐州汉画像石艺术馆藏"乐舞百戏图"拓片及孙颖先生题字

图1-39 汇报演出中用替代道具表演的《建鼓舞》

图1-40 借用汉唐古典舞演员表演的《七盘舞》(刘建提供)

史学研究员王宁宁所言:"刘建老师和他的团队通过研究实验,尝试把这些历史瞬间定格,重建在现实的舞台上,这个行动不仅勇气可嘉,而且非常有意义,因为毕竟我们长期滞留在文本文字的空间,并且习惯于去想象两千年的汉代舞蹈。"同年,为了获得人力物力支持,还申报了一个学院级科研课题,可惜被学术委员会认为"没有意思"而没有通过。

2016年,因种种因素,无人喝彩的公选课也开不下去了,因为全院只有3个学生报名选修。天无绝人之路,被废弃的科研课题申报材料转而交给首都体育大学武术与表演学院申报,获准为北京市课题;又恰逢北京舞蹈学院研究生部有导师工作坊,给"该做的事"留下一线生机。于是，想做此事的志愿者八方汇聚到工作坊，整编成了一个"铁打的营盘流水的兵"的"混成旅"，继续着实验。

2017年1月5日，"汉画舞蹈重建及实践理性"的听取批评会在北京舞蹈学院综合楼5A教室召开。实验剧目演出后，北京大学汉画研究所所长朱青生教授的现场感受道出了"混成旅"的作战目标："我钻了几十年的汉墓，见过上百块汉画舞蹈砖石，今天好像是从墓里钻了出来，也想活动一下筋骨来手舞足蹈。"与此同时，反对之声也喊出："汉画舞蹈不存在"，"做这种舞蹈都无法就业"！对此，中国艺术研究院、北京大学、中国雅乐艺术团等学者和艺术家集体哑然，我们也不做反驳，因为是听取批评。但实验还得继续下去……①

2017年4月15日，配以服装、灯光的"汉画舞蹈实验演出"在北京舞蹈学院黑匣子上演，用5个实验剧目依次组成一个简单的仪式流程，而每个剧目中又有自身的叙事结构，使"左图右书"的碎片连接成一体。换言之，实验演出是以一种实践理论的方式建构起5个叙事文本，让它们连接5个不同的汉代"神话"。这些神话使仪式具有了言说的意义，而仪式使神话具有了言辞语境，它们在构成每一节目舞蹈身体语言叙事的同时，也构成了环环相套的一个序列。（表1-2）

表1-2 "汉画舞蹈实验演出"结构表

序号	剧目	种类	主题	结构
1	《建木之下》（男子双人舞）	建鼓舞	大乐与天地同和	以鼓敬地—以鼓敬天—以鼓达及天地人和
2	《手袖威仪》（女子群舞）	长袖舞	礼正乐清	出场—在场—退场

---

① 刘建：《"汉画舞蹈实验演出"·节目单·写在前面》，北京舞蹈学院研究生部2017年4月15日。有说明性增添。

（续表）

序号	剧目	种类	主题	结构
3	《弄剑》	跳丸弄剑	滑稽之尚武	出剑—弄剑—献剑
4	《羽人》（女子双人舞）	羽人	羽化成仙	侍奉（西王母）—嬉戏（戏神兽、六博、格斗）—侍奉（西王母）
5	《逶迤丹庭》（女子群舞）	巾袖盘鼓舞	南斗六星主生	司命—司禄—延寿—益算—度厄—上生

在《叙事作品的结构分析导论》中，罗兰·巴尔特将语言分出三个层次：功能层、行动层和叙事层。其中，叙事层的主要任务是把作品的前两层语言用叙事符号重新组织起来，放在以叙事者和读者为主的叙事交流之中。对汉画舞蹈重建来说，叙事层是总体设计，其任务是将功能定位后的动作编放到人物及其行为中，进入交流状态，实现舞蹈身体叙事。[①]

《建木之下》的功能在其主题和结构中已经显现出来，目的是在行动层面激活相关汉画建鼓舞图像，其动作与相关研究的文字描述暗合。（表1-3）[②]

表1-3 "建鼓舞动作上肢六型和下肢十三式"表

动作类型	动作名称	动作描述
上肢动作	A型：快击	双手交错摆动的幅度小而快。交替敲击建鼓或应鼓时多用之，节奏较快，鼓声急促
	B型：慢击	双手上下前后交错摆动。摆幅大，速度慢，节奏较慢
	C型：重击	双手摆动幅度较大，用力猛。又可分为三式： Ⅰ式：双手持桴交替高举于项背用力击鼓，节奏较慢，但鼓音大 Ⅱ式：齐击，双手持桴高举于肩上交替击鼓或双桴齐击 Ⅲ式：单击，鼓员一手屈肘举于肩上，一手前伸击鼓。双手交替击打鼓面，可快可慢，可以根据乐舞百戏的要求，灵活掌握

[①] 参见第八章第二节"将名词转换为动词性叙事"。
[②] 参见萧亢达《汉代乐舞百戏艺术研究》，文物出版社2010年版，第59—72页。

(续表)

动作类型	动作名称	动作描述
上肢动作	D型：反手击	双手摆动幅度亦大，用力较猛，其特点是鼓员身背鼓面，回首击鼓
	E型：扭身挝	鼓员左右扭动身躯，双手交替成斜线摆动猛击鼓面。摆幅大而慢，用力猛，鼓音亦大
	F型：按击	鼓员一手持桴弯肘举于头顶击打鼓面时，挥臂从上向下再从下往上划弧打击鼓面，每击一次，则用另一执桴柄的手迅速按一次鼓面以息鼓音，鼓音大但短促。还可能是类似现今的"闷打"，即一手按住鼓面，另一手执桴敲击鼓面，发出闷声
下肢动作	I式：踞坐式	鼓员双膝跪地，臀部坐于足胫，与古代坐榻的方式相同
	II式：跪式	鼓员双膝着地，与踞坐式微有差别，大概是从踞坐式变换而来
	III式：半跪式	鼓员一腿弯膝跪地，一腿在前弯膝以脚掌着地
	IV式：站立式	鼓员立于鼓前，举桴击鼓
	V式：小步式	鼓员作跨步状，一足前，一足后，步幅不大。即《祢衡传》所谓"蹀躞而前"，"蹀躞"，意即小步貌
	VI式：大步式	与V式接近，但步幅较大，一足在前，一足在后以足尖着地
	VII式：弓步式	鼓员一腿弯膝于后，一腿在前伸直以脚掌或脚跟着地呈弓步
	VIII式：跨腾式	鼓员一腿弯膝于前，一腿在后伸直离于地面
	IX式：反身跨步式	鼓员向后跨步，反身挥桴击鼓
	X式：提踢式	鼓员一足立，一足提起前踢
	XI式：骑坐式	鼓员骑坐于建鼓虎座的虎背上
	XII式：蹋鼓（鞠）式	鼓员脚踏一圆形物，此圆形物大概是小鼓，也可能是鞠，鼓员击鼓的同时，按照节奏以脚踏小鼓（鞠），需要眼、手、脚的紧密配合
	XIII式：蹴鞠式	建鼓侧或建鼓楹柱上系于鞠，鼓员边击鼓，边用足蹴鞠

这是一个精心的图像舞蹈动作分析和归纳，临界于研究与实操，是汉画舞蹈重建中表演与训练的前期文案工作。当然，按照建鼓舞的构型（高

图1-41 《建木之下》中男子双人的"以鼓敬天"舞姿

图1-42 《建木之下》中以鼓达到"天地同和"舞姿

图1-43 汉代出土长袖舞俑的连动排序

中低、地面与车骑、有无跗鼓等)、形象(男或女、胡或汉、舞伎或俳优等)、形式(桴或袖、单或双、坐或立等)以及鼓舞的调度、身体四信号[①]动作组合等,建鼓舞的技术系统远不止于此,如倾倒式击鼓、拧扭式击鼓、旋转式击鼓、蹃泥步和交叉步式击鼓,等等。此外,音乐学中的鼓点击打是建鼓舞乐舞一体的保证。它们都要纳入身体叙事中。在《建木之下》中,按照身体叙事逻辑,"以鼓敬天"有类于上肢的E型和下肢的Ⅸ式(图1-41);而在以鼓达到"天地同和"中,则有类于上肢A型和下肢Ⅷ式(图1-42)。毫无疑问,它们都是以连续性的动作完成的,而这又涉及连续性的动作从何而来。

---

① 舞蹈艺术的媒介就是身体,从直观外形结构来看,身体是由手、脚、躯干和头四部分组成——组成了一个可以共时性表演的信号系统。因此,手、足、躯干与头部的势语是舞蹈身体言说的关键,我们将它们称为"身体四信号"。参见张素琴、刘建《舞蹈身体语言学》,首都师范大学出版社2020年版,第10页。

在功能性的主题和结构上，汉画舞蹈重建中当关涉应然的"三乐"和"三境"："达欢乐人"之日常"初境"（如《弄剑》）、"化风乐治"之伦理"中境"（如《手袖威仪》）和"载道乐天地"之信仰"上境"（如《建木之下》和《逶迤丹庭》）。在行动层和叙事层上，这"三乐""三境"的表现则需要借助整体动作的"语篇"、连续性动作的"句篇"和单一性动作的"词篇"。汉画实验舞蹈《手袖威仪》是"载道乐天地"之后的"化风乐治"的身体表达。除了按照《河洛图》设计出"天圆地方"的调度外，"大礼必简"的长袖舞还必须在调度线上呈现舞姿和连续的行动的舞蹈动作。为此，其"词篇"与"句篇"的构成就要依据大量的"右图"及其序次安排，像《手袖威仪》中的由坐舞而立舞的原型排列（图1-43）。

工作的继续，是在原型排列的每一"词篇"点上展开动态尝试，将舞姿变成动作，如《手袖威仪》中长袖舞动作的拖垂袖、上扬袖、甩袖、搭袖、绕袖（单绕袖、双绕袖）等。"历史是一把衡量的尺度，理性也是一把衡量的尺度，而只有把两把尺度结合起来，才能对人类各种文化现象作出正确的理解。"[1]我们把这种理性称为实践理性或动作思维，以此将历史的价值送还给现实，像《手袖威仪》坐舞与立舞所呈现的审美的身体礼仪。[2]（图1-44、图1-45）

由叙事到行动，汉画舞蹈的重建还需要上升到更高层级叙事与行动的艺术与技术的表现。舍此只能停留在生活舞蹈中，而不能达到经典的艺术舞蹈。这就需要编导和表演的才能以及训练体系的保障，汉画中乐舞百戏的技艺可作为参照系。

汉画实验舞蹈《弄剑》的素材多取自汉画，较为典型的图像为成都市郊出土的"舞乐丸剑"画像砖。（图1-46）画面中有二案，二鼎，鼎中各有勺，说明是设宴陈伎的表演。画中有8位人物，主人夫妇2人，伴奏2

---

[1] 张广智、张广勇：《史学：文化中的文化》，上海社会科学院出版社2003年版，第177页。
[2] 参见郑靖潇《汉画实验舞蹈〈手袖威仪〉儒家身体观的呈现》，硕士学位论文，北京舞蹈学院，2019年。

图1-44 西汉南越王博物馆藏玉舞人及《手袖威仪》中的坐舞表演

图1-45 《手袖威仪》的立舞排练

图1-46 成都市郊出土画像砖"舞乐丸剑"　　图1-47 汉画实验舞蹈《弄剑》中的技击

人，弄丸1人，跳剑弹罐1人，巾舞踏盘1人，鼗鼓1人。弄剑者着屐，一腿前伸，一腿下蹲，右手表演剑击跳丸，左臂弹罐。4位表演者均穿木屐，增加了丸、剑、巾、鼗的表演难度，为我们记录了当时乐舞百戏的真实面貌。① 对应汉画实验舞蹈《弄剑》（图1-47）的舞者技术来分析：其一，右手所执剑上无丸；其二，左肘没有弹罐；其三，脚下未穿木屐；其四，身体四信号的动作幅度小。这不能怪《弄剑》表演者，除了他只是学习舞蹈史论的本科生外，我们的古典舞——哪怕只是剑舞也根本没有这种训练内容与系统。

即便如此，《弄剑》的重建也耗费了近3年时间。该作品意在整体的实验中纳入俳优舞，以保持汉画中滑稽而不失庄重一格。直观画像的大量搜集外，同时期的《汉书·艺文志》《庄子·说剑》《越女论剑》等"右书"也是参照；此外，汉代俳优俑的服饰设计、戏曲《金刀阵》的刀剑法、间鼓乐曲牌《下坡滚核桃》的音乐选择等，都要寻踪融合，包括汉画剑舞中的技击。

如果说弄剑之"武舞"被划归百戏，图1-50下方的长巾伎和俳优鼗鼓双人盘鼓舞则当为乐舞。长巾伎将日月星辰化为盘鼓置于脚下腾踏，飘飘欲仙，比之"利屐"，其木屐踏盘鼓另是一种技术，类似踢踏舞，这也是汉画实验舞蹈《逶迤丹庭》踏盘踏鼓技术所不及的。（图1-48）作为对舞形式，长巾伎拧身回望，引得俳优屈蹲"矮子步"播鼗，紧追不舍，颇有芭蕾舞剧《仙女》意味。就巾伎的能指与所指而言，以南斗六星为盘鼓的《逶迤丹庭》由6名女演员表演："司命"长巾上下甩动，以表天命；"司禄"长巾左右甩动，以争夺生存空间；"延寿"长巾用旋转，以表无限；"益算"长巾用绕巾，以显机敏；"度厄"为驱逐，长巾下掷；"上生"为前五者集大成者，类似于《睡美人·洗礼舞》中最后的紫丁香仙女。

---

① 参见王明发《画像砖》，辽宁画报出版社2001年版，第77—84页。该图的长巾盘鼓舞和俳优鼗鼓舞分析详见该书第二章第三节。

| 第一章　汉家天下四百年与中国古典舞的一种元模式 | 049 |

图1-48 《逶迤丹庭·司禄》中的踏鼓长巾技术　　图1-49 中国歌剧舞剧院舞剧《昭君出塞》中的控腿技术

让-保罗·萨特认为：把形象当作形象直接理解是一回事儿，而就形象的一般性质建构思想则是另一回事儿。①换言之，中国古代乐舞"依凭道具来表现动作技巧，依器而成艺，由艺而成道"②。就此而言，无论在技术上还是在思想观念上，今人未必超过古人——也正是因为如此，走捷径者便在中国舞剧《昭君出塞》中，用"6点钟"的控腿表达内心追求，比之将日月星辰置于脚下的巾伎与盘鼓伎，全然没有汉代舞蹈意味。（图1-49）

尽管没有文献呼应，汉画舞蹈的主流形态还是被公认的，并且是"诗乐舞一体"。郭茂倩《乐府诗集》就曾将"舞曲歌辞"类分为雅舞、杂舞：雅舞用于郊朝、朝飨；杂舞用于宴会，即我们所说的设宴陈伎。杨荫浏先生的《中国古代音乐史稿》秦、汉部分也曾在"乐府"的介绍后专论了相和歌、相和大曲、民间舞蹈、琴曲、百戏、雅乐。③而今，古乐重建和实验过程已经远远地走在了前面，其"实验音乐考古"—"古乐的重建"—乐

---

① 参见［法］让-保罗·萨特《想象》，杜小真译，上海译文出版社2014年版。
② 王宁宁：《"长袖善舞"的历史流变》，《北京舞蹈学院学报》2013年第3期。
③ 参见杨荫浏《中国古代音乐史稿》（上册），人民音乐出版社1981年版，第106页。

图1-50 河南淮阳出土的玉雕舞女　　图1-51 临沂吴白庄汉墓前室西过梁东面"羽人侍奉东王公乐舞图"

团的成立(如湖北省博物馆编钟乐团、河南博物院华夏古乐团、中国音乐学院雅乐团等)——乐团的演出(如2013年9月在香港文化艺术中心音乐厅上演的"编钟国乐声震四方"音乐会等)已成为国家行为,而舞蹈则还在探索中,包括汉画舞蹈的重建。事实上,在汉画中不仅有集于一身且乐且舞的建鼓舞,有钟磬琴瑟伴奏下的长袖舞,还有乐人舞伎呼应的垂胡袖长巾舞(图1-50)和似乐而舞的羽人跽坐乐舞。(图1-51)它们都可以与"古乐的重建"合作,同样在历史的器物和影迹上前行。如同哈布瓦赫(Maurice Halbwachs)所说:有多少个群体就有多少种记忆。该做的事终会有人做下去。

第二章
汉画舞蹈

第一节 处身的世界

一、"天文"世界

汉画舞蹈是中国汉代舞蹈的视觉直观形式,同时也是中国古典舞蹈艺术发展的一个高峰,有着承前启后的重要地位。在《秦汉史》"序"中,翦伯赞先生对汉画有极高的评价,以为"除了古人的遗物以外,再没有一种史料比绘画雕刻更能反映出历史上的社会之具体的形象。同时,在中国历史上,也再没有一个时代比汉代更好在石板上刻出当时现实生活的形式和流行的故事来……这些石刻画像假如把他们有系统的搜辑起来,几乎可以成为一部绣像的汉代史"[①]。仔细搜寻,这部绣像的汉代史不仅纵跨两汉400年,而且横跨古代中国,从今天的山东到江苏,从安徽到河南,从四川到陕西,并且蔓延到广东、广西、山西、甘肃等地。于此"石板上刻出"的历史之中,最为生机勃勃的便是舞蹈。

比之汉画像石上的舞蹈,"汉画舞蹈"范畴要大得多,包括汉画像石、

---

① 翦伯赞:《秦汉史》"序",北京大学出版社1983年版,第5—6页。

汉画像砖、汉代陶俑、汉代漆器、汉代丝帛、汉代铜镜、汉代壁画、汉代玉雕、汉代摇钱树、汉代金属画、汉代彩陶绘、汉代青铜纹、汉代崖画等刻画的舞蹈；地域空间和舞蹈样式也扩大了许多，诸如西汉南越王墓（今广东地区）的跽坐玉舞人和巴蜀之地（今四川、重庆地区）的胡人骆驼建鼓舞。

如同唐诗在唐代主流社会的风行，这些主流的汉画舞蹈也有其之所以能普及的处身世界，即我们所说的社会语境。当我们面对一个社会时，会时常问：这个社会的整体结构怎样？它在历史中占什么样的位置？其社会主流是什么类型的人并带来什么样的生存状态和体验？[①] 关于汉代社会，中外学者已经做出了许多描述：强大的统一帝国，劳动密集型的农业国度。它奠定了中国的汉文化，将儒道释以中庸的方式包容在一起，并留给后世。其社会主流的类型人群是"朕"与"二千石"的贵族群体，他们建立了一种通俗状态中的雅致与含蓄，借以获得天人合一的生存体验。

从汉画舞蹈的视角管窥，乐舞百戏本身就如同一个巨大、稳定和畅通的社会整体结构。这一结构中的身体表演样式在中国舞蹈史上是一个承前启后的枢纽，带着一种身体"社会动力学"，将结构的"社会静力学"（孔德）激活并延伸，如"长袖善舞"所展示的儒道两翼。与"长袖善舞"互文的"多钱善贾"，说明了其舞的社会主流性质，像戚夫人的"翘袖折腰"所占有的空间，至少说明汉代女性的一种生存状态——性别、性别群体的问题就是社会问题。所有这些，有理由说明汉画舞蹈处身世界的阔达与开放，包括自然的"天文"世界和社会的"人文"世界。

《周易·贲》言："刚柔交错，天文也。文明以止，人文也。观乎天文，以察时变。观乎人文，以化成天下。"这一"天文"与"人文"的世界，即其舞蹈身体语言的言说语境——任何表达实际上都是一种语境的

---

① 参见[美] C. 赖特·米尔斯《社会学的想象力》，陈强、张永强译，生活·读书·新知三联书店2010年版，第3页。

图 2-1 咸阳博物馆藏"羽人骑翼马"玉雕

图 2-2 四川汉画馆藏"羽人六博图"

表达。在语言学中,我们称宏观的语境为"社会语境"(文化学上称为"文化语境",社会学上称为"场域"),称微观的语境为"言辞语境"(文化学上称为"情景语境",社会学上称为"场")[①],舞蹈身处的无非自然与人文这两个世界,或背靠社会语境,或身在言辞语境。在汉画舞蹈中,这两个世界又常常艺术化地交织在一起。咸阳博物馆藏有"羽人骑翼马"玉雕(图2-1),是自然而然的天马行于空中,却又像常人骑马,比之路易十三时期的马上芭蕾多了天文色彩。又有四川新津崖墓出土的"羽人六博图"(图2-2),也是将这两个世界化为一体:两身长耳、身着紧身衣的女性羽人踞坐于席上,面对六博赌具"投六箸,行六棋",呼叫手舞。博具上方有一觥,本是一种腹呈椭圆形有流及鋬、底和圈足的酒器,盖上有兽头形作为装饰。也有整体作为兽形的,并附有舀酒的小勺。古人常在宴席上行令以助酒兴,后人便使用"觥筹"来指宴席上的酒杯和酒筹。欧阳修《醉翁亭记》:"射者中,弈者胜,觥筹交错,起坐而喧哗者,众宾欢也。"筹,为计数之码,这里是指计行令胜负的竹码,系竹制,故从"竹",称筹(凑巧的是,东汉时民众相邀以歌舞祀西王母时手持之物也叫"筹")[②],与"六箸"之箸相似。博具下方有一觞,也是古代盛酒的器具。由觞而衍生的词

[①] 参见张素琴、刘建《舞蹈身体语言学》,首都师范大学出版社2013年版,第8页。
[②] 参见顾关元《古代盛器与语言探源》,《汉字文化》1997年第3期。

有"觞令""觞政""觞咏""觞饮"等。觞令即席间的酒令,与呼叫有关。图中二羽人无暇觥觞,其一屈肘伸臂摊掌,以静制动,羽饰下垂;其一起身扬臂,张手半握拳,情不自禁,羽饰上扬。有趣的是,羽人身后有一灵芝树,扶摇上长,自然而然,动势与起身羽人合。更有觥上一只西向飞的鸟,将起身羽人的身体投射连缀在一起,算是自然对人文的"入侵"。

汉代六博戏风行,汉文帝、景帝、武帝、昭帝、宣帝均好博戏,乃至西汉宫廷设有博侍诏官;上行下效,博戏亦在贵族与民间大兴。李零先生以为:六博博局的设计与占验时日和气运相关,是一种"式"的模仿工具,于游戏中推演观念中的宇宙模式[1],即道家的阴阳卦爻之说及升仙思想。所以据相关专家论述,博戏激烈时的高度兴奋即羽化升仙感。以此推论,博戏激烈时的高度镇定——如图2-2中静坐六博之羽人未必不是升仙的状态。类似的羽人六博舞在汉画中随处可见,多在昆仑山上,或与天禄相伴,或有猿猴相随,为自然语境之手舞,动感十足。图2-2羽人六博时有灵芝、飞鸟相伴,也是处身自然,即语言学中所谈到的"语境的解释作用"。[2]

汉画舞蹈的"天文"世界阔大深邃,上通天文,下通地理,中间连接着人文。从天文学的"天文"来看,汉代已有很高的观测天象的水平,许多天象图就是其真实反映。不仅如此,这些图像还常把起于周、成于汉的中国古代神话容纳其中,形成了"天人合一"。反映在汉画舞蹈中,便是头顶上形象生动的日月星辰、云纹祥瑞、天神人神、灵芝仙草等。这些舞蹈可以自成一体,并且对"人文"世界施以影响。

河南南阳汉画馆藏"太乙神·四神·伏羲女娲·北斗七星天象图",把无边的天际形象地描绘出来(图2-3-1),如云纹、仙草,太乙神端坐,戴冠,冠上有"山"字饰物。太乙神四周围绕着四神,左青龙,右白虎,

---

[1] 参见李零《"式"与中国古代的宇宙模式》,载《中国方术考》,东方出版社2001年版,第89—176页。
[2] 葛本仪主编:《语言学概论》,山东大学出版社1999年版,第30页。

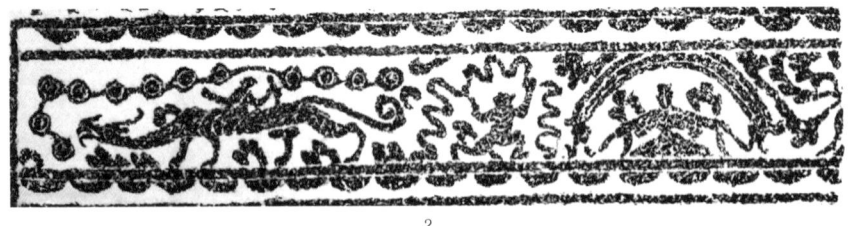

图2-3 两幅天象图
1.河南南阳汉画馆藏"太乙神·四神·伏羲女娲·北斗七星天象图";2.徐州韩兰成汉画馆藏"十二星座·舞蹈图"

上朱雀,下玄武。此四神即古代天文学中的"四象",分别代表二十八宿中的四个方位。二十八星宿是古人编制的恒星群系统,古人把二十八宿分为"四象",分别用动物名称命名,即东方苍(青)龙,北方玄武,西方白虎,南方朱雀,又称"四灵",并贯以"左龙右虎辟不祥,朱雀玄武顺阴阳"之说。青龙之右刻有人首蛇身的伏羲,其怀中抱一日轮,中有阳乌。白虎之左又有女娲与伏羲相对应,怀中抱一月轮,中有蟾蜍。画像左右两边刻有七星,由线连成斗形,即北斗七星。这些日月星宿可以挂在天上,也可以落在地上形成舞蹈。如成盘成鼓摆在地上构成的盘鼓舞,不必像敦煌壁画上的飞天舞,一定要飞到天空去跳舞。

在汉画中,星宿也多有表现。徐州韩兰成汉画馆藏有一幅"十二星座·舞蹈图"(图2-3-2)。十二星座连成一体,呈弯钩形悬在西北,一

图2-4 河南南阳出土的"太阳神炎帝图"

条苍龙奔腾而来；苍龙之上，是手持鼓槌的雷神，在仰身依次击打星鼓。雷神的右方，是手持长巾的俳优所饰的天神，跨步抖长巾，长巾呈流云状。天神之右，是舞伎所饰神女，垂胡延袖自上而下向两边打开，舞出头上彩虹状物，与十二星座相呼应。就星宿而言，它们还常化为盘鼓舞被表现出来。《星经》说："北斗星，谓之七政，天之诸侯，亦谓帝车。"在武氏祠后石室画像中，有一幅北斗图，斗勺四星变成车舆，中间坐着一位天帝。斗下刻有云朵作为车轮，斗柄三星连线变成车辕，车子后面有三个神人持笏送行，车辕下面有四个神人或躬身或跪着迎接天帝。北斗星位于中宫，把北斗星神圣化为帝车，意喻天下长治久安。汉画实验舞蹈《七盘舞》即力图表现这一隐喻。和北斗七星相对的南斗亦被汉代人重视，《星经》说"南斗六星，主天子寿命，亦宰相爵禄之位。"又有南斗六星分别代表"司命""司禄""延寿""益算""度厄""上生"说，把人文意愿自然化了。

天象中的太阳图像在汉画中可独立出现，一般被置于墓顶，如同埃及法老墓中的太阳神，代表墓室小宇宙的光源。在山东安丘董家庄汉墓里、在湖南长沙马王堆1号和3号墓帛画中、在陕西绥德和神木大保当墓门门扉上，都有太阳的符号，或为羲和御车，或为伏羲托举，或为阳乌载日，或为日轮中有飞鸟——古人把太阳的运行与鸟在天上飞的现象比附的结果。南阳市卧龙区英庄镇出土的汉画像石下方刻一神人，人首蛇尾，双臂举一日轮，日轮内刻一金乌，表示太阳；此神是传说中的太阳神炎帝。（图2-4）这一形象颇类似黎族"斗笠舞"的太阳神舞。

月亮和太阳一样常见，位置也在墓顶、墓门等处，和太阳相对。月为大阴之象，"月也者，群阴之本也。月望则蚌蛤实，群阴盈"（《吕氏春

第二章 汉画舞蹈 | 057

秋·精通篇》)。在神话中,月亮由女娲托举;此外,玉兔文静、蟾蜍阴湿,均属阴性,也可以代表月亮。日月是一对同类的事物,在汉画中大都呈对称式出现,此外还有日月同辉图像。陕西神木大保当11号汉墓彩绘画像石左右两门柱上,完好地刻画着代表日月的伏羲女娲的画像。这种阴阳之主和阴阳之精相互错位和替换,既蕴含着阴阳的交合,同时还象征着宇宙万物的平衡与和谐。[①]伏羲女娲双人舞形象在汉画中或分或合,千姿百态,充满着生命力。

  日月星辰外,汉画中还有其他天神舞等。南阳王庄东汉墓中出土有"风神雨师图",以苍云星宿为舞蹈场,上面有三位神人合力牵引一辆"五星车",乘车者天帝,拉车者或为头饰羽人,呈纤夫动势;下面四雨师抱罐向下泼水行雨,呈整齐的男子四人舞;画面右侧有一巨人,赤身跪地,张口吹气,为风伯,即飞廉。(图2-5)《韩非子·十过》云:"昔者黄帝合鬼神于西泰山之上……蚩尤居前,风伯进扫,雨师洒道。"[②]南阳宛城区高庙东汉墓中还出土有"雷公击鼓图"(图2-6),星云之中,雷公于六面鼓车中跨步徒手击鼓,鼓舞一体。前面又有二神人拉鼓车西行,同样力道十足。如果说敦煌壁画上的雷公已成为今天《雷公鼓》表演,那么这些语义清晰的汉画天神舞亦可表现为舞台作品。

  再来看人神舞,首推当属嫦娥。南阳市西关出土有"嫦娥奔月图"[③](图2-7),左上方刻一满月,中有蟾蜍;右有嫦娥,人首蛇身,高髻广袖,拱手作揖,呈升腾状,周围有云气簇拥,云中散布九星。嫦娥上了天,自有天上舞,还与天神相会,构成一种身体叙事。南阳市西关汉墓又出土有"嫦娥会玄武图"(图2-8),图左侧为已成月神的嫦娥,身后有月轮;图右侧为玄武神,身前有双蛇合体神兽。蔡邕《月令章句》曰:"北

---

① 参见朱存明《汉画像之美:汉画像与中国传统审美观念研究》,商务印书馆2017年版,第147—149页。
② (清)王先慎:《韩非子集解》,中华书局1998年版,第65页。
③ 一说为"女娲捧月图"。

图2-5 河南南阳王庄出土"风神雨师图"

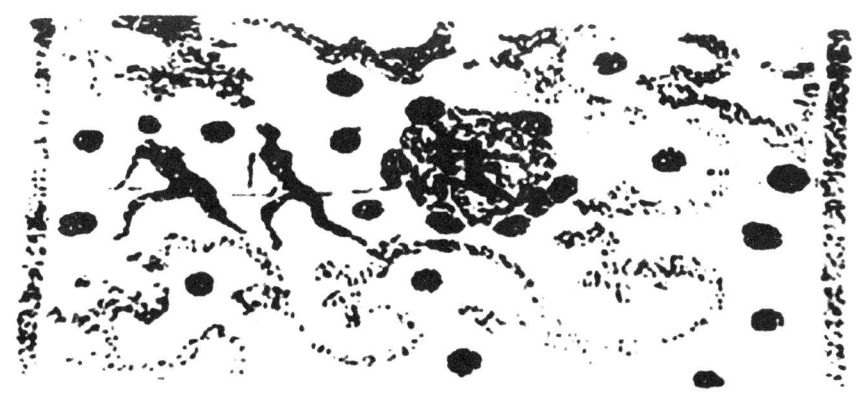

图2-6 河南南阳宛城高庙东汉墓出土"雷公击鼓图"

方玄武，介虫之长。"《文选》注："龟与蛇交曰玄武。"又《礼记·曲礼》："行，前朱鸟而后玄武。"《后汉书》李贤注："玄武，北方之神，龟蛇合体。"道家奉玄武为真武帝，又称北帝真武帝、荡魔天尊。嫦娥与玄武会面，应是在商讨镇魔事宜，举手作揖，彬彬有礼。[1]该画像石延伸了嫦娥传说的身体叙事内容，也表明了在同一语境中的不同汉画可以连缀而形成系列。

人神中还包括傩神和羽人等，也时常跑到天上。在舞蹈史上，傩

---

[1] 参见逯富太、曾杰编著《南阳汉画故事精粹》，中州古籍出版社2015年版，第87页。

图2-7 河南南阳西关汉墓出土"嫦娥奔月图"

图2-8 河南南阳西关汉墓出土"嫦娥会玄武图"

舞有一席之地，无论国傩、大傩还是乡傩，都是人间面具舞。据《后汉书·礼仪志》载，举行大傩仪式时，选中黄门子弟十岁以上、十二岁以下一百二十人为"侲子"，身穿黑红色衣服，手持鼗鼓而舞，仪式的领队称"傩头"，又称"方相氏"。举行傩礼时，方相氏头戴面具，面具上饰有四只金黄色眼睛。他身披熊皮，手持刀、盾，率领由人装扮的十二神兽，在侲子的伴随下边舞动刀矛，边呼叫打鬼。这样反复表演三次，而后持火炬送疫出端门。门外有卫士接送火炬出宫。最后由司马阙门门外五营骑士将火炬掷于洛水，以表示疫鬼已被淹死。这种驱疫仪式在今天的民间也还

图2-9 河南南阳出土"方相·羽人舞图"

举行。在汉画中,随着语境的变化,傩舞也可以上天加入天神、人神舞中,比如河南南阳出土的"方相·羽人舞图"(图2-9)。云纹蔓草中,图右一熊一虎,熊张臂奔跃,为逐疫头目方相氏的形象;虎张口伸爪,扑向一怪兽,怪兽臣服,垂坐于地。图左两羽人乘龙骑虎,得意扬扬,是谓羽人戏神兽,占据了构图的半壁江山,也构成了两种舞蹈由逐疫而升仙的连动性质。

与天文相对的是地理,包括山水草木、鱼虫花鸟。在汉画的大地之上,青山绿水外,草木郁郁葱葱,长青树、扶桑树、嘉禾、灵芝等随处可见,还有许多仙草组成的花纹。有些时候,它们出现在农耕、罟鱼、狩猎中,带着某种隐喻性的表达,像长青树、扶桑树等。长青树即柏树,四季长青。河南许昌博物馆藏有"松柏·门阙·武士图"(图2-10),图中松柏、门阙中间,有一持环首刀武士站立守卫,门阙代表墓主贵族身份,松柏则代表其生命长青,如果武士挥刀做舞,便是兵器舞。又有山东枣庄小山西汉M2南椁至西档画像"松柏·长袖舞图"(图2-11),图分上下两层,两层又由长青树隔开左中右。下层为骑马出行,主人居中;上层为羽化升天,居中的长袖舞伎导引升仙;松柏挺拔郁郁,直指仙界。

长青树之外,扶桑树地位也很高,被称为神木。扶桑树即桑树,它的神树性质一方面在于"日出其下";另一方面在于它有"高禖"功能,故又称"合欢树"。中国是植桑养蚕最早的国家,"黄帝元妃西陵氏始蚕"。殷商时代,蚕桑业迅速发展。时至战国,桑事为生存大事,四川成都出土的错银青铜壶的第一层图案中即有采桑图,与战争渔猎并重。到了汉代,桑业已成大业,桑树地位进一步提升,许多汉画像中,它们都与墓主人所在

图2-10 河南许昌博物馆藏"松柏·门阙·武士图"

图2-11 山东枣庄小山西汉M2出土"松柏·长袖舞图"摹本

楼阁平行站位,显示出了"位置的意义"及隐喻的观念。① 观念的产生在于物本体,由于桑叶的再生性和桑葚的多产性,桑树被赋予了丰收和繁衍的双重意义。于是采桑之前举行的桑林祭祀活动逐渐得到官方鼓励和认可,有了《墨子·明鬼》中"燕之有祖,当齐之社稷,宋之有桑林,楚之有云梦也,此男女之所属而观也"的记载;有了"桑间濮上"男女欢会的习俗;有了《诗经》中大量"桑"意象的作品,像《豳风·七月》"春日载阳,有鸣仓庚。女执懿筐,遵彼微行,爰求柔桑。春日迟迟,采蘩祁祁。女心伤悲,殆及公子同归";有了青铜壶上男女"桑林之舞"(见图8-53)。

官方的桑林祭祀活动及"桑林之舞"是在另一空间展开的。《礼记·月令》曰:仲春之月,"是月也,玄鸟至。至之日,以大牢祠于高禖,天子亲往,后妃帅九嫔御,乃礼天子所御,带以弓韣,授以弓矢,于高禖之前"。高禖是一种祈求子孙的大祭,祭祀后,必有"桑林舞"。赵国华先生解释《诗经·大雅·生民》时说这些舞蹈跳的是鸟舞,表现对男根的崇拜,以男女结合(攸介攸止)祈求生育。又有《吕氏春秋·顺民》曰"天大旱,五年不收,汤乃以身祷于桑林",商汤乃帝王,其以身祷于桑林当以肃穆恭敬为上,但身体投射对象也还是以桑为女阴的象征及女性有信水的缘故。②

---

① 参见[美]巫鸿《武梁祠——中国古代画像艺术的思想性》,柳扬、岑河译,生活·读书·新知三联书店2006年版,第69页。
② 参见梁秀坤《古代文学中的桑、桑林与桑女》,《中国艺术报》2019年3月29日。

图2-12 山东济宁两城山"射鸟·扶桑树·羽人饲凤图"

这种带有原始意味的桑林之舞在汉画中开始转换,求雨及生殖繁衍的主题被羽化成仙的浪漫气息笼罩;舞蹈的主体也由人转换为可栖于树上的"羽人"。王充的《论衡·无形篇》云:"图仙人之形,体生毛,臂变为翼,行于云,则年增矣,千岁不死。"羽人降落,便可"鸟舞"于扶桑树上。山东济宁两城山汉画像石上有"羽人饲凤"图像(图2-12),巨大的扶桑树树枝缠绕,树冠上两只凤鸟引颈待饲;又有两只凤鸟口含仙丹立于两侧,它们之间应该是衔丹、吐丹、食仙草的连动关系,借以与羽人互动。扶桑树下,对称的两侧各有一位持弓搭箭的人在射鸟,有仆人侍候,与《礼记·月令》"带以弓韣,授以弓矢于高禖之前"的意义相同。旧时,农村也有洞房内设以弓矢,其含义就是女为弓、男为矢,男女结合之意。[①] 由此,构成了自下而上循环的"射鸟求生殖—舞于桑林间—羽人饲凤取丹—仙丹长寿—射鸟人生命延续"的表义链。

有树便有草,汉画中的草多为仙草,仙草也常与羽人相伴。南阳麒麟岗汉墓出土的"羽人·仙草图"中,羽人抬头仰身,一臂上举,一臂下伸,

---

① 参见赵承楷、江继甚编著《走进汉画》,上海书店出版社2006年版,第50页。

单腿跪地，呈弓步，恰与身旁的两株仙草造型相合。仙草在汉画中或长于人界（车马出行图中有），或长于仙界（西王母昆仑山上有），或长于天界（四神图中还有）。至于羽人在何处舞仙草，则由其语境和身体投射所决定，像图2-101、图7-41、图7-42的天界仙草舞和图6-32身体投射向上的人界升仙舞。在没有语境的情况下，舞蹈身体语言自身会透露出相应的信息：该图羽人呈反弓舞姿，仰面举手，身体投射向上，显然是身在"地理"而心在"天文"，随着仙草的长势而舞动飞升，在"游戏内外"①将"天地人和"的宇宙观和行为方式化为对永恒的大自然追求的舞姿中。

二、"人文"的世界

严格地讲，汉画舞蹈"天文"的世界也是人的文化产物，与大自然的日月星辰、山川草木、花鸟鱼虫不完全是一回事，带有明显的人文色彩，像"羽人六博"时的花鸟、"雨师洒道"时的水罐。之所以在这里把它们分开，更多的是想强调处身人文语境中舞蹈的现实性和自然语境中舞蹈的虚拟性的差异，有点类似于现实主义和浪漫主义的区别，也类似于敦煌舞中的伎乐人舞和伎乐天舞的区别。

汉代社会"仓廪实而知礼节，衣食足而知荣辱"（《管子·牧民》）。礼节荣辱乃"外儒内道"，知之而晓以乐舞，就有了人文世界中的诸多舞蹈，以社会主流人物引领。如汉高祖功成名就，击筑"自为歌诗曰：'大风起兮云飞扬，威加海内兮归故乡，安得猛士兮守四方！'令儿皆和习之。高祖乃起舞，慷慨伤怀，泣数行下。"（《史记·高祖本纪》）又如戚夫人"善鼓瑟、击筑"，以"翘袖折腰舞"见长，常在感怀时为之。再如汉成帝皇后赵飞燕，"长而纤便轻细，举止翩然"，"善行气数"和"踽步"，可跳"掌上舞"，是汉代道教内丹功以求长寿之舞蹈体现。上行下效，官僚士大夫阶

---

① 程梦稷：《游戏内外——罗歇·卡伊瓦游戏理论述评》，《民间文化论坛》2019年第3期。

层亦被纳入乐舞结构之中。如长信少府檀长卿宴饮起舞(《汉书·盖宽饶传》)、李陵置酒贺苏武归汉起舞作歌(《汉书·李广苏建传》)、五原太守王智为蔡邕践行"起舞属邕"(《后汉书·蔡邕传》)等,形成了"以舞相属"的交际体验。张衡的《二京赋》《南都赋》《舞赋》等描写过更具体的主流舞蹈的舞蹈场,包括长安的平乐观(馆)和乐舞百戏广场:皇帝大驾光临,君民同乐,场地设计如仙山楼阁,演出有"撞洪钟,伐灵鼓""奇童唱兮列赵女,坐《南歌》兮起郑舞""强筝吹笙,更为新声"等。

由主流至非主流社会,"卫地有桑间濮上之阻,男女亦亟聚会,声色生焉,故俗称郑卫之音"(《汉书·地理志》),是说男女相恋。又有董卓被诛后"士卒皆称万岁,百姓歌舞于道"(《后汉书·董卓列传》),是说百姓对政治的身体表达……

当这些社会现实和观念性现实压缩到汉画舞蹈的人文语境中时,它们便被直观地表现出来,使舞蹈处身其中——当然,这是主流状态,例如历史人物故事图像。这些图像大都集中在儒学深厚的山东和河南南阳,可分为八类:明王、诸侯、圣贤、名臣、孝子、刺客、烈女和义士。画像内容既是墓葬所有者和雕刻者的选择和创造的结果,更是严格按照当时占统治地位的社会意识形态选择和配置的结果,借以"恶以诫世,善以示后",其核心观念是宣扬先王圣德和儒家伦理思想,处身其中的舞蹈当然也不例外。

山东嘉祥武梁祠刻绘了许多圣贤先祖,榜文清晰可见(图2-13),自右向左为:伏羲、女娲,人类始祖(已为天神)。祝融的题榜是"祝诵氏:无所造为,未有耆欲,刑罚未施",可见出时代朴素;神农氏手持耜,正在翻土,"因宜教田,辟土种谷,以赈万民",反映了氏族社会从渔猎到农耕的转变过程;黄帝杀蚩尤,并天下,"多所改作,造兵井田,垂衣裳,立宫宅",反映了父系氏族时代的定居生活;"帝颛顼高阳者"能够养材、载时、有谋、指事,他的时代清明祥和,人民安居乐业;"帝喾高辛者,黄帝之曾孙也","取地之财而节用之,抚教万民而利诲之,历日月而迎送之,

图2-13 山东嘉祥武梁祠"三皇五帝·羽人舞图"

明鬼神而敬事之","日月所照,风雨所至,莫不从服";尧禅位于舜,"其仁如天,其智如神,就之如日,望之如云";帝舜仁厚,"每徙则百姓归之",有苗不服,"修教三年,执干戚而舞之,有苗请服","箫韶九成,凤凰来仪,击土拊石,百兽率舞"……作为以舞歌颂圣贤者,是伏羲女娲中间双蛇尾的羽人,昂首扬臂,双尾(足)跳跃;更有其上的羽人侍奉西王母而舞,令其永生。

顺便说一下,所谓"永生",不仅仅是刻画或记载于"左图右书"之中,还应该以一种仪式化行为代代延续。像对神农氏的赞美,历代皇帝都以仪式化方式保持着对这位农业立国圣贤的崇敬,即便游牧民族统治中国的元代皇帝也依旧如此。北京景山公园寿皇殿及其东西两侧是元代御苑所在地。《析津志》载,这座皇家御园为皇帝亲耕场所和御用粮仓处所。至明代,皇帝亲耕礼的举办地点移到了城南的先农坛,清代承此。以此推论,包括羽人舞在内的赞颂圣贤的舞蹈也可以以身体仪式的形式在今天得以呈现。

于此之中,可以清楚地看到儒家评价历史人物的道德标准:以"仁"为核心,以"忠、孝、节、义"为内容。"仁"是用以评价古代帝王的道德标准,"忠、孝、节、义"用以评价其他历史人物,并形成对各个社会阶层

图2-14 山东大汶口出土"舜涂廪·羽人舞图"局部

广泛的道德要求。① 山东大汶口一汉墓前室隔梁东面画像又有更具体的羽人舞图,用以赞颂"舜涂廪"的至孝(一说为"韩朋故事"的至贞、至节、至义)。② 云纹之中,4身带翼羽人(其2身残)飞舞于舜之头顶,盛赞"孝之祖"(图2-14)。也就是说,凡得道者,"箫韶九成,凤凰来仪。击石拊石,百兽率舞";失道者,"修教三年,执干戚而舞之"。"独尊儒术"的人文世界规定了此类舞蹈的是非标准,无论羽人舞还是鼓舞或袖舞。

山东滕州桑村镇西户口村出土一六层汉画像石(图2-15),将这种是非标准具体体现出来。全图自下而上为:一、二层牛车、马车、马队西向出行,俨然贵族排场。三层中间为跪打建鼓舞与倒立表演,羽葆左右飞扬;建鼓左侧为六博戏和跽坐听讲经者,右侧为站立与跽坐听讲经者。四层为讲经场,中间二人似在问答,其余众人聆听。五层为九尾狐等神兽,

---

① 参见朱存明《汉画像之美:汉画像与中国传统审美观念研究》,商务印书馆2017年版,第158—159页。
② 《史论·五帝本纪》:"瞽叟尚复欲杀之,使舜上涂廪,瞽叟从下纵火焚廪。舜乃以两笠自扞而下,去,得不死。"又,该图经陈长虹考证,正名为"韩朋贞妇"的故事,见陈长虹《汉魏六朝列女图像研究》,科学出版社2016年版。《搜神记》载:宋康王舍人韩凭(朋),娶妻何氏,美,康王夺之。夫妇贞信守节,重义轻死,双双以死赴太阴。二冢长相隔,有连理树("相思树")勾连,又有鸳鸯恒栖树上,后二人终成尸解仙。

第二章 汉画舞蹈 | 067

图 2-15　山东滕州出土"车马·建鼓·讲经·西王母图"

隔开俗界与仙界。六层的西王母端坐中央,两边各有玉兔捣药。全图以建鼓舞为中心,其上下左右构成了一个肃穆的舞蹈场——尤其是第四层的讲经及第三、四层众多听讲经者,使建鼓舞风凝重,暗示出得道者方可进入第五、六层的仙界,是谓"外儒内道"。

同样是以建鼓舞为中心,人文世界一改言辞语境,其表达就不同了。出土于江苏徐州洪楼的"纺织·建鼓·谒见图"别开日常性舞蹈场(图2-16):画面上层为谒见图,人物毕恭毕敬,应为儒家礼仪。下层可以分为左右两部分,左侧为纺织图,"男耕女织"是中国的传统,其形象一直保存在中国传统艺术中。右侧的乐舞场景中,中间有建鼓表演,二人一正身一拧身蹲步持桴击鼓,上方有二人吹排箫伴奏和一倒立俳优,下方有倒立、跳丸表演,均不对称。画面的右侧亭阁里,主人在观看表演,身旁有侍者恭候。与图2-15相比,这里没有高高在上的西王母、严肃认真的讲经者和听经者,以及浩浩荡荡的出行车马,其建鼓舞由跪打而立打,显得活泼许多。

图2-16 徐州洪楼出土"纺织·建鼓·谒见图"

图2-17 徐州睢宁出土"建鼓舞·杂技图"

如果再换一个非儒非道的娱乐舞蹈场或言辞语境，建鼓构型、鼓舞者身份、鼓舞形态、观者，以及鼓舞的内容表述还会发生转换。出土于江苏徐州睢宁的"建鼓舞·杂技图"构图舒朗（图2-17），画面中间竖立一建鼓，造型简单，羽葆短小，基座平实；两侧有二人持桴击鼓，均为束发半裸挺腹俳优，张口呼啸跃步而舞。其上，一俳优做腾空翻；画面右侧又有一俳优表演跳丸；两侧各有一闲散观者及持笏侍者。与图2-15、图2-16相比，此建鼓舞可称之为"游戏建鼓舞"，透露出游戏场中的快乐原则，却又带着乐舞一体的"竞技游戏"技术指数。这一指数再高，就是仰身鼓舞了，与腾空翻和弄丸技术不相上下。

说到俳优跳丸，与俳优建鼓舞异曲同工。司马迁《史记·滑稽列传》专记优孟、郭舍人、优旃等一类滑稽人物及其讽谏之事，是为古代以乐舞谐戏为业的艺人。《韩非子·难三》："俳优侏儒，固人主之所与燕也。"《汉书·霍光传》"徘倡"颜师古注："俳优，谐戏也。"《荀子·正论》又云："今俳优、侏儒、狎徒，詈侮而不斗者，是岂钜知见侮之为不辱者！"先秦侏儒优的表演已达到了相当高的水平，优孟衣冠之所以能够脍炙人口即是证明。两汉俳优的非侏儒化结束了侏儒对于优的伎艺的垄断，加之胡人技艺在身者的加入，俳优的表演恢复到正常人的生态环境中，使俳优表演艺术进一步提高成为可能，也使俳优艺术的普及化成为可能。[①]如此看来，俳优的身份可与舞伎抗衡。

再说跳丸。和建鼓一样，其原本并非用于杂耍的道具。汉代典籍中有仙人食枣之说，汉画中又有仙人取丹和跳丸图。今天的民俗学家称跳丸为"弄丸"，以为与道教持仙丹相关。所以这"丸"与"建鼓"就同样具有了神性，此外还有一人同时表演跳丸与播鼗的高难度动作。至于"跳丸"外来说，史书上也有记载。为了避免"中国文化西来说"和"中国文化交织说"的冲突，朱青生提出过"中间方理论"，主张把问题悬置起来，慢慢研究。站在这一立场上，俳优跳丸至少不能算是纯粹的游戏或杂耍。

凡此，类似一种"对比语言学"的共时研究，比较不同语境对语音、词汇、语法、修辞等产生的变换关系。在对图2-15、图2-16、图2-17中三种建鼓舞的比较分析中，我们看到社会语境和言辞语境对舞蹈身体词汇（动作）、语法（动作连接）、语音（风格特征）和修辞（技术构成）的"变换、对应及干扰等关系"[②]，发现了建鼓舞谱系没有变化，变化的是因为处身世界所导致的功能转换。这种情况在汉画袖舞中亦然。

出土于安徽宿州褚兰镇宝光寺东汉时期的"西王母·螺袖舞·车

---

① 参见于天池《两汉俳优解》，《中国典籍与文化》2005年第2期。
② 潘文国：《汉英语对比纲要》，北京语言大学出版社1997年版，第2、10页。

图2-18　安徽宿州褚兰镇宝光寺出土"西王母·螺袖舞·车马·捕鱼图"

马·捕鱼图"分为四层(图2-18):上层绘西王母、侍奉羽人及瑞兽。第二层刻9个戴冠舞伎,长裙螺袖,两两相对(右边第9个驻足观看),共跳长袖舞,收垂袖,舞姿内敛优雅。第三层为车马出行,车上主人伸出头向上观看。第四层绘捕鱼场景(捕鱼是劳作),其上为车马过桥,前呼后拥,当为贵族出行,或是谒见西王母;后有两护卫,马车前又有两位长袖舞伎对舞,与车马动态相呼应;抬头扬袖舞姿略开放,送主人过轿,带有某种仪式感。

换一个语境,出土于江苏徐州沛县栖山的"六博·车马·乐舞图"中的袖舞就不同了。(图2-19)图中乐舞场地开阔,中间二舞伎相对起舞,各成"半月"形,挥袖折腰,套袖及其中的长袖完全展开,共呈"心"状;旁边有吹竽、抚琴伴奏者。左侧有阁楼,下有仆人,上有六博者;楼外门阙下有护卫在迎接两驾轻型马车及随从的到来,车主人或许是来参加六博的,故其欢迎乐舞亦飘飘欲飞,不同于"以手袖为威仪"之肃然。

第二章　汉画舞蹈

图2-19 徐州沛县栖山出土"六博·车马·乐舞图"

图2-20 山东微山两城镇出土"乐舞·杂技·羽人饲凤图"

待到舞蹈场中无纺织、无鱼罟、无大屋楼阁、无车马出行、无侍从护卫时，无论建鼓舞还是长袖舞，就完全进入道家的得道成仙了。出土于山东微山县两城镇的"乐舞·杂技·羽人饲凤图"就体现出这种轻快飘逸。（图2-20）图中间高杆建鼓的羽葆飘带将画面分成上下两层。下层有二人持桴击鼓，两臂呈对称斜线；建鼓后二长袖舞伎呈"人"字飞鸟舞姿。左侧一人抚琴，一人吹排箫，一人吹竽；右侧一人表演跳丸，一人倒立，一人屈膝扬袖而舞，呈"S"形舞姿，与其上的垂尾凤鸟相呼应。所以如此，上层的祥禽瑞兽和扬臂跨步的羽人饲凤的语境给予了其语义"解释"和"过滤"。

一种语言的维护需要有它相对独立的环境，当它和其他语言发生接触时就会产生新的语言，它自身也会不断变化，转变成另一种新的语言，像这种由于语言之间的接触而产生的语言，我们称它为"接触语言"（contact language）。语言接触不仅存在于不同语言之间，也存在于同一语言中的不同语言变体（地域变体、社会变体）之间，不同变体之间的接触会产生新的语言变体。不同语言或语言变体互相接触时会出现什么情况，其原因又是什么，关于这方面的研究我们称它为"语言接触学"。语言接触不仅仅是语言学的问题，它还涉及影响这种接触的社会文化背景、历史及政治等一系列语言外的因素。[①]当汉画建鼓舞和长袖舞"人"字飞鸟舞姿接触时，它也会形成相应"人"字形的向上的舞姿（见图2-20）；而当它与脚踏地面的挺腹弄丸的俳优共同形成变体时，建鼓舞姿也自然如羽葆般短小下坠（见图2-17）。同理，当长袖舞被挤压在车马出行队列中时，其舞姿必然是束的（见图2-18）；而当它在阙门外广场起舞时，舞姿的舒展则成为必然（见图2-19），更不要说它与羽人和凤鸟共舞了。

历史人物的故事、车马出行的路桥、讲经说道的场地、谒拜六博的楼阁等，都是汉画舞蹈的人文处所；此外还有门阙、广场、庭院、居室等。于此之中，既有乐舞百戏中"鱼龙漫衍"之"大场"、陈宴设伎的"中场"，又有独舞、双人舞之"小场"。汉代是中国大地主庄园经济得到充分发展时期，同时也是中国建筑成熟时期，中国建筑结构的基本样式和布局格式由此奠定。汉画像艺术以平面绘图的方式，为我们直观地展示了汉代建筑的风貌，对其形式、组群布局、室内装饰等都做出形象而具体的描绘，不仅成为研究汉代建筑最珍贵的材料，而且也为我们提供了更具体的汉画舞蹈人文世界——如同欧洲在剧场出现以前的宫廷或贵族府邸的舞蹈场。

重庆中国三峡博物馆藏有一块"庭院图"画像砖（图2-21），庭院深深，亭台楼舍，方形的宅院分左右两院，右院为二进，右前厨房有炉、

---

① 参见［日］真田信治等《社会语言学概论》，王素梅、彭国跃译，上海译文出版社2002年版，第62—64页。

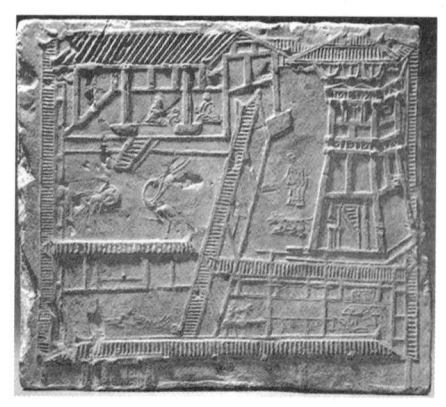 

图 2-21 重庆中国三峡博物馆藏画像砖"庭院图"   图 2-22 徐州汉画像石艺术馆藏"车马·庖厨·六博·乐舞百戏图"

灶、井栏,后面矗立一座很高的望楼,楼下系一猛犬,院内有执帚的仆人。左房二进,门内大院中有一对起舞的鹤,二进为正厅,屋宇宽敞,宾主二人正在对饮。左右两院间以长廊相隔。于此之中,双鹤起舞的庭院、宾主对饮的屋宇,都是汉代贵族手舞足蹈和观舞的场所。

这些建筑的主人显然是达官显贵,居所有仆人,大门有守卫,进出有豪华马车,餐饮有美味庖厨,观舞之际也是华服在身,美酒在侧。徐州汉画像石艺术馆藏有一块三层汉画石(图2-22):下层刻车骑出行,为主人归来。自左向右是单骑探路,两仆人跪迎(左上角);车夫载主人归,车为高级官吏所乘的边有障蔽的"轩车",上有伞盖,是《后汉书·舆服志》所谓的"羽盖华蚤",边上有二卫士持盾执矛护卫;之后是二坐骑护驾;再后面是贵族妇女所乘箱式"辎车",后面又有二坐骑护驾,是《诗经·大雅·烝民》所注"四牡骙骙,八鸾喈喈"。中层中间为一楼阁,庑殿斗拱式屋顶,双柱相承,柱上刻云纹,一楼二人六博,二楼二人饮酒观舞。楼阁左边的庖厨正在起火、烹调,有仆人送菜上楼,"亲戚宴飨,则由肴烝"(《国语·周语》)。

楼阁右侧为乐舞百戏:二舞伎飞身击打建鼓,左边舞伎持双桴,右边舞伎一桴一袖,二人腰间似挂有小鼓,鼓技高超;其上有俳优杂技,柔术、倒立,各显其能;最为惊险的是建鼓两边的高缅长袖舞,二舞伎扬袖飞身而下,比飞身建鼓舞者更显动势。三层与屋顶平行,有鹤、凤鸟、猴子、猫头鹰等,分别代表着长寿、吉祥、封侯、辟邪等,并有鼗鼓为"天地人合"助兴。何为儒?何为道?在此已经统统化为人文世界的"游戏"……

"从以上事例可以看出,歌舞在秦汉人的生活中占有相当重要的位置,鲁迅先生曾说:'秦汉远了,和现在的情形相差已多。'这喜歌嗜舞,即属'相差已多'的情形之一种,今天,我们看见一些少数民族动辄歌舞,总难免有一种异样的新奇感。其实追溯起来,我们自己的老祖先何尝不是如此呢?"[①]而要真的做到与汉代老祖先那样动辄歌舞,舞蹈处身世界的重建或许是一个大前提。

第二节　作为艺术舞蹈的舞种

一、从生活舞蹈到艺术舞蹈

汉画舞蹈之所以值得深描与重建并搭上中国古典舞这趟车,是因为它具有舞种性质。"舞种"是艺术学的概念,指艺术舞蹈的种类,其充分发展时会产生子舞种,各领风骚,像古典芭蕾的四个学派、印度古典舞的七个流派,它们是职业化的、学院派的,并各有其学术立场、艺术风格、技术系统和代表性的经典作品,形式或纯舞或乐舞一体,或独舞或双人舞,或男子舞蹈或女子舞蹈或男女同舞,或徒手舞或道具舞等,其丰富性与否和舞种及子舞种的发展成熟相关。在中国汉代舞蹈史上,图像或文献中的舞

---

① 赵唯等:《从南阳汉画看汉代人的精神风貌》,载《中国汉画学会第九届年会论文集(下)》,中国社会出版社2004年版,第190—191页。

蹈极为丰富，其中的汉画舞蹈是其直观体现，但若真正将其视为舞种并剥离出其艺术形式，首先要廓清它所涵盖的生活舞蹈与艺术舞蹈两个大类。

凡在日常生活中的手舞足蹈均为生活舞蹈，是非职业化的人人可参与的自在的身体行为与身体经验。按照艺术起源的游戏说，不仅可以产生身体行为的舞蹈，而且还可以产生身体行为的观念或动机。像汉代投壶，除了娱乐，还有修身养性的作用。宋代司马光著有《投壶新格》一书，以为："夫投壶细事，游戏之类，而圣人取之以为礼……投壶可以治心，可以修身，可以为国，可以观人。"可见投壶在古人心目中之重要性，已成为士子们修身的器物。比之投壶，六博和格斗的身体行为更为夸张。六博流行于两汉，曾是祭祀西王母的一种群众行为，待到羽人将其搬上昆仑山上手舞时，其道教观念更是不言自明了。至于格斗，当为"武舞"，尚武精神外，在汉墓中还有驱逐之隐喻，护卫墓主人。这些"经验是有机体相互作用的结果、符号与回报，当这种相互作用达到极致时，就转化为参与和交流"[1]。

按照身份、模态与话语的区分规则[2]，生活舞蹈的舞者身份随社会身份而定，像汉画舞蹈中"以舞相属"的贵族、农作舞的农人、狩猎舞的猎人、战斗舞的武士、便面舞的士人等。在模态上，生活舞蹈中的服饰、道具、音乐等均为日常化构成，比如"以舞相属"的衣袖、农作舞的农具、武士舞的兵器和便面舞中的扇子等。因此，他们的身体话语表达也兼涉世俗生活和信仰生活。由于这些以功能性为主的舞蹈尚未进入艺术状态，所以还谈不上艺术学范畴内的舞种——但它们却是舞种形成的基础，像舞袖和舞剑等。

汉画舞蹈大都为贵族官宦所属，是汉宣帝所谓"与朕共治天下者，其

---

[1] [美]约翰·杜威：《艺术即经验》，高建平译，商务印书馆2010年版，第25—26页。
[2] 参见刘建、赵铁春《身份、模态与话语——当代中国民间舞反思》，民族出版社2015年版，第9页。

唯良二千石乎"(《后汉书》)的阶级所为所见。如沈约《宋书·乐志》载："前世乐饮，酒酣，必起自舞。……汉武帝乐饮，长沙定王舞又是也。魏、晋已来，尤重以舞相属。所属者代起舞，犹若饮酒以杯相属也。"[1]又有《史记·魏其武安侯列传第四十七》载："及饮酒酣，夫起舞属丞相，丞相不起，夫从坐上语侵之。魏其乃扶灌夫去，谢丞相。"[2]汉画生活舞蹈主要记录庄园生活场景，民众生活舞蹈较少，像以歌舞祀西王母的活动。正是在这一范畴中，汉画生活舞蹈的身份、模态与话语才可以成为古典舞而非民间舞的基础。

艺术舞蹈的界定也在于这三点。如果说汉画舞蹈中生活舞蹈的舞者身份是贵族和平民（农人、狩猎者、武士、士人等）非职业舞者，那么艺术舞蹈的舞者身份就是职业舞伎和俳优。[3]他们久经训练，舞技高超，比如同时弄剑弹罐的俳优，是"鸿门宴"中的项庄舞剑望尘莫及的。这些舞蹈的模态刻意制作昂贵，精致漂亮，诸如奢华的建鼓、长袖、盘鼓、长巾乃至羽人的流苏装饰；在音乐上则是钟鼓琴瑟等多种乐器伴奏。如此，其身体话语的表达就进入更深广的层面，比如凌空飞越的长巾盘鼓舞，在陈宴设伎中体验羽化成仙。由于这些舞蹈形成了自己的艺术风格和技术体系，它们就具备了舞种的要素。

需要强调的是，与西方的作为纯粹审美对象的艺术舞蹈不同，中国传统舞蹈有着与生活血脉相连的品质。当前，一些中国学者提出了中国"生活美学"的基本范式，并特别强调中国古典美学中儒家礼乐美学和道家自然美学都是典型的生活美学。这一观点已经在世界美学界引起讨论，希望在"审美经验"和"非日常经验"的前提下，将"生活美学"（或"日常美

---

[1]（梁）沈约：《宋书·乐志》卷十九，中华书局1983年版，第552页。
[2]（汉）司马迁：《史记》，中华书局1982年版，第2848页。
[3] 这里的"舞伎"指男女职业舞者，"俳优"指以滑稽形象做舞的男性舞者。他们可以扮演不同的舞蹈角色，如武士、羽人、傩神、天神等。

学")的研究引入美学研究范畴中。① 凡此,也是汉画生活舞蹈与艺术舞蹈划分时所要注意的原则。如生活经验的羽人舞与审美经验的羽人舞差别的标准;又如汉画舞蹈中男女的"以舞相属",我们很难辨别他们是宴席中的夫妻对舞还是设宴陈伎中的男女双人舞。因此,这里所划分的"生活舞蹈"和"艺术舞蹈"只能是一个粗略的剥离。(表2-1)

表2-1 汉画生活舞蹈与艺术舞蹈分类表

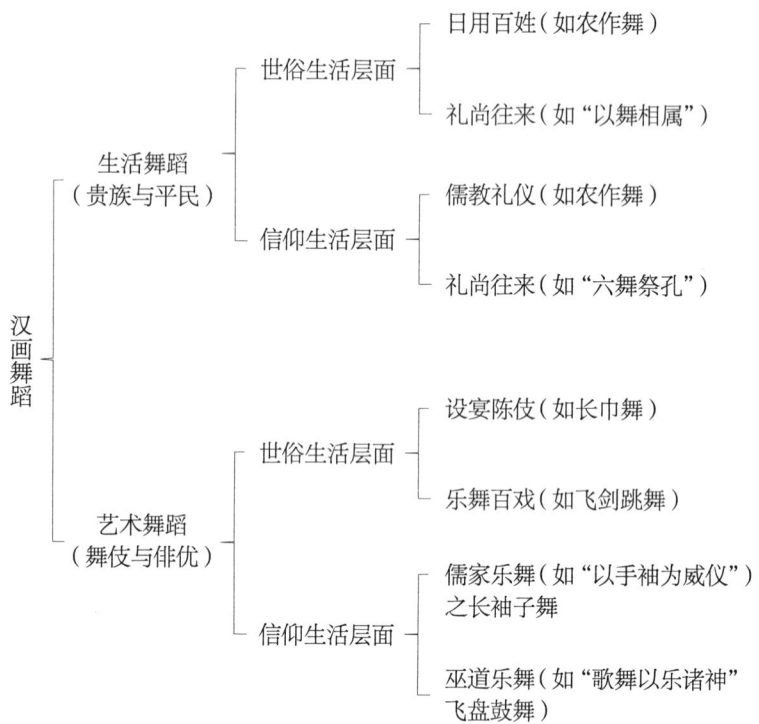

---

① 参见[美]托马斯、莱迪《从全球美学定位中国"生活美学"——与刘悦笛商榷美学新进展》,帅慧芳译,《文艺争鸣》2021年第1期。

图2-23 四川博物院藏画像砖"四骑吏图"

生活舞蹈多与车马出行、渔猎农桑、战斗角力、礼尚往来、祭祀供奉等相关。车马出行图在汉画中多有表现,东汉伏波将军马援曾言:"夫行天莫如龙,行地莫如马。马者甲兵之本,国之大用。安宁则以别尊卑之序,有变则以济远近之难。"[①]故汉画车马出行时高头骏马浩浩荡荡,象征尊贵,其间常有"伍伯""骑吏"的表演,有如今天的阅兵式。四川博物院大邑安仁出土的东汉"四骑吏"画像砖中(图2-23),四个骑吏高冠广袖,手执仪仗四分画面,非常生动。潘天寿以为:"画事之布置,须注意四边,更须注意四角。"[②]"四骑吏"画像砖利用四个骑吏的形象既把握住了画面的四边,又把握住了画面的四角。各个骑吏之间虽然位置相似,但马的动势和姿态都各不相同,有的低头狂奔、有的昂首长鸣,有的甩头弯颈、有的平稳前行,是谓"马舞"。纵向来看,四骑吏分成前后两排,后排似乎刚刚飞奔入画,前排却又要冲出画外,给人一种自左向右骑吏队列连绵不断之感。[③]由于前后马腿之间揖让穿插等艺术处理,使整体画面联系紧密,动

---

① (南朝宋)范晔撰,(唐)李贤等注:《后汉书》,中华书局1965年版,第840页。
② 徐建融编:《潘天寿艺术随笔》,上海文艺出版社2001年版,第41页。
③ 参见李国新、杨絮飞《砖石札记——汉画造型语言研究》,时代文艺出版社2005年版,第129、112页。

图 2-24 重庆中国三峡博物馆藏画像砖"弋射·收获图"

感十足,形成一个调度整齐的"四骑吏舞",不亚于法国路易十三时的马队芭蕾。就功能而言,路易十三的马队芭蕾是国家力量的彰显,"四骑吏舞"与之相似。宁强先生曾考察认定汉青铜雕塑"马踏飞燕"当为"马踏匈奴鹰",其"虽远必诛"的气势在"四骑吏舞图"中亦然。

《史记·货殖列传》云:"弋射渔猎,犯晨夜,冒霜雪,驰坑谷,不避猛兽之害,为得味也。"①是说贵族之弋射渔猎不是为了温饱,而是"为得味也"。故许多汉画渔猎图也常带山水田园气息。(图2-24)该图分二层,上层的弋射者身置游鱼飞鸟、荷花怒放中,或坐卧拧身张弓,或踞跪仰身搭箭,更像摆舞姿造型;下层的收获倒是平实的劳作景象,呈游戏与劳作之反差。

在汉代,巴郡(重庆地区)和蜀郡(成都地区)合称为"巴蜀",是全国重要的产粮区之一,有"天府之国"的美誉。汉初,关中发生大饥荒,汉

---

① (汉)司马迁:《史记》,中华书局1982年版,第3271页。

高祖刘邦就曾下令"就食蜀汉"。扬雄《蜀都赋》曰:"蜀都之地,古曰梁州。禹治其江,淳皋弥望。郁乎青葱,沃野千里。"左思《蜀都赋》又描写其"栋宇相望,桑梓接连。家有盐泉之井,户有橘柚之园。其园则林檎枇杷,橙柿樗槔。樲桃函列,梅李罗生。百果甲宅,异色同荣。朱樱春熟,素柰夏成",繁荣景象可见一斑。于此政治稳定、经济繁荣之中,厚葬之风甚浓,画像砖作为专用于装饰宫殿或墓壁的装饰性建筑材料十分流行。与山东有别,四川汉画天真质朴、清新明朗,"题材多轻政教而重生活,作品有着鲜活的世俗生活格调和鲜明的地域特征"[①],农耕劳作亦如此。就身体而言,劳作中同样有身体造型和节奏感,许多时候它们就是生活舞蹈中的劳作舞,像今天藏族的"阿嘎舞"一样。

重庆中国三峡博物馆藏汉代耕种画像砖(图2-25)中,6名农夫呈梯形排列在齐整的田间劳作,前4人高举长柄弯头镰刀状农具(与图2-24中工具相似),后2人持圆形器物作播种状,田边三株扶桑树(合欢树)郁郁葱葱。此图说明是"耕种图",实则更像"耕种·收获舞图":6位步调一致的农夫调度有方,梯形之中又有4人执"舞具"呈三角形,舞姿相同;三角形中心者仰头回望高扬的舞具,自我欣赏(这在实际耕种中是不可能有的动作),又与其他三位和而不同。特别值得一提的是阡陌整齐的农田边有三株扶桑树,隐喻生殖繁衍,其舞隐喻"种植—丰收"。

在非洲的喀麦隆,就有类似的"种植·收获舞"(图2-26)。妇女们手上高举丰收的镰刀,脚上挂着播种的圆形编筐,将撒种与收割合为一体。她们使用的镰刀和编筐亦可视为舞具。[②]说到舞具,它们是生活用品的多功能使用,像中国土家族毛古斯舞者所持弯头树枝,可用以表演手杖和收割、打场、战斗、狩猎等工具。(图2-27、图2-28)

凡此,可以在图2-24"弋射·收获"画像砖中写实的"收获图"中比

---

① 李晓松:《独具特色的四川汉代画像砖》,载柳春鸣主编《大汉气象——中国汉代画像艺术展》,西南师范大学出版社2012年版,第132页。
② 参见刘建等编译《非洲舞蹈》,北京舞蹈学院教学参考资料,2008年,第62页。

图 2-25 重庆中国三峡博物馆藏画像砖"弋射·收获图"

图 2-26 非洲喀麦隆乌吉拉地区"种植·收获舞"(刘建提供)

图 2-27 土家族毛古斯中用树枝充当的手杖(金娟提供)

图 2-28 土家族毛古斯中用树枝充当的狩猎舞具(金娟提供)

较见出：一片成熟的稻田，也是 6 个农夫正挥汗如雨地在田间劳作。前 2 人手持长镰刈禾，后 3 人在捆绑，再后 1 人肩挑禾穗，手提空篮，是来田间送饭后顺便挑些稻谷回去。这算是真正的"劳作图"而非"劳作舞图"。在古典芭蕾中，有两个基本动作——"阿拉贝斯"和"阿迪久"，前者可译成"撒播"，后者可译成"收获"，两者的原始意象构成其实与图 2-25 和图 2-26 的"种植·收获舞"异曲同工，是人类集体无意识中两种身体行为的一体性表达。

在中国农耕文化的语境中，汉画中的农作舞还有更深厚的意义，从

"禹、稷躬稼而有天下"(《论语·宪问》)到"贤者与民并耕而食,饔飧而治"(《孟子·滕文公上》),再到历代君王劝农桑,直到其比喻义的彰显——"人情者,圣王之田也"(《礼记·礼运》)人情如田,情深即深耕,文明即收获。稼穑于自然之春秋(水土),不夺农时,是老圃所为;稼穑于义理之春秋(以当王法),化成天下,是孔子所为。后世倡言天子亲耕籍田之礼,也正是指向躬稼与天下。① 在古代中国,女红、女工、妇工、妇功、女事同义,农桑一体,男耕女织。"织"与采桑和纺织相关,如养蚕、缫丝、纺纱、织布、缝纫、刺绣等。故汉画中采桑图、纺织图与耕作图地位相当,一些采桑图更是直接进入中国古代舞蹈画册,其微"图"大意或如明朝张履祥所言:"女工勤者,其家必兴;女工游惰,其家必落;正与男事相类。"

渔猎农桑之外,汉画中还有阉牛等奇特的劳作舞图,劳作与游戏相合,极富观赏性。河南南阳方城东关汉墓出土有画像石"阉牛图"(图2-29)。在龙腾、熊舞、牛奔、公牛扬蹄刹那间,一胡人装束者乘机跳跃跨步出刀阉割,舞姿潇洒,这在现实中也是不可能出现的。《易传》中将"象"分为两种:一种是自然之象,如"在天成象,在地成形","仰则观象于天,俯则观法于地",这是客观存在的事物形象;另一种是卦象,是根据自然之象创造的符号,即"象其物宜",不是为了给自然之象写照,而是为了表达对宇宙、对人生的看法。这样,所造之卦就兼有写形与达意两方面的功能,这"象"其实就是意象。② 汉画生活舞蹈创造者虽不是圣人,但也明白其中的道理,于是创造出了"象其物宜"的"骑吏舞""弋射舞""种植·收获舞"和"阉牛舞"等。

在汉画中,还有日常实用的战斗角力舞(包括徒手格斗舞和兵器舞),以见汉代人之勇武。孔子教诲子路:"见义不为,无勇也"(《论语·为政》),是说勇含着"义"。战斗舞的舞者为武士、卫士、力士、伍佰、剑

---

① 参见董成龙《躬稼与天下——〈论语〉稼圃问答发微》,《读书》2019年第10期。
② 参见陈望衡《中国古典美学史》,武汉大学出版社2007年版,第41页。

图2-29 河南南阳方城东关汉墓出土画像石"阉牛图"

客、羽人等。河南南阳地处豫、鄂、陕三省交汇处，是通往中南、西南的重要门户，自古以来就是著名的战略要地。南阳古称宛，战国时为楚国重邑，楚民兴起荆山地区，生活困苦，性格强悍，崇尚武力。西汉时期，南阳是政治、经济、军事重镇，又是东汉开国皇帝刘秀的故乡和成就帝业之地，因此被称为"陪都"或"南都"。刘秀是在逐鹿中原中击灭其他割据势力而登上皇帝宝座的，有尚武之风。东汉帝国建立后，很多南阳郡出身的近亲和功臣得到刘秀的重用，被任命为朝廷重臣。在32位开国功臣中南阳郡出生者占13位，云台二十八将中南阳郡出生者占了10位。由此不难看出南阳在汉代是一个名将辈出、军事活动十分活跃的地方，也是武士辈出之地。因此，其汉画中也常有生活形态的兵器舞，如"鸿门宴"等；但这些兵器舞与艺术舞蹈的兵器舞是有本质差别的——前者可称为"舞兵器"，后者方可称"兵器舞"。

《历代名画记》曰"宣物莫大于言，存形莫善于画"，南阳汉画馆藏有典型的兵器舞图（图2-30）。中间的武士怒发上冲，弓步造型，手腕、脚踝部位"纤细"，但其小臂、小腿部位的肌肉却是异常的发达，斜出的左

图2-30 南阳汉画馆藏"武士图"

臂已击倒一位持剑者，剑被击弯；立掌右臂正对一位持钩镰者，其"力拔山兮"之势与升腾的青龙和飞舞的朱雀恰呈连动，其中还有蝎子、壁虎助威。又有出土于河南南阳的画像石"蹶张"。蹶张是有典故的：战国时出现了用脚踏弓的蹶张弩，射六百步外，因其威力大，军队视之为神明，故有了"勇健有材力开张"（《集角中》）的"材官"蹶张。其形象头部极为夸张，躯干紧缩，四肢相对减弱。他横扭巨头，口叼箭矢，手拉弩弦，脚踏弩弓，张力十足。（图2-31）凡此战斗角力舞，或倾斜推山，或中正拔树，比项庄舞剑、樊哙裂眦更甚，已是艺术舞蹈造型。

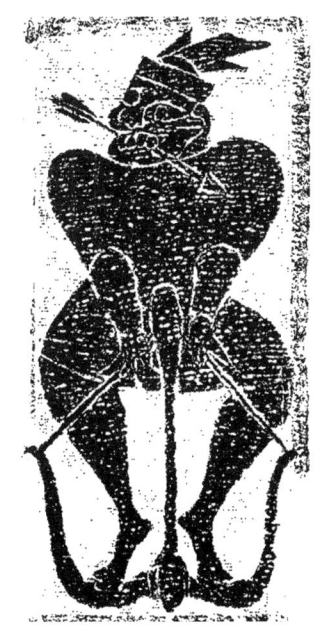

图2-31　南阳汉画馆藏"蹶张图"

"三人舞""独舞"外，南阳出土的"平索戏车·车马过桥·荡舟·狩猎·舞剑格斗图"的右上角还有"双人舞"（图2-32）。二剑客左手执盾，右手持剑，其剑势如奥运会的击剑比赛，这在图中猎狗撕咬麋鹿的血腥气氛中更显逼真。特别要指出的是，这种战斗角力舞（按内容分类）或兵器舞（按道具分类）或武士舞（按人物形象分类）已成为汉画艺术舞蹈之一大类，并且常有乐器伴奏。淮北民间所藏的东汉"兵器乐舞图"即一例。（图2-33）全图自右向左为抚琴、吹奏、执手戟舞、执棍棒舞、执盾舞，上部有鸟飞过。在汉画艺术舞蹈中，这类舞蹈中还有丰富多彩的子类，比如人与人斗、人与兽斗（斗牛、斗虎、斗狮）等。两汉时九州为一，疆域辽阔，人之精神亢奋、向上进取由此可见一斑。在汉墓中，此类舞蹈的出现，除了表现汉代尚武精神外，其剑拔弩张和格斗击技尚有驱邪的功能，特别是羽人出现时，以求墓主人的平安。

　　回到生活舞蹈的世俗层面，日用百姓之外，礼尚往来也是一种日常身

图2-32 南阳市文物考古研究所藏"平索戏车·车马过桥·荡舟·狩猎·舞剑格斗图"

图2-33 安徽淮北民间藏东汉"兵器乐舞图"

体行为,其代表性舞蹈当属"以舞相属"。以舞相属兼具娱乐与礼节性质,当时是按范式(而非即兴作舞的方式)进行,上至皇亲国戚,中至达官贵人,下至夫妻朋友,皆谙熟于此。以舞相属的形式类似于今日交谊舞,它是在"一人自舞—相属他人—他人继舞为报—相属另一人"这样一个循环过程中体现人际关系。"舞蹈中有一定的规矩,不按规矩跳舞,习惯上被视为不礼貌或藐视对方的行为。"① 在四川成都羊子山东汉墓出土的汉画中有"以舞相属图"(见图3-3)。画面中男子束发戴冠,宽袍广袖,着裤,袖中又套长袖,镶边,右手举起,左手作相邀状;女子亦长袍广袖,袖中套长袖,举右手,左手侧伸答舞,扫地裙稳如泰山。旁有女侍者执便面(扇子),以送凉风(汉画便面舞另当别论)。男女以舞相近的身体行为在汉画中

---

① 袁禾:《中国古代舞蹈史教程·舞蹈卷》,上海音乐出版社2004年版,第50页。

图2-34 河南南阳出土的"鸿门宴图"

颇为开放,与合欢树、伏羲女娲交尾、二龙穿璧、二龙缠尾、龙虎舌尖相吸引、双鹤相亲等图像不二。

礼尚往来空间的扩大,应该是从夫妻或朋友的家庭场所向公共社交场合延伸,汉画"鸿门宴图"中的舞剑就是方式之一。不同于"剑舞"之艺术舞蹈,"舞剑"为生活舞蹈,是战斗角力舞一支。在鸿门宴中,军中无

图2-35 山东嘉祥满硐宋山出土的"西王母·羽人侍奉侍卫·季札挂剑·邢渠哺父·二桃杀三士图"

以为乐,项庄以剑舞乐之,继而项伯以剑舞相属,图中自右向左为项羽、刘邦、项庄、项伯、二侍者。(图2-34)此时,项庄独自舞剑,已近沛公;之后,项伯起身与之共舞,保护刘邦,以尽信义。其舞剑可以说是世俗生活层面的礼尚往来,亦可以说是由信仰生活层面中儒学观念所驱动。

在信仰生活层面,此类关涉儒学观念的题材还有"季札挂剑""邢渠哺父""二桃杀三士"等。山东嘉祥出土的画像石上,便有其综合性表现。(图2-35)图分四层,上层为下两层儒家行为的终极追求——生前成仁,死后为仙。上层正中西王母端坐矮榻上,两边有人首鸟身羽人和带翼裙装

| 第二章 汉画舞蹈 | 087 |

羽人持三株果、捧杯、扬手作舞侍奉；最右边的羽人右手持戈、左手持钩镰侍卫。往下第二层为季札挂剑，坟上松树下悬挂一剑，为季札所赠，为"义"；坟左侧是邢渠正在喂老父吃饭，为"孝"。再往下第三层是"二桃杀三士"，左边持板者为齐景公所派赐桃使者，右边三士拔剑取桃，为"忠"为"节"全部自刎。最下一层为墓主人轺车西行，欲达仙界，将一个个历史故事整合，封闭在"外儒内道"的形而上系统中。

对于这些图像的表述，需要我们把它们当作历史现场的入口，在项伯对项庄的紧盯、季札的跪拜施礼、邢渠的倾身喂饭、"二桃杀三士"的扬眉及利剑出鞘中感觉到汉代人的身体行为，从而进入历史。杨念群先生曾经指出，文化史研究需要"感觉主义"，用"感觉结构"替代"社会结构"或"思想结构"，因为生活中有太多时刻不落于语言而落于形象。汉代舞蹈也由此留在了图像上，成为丰富的身体"踪迹学"（德里达）。这些踪迹不仅仅是为了让我们找到思想史，更重要的是它们能使我们在身体行为中发现往昔生命的思想史。换言之，汉代儒家思想史研究已经是叠床架屋，但在感觉结构的身体思想上，我们还需要探索更多的图像行为。在此意义上，许多汉画人物的日常身体行为都可以视作"不舞而舞"。

与儒家身体行为的生活舞蹈相比，道教之舞更加普遍和生动，至少东汉的"歌舞祀西王母"要比"以六舞祭孔子"更显轰轰烈烈。道教是中国土生土长的宗教，是宗教学意义上的宗教，东汉时期在民间兴起。道教诞生的时候，正是汉画艺术大量出现的时期。道教对汉画舞蹈的影响极为明显，其中由真人装扮的羽人舞是躲不开的话题，尤其是他们大量的生活舞蹈（详见第五章、第六章、第七章）。

羽人是汉画神仙系统中重要的角色，或曰"飞天真人"，或曰"灵仙"，或曰"仙人"，在汉画生活舞蹈中占着极大的份额，甚至"忠孝节义"的宣传中也少不了他们。他们亦凡亦仙，是凡人和其他神仙所不及的。汉代主流神仙信仰的特点有二：一是借助神骑升仙；二是相信神仙下凡，得到不死之药。[①] 这是羽人骑翼马和羽人饲凤取丹行为的动机。此外，六博、格斗等生活行为中也多有羽人的身影，像"聚会里巷仟陌，设（祭）张博具，歌舞祠西王母"[②]之六博。书本上的"仙学难以普度众生"[③]，所以道教与道家的身体行为就被凸显出来，并在汉画中安排羽人出面——不仅确立了羽人的生活舞蹈观，而且确立了其舞蹈术的基础，包括心斋、守一、内观、引导、吐纳、守静、行气等，羽人能上天入地，其"术"即在此中。当他们凌空导引墓主人向西飞入仙界和自行飞升时，其"飞天真人"的行气轻功大约就与赵飞燕之"掌上舞"为同一道术——当然，那时的表演就属于艺术舞蹈了。

二、形式即内容

从生活舞蹈到艺术舞蹈，不仅有职业舞者和非职业舞者身份的区分、模态的区分和话语的区分（包括雅乐与燕乐的区分、礼乐与俗乐的区分以及它们的混合形态），而且有"翘袖折腰"的男女双人舞和羽人"飞天舞"的审美与技艺的区分。它们集中体现在汉画艺术舞蹈的形式感上——按照艺术学理论，形式即内容。汉画艺术舞蹈的这些特点，典型地表现在乐舞百戏和设宴陈伎两个表演场中。

"乐舞百戏"是一个合成词，是伴随经济发展和文化高度发展而兴盛的社会性表演项目。与"乐舞"有别，"百戏"不是一种定型的、完整的、规范的艺术形式，而是混合了竞技、杂耍、歌舞、幻术等综合而成的表演艺术，由被称为舞伎、俳优的专职表演人员表演，兼收并蓄、包罗万象，可以包含乐舞，但乐舞不包含它。两者有分有合，像傅毅的《舞赋》、张衡的

[①] 参见赤银忠、宗香勤《南阳汉画与汉人的生存意识观》，载朱青生主编《中国汉画学会第九届年会论文集》，中国社会出版社2004年版，第177页。
[②] （汉）班固撰，（唐）颜师古注：《汉书·五行志》，中华书局1962年版，第1476页。
[③] 陈撄宁：《道教与养生》，华文出版社2000年版，第310页。

《七盘舞赋》专咏乐舞；而扬雄的《上林赋》则把皇家林苑中与百戏相关的斗兽场面描写得绘声绘色。《西京赋》合二而一，描绘出其浩大的场面，人神杂处，色彩神秘："临回望之广场，程角抵之妙戏。乌获扛鼎，都卢寻橦。冲狭燕濯，胸突铦锋。跳丸剑之挥霍，走索上而相逢……总会仙倡，戏豹舞罴。白虎鼓瑟，苍龙吹篪。女娥坐而长歌，声清畅而蜲蛇……蟾蜍与龟，水人弄蛇。奇幻倏忽，易貌分形。吞刀吐火，云雾杳冥。画地成川，流渭通泾。"①

与赋词比肩，汉代画像创造了乐舞百戏的直观艺术形象，人员众多，场面宏大，多种表演组合在一起。如山东沂南北寨汉画像石墓中室东壁门楣上的"乐舞百戏图"即是内容丰富的一幅（见图1-24）：飞剑跳丸、掷倒伎、戴竿、跟挂、腹旋、走索、马术、鱼龙曼衍（戏龙、戏凤、戏豹、戏鱼）、戏车、七盘舞、建鼓舞等十余项，演员达28人。伴奏乐器有钟、磬、鼓、鼗、排箫、竖笛、笙、瑟、埙等，乐队演奏人员共22人，场面十分壮观。②这其中，乐舞和百戏相互配合，百戏的惊险刺激也推进了乐舞的审美与技艺。

先说百戏。"飞剑跳丸"又名"弄丸跳剑""舞丸弄剑"，是百戏中一项杂技项目，在民间公开表演，常八丸掷在空中，一个在手，令人眼花缭乱。跳剑应该是从战斗角力舞中的舞剑发展而来，其技巧大体与弄丸相同，但难度更大，更具危险性。《列子·说符篇》记载古代跳剑艺人兰子，宋国人，技艺高超，跑到元君跟前献艺："弄七剑迭而跃之，五剑常在空中。元君大惊，立赐金帛。"剑本贵族所佩戴，汉代降至民间杂耍，也是一种平等观的体现，或者说是贵族或武士舞兵器的平民化和娱乐化。

"戴竿"又云"都卢寻橦"，即今天杂技中的长竿技艺。"都卢"为国名（今越南国内），据说其国之人体轻善于攀缘，"寻橦"即指长竿。该杂技是

---

① （东汉）张衡著，张震泽校注：《张衡诗文集校注》，上海古籍出版社2009年版，第77—78页。
② 参见杨爱国《走访汉代画像石》，三秦出版社2006年版，第55—56页。

从春秋时期的"侏儒扶卢"发展而来,其空中动作是一绝。

高缅"掷倒伎",即倒立,就是今天的杂技"拿大顶"。倒立者双手持高空绳索而立,双足在前做"塌腰顶"的动作。在走索和寻橦技术中,也糅合倒立的动作,颇惊险。

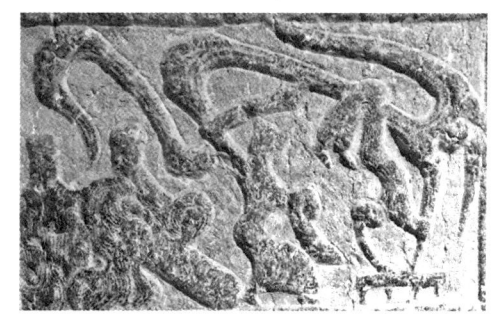

图2-36 山东滕州汉画馆藏"长袖舞与反弓图"

"柔术"也是古代百戏杂技中的一个门类,汉代柔术表演有"反弓"和"倒擎而戏"等,多为女子所为。在舞蹈中,这种柔术性质的"掷倒技""反弓"或"倒擎而戏"可以算作一种畸变的表演,可以独立表现,也常与袖舞等组合。(图2-36)至于高缅,汉画长袖舞中有高缅倒下之技艺,比之更加惊险。由此可见,乐舞和百戏在形式和内容上常常是互相借鉴与渗透的,如图2-36的飘然若仙。"戏车高橦",指在奔驰的马车上表演的高难度动作。李尤《平乐观赋》曰:"戏车高橦,驰骋百马。连翩九仞,离合上下。或以驰骋,覆车颠倒。"由此可见,在驰骋之车骑上表演建鼓舞技艺的高难处了。

"幻术"中有"鱼龙曼衍"(和假形舞的"凤舞"),幻术表演的节目大体有"鱼龙曼衍""易貌分形""吞刀吐火""画地成川"(见张衡《西京赋》),以及"立兴云雾""易牛马头""自缚自解"等。"自肢解""吐火"是从国外传入的幻术。此外,"东海黄公""制蛇御虎""立兴云雾"等,也含有幻术表演的成分。汉武帝为求长生不老之药,招来了很多神仙家。他们所表演的神奇之术与幻术为同一性质,与《西京赋》中所描述的神仙世界有密切关系。

百戏中有乐舞中所不能包含的"冲狭"和"幻术"等。"冲狭"在东周时期已见记载。《列子·说符》称之为"燕戏",汉代称为"冲狭"或"冲狭燕濯"。张衡《西京赋》描述"冲狭燕濯,胸突铦锋"。张铣的解释是"狭以草

图2-37 河南南阳出土东汉"长袖冲狭舞图"

图2-38 郑州出土汉画像砖"长袖盘鼓舞图"

为环。插刀四边,使人跃入其中,胸突刀上,如燕跃水"。这种技艺就是今日的钻刀圈,和"吐火"等技术一样,隐喻着西方佛国传来的"上刀山,下火海"的精神。这种精神后来也贯彻到了"长袖冲狭舞"中。(图2-37)由此可见,百戏并非纯粹杂耍,其审美与身体技艺中亦有语境有叙事。

再说"乐舞"。它是音乐和舞蹈的结合,种类与形式大致有三:其一是乐舞分开,乐伴奏,舞自跳(见图1-24左下的盘鼓长巾舞);其二是乐舞一体,乐为道具,舞为道具舞(见图1-24左的建鼓舞);其三是有乐无舞,乐单独演出,自带身体律动(见图1-24左上的钟磬乐)。当大型的社会表演收缩到小型的设宴陈伎范围时,乐舞百戏中后者的大型表演就退出,"百戏"开始让位于"乐舞"。

郑州出土汉画像砖上有长袖盘鼓舞。①(图2-38)图2-38-1中,一女伎踏盘鼓平展长袖,横向倾斜起舞,颇有"愿为双鸿鹄,奋翅起高飞"(《古诗十九首·西北有高楼》)之动势;两侧一人跪坐执桴击盘,另一人似

---

① 参见张秀清等编著《郑州汉画像砖》,河南美术出版社1988年版,第134页。

图 2-39　甘肃省博物馆藏"男子三人长巾舞图"

持鼗鼓伴奏。图 2-38-2 中，一女伎拧身甩长袖，弓步踏鼓而舞，左有乐人击鼓，右有乐人似在伴唱。当初，戚夫人舞蹈时，伴唱《出塞》《入塞》《望归》之歌；想来汉画像砖上的长袖盘鼓舞也会有相应的身体叙事。如果说"鸿门宴"和"二桃杀三士"的身体叙事是宏大叙事的话，那么此处当为个人叙事，因为其舞蹈场已设定为个人性质。

　　比"乐舞"概念再小，就是汉画艺术舞蹈之"纯舞"了。这需要说明三点：第一，与世界各国古典舞相同，这种纯舞可以排除乐队和乐人，但不能排除乐器和乐音给汉画舞蹈规定的节奏和动律；第二，这种纯舞形式的主体形态是道具舞，有别于西方芭蕾的徒手舞；第三，这种纯舞中亦乐亦舞的音乐技术常融合进舞蹈中，为舞蹈技术之一（如建鼓舞、鼗鼓舞等），即"乐舞一体"。今天，中国古典舞的形态亦应如此。在甘肃省博物馆藏、武威县磨嘴子发掘的西汉木胎碗形漆樽上，有黑色线条在红色的"朱漆樽"腹壁上绘出的舞蹈纹画面，其"男子三人长巾舞图"极为生动。①（图 2-39）抽象的流云图案边，3 名舞者头顶盘髻，身着广袖长衫裤，束腰，手舞长巾，呈三角形构图。三角形左端的舞者双手挥动长巾做顺风旗式，呈弓箭步，拧身回望，与另外两角的舞者等距。另外两名舞者提肘直身旋

---

① 有学者以为此三人舞为"长鞭舞"，但从道具所产生的轻盈、流动的曲线来看，更像是"长巾舞"。

第二章　汉画舞蹈　｜　093

图2-40　徐州韩兰成汉画馆藏俳优"公鸡舞图"与"胡人俳优戏祥瑞图"（刘建提供）

转，以长巾相会，其中跪转舞者长巾与顺风旗式舞者的长巾勾连，高低错落。三人舞常是矛盾交集的舞蹈形式。其间，大开大合的长巾技的使用，延长了这一舞蹈形式的身体表达，表现出乐人和音乐不在场时舞的审美与技艺。

一般情况下，汉画艺术舞蹈都是由舞伎和俳优表演的，他们会扮演不同角色。前者之舞偏重审美，后者之舞偏重审"丑"；当然，亦有"美""丑"同场者。

作为形式美，舞伎的建鼓舞带来崇高，长袖舞带来优美，兵器舞带来狞厉，长巾舞带来飘逸，等等。"审丑"的表演多是俳优所为，除百戏中的跳丸、飞剑等技术展示外，他们也会以解构的形式介入建鼓、盘鼓、錞鼓、巾袖舞等舞蹈中，滑稽诙谐，打趣逗乐，以此丰富汉画舞蹈的表达，拓展汉画舞蹈的叙事与风格。徐州韩兰成汉画馆藏俳优"公鸡舞图"（图2-40-1）：俳优手作鸡爪状，四肢拧扭，亦谐亦庄，在万物有灵中增添

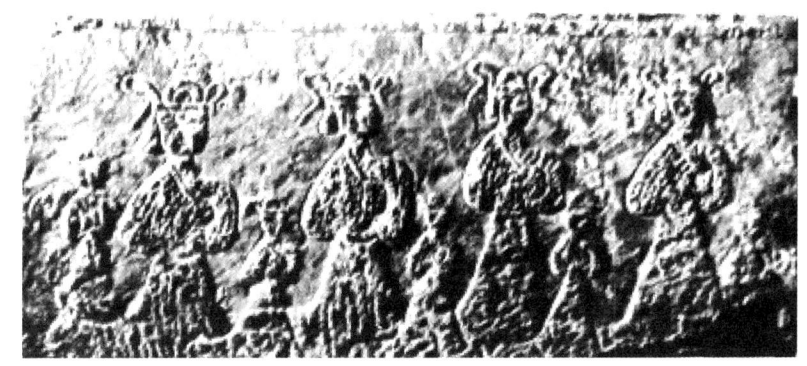

图2-41　江苏铜山出土汉画像石"女子礼乐群舞图"

了人间气息。仔细观看,俳优手上(还有脚上)的"鸡爪"当为道具。公鸡本是家禽,但在汉画中,它们也有飞上仙界变成鸡头神侍奉西王母者。故俳优的公鸡舞未尝没有超越世俗杂念,这在胡人俳优戏祥瑞的舞蹈中分明地表现出来。(图2-40-2)

因为严肃,在艺术舞蹈的信仰层面,舞伎承担着主要任务,并以"独尊儒术"的礼乐为先。这里的礼乐是指类似儒家"以手袖为威仪"的礼仪性质舞蹈,多流行于中原汉地。在江苏铜山出土汉画像石的女子群舞中(图2-41),8位舞伎排成两排二佾,高髻配饰,长袖长裙,右手背后,左手前绕衣襟,舞姿肃穆凝重且不失优雅,与大量的儒舞舞俑相呼应。此类舞蹈所占空间不大,均蓄势待发,以显儒舞之含蓄。

信仰生活层面的另一大类是尽力拓展身体空间的"轻步回舞,灵谈鬼笑"(《晋书·夏传统》)的巫道乐舞。在汉代,巫道常不可分。道教产生于民间,而民间多尚巫。有专家认为,汉代葬礼中的专业人士是巫术士,而非道教徒。[1]就舞蹈而言,巫是最早的职业舞者,他们后来成为职业舞伎者不占少数,对汉画舞蹈影响也更大。

楚地尚巫,王逸《楚辞章句·九歌章句》云:"昔楚南郢之邑,沅、湘

---

[1]　参见陈亮《东汉镇墓文所见道巫关系的再思考》,《形象史学》2019年第1期。

之间，其俗信鬼而好祀，其祠必作乐鼓舞以乐诸神。"①乐舞者，多为女性巫师。据信阳楚墓锦瑟图像得知，巫师的形象有三种："第一种身穿红色长衣，袖口略束，头戴黄色的前有首乌后有鹊尾的帽子，双手似鸟爪，各持一蛇，似在执行巫术；第二种身穿银灰色大衣，头戴黄色高定上平细腰的帽子，双手合持一法器，伫立在盘曲的蛇身上面，似乎在显法降灵；第三种形体奇异，扁头、粗颈、大腹、腹前有一龙首，左侧持立一龙身，而巫师两腿微启，临危不惧，作微步前进状。"②女巫的持蛇而舞是为拟兽舞，发展到汉代，巫道相合而成为后世的道教。其持蛇而舞的巫舞也向窄袖舞等转型，且由祭祀场转到宫廷或贵族府邸，驱逐之动机逐渐被祈福取代，舞姿当类似祥瑞，如青龙、白虎、朱雀、玄武四灵。

汉画中的祥瑞有极强的动感，它们的动作与动势也激活了舞蹈对身体的想象，比如展翅跳跃的朱雀。朱雀亦称凤鸟、凤凰。《山海经·南山经》云："丹穴之山……有鸟焉，其状如鸡，五采而文，名曰凤皇……见则天下安宁。"③《楚辞·惜誓》王逸注："朱雀神鸟，为我先导。"④类似能指与所指鲜明的拟鸟舞在汉画巾袖舞中多有表现，但是"不语怪力乱神"的儒家乐舞大都不为。

河南南阳在汉代时属于楚地，其汉画上多有祥禽瑞兽形态，为汉画舞蹈提供了拟兽舞姿的原型。南阳王庄汉墓出土的画像石有"祥禽鹄鸟图"（图2-42），五只鹄鸟，四前一后展翅飞翔，中间两只回头探望，十分生动。五只鹄鸟周围是云纹和星宿。鹄鸟俗名"天鹅"，颈长翅长，其翅展超过体长，与身躯等长。嘴基部高而前端缓平，眼睑裸露，尾短而圆，尾羽20—40枚，蹼宽大，但后趾不具瓣蹼。它们喜欢群栖在湖泊和沼泽地带，

---

① （汉）王逸撰，黄灵庚点校：《楚辞章句》，上海古籍出版社2017年版，第42页。
② 河南省考古学会、河南省博物馆、河南省文物研究所编：《楚文化觅踪》，中州古籍出版社1980年版，第49页。
③ 袁珂校注：《山海经校注》，上海古籍出版社1980年版，第16页。
④ （汉）王逸撰，黄灵庚点校：《楚辞章句》，上海古籍出版社2017年版，第240页。

图2-42　河南南阳王庄汉墓"祥禽鹄鸟图"

图2-43　河南南阳"长巾盘鼓舞·傩舞图"

主要以水生植物为食,也吃螺类和软体动物。多数是一雄一雌,相伴终生。它们的求偶行为丰富,雄雌会趋于一致地做相同的动作,还会体贴地相互梳理羽毛。天鹅迁徙时会多群集结,亦有小群行动。"在汉代,鹄被视作一种祥禽,甚至被排练成音乐、舞蹈节目。"① 西方芭蕾《天鹅湖》《天鹅之死》的舞蹈原型也来自天鹅。从众多祥瑞舞姿构成看,鹄鸟只是朱雀领先的祥禽队伍的一员,它们给汉画舞蹈带来巨大的创作空间。

从祥瑞舞回到汉画舞姿与舞技,两者不无关联。同样在河南南阳,出土的汉画像石上有"长巾盘鼓舞"(图2-43),其舞姿即典型的"飞驰回望祥禽舞"。舞者脚下为象征日月星辰的盘鼓;其头饰或为高帽,或为高

---

① 逯富太、曾杰编著:《南阳汉画故事精粹》,中州古籍出版社2015年版,第190页。

发髻，以示头部之长，类似于朱雀之冠和鹄鸟长颈。舞者右手持长巾，似颈似翅，左臂羽毛服饰恰与祥禽相合；特别是腰间悬挂二长巾，于跳踏前行之间"展翅"飞动。与长巾伎相呼应，左边是扬长袖的舞伎和叠案倒立、反弓甩长裤腿的艺伎，其袖裤动势与长巾同。长巾伎右似一傩，头戴面具，上有山形帽指向青天，持旌呼号，似在施法术。又有二高戴帽乐伎在伴奏，其头饰与舞伎呼应。

巾舞是汉代名舞，因舞者用巾作为道具而得名。巾舞舞者装饰华丽，衣襟（巾）飘扬，或一手单握长巾（单巾），或双手高扬长巾（双巾）；或向前腾跳奔跃，或拧身回望踏跳；舞姿时而矫捷奔放，时而婀娜翩跹。该舞原初或为楚巫"娱诸神"时所跳，而后又用在宴饮或百戏中。在巫道乐舞中，职业的舞伎或俳优还会以傩和羽人等形象出现。前者为面具舞，舞姿狞厉，用以驱逐疫鬼；后者为"身生羽"的化装舞，舞姿轻灵，与祥禽相似，用以导引升仙。

在汉画中，生活舞蹈比生活行为多一些"虚幻的力"，而艺术舞蹈又比生活舞蹈虚幻一些。按照"可能世界叙事学"所勾画出的艺术世界，我们"在坚持虚构与非虚构区分的同时，又承认中间的过渡地带，也就是说，将虚构与非虚构叙事描述为颜色渐变的光谱"[①]。从非虚构和虚构观看汉画生活舞蹈和艺术舞蹈的两大种类，它们各自和它们之间所构成的光谱比这种简单的分类要复杂得多。

严格地讲，从内容划分舞蹈不是一种最佳的分类方法，就汉代的汉画舞蹈而言，也是这样：一来生活舞蹈和艺术舞蹈在内容上几乎是互渗的，像"以舞相属"的男女双人舞，又像"羽人六博舞"；二来在艺术舞蹈之内，许多时候，世俗生活层面与信仰生活层面的界限以及它们自身的界限，很难泾渭分明地区分开来，如图2-43中长巾盘鼓舞巫道教信仰的认定，又如图2-41中长袖舞所体现出儒家"以手袖为威仪"的推断。此时，

[①] 张新军：《可能世界叙事学》，苏州大学出版社2011年版，第70页。

形式对舞种的划分就成为更严格的物理形态的"安检",如图2-43中的盘鼓道具与羽翅服饰,当与日月星辰和飞鸟相关;又如图2-41中行列式的女子8人长袖群舞,则与儒家的佾舞人数相当。就此而言,舞蹈形式即内容,这在艺术舞蹈中尤其讲究。

舞蹈形式的划分有多种多样,可以按徒手舞与道具舞、道具舞中的服饰道具舞与器具道具舞等,它们都可以在物理构型中得到辨识。按照汉画舞蹈的特点——某种意义上也是中国舞蹈的特点,我们以道具舞为切口,切入汉画舞种及子舞种的划分[1],从形式认知反向达到内容认知。按此划分出的舞蹈种类,都有着结构主义的关联。在布迪厄看来,它们的"各种位置之间存在的客观关系网络和构型"[2],诸如"道具舞"分类,可以以身体本体为中心再划分出"一体性道具舞"(如袖舞、羽舞等与身体连为一体的道具)和"分离性道具舞"(如鼓舞、巾舞等与身体可以分离的道具)。

不同的分类原则会产生出不同的分类。中国舞蹈又有"乐舞一体"的性质,汉画道具舞亦然。分离性道具舞又可以按照乐器道具、非乐器道具及两者兼而有之再划分为三类。乐器道具舞还可以分为鼓舞、铎舞等,其中如鼓舞可继续划分出建鼓舞、盘鼓舞、鼙鼓舞、鼗鼓舞等。非乐器道具可分为袖舞、巾舞、帗舞、便面舞等,继而可以按照物理形态再划分,如袖舞之长袖舞、广袖舞、垂胡袖舞、窄袖舞、套袖舞、袖里藏巾舞等。至于乐器与非乐器道具兼而有之的舞蹈种类则包括长袖建鼓舞、长袖盘鼓舞、袖里藏巾盘鼓舞等。如果继续按照某一分类原则划分下去,又可以从性别、民族、表演人数等标准向下进行——而每一形式划分都会有内容的变化,不一而足。(表2-2)

---

[1] 详见本章第四节。
[2] [法]皮埃尔·布迪厄、[美]华康德:《实践与反思——反思社会学导引》,李猛、李康译,中央编译出版社2004年版,第133—134页。

表2-2 汉画艺术舞蹈形式分类表

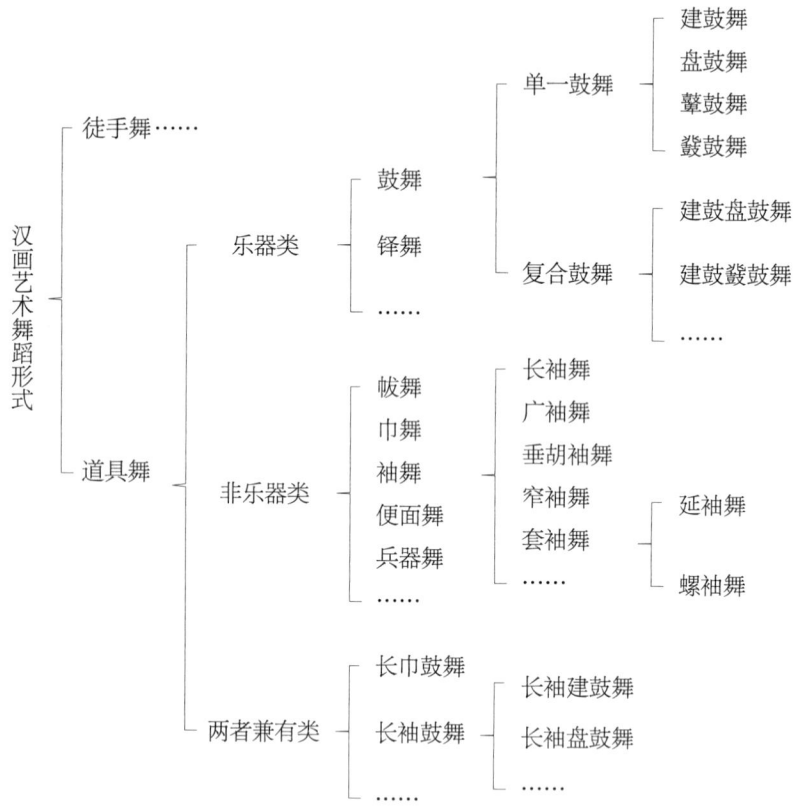

汉画舞蹈分类的复杂在于其自身的丰富多彩。仅就道具舞中乐器类鼓舞之子舞种的建鼓舞而言，它自身就构成一个形式系统：在鼓的构型上，在舞者的身份上，在鼓舞的表演形式上，均可以扩大展开。（表2-3）

表2-3 建鼓舞分类表

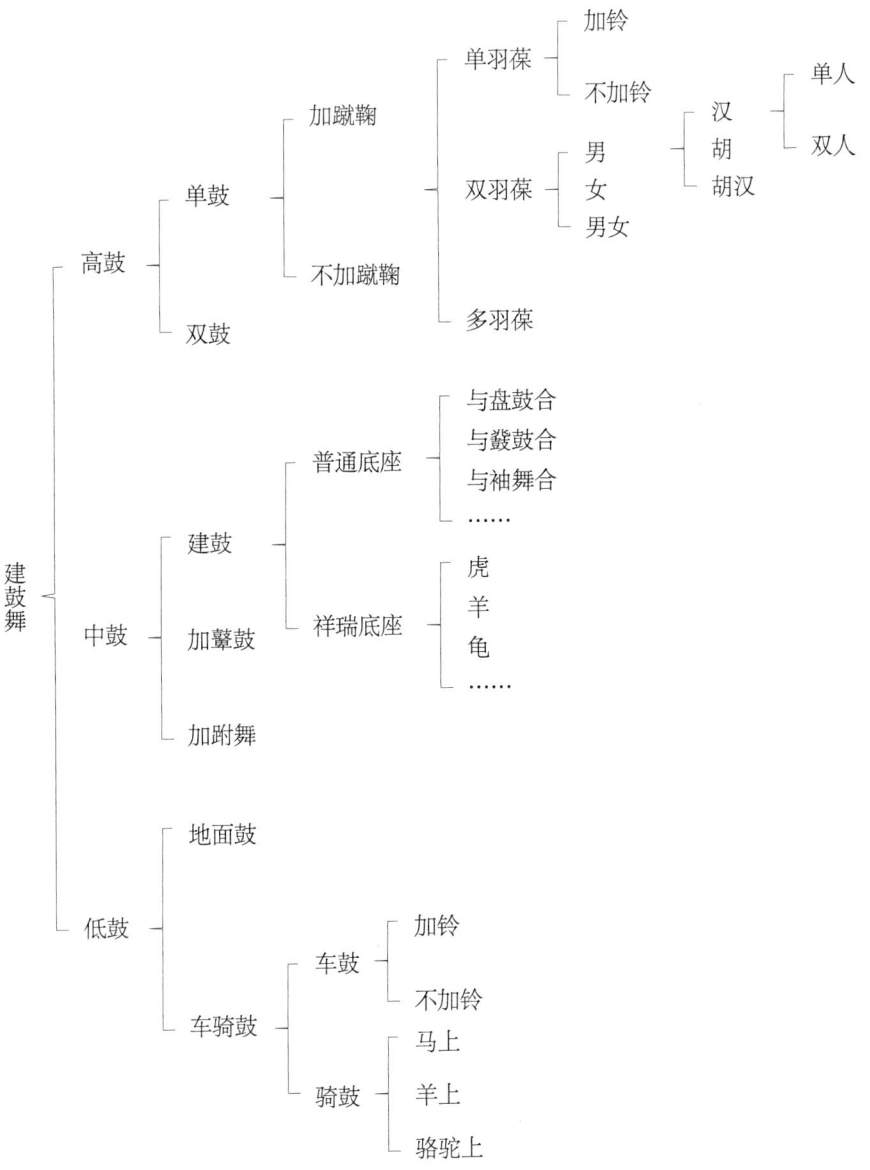

第二章 汉画舞蹈 101

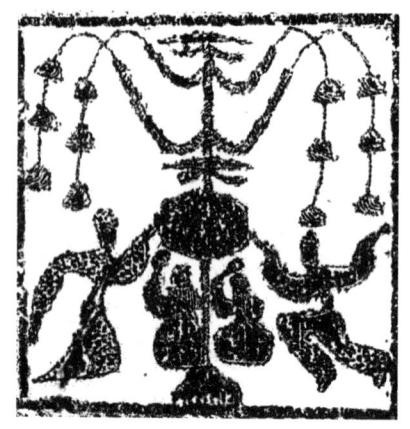

图2-44　山东枣庄小山汉墓出土"胡汉建鼓舞·长袖舞图"

图2-45　徐州韩兰成汉画馆藏"男女双人建鼓舞"

表2-3中还有许多划分形式没有体现，比如汉人和胡人四人建鼓舞表演形式。山东枣庄出土的"胡汉建鼓舞·长袖舞图"（图2-44）中，两个汉人鼓舞者双手执桴，直立仰头击鼓，两个戴尖帽胡人舞伎单手按住汉人舞伎肩部做屈身倒立，头触鼓面；又有长袖舞与之相合，是一种奇特的建鼓舞类型。另有徐州韩兰成汉画馆藏"男女双人建鼓舞图"（图2-45），中鼓单鼓通天达地，上有双羽葆与双华盖，似能转动，左右各悬6只铜铃；鼓舞者一男一女，女子倾身立打，男子倾身跳打；女子似持长袖以袖头击鼓，男子持桴击鼓；鼓后有二人播鼗吹箫坐舞伴奏，其身体随乐而动。显而易见，此男女搭配的建鼓舞一非儒家礼乐，二非巫道之乐，更多地带有世俗生活层面的娱乐表演性质，是程式化中个性化的展示，即兴落子但棋不出盘，足见建鼓舞的多样性。

建鼓舞外，盘鼓舞及其子舞种的舞蹈形式同样令人眼花缭乱，并且同样是以眼花缭乱的技术指向不同的身体语义，包括舞者性别、民族身份、盘鼓分合、盘鼓数目、与其他道具共用及表演人数等形式。（表2-4）

表2-4 盘鼓舞分类表

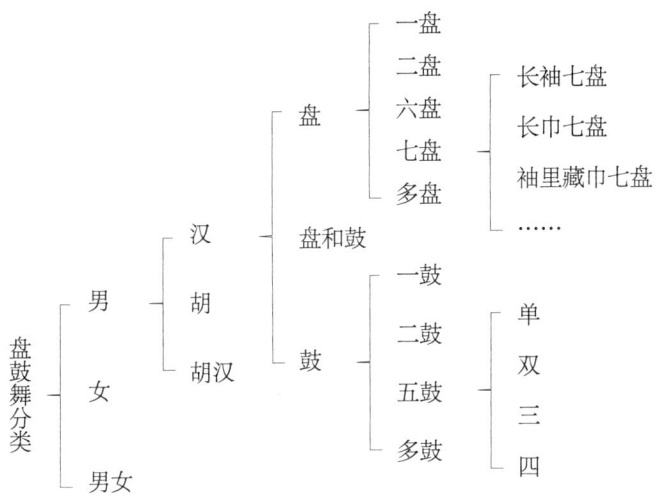

山东嘉祥武氏祠东壁有"汉人男子卧打五鼓图"(图2-46-1),图中五鼓成排,三个汉族男伎戴山形帽、着广袖长裤,一男子于鼓上舞袖,两脚尖及膝盖击打四鼓,左手击打第五鼓并以之为支撑点,仰头注目右手之扬袖,似准备下一个翻身击鼓动作。五鼓两侧各有一持桴舞伎,左边者已上鼓,右边者似刚下鼓,构成"你方唱罢我登场"的男子三人鼓舞。无独有偶,山东嘉祥宋山石祠东壁也有极为相似的"胡汉男子卧打五鼓图"(图2-46-2):卧打鼓者与前图舞姿相同,只是右手扬袖手执一桴,同样似翻身击打动作的瞬间。五鼓两侧也有同样的呼应者,只是左边刚从鼓上下来的舞伎拧身持桴回望,其三角尖帽表明其胡人身份,同时也说明了汉地盘鼓舞在融入胡人杂技后已经由形而上的追求改变为形而下的娱乐。这就是我们所说的"形式即内容"。

这种由胡人所带来的盘鼓舞杂技化倾向,在山东济宁的一幅车马乐舞图像中达到了极致(图2-47)。图分二层:上层为车马出行图,自右向左为四驾羊(祥)车西行,前有身着汉服跨步倾身的羽人相伴导引,又有骑

第二章 汉画舞蹈 | 103

图2-46 山东嘉祥武氏祠和宋山石祠"鼓舞图"

图2-47 济宁喻屯镇城南张出土东汉晚期"车马·乐队·俳优杂技舞蹈图"及局部"胡人五鼓四人舞图"

羊、骑马羽人在前,奔向仙界。下层中间为华盖下的墓主人,显然是将军一类的大人物,因为其左侧是一个被捆绑的胡人战俘,身后为汉人武将文臣,文臣后面的桌上还有砍下的人头。墓主人右侧的文臣身后,上面是10位汉族乐人,下面是10位胡人俳优,亦可称"杂技舞人"。10位杂技舞人装束一致,头顶绾椎髻,全身赤裸,仅着小裤。左起四人表演踏鼓舞,在鼓上倒立、虎跳、上鼓下鼓;第五人舞轮,一轮正从左臂上滚动;第六人跳丸,三丸在空中,双脚各踢一丸;第七人似弄剑;第八人头上双羽饰,为另类羽人舞;第九、十两人倒立。从10位杂技舞人突出的高鼻、裸体、椎髻的形象，可知这是个胡人乐舞的杂技班子。舞轮、跳丸、跳剑、掷倒（跟斗技巧）、踏鼓等技艺和他们短衣精干的面容和装束相配。乐器左起，第一、二人为歌者，第三人吹埙，第四人拍板，第五人排箫兼錞，第六人排箫，第七人笙，第八人埙，第九人笛，第十人管。从演奏的乐器来看，应是清商乐，从乐队与舞蹈两部分来看，是中原乐队与胡舞杂技的结合。[①]

凡此，傅起凤的《中国杂技史》也多有涉及，包括先秦即有的轻功、柔术、翻腾、跳踏等。轻柔之术与"绰约而窈窕的文舞"相关，腾踏之技与"英武而刚健的武舞"相连。有必要说明的是，杂技化的盘鼓舞虽然可划归"武舞"，但已与"蹴张"等身体叙事没有多大关联：前者的个人血气与个人正义与社会伦理相关，即与苏格拉底所说的"理智"相关——血气是理智的盟友；而五鼓杂耍之舞则是"武"而不智，多为游戏。

当以汉族女性独舞为主体的长袖、长巾盘鼓舞转向以胡人半裸男子五鼓四人舞为主体时，其去盘留鼓的选择、留鼓的数量、摆放鼓的格局、跳踏鼓者的穿戴、击鼓的方式与技术等均随之改变，说明它们已经远离乐舞而走向百戏之杂耍，可称之为"炫技盘鼓舞"，算是汉的一种自由立卧跳踏。尽管这种身体叙事不如男子七盘鼓舞那样明晰，但其构成的胡人盘鼓舞身体事实却形成了一种汉画舞蹈历史叙事的建构。也就是说，少数民族对汉画舞蹈的参与，证明了中国古舞中少数民族存在的合法性[②]；也是历史事实对今天所谓"中国古典舞汉族主体化"说的反拨。与此同时，它从又一个视角证明了汉画舞蹈形式的丰富多彩。

在汉画艺术舞蹈的道具舞中，乐器类以鼓舞为代表，非乐器类则以袖舞为代表，其中长袖舞形式又排在第一。微观地讲，只是长袖的款式——单纯长袖和套袖中的延袖即有其"微言大义"；如果再配以舞者

---

① 参见彭松《中国舞蹈史·秦汉魏晋南北朝部分》，文化艺术出版社1984年版，第42页。
② 在今天的中国古代舞蹈研究中，对少数民族舞主流舞蹈的漠视乃至污名化现象多有存在，诸如将元代的"十六天魔舞"视为"淫舞"的论述。参见沈卫荣《大元史与新清史——以元代和清代西藏和藏传佛教研究为中心》，上海古籍出版社2019年版。

的性别、舞人数量、舞姿坐立与其他道具等，其"大义"就更加多元化了。（表2-5）

表2-5 长袖舞分类表

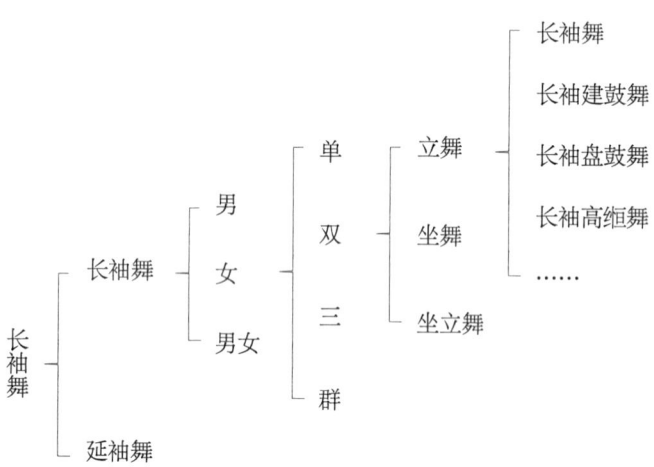

河南郑州黄淮艺术馆藏的两对长袖双人舞俑（见图1-9），顶发中分，束髻下垂，着红白相间右衽长袖曳地长裙舞服，表情凝重却不失生命感。一对跽跪舞俑在前，45度俯身垂首，双手伏地施礼，右手舞袖搭左手上，合汉代男左女右之规。另一对站立舞俑在后，与前者高低错落：她们含胸平视，微屈膝，垂右长袖，左长袖前伸，作垂袖状施礼。所谓施礼，即儒家君臣父子之伦理也；对女性而言，还有男尊女卑之礼。尊与卑在于身体占有空间的范围与方式，与长袖盘鼓舞女子独舞所占空间范围相比，两对舞俑即便为四人舞，其空间也不过一席之地。此外，男女双人延袖舞、女子长袖与男子执桴的建鼓舞等，均有长袖舞各自的语形和语义。

我们从艺术舞蹈的角度强调了汉画舞蹈的形式，包括建鼓、盘鼓、鼗鼓、袖、巾等舞蹈形式。这其中还有它们的混合形式，比如建鼓舞、盘鼓舞和袖舞的混合形式，其艺术性令人叹为观止，至于其所指，亦属于"混合语"。

舞蹈的形式与内容就是语言学的语形和语义。索绪尔将语言看成表达意义的符号，认为语言符号连接的不是事物和名称，而是概念和音响形象。后者不是物质的声音，而是这声音的心理印迹。因此，语言符号是一种两面的心理实体。他曾经把语言符号比作一张纸："'语言符号是一种两面的心理实体'，两面的元素分别是'概念'和'音响形象'，这两个元素是紧密相连而且彼此呼应的。"[①] 在汉画舞蹈中，无论是生活舞蹈还是艺术舞蹈，也都同时具有这种正反两面。如果我们把索绪尔的日常语言提升到海德格尔的"诗的语言"，汉画生活舞蹈就进入艺术舞蹈身体语言当中。此时，舞种及子舞种与舞蹈形式就成了一张纸的一面；它的另一面的阐释则需要更细致的性质与功能的研究了。

第三节 性质与功能

一、真与善的维度

康德曾以其三大批判分别确立了人类知识理性判断(《纯粹理性批判》)、实践理性批判(《实践理性批判》)和审美判断力批判(《判断力批判》)的三种不同维度，从人类文明智性和情感演绎出了"知识""德性"和"审美"的真、善、美的三足鼎立。中国古典文论传统也如此探讨过知识、价值和审美与技艺问题，如从孔子的诗教伦理("兴于诗，立于礼，成于乐")、刘勰的《文心雕龙》到王国维的《人间词话》。汉画艺术舞蹈总体的性质与功能，同样向着这三个维度展开：其中真和善的维度可纳入社会学与伦理学范畴(当然远不止于此)，舞蹈可视为这些范畴的身体行为。在美

---

① [瑞士]索绪尔：《普通语言学教程》，高名凯译，商务印书馆2009年版，第94页。

图2-48 江苏师范大学汉文化研究院藏"乐舞百戏·车马出行图"

的维度中,这些身体行为可纳入美学与艺术学范畴,将观念的"实用"落实为一种可以"欣赏"的身体技艺——康德所不太关注的问题。

不同于纯粹审美和形式主义,汉画舞蹈(乃至整个中国传统舞蹈)身体行为的真(知识)与善(德性或价值)问题是要排在前面的,否则我们都进不了研究它们的大门。在汉代,甚至实施行为的身体都有政治伦理的规定。《后汉书·百官二》注曰:"汉大乐律,卑者之子不得舞宗庙之酎。除吏二千石到六百石,及关内侯到五大夫子,取适子高五尺已上,年十二到三十,颜色和,身体修治者,以为舞人。"[1]之后,这些身体行为才进入美学与艺术学的视野,成为一种身体"理念的感性显现"[2]。凡此,我们可以在正统乐悬最小的鼓舞——鼗鼓舞中管窥。

乐器与舞具一体的鼗鼓虽小,但身份不低,曾经是官廷乐悬中的一员,与建鼓舞、长袖舞等平起平坐。江苏师范大学汉文化研究院藏有"乐舞百戏·车马出行图"(图2-48),画面分两层,上层为乐舞图,鼗鼓舞占据中间位置,左边有袖之坐舞和乐队,右边有弄丸、倒立、建鼓舞和盘鼓舞;下层为车马出行,骑吏开道,轺车成列,尽显荣华富贵。又有河南南阳出土的"建鼓舞·鼗鼓舞图"(图2-49),建鼓舞同样未居画面中央,且播鼗吹箫者形象更高大些。

从性质上讲,鼗鼓是一种乐器,也是一种舞具。它可以播鼗奏乐,成为乐队之领奏或独奏;也可以摇之起舞,以道具舞参与到汉画舞蹈中来。

---

[1] (南朝宋)范晔撰,(唐)李贤等注:《后汉书·百官二》,中华书局1965年版,第3573页。
[2] [德]黑格尔:《美学》(第一卷),朱光潜译,商务印书馆1979年版,第142页。

图2-49　河南南阳英庄汉墓出土"建鼓舞·鼗鼓舞图"

古代乐器根据不同的材料分为八类，鼗鼓属于八音之一。《周礼·大师》郑玄注："金，钟镈也；石，磬也；土，埙也；革，鼓鼗也；丝，琴瑟也；木，柷敔也；匏，笙也；竹，管箫也。"革类乐器指膜鸣乐器，用槌打皮革而发出声响，也就是鼓类乐器，鼗鼓（同"鞉""韶"）是其中的一员，造型为长柄圆鼓，鼓两侧缀有两枚弹丸，转动鼓柄，甩动弹丸击鼓发声，类似今天的"拨浪鼓"。鼗鼓有大小之分，小如碗口，大如盆口，汉画舞蹈中多为前者，如此才能成为手舞足蹈的舞具。

　　鼗鼓是有家族的，类型与功能各不相同，从大到小排列下来有雷鼗、灵鼗、路鼗。《周礼·大司乐》郑玄注："雷鼗八面，灵鼓、灵鼗六面，路鼓、路鼗四面。"①《唐六典》载："凡有事于天神用雷鼓、雷鼗，地神用灵鼓、灵鼗，宗庙及帝社用路鼓、路鼗，皆建于宫县之内。"②"县"通"悬"，指悬挂起来打击的"乐悬"——宫廷可悬挂在四面，叫"宫悬"；诸侯三面，叫"轩悬"；大夫两面，叫"半悬"；普通中小贵族只能享用一面，叫"特悬"。就鼓面数量而言，最大的雷鼓有八面，用于祭祀天地。宋代吴淑《事类赋·鼓》注中有对"八面四足之奇"雷鼗的描述："大鼓也，夏加四足，谓之节鼓，《乐书》曰雷鼗者"（图2-50），八面威风，样子有些像变形的汉代建鼓。或许因为汉代高大的建鼓占了上风，所以汉画舞蹈中鼗鼓就由"大"而"中"（图2-51）而"小"定位了。

---

① （清）孙诒让撰，汪少华整理：《周礼正义·春官》，中华书局2015年版，第2118页。
② （唐）李林甫等撰，陈仲夫点校：《唐六典·太乐署》，中华书局1992年版，第404页。

图2-50 中国艺术研究院藏雷鼗

图2-51 美国沙可乐博物馆藏战国铸纹铜豆及局部纹饰"鼗鼓·建鼓图"

    关于鼗鼓的文献记载最早出现在帝喾时代。帝喾是上古部落的首领，被列为上古"五帝"之一，前承炎帝、黄帝，后启帝尧、帝舜。传说帝喾喜爱音乐，并命令工匠创作"鼗"。《吕氏春秋·古乐》载："帝喾命咸黑作为声，歌九招、六列、六英。有倕作为鼙、鼓、钟、磬、吹苓、管、埙、篪、鞀、椎、钟。"[①]其中"鞀"通"鼗"。夏禹的乐悬政治也用到了鼗。到了殷商，殷墟甲骨卜辞中有"鞀"的记载，裘锡圭在《古文字论集》中提到"鞀"是一种乐器，做祭祀之用："己亥卜，贞；鞀惟阳甲。""庚寅卜，出，贞：于翼乙未大鞀。"[②]这都是鼗鼓用于祭祀的记载，也是汉画鼗鼓舞的第一社会功能。

    祭祀外，鼗鼓的社会功能还包括战事的出征与凯旋、政事的沟通与商议，如《尚书·益稷》记载夔曰："戛击鸣球，搏拊琴瑟以咏，祖考来格。虞宾在位，群后德让。下管鼗鼓，合止柷敔。"[③]是讲在乐舞庆典中，舜、禹、皋陶在讨论君主和臣子之间的相处之道，氛围融洽。夔是当时祭祀乐舞的乐官，掌管鼗的演奏。其肃然与陶然也以视觉直观渗透到汉画鼗鼓舞

---

① 许维遹：《吕氏春秋集释》，中华书局2009年版，第124页。
② 裘锡圭：《古文字论集》，中华书局1992年版，第203页。
③ （清）阮元校刻：《十三经注疏》，中华书局2009年版，第302页。

的迎来送往、礼尚往来中。

到了周代，这种功能扩大至礼乐祭祀与祭祖合一，并且贵族化了。《礼记·王制》注："天子赐诸侯乐，则以柷将之，赐伯子男乐，则以鼗将之。"[①] 柷、鼗都属于节乐，是控制音乐表演节奏的乐器。天子奖励音乐给臣子，因柷节一曲之始，控制时间较长，赏赐给诸侯。鼗节一唱之终，控制的时间相对较短，赏赐给职位低于诸侯的伯子男。如此，鼗鼓就和伯爵、子爵、男爵爵位挂上了钩。

在职业化以后，宫廷乐师承担了播鼗者的角色，《吕氏春秋·仲夏纪》载："是月也，命乐师修鞀鞞鼓，均琴瑟管箫，执干戚戈羽……以祈谷实。农乃登黍。"是说夏季的第二个月，乐师要检查以及修理鞀鼓、鞞鼓，调节琴瑟管箫等乐器，为祭祀祈雨活动做准备。《周礼·春官》中还记载了"小师"一职："小师掌教鼓、鼗、柷、敔、埙、箫、管、弦、歌。"郑玄注："鼗如鼓而小，持其柄摇之，旁耳还自击。"[②] 他们负责管理乐器以及教授演奏鼗的方法，教授"瞽矇"（盲人乐师）演奏鼗，也教授"视瞭"（有视力的乐师）"击磬兼播鼗"。这种官职在汉代换作了"鼓吹署"的专职人员，隶属汉乐府。

主体身份确立之后，《周礼·春官·大司乐》还记录了不同种类的鼗及其不同用场，如"雷鼓、雷鼗，孤竹之管"；"灵鼓、灵鼗，孙竹之管"；"路鼓、路鼗，阴竹之管"，是讲祭祀天神时用"雷鼗"，祭祀地神时用"灵鼗"，祭祀鬼神时用"路鼗"等，各司其职。鬼神当中就包括祖先神，它们在汉画舞蹈中常合为一体被供奉。

这些功能的实施在《诗经》记载的"鞉"中有所描述。《诗经·商颂·那》记载了鞉鼓在宗庙祭祀活动中的运用，是一篇迎神曲，用于迎接先祖的神灵："猗与那与，置我鞉鼓。奏鼓简简，衎我烈祖。汤孙奏假，绥

[①] （清）阮元校刻：《十三经注疏》（清嘉庆刊本），中华书局2009年版，第1340页。
[②] （清）孙诒让：《周礼正义·春官》，中华书局1987年版，第1856—1857页。

我思成。鞉鼓渊渊，嘒嘒管声。既和且平，依我磬声。"祭祀仪式中乐师击鼓奏乐，舞队起舞，将子孙、宾客聚集在一起，迎接先祖神灵，祈求心想事成。《诗经·周颂·有瞽》的"应田悬鼓，鞉磬柷圉"则描绘了人们用音乐演奏来取悦先祖。① 在仪式中，鞉与应、田、悬、磬、柷、圉等乐器一同演奏。自夏商之时，鼗鼓就是明王们手中的礼器、法器和乐器；西周时又成为宫廷雅乐乐器，小师掌管鼗乐。礼崩乐坏后，宫廷乐师四散，"大师挚适齐，亚饭干适楚，三饭缭适蔡，四饭缺适秦，鼓方叔入于河，播鼗武入于汉，少师阳、击磬襄入于海"②。雅乐器鼗鼓后来流落在民间，得以生根发芽。后来的汉画乐舞中还能多少见出些身影。

站在社会学的立场上，汉代是中国继秦朝之后的大一统王朝，并建立自身完整社会机制，长达四百余年。这期间，社会秩序的建立和运转如同一部被润滑的巨大的机器，表现在乐舞方面，则形成了祭祀礼乐和民间礼俗的和而不同，使布迪厄的"阶级区隔理论"在一定程度上被润滑。

汉代舞蹈的特点之一，便是世俗性与礼俗性兼具。所谓世俗性，是汉代社会的生活娱乐；所谓礼俗性，就是除了娱乐之外，这种表演还可以作为一种民间礼俗来使用，也就是说还有一种礼仪功能。汉武帝时期，大量的民间乐舞艺人被引入乐府中，高手云集，如李延年兄妹等。在司马相如的《子虚赋》、张衡的《西京赋》等文献资料中，对这种以俗乐为主的娱乐都有精彩的描绘。到了成帝时，此风气更盛，桓谭《新论》载，当时宫中供娱乐的俳优乐人达"千人之多"。渐渐地，其他贵族大臣也受到此风气的影响。当时作为丞相的张禹，精通音律，喜好歌舞，其待客常在后堂陈伎通夜饮欢。东汉延续了这种情况，贵族大户家中笙歌宴舞，其曲度甚至超过了皇家的郊庙用乐。大儒张衡、傅毅等在其赋体文章中，对这些场面皆有翔实的描述。

---

① 参见程俊英、蒋见元《诗经注析》，中华书局1991年版，第758、861页。
② （春秋）孔丘等：《论语（附圣迹图）》，广陵书社2018年版，第110页。

当初，董仲舒提出的"罢黜百家，独尊儒术"，实际上已经把原始儒学提高到近乎神学的地位，使殷商的祭祀与周代的礼乐开始融为一体。具体到鼓乐上，"一鼓立中国"的建鼓就同时承担起两者的责任。《律吕正声》引《通礼义纂》曰："建鼓，大鼓也，少昊氏作焉，为众乐之节。夏后氏加四足，谓之足鼓。商人贯之以楹，谓之楹鼓。周人县而击之，谓之县鼓。近代相承，植而建之，谓之建鼓。"在建鼓取代雷鼗以后，最小"乐悬"的鼗鼓舞就经常伴随着建鼓舞来履行家族的社会义务了。这包括祭祀礼乐的敬神敬祖和谒拜德让，还包括民间礼俗中的礼尚往来和自娱娱人，构成一个压缩的视听社会空间。（表2-6）

表2-6　鼗鼓舞社会性质与功能

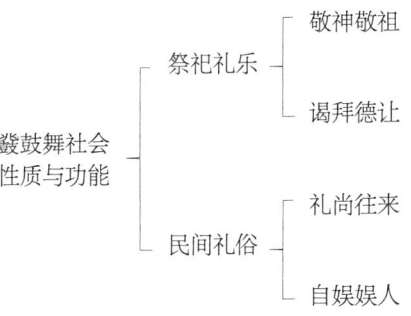

汉代儒学"从东周末期半隐居式的学究的学说发展而来，在汉代成为政府的官学，任何希望踏入公众生活的人都不得不采纳它。儒学的这个胜利使它成为中国文化的支配性因素，并极深地影响了这个世界上相当大的一部分人"[①]，也深刻地影响了乐悬之中鼗鼓舞的形而上指向，其礼乐成分逐渐超越祭祀成分而使两者平行站位。

---

① 德效骞（H.H.Dubs）语。转引自［美］巫鸿《武梁祠——中国古代画像艺术的思想性》，柳扬、岑河译，生活·读书·新知三联书店2006年版，第246页。

图2-52 河南南阳军帐营村汉墓出土"建鼓、钟、鼗鼓、箫乐舞图"

图2-53 河南邓州长冢店出土"鼗鼓·建鼓乐舞图"

在祭祀礼乐中，敬神敬祖是第一位的。在中原河南，多有敬神敬祖合一的"奏鼓简简，衎我烈祖"的乐悬遗绪（图2-52），与跳打的建鼓、压阵的大钟同场，鼗鼓坐舞者倾身扬臂播鼗，鼗鼓与身体呈反角，发力而不失平衡。又有河南邓州长冢店出土跽坐乐舞画像砖（图2-53），自左至右：第一人，跽坐鼓瑟者；第二、四人，跽坐手摇鼗鼓、口吹排箫者；第三人，跽坐吹埙者；右边二人，跽坐击建鼓者，比图2-52更为肃然。在此二图中，鼗鼓舞与建鼓舞都是平分秋色的，多少能看见周代乐悬的影子。《礼记·乐记》曰："乐者，天地之和也；礼者，天地之序也。"

从中原到荆楚，湖北宜昌当阳半月1号汉墓出土有画像砖"建鼓·鼗鼓舞图"（图2-54）。与下层建鼓者平行站位的是上层左右两边的鼗鼓舞者，他们挺胸叉立，右手播鼗，左手持箫，背挎长剑，在身后跽坐长袖舞者和跳丸者的衬托下更显赫赫然。

在汉画中，政事德让被压缩在私人谒拜中，气氛也相对轻松。江苏师

图 2-54 湖北宜昌当阳半月 1 号汉墓出土画像砖"建鼓·鼗鼓舞图"

范大学汉文化研究院藏有"建鼓舞·鼗鼓舞图"。(图 2-55)图分上下两层,下层大屋内为主宾宴饮前的拜谒,彬彬有礼;大屋左侧一马一猴,意为求取功名的"马上封侯";右侧二龙欲上先下,准备腾空而起,与屋顶上祥禽相会。上层中心为通天达地的三羽葆建鼓,上下有 6 只猴(侯)成对攀耍,与下层"马上封侯"呼应;建鼓两侧有 12 人乐队伴奏,正襟危坐;右侧一绕垂袖长袖舞者亦是"以手袖为威仪",直立舞袖,其身后一弄丸者与左侧一倒立者对应,调节气氛;占据最大空间的是两位建鼓舞者,跨步扬桴,呈三角形支撑整个仪式;建鼓之下,是两位对应的跽坐鼗鼓舞者,与建鼓舞者同样戴山形冠、垂胡袖,对称举手播鼗,鼗之双弹丸横飞。

弹丸横飞的鼗鼓不仅仅是伴奏,其主要任务在于引导整个乐舞队,正如《宋史·乐志一》所云:"鼗者,所谓导舞也。"汉代刘熙《释名》云:"鼗,导也,所以导乐作也。"类似的功能还表现在河南方城东关出土的东汉"建鼓舞·鼗鼓舞"画像石中,阵容小一些,鼗鼓舞者的位置换到了建鼓前,各司其职又互相助力,更见出"导"之性质。(图 2-56)

东汉之际,道教思想流行,乐舞祭祀成分又逐渐超越礼乐成分。按照郭沫若先生所言:"大概礼之起源于祀神,故其字后来从示,其后扩展而为对人,更其后扩展而为吉、凶、军、宾、嘉的各种仪制。"[①] 在祭祀的仪式中,人们相信音乐舞蹈可以与神沟通,并且将人们的意志传达给众神,

---

① 郭沫若:《十批判书》,东方出版社 1996 年版,第 96 页。

图2-55 江苏师范大学汉文化研究院藏
"建鼓舞·鼗鼓舞图"

图2-56 河南方城出土画像石
"建鼓舞·鼗鼓舞"

这其中便有鼗鼓乐及鼗鼓舞,其所祭祀之神还特别地转向了西王母等人造神,在祭祀祖先和政事德让之外又别立了一个祭祀神。

江苏徐州铜山汉王镇东沿村出土有"羽人·六博·谒见·建鼓与鼗鼓舞"画像石。(图2-57)图分四层,最上层为带翼羽人执巾西向的飞天舞,中间是玉兔捣药,其身后为多头神兽,最右边又是一带翼羽人伫立西望昆仑山西王母所在之处。第二层为六博图,中间是扬手呼喝的六博者,两边有观者。在汉代,六博有运筹天地阴阳之功能,亦为祭祀西王母的一种方式。第三层似为谒拜,左边持物者趋身跟从谒拜人;墓主人及身后二侍者迎之。底层中间为神龟所托起的建鼓,二鼓伎后仰单膝跪地击鼓;建鼓左侧一舞伎亦后仰身做舞;建鼓右侧执鼗乐伎扬手前倾播鼗,其身体动势颇有些前仰后合,与仰身做舞者相呼应。

与商周不同,作为法王和乐师手中的乐悬,鼗鼓在汉代还成了民间礼

图2-57 江苏铜山出土画像石"羽人·六博·谒见·建鼓与鼗鼓舞"

图2-58 徐州汉画像石艺术馆藏"迎接·乐舞百戏图"

俗中的乐器和舞具，使其祭祀礼乐的社会功能进一步世俗化和平民化，成为一般迎送、宴饮、出行等社会表演。具体而言，至汉时，"播鼗舞"就有了两种身份：一种是重新恢复身份的宫廷和贵族府邸培养的职业鼓员或鼓舞者，鼓舞承接前朝；一种是由民间艺人而升格的俳优，别开路径，使汉画鼗鼓舞的性质与功能在另一个向度——民间礼俗上大大拓展开来。

民间礼俗被民俗学者称为一种"传统"，它是一个社会秩序稳定的标识之一。汉初，虽然旧有的礼乐已崩坏，但是作为国家统治核心的礼制乐制仍是建国核心之一，高祖刘邦重用秦朝礼仪博士叔孙通就是表现之一。汉建国之初，俗乐已经流行数百年，它们作为新兴的礼俗被吸收进新生的汉王朝中，其中武帝时重建乐府是重要的标志，著名的《郊祀歌》十九章是代表；而庙堂之上演奏郑舞赵讴及滑稽娱乐之乐已是常态。故汉画中的鼗鼓舞与袖舞的

第二章 汉画舞蹈 | 117

图 2-59 山东兖州出土"乐舞·对饮图"

结合、与巾舞的结合①、与百戏中跳丸的结合等,已非常普通。它们除了迎来送往的风俗之外,还经常在设宴陈伎中实现娱乐功能。

徐州汉画像石艺术馆藏"迎接·乐舞百戏图",场面宏大(图2-58):祥瑞与高楼之间,是执幢节送礼的场面,讲的是"二桃杀三士"开始时齐景公派晏婴给三位勇士送桃子;下面二层分别是主宾相互问候、乐舞百戏迎接的场面。乐舞百戏以虎座建鼓为中心,两边有踏鼓舞,右上方有一弄丸俳优,左上方是四面鼗鼓舞动,颇有气势,与迎接场面相合。

又有山东兖州农机学校出土的迎客到家后的"乐舞·对饮图"。(图2-59)图中依旧是建鼓立于中心,二舞伎跳踏执桴击鼓;鼓下列酒具,二人跽坐对饮;建鼓左上方是长袖绕袖舞,右上方是跽坐播鼗者,与长袖舞伎相对,一人一鼗,安闲自在。还有山东邹城孟庙藏"出行·乐舞·鸟啄鱼图",是送别。(图2-60)同样是建鼓立中央,被祥瑞底座托起;鼓舞者窄袖长裙躬身击鼓,温文尔雅,当为女性;两边各有一播鼗者,身体随之摇曳相伴。乐舞左侧是主仆牵马出行;乐舞右侧的鸟啄鱼(余)代表着吉祥有余。三幅画像都是日常生活,都有乐舞相伴,都是以建鼓为中心,都是鼗鼓相随,都是舞姿摇曳,只是具体场景、播鼗人数、乐舞者性别等

---

① 汉之巾舞属于杂舞,常用于宴饮娱乐之中。如《乐府诗集》卷五十三:"汉、魏已后,并以鞞、铎、巾、拂四舞,用之宴飨……末世兵乱,舞制多失。凡此,皆杂舞也。"在汉画中,多有俳优鼗鼓舞与舞伎巾舞组合的画面,周围常有饮酒器具,说明这些舞蹈大多数是在宴饮娱乐场合使用的流行杂舞。

图2-60 山东邹城孟庙藏"出行·乐舞·鸟啄鱼图"

有所差别。

  作为一种民间礼俗,鼗鼓舞的社会表演远不止于礼尚往来,它会在更多的社会空间展示自己,以多元的身体行为表达出多元的身体话语,诸如汉代流行的用于自娱娱人的设宴陈伎和乐舞百戏。

  四川大邑安仁出土的东汉"设宴陈伎百戏乐舞图"中,右下方一袖里藏巾舞伎,头梳双髻,身着宽袖短衣及宽脚裤,细腰束带,双手各执一巾飞舞(手执一端巾内裹有短棍,与今天的绸舞类似,以便舞出多种绸花),舞者正跳向地上覆盘,右小腿顺势后抬,以足尖点踏另一覆盘,同时上身左倾右拧,回视向她追来的俳优;俳优上身赤膊,头上椎髻,佩有饰物,腹部丰凸,撅臀蹲行作矮子步,双臂前后平伸,右手摇鼗,左手奋张五指,兴奋地张开大口,似在追逐中叫喊或歌唱,神态诙谐滑稽,凸显了一种"追逐双人舞"的戏剧性,表达了人界对仙界的追求。在同一画面上还有剑舞、颠罐、弄丸、奏乐的艺人,以及边宴饮边欣赏乐舞的贵族。无论从表达还是从风格上讲,它都与图2-52、图2-53等格格不入。

  比之自娱娱人的设宴陈伎,乐舞百戏更在于娱人,且空间扩大。山东沂南北寨汉画像石墓的"乐舞百戏图"为我们展示了一个几乎是没头没尾的表演梯队(见图1-24),自左向右、自上而下的区域性表演场为:跳丸弄剑、七盘舞、都卢寻橦(上挂童子)、建鼓舞、5人打击乐队、5人弹奏乐队、4人吹唱乐队、撞钟、击磬、高絙之戏、摇鼗鼓者、傩戏、鱼龙曼衍的"龙戏"与"鱼戏"、"雀戏"、3人吹奏唱乐队、马戏、车骑建鼓、倒立、持杖武士……于此之中,鼗鼓占据了画面的两个显要位置——乐队之首和舞队之首。

在图左下方长巾七盘鼓舞右面,5位乐人正在伴奏演唱,最上端是摇鼗导舞者,正在跽坐指挥乐队。作为导乐,摇鼗在表演上讲求乐技,可舞蹈性小。当鼗鼓不是作为奏乐而是作为舞具时,其导舞之功能才得以显现。在图中部鱼龙曼衍的队首,播鼗者头戴高冠,身着铠甲,右手执剑,引领舞队前行。导舞不同于领舞,其作用更多的是引导行进的路线,故跳鼗鼓舞者尽管且行且舞,但自身的舞蹈表演性并非第一位;只有当它脱离了导舞的功能,才能显示出鼗鼓舞本身的价值,比如鱼上鱼下的4位鼗鼓舞者,已然进入手舞足蹈状态,供人观赏娱乐。

在中国传统学术中,现代的学科分类常常是被"大象无形"地融合在一起,社会学、伦理学、宗教学、政治学、民俗学等在许多情况下都是"无缝衔接",比如汉代的"天人合一说""以孝治国论",很难有鲜明的现代学科归类。在鼗鼓舞社会性质与功能分析中,我们已经看到了这一点;同样,站在伦理学的立场上,我们还会看到这一点。如果一定要剥离出汉画舞蹈的伦理学性质与功能的话,那么"天人合一"的自然伦理应该放在首位,其次是由自然而血缘而家族的"以孝治国"的政治伦理——而它又和社会学中的祭祀礼乐及民间礼俗藕断丝连。(表2-7)

表2-7 鼗鼓舞伦理性质与功能

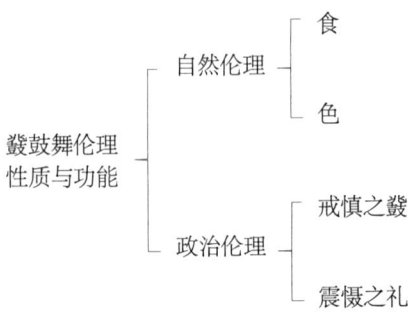

图2-61　山东嘉祥纸坊镇出土"庖厨·乐舞百戏图"　　图2-62　山东嘉祥五老洼出土"庖厨·乐舞百戏图"　　图2-63　山东嘉祥十里铺出土"庖厨·乐舞百戏图"

中国传统的自然伦理开宗明义:"食色,性也。""民以食为天",汉家天下四百余年的富足首先体现在粮食的充裕,封官赏爵也是按"两千石""一千石""五百石"等论。汉人的"食"远不仅仅是果腹,已然形成一种文化、一门艺术,所以在汉画的大类中就有"庖厨"一类。这还不算,庖厨内外还有乐舞百戏助兴。仅山东嘉祥一带,不同墓葬出土的画像石中就有诸多"庖厨·乐舞百戏图"(图2-61、图2-62、图2-63),鼗鼓舞乐也在其中。

图2-61分两层,上层左下竖一建鼓,似鱼形座,三角架杆上羽葆飘飞,二人执桴边舞边鼓;一俳优于建鼓旁弄丸;右一女子长袖起舞。上方五人奏乐,其中左三人跽坐右手摇鼗鼓;左手执排箫吹奏;右一人抚琴,一人拍掌击节。下层为庖厨,左刻一人烧灶,中刻二人和面,右刻一人正欲杀猪。后二图与之大同小异,在一种程式化中显现出乐舞百戏与庖厨的联系。

对于这种饮食的赞美,在汉画鼗鼓舞中还有超现实的表演。陕西绥德县博物馆藏东汉墓门左立柱上面人身蛇尾者似为神农氏[①],他右手持嘉禾,左手持仙草,仰首踏步,其下为持戟卫士和玄武。嘉禾为谷物的雅称,与

---

① 一说"神农氏"和"神人"为伏羲和女娲,但所持为嘉禾则一致。

仙草配置在一起，可见其在汉代的位置。与神农氏对应，右立柱上面为人身蛇尾之神人，戴武弁冠，着无领宽衣，右手执便面，左手播鼗，弹丸翻飞，亦踏步向前，其下为持彗卫士和玄武。按道具分类，此处的嘉禾、仙草、便面、鼗鼓总汇一处，可食的嘉禾最实在。此时，自然伦理又和祖先崇拜的社会伦理相合一处，将"食"的问题提高到敬神敬祖的层面。

"食"完了就是"色"。尽管汉画中也有关于色的直白浅露的刻画，但终究数量极少，且与乐舞百戏不相关。汉代人很聪明，为了艺术化地表现出这必须表达的自然伦理，他们瞄准了天神，选定了其中最有人味儿的男女——伏羲和女娲，而且让他们手执既可作为乐器又可作为舞具的鼗鼓。

伏羲、女娲以兄妹身份婚配而繁衍人类的故事在历史上非常流行。到了汉代，他们被广泛刻画在汉画中，成为两个人首蛇身的神话人物。为了表现婚配和繁衍，伏羲女娲很多时候是两尾相交。在四川合江出土的画像石"伏羲女娲图"中（图2-64），左边的女娲高髻，垂胡袖，束腰长裙，右手执月，左手持矩，似汉代普通的官吏妇人，朴实无华；右边的伏羲左手捧日，右手播鼗，与女娲隔空相对却尾部交缠，似远而近。又有伏羲女娲不交尾而隔空相对者，更显缠绵。重庆出土的东汉伏羲女娲画像砖上（图2-65），伏羲女娲广袖飘飞，各执日轮与月轮，欲近先远，呈优美的双"S"形。与图2-64有别，伏羲右手执规，而女娲左手播鼗，在典型的不接触双人舞中以鼗鼓舞的互换来表现阴阳互动与交合。此外，还有伏羲女娲双双执鼗鼓而舞者，欢欣愉悦，凤鸟、仙草相伴。（图2-66）

在上古社会的自然伦理中，"色"之婚配的目的是繁衍，以女性为主，因而女娲也有着更重要的位置，表现为从与伏羲执一鼗的双人舞到各执一鼗的双人舞，从执箫执鼗的独舞到只执鼗而舞的独舞。在河南和山东汉画中，有女娲独自播鼗执箫（图2-67）和只摇鼗作舞的画面（图2-68）。图2-67造型新颖优美，女娲人首蛇躯，头梳高髻，上身着襦，有双爪，蛇尾弯曲下垂，右臂举过头顶，手中持一排箫，左手握着一鼗鼓；其身下刻一龟蛇合体的玄武，象征交合与繁衍。传说排箫是舜时所创，《世本·作

图2-64 四川合江出土画像石"伏羲女娲图"　　图2-65 重庆出土画像石"伏羲女娲图"

图2-66 安徽淮北市博物馆藏"伏羲女娲播鼗对舞图"　　图2-67 河南南阳唐河针织厂出土女娲"播鼗执箫舞图"　　图2-68 山东微山青山村出土"女娲播鼗独舞图"

篇》云:"舜造箫,形参差,象凤翼,其管长二尺。"《文献通考》卷一三八言"韶箫":"舜作十管韶箫,长尺有二寸,其形参差,象凤翼,所以应十二之数,声之所由生也。"女娲执排箫当与凤鸣相关;至于执鼗,则在此成为其与箫呼应的乐器与舞具。

从天界下到仙界，自然伦理中的恋爱、婚配、繁衍依旧是重要母题，而且仙界的西王母就是这一母题的一种化身，作为天神的伏羲女娲在这一母题中恰恰与西王母站在同一起跑线上。山东滕州出土有"西王母·伏羲女娲·祥瑞·乐舞百戏·车马出行图"。（图2-69）画

图2-69　山东滕州出土"西王母·伏羲女娲·祥瑞·乐舞百戏·车马出行图"

面分两层，上面第一层是西王母的仙界，采用对称式构图模式，西王母坐在画面上部的正中心；两边是对称分布的伏羲和女娲；再外面是第二个对称层次，两个隔空呼应的执槌力士；最外面又是伏羲、女娲，手播鼗鼓，互为应和。他们的下面，排列一组异兽，有多子多孙含义的蛙形兽，还有捣药的玉兔、口衔仙草的飞鸟以及其他异兽。第二层是车马出行：最左边是一个弯腰施礼的迎客官吏；紧接着是鱼贯西行的马车，车主人所求正是像西王母那样——长生不死，子孙满堂。

卡西尔认为，即使在最早最低的文明阶段，人就已经发现了一种新的力量，靠着这种力量他能够抵制和破坏对死亡的恐惧。他用以和死亡相对抗的东西，就是他对生命的坚固性，生命的不可征服、不可毁灭的统一性的坚定信念。汉画中伏羲、女娲的鼗鼓舞即是以一种不断繁衍的身体行为来对抗这种死亡。由此我们不仅看到了伏羲、女娲在自然伦理中的位置，也看到了他们所执鼗鼓而舞在表达自然伦理中的功能。

如果我们将"食色，性也"视为自然伦理的起点，那么其终点就是

图 2-70　米脂县博物馆藏墓门石及局部

"风调雨顺,国泰民安"。"风调雨顺"来自大自然,汉代人常以祥瑞象征之。作为一种政治伦理行为,汉中央政府还经常将祥瑞制作成纹带扣等饰物送给高级官员、贵族和边疆首领,以示关怀。[①] 所以汉画中也是祥瑞遍布,特别是在墓门、墓顶之上。陕西米脂县博物馆藏墓门三石组中(图2-70),横楣石左右两端为日中乌、月中蟾蜍;中为云气纹间的祥禽瑞兽,一长耳羽人于云纹中与之做舞相戏。左右门柱自上而下为执仙草的伏羲(一说为执嘉禾与仙草的神农氏)、执便面与鼗鼓的女娲,二人隔空相对,踏地而舞;其下是执戟吏和拥彗吏,已然是在人界;再下面的柱石上为玄武。于此之中,女娲手中鼗鼓上达天界,下接人界,达天界求"风调雨顺",接人界求"国泰民安"——这已然关涉政治伦理了。

当"天人合一""风调雨顺"的自然伦理转向君臣父子"以孝治国""国泰民安"的政治伦理时,同样介入其中的鼗鼓舞又会变得严肃起来,借以判定各类政治事件的是非。

河南新野樊集汉墓出土有"泗水取鼎"题材的画像砖。(图2-71)这

---

① 参见郭物《作为政治信物的汉晋瑞兽纹带扣》,《故宫博物院院刊》2020年第7期。

图2-71 河南新野樊集汉墓出土画像砖"泗水取鼎·车马·乐舞图"

是一个广泛使用的题材,展现的是秦始皇为了大秦江山代代相传而"捞鼎"的场面:正中有一座拱桥,桥上立一建鼓,两边舞者双手执槌大跨步击鼓;建鼓右后方有两位站立的播鼗舞者,右手播鼗,左手执排箫吹奏。拱桥两端有车马、骑吏驶来驶去,一派繁忙;桥的两端分别有两人执绳索捞鼎;桥下一鼎已被拉至半空,两侧有二船四人为之加油。一蛟龙从水面跃起,咬断绳索,鼎倾斜坠落,将重新与鱼虾为伴。作为青铜器,"鼎"最初是烹煮的食器,用途和锅一样。殷商时期,它被定位于祭器,脱离原初的使用价值,成为祭祀与等级的代表。周代,等级制度更为严密,并且形成用鼎制度,鼎成为沟通祖先的礼器,将王权视为"正鼎"。在西汉中期,董仲舒"天人合一"的思想取得了主流地位,拥有"九鼎"就代表拥有政治权力,就会成为天命的所有者。在人们看来秦王暴虐,天理不容,不配有鼎,故天遣蛟龙咬断绳索。在这一过程中,鼗鼓舞伴随建鼓舞在"泗水取鼎"的肃穆性,显示出了巨大的反讽意义,那些躁动不安的车马,将这种反讽衬托出来,以示戒慎。

同样以包括鼗鼓在内的乐舞百戏相应和,当车马、骑吏不是躁动不安而是整齐有序地呈现出来的时候,政治伦理的肯定性力量则开始彰显。河南南阳七孔桥出土有一块"乐舞百戏·车骑征战"画像砖(图2-72),现存于南阳汉画馆。画面一分为二:左为乐舞,右为车马战队。语境决定言说,乐舞右起为建鼓舞(已居于边缘),左起第三人为播鼗乐舞者,右手平

图 2-72　河南南阳出土画像砖"乐舞百戏·车骑征战图"

举鼗鼓摇之,导乐导舞——铎舞、长巾伎与俳优盘鼓舞、倒立艺伎、二乐人,引来威严肃穆的车马战队。吕不韦在《吕氏春秋》中推行德治的政治主张,包括音乐对政治的潜移默化作用。在《吕氏春秋·仲夏纪·古乐》中,他提到了音乐的起源:传说颛顼喜欢风的声音,于是命人模仿风的声音,命令巧匠制作了许多乐器,包括鼗(鞀)鼓。《吕氏春秋·不苟论·自知》更是直接将音乐与政治伦理挂钩:"欲知平直,则必准绳;欲知方圆,则必规矩;人主欲自知,则必直士……尧有欲谏之鼓,舜有诽谤之木,汤有司过之士,武王有戒慎之鼗,犹恐不能自知。"[①] 依靠水准墨线可知道平直,依靠圆规矩尺可知道方圆;君主要想了解自己的过失,一定要依靠正直之士。尧有供给进谏的人敲击的鼓,舜有供书写批评意见的木柱,汤有主管纠正过失的官吏,武王有供告诫君主的人所摇的鼓。这里的"戒慎之鼗"就是臣子借用鼗来告诫君主反省自己,所以鼗鼓的政治伦理功能是有历史传统的。延及汉代,依然如故。

作为一种政治伦理的延伸,汉画鼗鼓舞还有许多潜在的性质与功能。在图 2-72 中,除了乐队中的跽坐播鼗者外,与长巾盘鼓舞和倒立并列的,还有弹罐、播鼗、踏鼓的俳优(其鼗当处下垂状态)。这一情景在河南南阳崔庄出土的"乐舞百戏图"中表现得更加清晰,甚至可以构成与图 2-72 的连动(见图 1-30):画面自右向左依次为前五人跽坐,其中第一人敲铎;第二、四两人播鼗吹箫;第五人抚琴;第六人倒立;第七人为俳优,

---

① 许维遹:《吕氏春秋集释》,中华书局2009年版,第646—647页。

右手播鼗，左胳膊上置罐跨步做舞；最后一人为长巾舞伎，凌空跳跃。在汉画中，俳优赤裸上身，力大体肥，其播鼗伎常与纤细的长巾舞伎和艺伎倒立空翻搭档，将两种力合而为一。倒立是一种双手据于地或案上、双腿上舞或者连续前后空翻的形式，一种是向高处发展的畸变造型，汉代称为"倒植"；一种是连续向前或向后翻转，汉代称为"逆行连倒"。前者讲究静态控制，常头顶、口衔酒樽等；后者转翻腾挪，连续发力。当持鼗男性俳优与长巾伎相配合时，有向上跳跃之感；而当他与倒立女伎相配合而舞时，就成为高高在上的身体炫耀了。这是两种"虚幻的力"（苏珊·朗格）的显现。但不管怎样，它们还是处身其右半面"戒慎之鼗"的限定中。

震慑之礼的鼗鼓乐舞一般是对外使用。汉代尚武，武帝重建乐府后，大兴武舞之风，将大量武舞引入宫中，在上林苑多次举行大型角抵演出。为了震慑内方国和域外邻国，在汉武帝接见域外君长的仪式中，多有武舞演出，其中俳优持鼗与倒立而舞就在接见匈奴时使用过。《新书·匈奴》："上使乐府幸假之俾乐，吹箫鼓鼗，倒挈面者更进，舞者逾者时作，少间击鼓，舞其偶人。"所谓"倒挈面者"就是倒立舞者，可见，鼓鼗与倒立成为当时之礼化，传达出震慑的政治意图。

我们说过，在中国，求真求善的社会学、伦理学、宗教学、政治学、民俗学等常常你中有我，我中有你，互为表现，也讲究"天人合一"。这种"天人合一"一方面指宇宙间的自然性；另一方面还俯视着人世间的社会性，两层含义常常重叠在"外儒内道"的汉代统治术中。① "儒、道、释三家虽然对'一'的解释不尽相同，但都赞同'天道等于人道'这一根本观念。例如原始儒家中孔子虽然不太谈论天，但他立论的基石——仁——却源于天生赋予、本能的血亲感情，注重天的人伦性。孟子第一个论'天人合一'，由自然之天赋予人道德本性。董仲舒则明确地说道：'天，仁也。'天人相合的'一'是人伦道德。道家也持天人合一观，它们的'一'

---

① 佛教在东汉末期才入土中原，且最初也是以"黄老之术"被接纳。

没有道德意义,而是纯粹天的自然性。禅宗将佛教融入传统文化中,慧能说的'佛性'是人人所共有的心灵本性,此佛性天生赋予,獦獠和尚无差别,强调心灵的合一性。"[1] 如此,包括鼗鼓舞在内的汉画舞蹈中真与善维度的性质与功能,也是需要在"合一性",特别是崇儒尚道之中细心剥离。

二、美与艺术的维度

真与善、美与艺术本不是二元对立的,它们在很多情况下都是相容的。陕西榆林汉画像石博物馆藏有"周公辅成王图"(图2-73),图的上端为常见的周公辅成王图,下端则有漂亮的延袖舞——舞伎戴山形冠,稳如泰山,右手上扬而袖下垂,左手下垂而袖上扬,中正方圆,阴阳平衡,需要极高的造型技艺。当然,从纯审美或纯艺术的角度来讲,我们也可以观看汉画舞蹈图像。

当我们把汉画舞蹈由一种身体行为转向一种身体技艺时,其性质与功能问题研究就由社会学和伦理学转向了美学和艺术学,由社会表演转向了观看表演,即由真和善转向了美、转向了风格性的技艺。如徐州汉画像石艺术馆藏"车马・庖厨・六博・乐舞百戏图"中的乐舞百戏局部(见图2-22),自下而上:建鼓舞是一袖一桴倾倒45度飞身击打,且腰悬小鼓;长袖舞是扬袖反弓,飞流急下;高缇上的倒植凌空,充当了"羽葆";又有右上角坐执鼗鼓者,其鼗之大已突破常规,且播且

图2-73 陕西榆林汉画像石博物馆藏"周公辅成王图"

---

[1] 陈望衡:《中国古典美学史》(中卷),武汉大学出版社2007年版,第556页。

抡全凭上身发力。如同中国传统学术的学科分类一样，汉画艺术舞蹈由真与善向美与艺术的转向也并非泾渭分明，其建鼓舞、鼗鼓舞依旧算作乐悬之舞，不能说它们是杂耍，这也是由中国艺术的性质与功能所决定的。在这里我们依旧以鼗鼓舞为焦点进行研究。

在美学视角中，中国古典美学理论与西方美学有所不同，它基本不属于认识论系统，而属于体验论系统，是建立在"天人合一"基础之上的人心与自然（天）"一气相通"（王阳明语）。天地自然亦如人一样，充满生命气息；人也可以"上下与天地同流""浑然与万物同体"。这很像汉画鼗鼓舞，乐伎俳优可播鼗，天神伏羲女娲亦可以。"建立在这种天人合一基础上的审美理论就必然不可能是主体对客体内在规律把握的认识论，而只能是主体与客体交感的体验论。"① 甚至在烧火、揉面、杀猪中用播鼗体验"民以食为天"的美感。其实，西方美学也未必没有涉及"主体与客体交感的体验"，只是比较概念化，像黑格尔所说："美就是理念，所以从一方面看，美与真是一回事。这就是说，美本身必须是真的。……当真在它的这种外在存在中是直接呈现于意识，而且它的概念是直接和它的外在现象处于统一体时，理念就不仅是真的，而且是美的了。美因此可以下这样的定义：美就是理念的感性显现。"② 具体到汉画鼗鼓舞，我们已经在社会学与伦理学等视角中看到其真与善，现在所要做的，就是将其"外在存在"纳入美学理念的种种感性显现中。

按照布迪厄的"阶级区隔"理论，美学当分为高尚美学和通俗美学。前者讲究崇高、优美、肃穆与平衡、对称、和谐；后者则讲究"丑"、滑稽、诙谐与失重、倾倒、突兀。无论鼓舞、袖舞、巾舞还是羽舞、便面舞、兵器舞，汉画舞蹈都打破了这种区隔，或雅、或俗、或雅俗共在。鼗鼓舞也是如此，大致显现出崇高、优美、肃穆和滑稽四类。

---

① 陈望衡：《中国古典美学史》（上卷），武汉大学出版社2007年版，第21页。
② ［德］黑格尔：《美学》（第一卷），朱光潜译，商务印书馆1979年版，第142页。

图2-74 山东沂南北寨村汉墓"乐舞百戏图"鱼龙曼衍及鼗鼓舞局部

就第一类而言,山东滕州龙阳店出土有"乐舞百戏"画像石(见图1-29),图分两层,下层为车马,鱼贯肃整向西行。上层为乐舞百戏:中间立有一建鼓,上有厚重的双羽葆,二舞伎对称拧身执桴击鼓;两边是同样对称的一对长袖坐舞、弄丸与倒立、一对执槌舞、一对螺袖舞;羽葆顶端,一头戴尖帽敦实的蛙形舞姿者同样双扬螺袖,与两边又一对螺袖舞者形成工整的三人舞。整个画面平衡、对称、和谐。汉画像砖石讲究"金角银边",在图的左右上角,各有一手执双鼗鼓舞者大步跳跃作舞,隔空对跳双播鼗,似乎因为内在的挤压而欲跃出画面之外。崇高常带有体量感和密度感,图1-29在相对的四方天地中表现出了这种感觉。

崇高还常常气势凌人,"是一切和它较量的东西都是比它小的东西"[①]。山东沂南北寨村汉墓出土的"乐舞百戏"画像石(见图1-24)就展示了这种气势,集雅声、楚声、秦声、新声于一体(新声是吸收了西域传入的"胡乐"),场面宏大,形式多样。这组乐舞百戏从左至右又可分为四组,其中第三组即同样气势凌人的鼗鼓舞(图2-74):画面的中间是一块长方形的地毯,地毯右边是一条硕大的鱼,头朝向地毯方向,由两名艺人扮

---

① [德]康德:《判断力批判》(上卷),宗白华译,商务印书馆1996年版,第89页。

图2-75 山东安丘董家庄汉墓出土画像石"乐舞百戏图"

演,其上有二伎播鼗;地毯左边是一只巨大的兽,尾朝向地毯方向,兽背上有一人持长竿站立。大鱼和巨兽两边和前方有三人呈三角形构图,手上均持鼗鼓("引龙珠"),起到护卫与引领作用。这组画面从右至左,喻示着大鱼向巨兽转变的过程;而越过地毯变出来的巨兽有翼,带鳞,戴龙头面具,有两角,露四足(当是扮演者的腿部),正跟从播鼗者腾跃。[①]这显然是汉武帝时期的"鱼龙曼衍"之戏,由"黄门鼓吹"蓄养的"黄门工倡"表演,气势宏大。

与之相似的场景还有山东安丘董家庄汉墓出土的乐舞百戏汉画像石(图2-75),也是吹奏、舞蹈、跳丸、倒立等多彩景象。在画面最下端,有三条大龙依次排开,前两龙口中衔鱼,其形状与沂南北寨村汉墓画像石中的鱼相似;第二条龙后面刻有一羽人,一手播鼗,一手提龙尾,与之玩耍。此时,作为导乐导舞的"乐悬",鼗鼓由"引龙珠"变身为戏龙响器,也算是崇高的命题之一——"危险而无伤害"。

又有郑州新通桥汉墓出土的画像砖,展示了播鼗优美的一面。(图2-76)图分三格,中间立中鼓建鼓,扁圆造型,无高大建木与羽葆,舞者对称拧身击鼓,身体呈稳定的"S"形;其右是跽坐吹奏者,温文尔雅;

---

① 参见山东省沂南汉墓博物馆编《山东沂南汉墓画像石》,齐鲁书社2001年版,第134页。

其左是广袖长裙跽坐播鼗舞伎，发饰精致，似有长长的翎饰，其头向后侧歪，其身稍前倾，与下肢也呈"S"形。她右手播鼗，鼗之摇摆与头饰同步；左手扬袖，似执铎状物，与建鼓舞相和——建鼓舞同时又和吹奏乐伎相合。从声响来看，鼗鼓小巧，声音清脆，击奏时频率高，密度大，由此可形成快速、连贯、脆亮的声音效果；建鼓体大，声音深沉浑厚，有惊天动地的震撼感。二者的结合，可形成短促脆亮与浑厚有力的审美感受。从动作构成看，鼗鼓舞者手持鼗鼓，边摇播边起舞，动势摇曳。建鼓舞者拧身挥槌击鼓，舞姿夸张。二者同时根据节奏变换互为依托，形成一坐一立、一轻一重、一动一静、一大一小、鼓声交错、舞姿互动的"交响"效果。故《仪礼·大射仪》云："荡在建鼓之间。鼗倚于颂磬，西纮。"当这种优美脱离开建鼓而独立展现时，其特征会更加明显。（图2-77）此外，如

图2-76 郑州新通桥汉墓出土画像砖"鼗鼓·建鼓舞图"

图2-77 郑州出土"鼗鼓·吹奏图"

第二章 汉画舞蹈 | 133

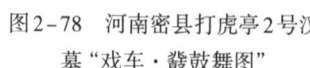

图2-78　河南密县打虎亭2号汉墓"戏车·鼗鼓舞图"　　图2-79　山东嘉祥敬老院出土"孔子问礼·播鼗图"

伏羲女娲"S"形的播鼗双人舞，更是优美的典范。

崇高与优美外，作为"乐悬"且有导乐导舞功能的鼗鼓舞，最常见的审美风格就是肃穆了，静若处子，安如泰山（图2-78）。以坐舞形式导乐导舞是鼗鼓舞的本分，这在图2-48等图中清晰可见。图2-78是立舞，是在奔马戏车边运动中的鼗鼓舞：图上方三马驾戏车狂奔，下方二播鼗者戴冠，广袖长袍，跨步相随，其鼗一前伸一后扬，重心在腰间，呈三角稳定型，以静制动。这种肃穆还可以在图2-54等直观形象中见到，已蔚然成风。其生活基础在于儒学身体观，乃至孔子问礼时有童子播鼗介入其中。（图2-79）

关于播鼗童子，有学者以为是项橐。[①]《论衡·实知》说项橐能以七岁教孔子，证明孔子之谦逊。此图将"孔子见老子""孔子师项橐"合为一处，

---

① 参见邢义田《画外之意：汉代孔子见老子画像研究》，生活·读书·新知三联书店2020年版。

图2-80　四川新都利济镇出土画像砖"摇鼗踏鼓舞图"

图2-81　四川广汉新平镇出土画像砖"袖舞·鼗鼓舞图"

更见孔子"三人行，必有我师焉"之胸怀；而项橐所以播鼗鼓，也更分明见出其"戒慎之鼗"的肃穆。

崇高、优美和肃穆属于康德的崇高美学。此外，鼗鼓舞还有通俗美学的一面，其风格特征为滑稽。四川新都出土的"摇鼗踏鼓舞"画像砖就是这样一种美学中"审丑"的滑稽风格的体现。（图2-80）图上有三人，中间一俳优袒露上身，双腿弯曲，一边顺地右手摇鼗，右脚踏鼓，展示了手摇脚踏、双鼓齐击的高超技艺；左边一俳优亦袒露上身，跨步撅臀，拧身仰视，双臂上扬，似在弄剑跳丸，正合节而舞；右边一舞伎戴冠，广袖穿袍，立于双鼓上，身体后倾，顿足垂袖翩翩起舞。在这一幅三人舞图中，摇鼗鼓之俳优左右逢源，但其身体投射指向右边踏鼓垂袖舞伎，惹得左边俳优略有不悦，似拧身欲离去，却又不舍。又有四川广汉出土的"袖舞·鼗鼓舞图"（图2-81），将这一场面更直接地以男女双人舞形式表现出来，滑稽与优美并存。

由此，我们看到了以俳优为主体的鼗鼓舞滑稽风格的构成：其一，舞姿造型别具一格，身如球状，或跳踏，或蹲行；其二，兼容多种形式，单人舞、双人舞、三人舞蹈形式并存，男女对舞不避，巾、袖、剑、丸、盘鼓等舞具配置合理，相得益彰；其三，除了单独舞蹈外，鼗鼓舞者还能与其他舞者打逗交流，使表演具有戏剧性，在同一个乐舞场中打通彼此，美丑同在，雅俗共赏。

从美学转场到艺术学立场上，就涉及舞蹈技术层面了。无论崇高美还是通俗美，是何种风格，汉画艺术舞蹈都必须有技术给予保障，以避免美学的"空能指"。这些技术可分为徒手舞技术和道具舞技术，前者如倒立、软翻、格斗；后者如鼓舞（鼗鼓舞为鼓舞的一个子技术系统）、袖舞、巾舞和兵器舞等。像建鼓舞，常是二舞伎分立建鼓两侧同时击鼓，鼓技舞技相合，有时还要蹴鞠或击跗鼓而舞；像盘鼓舞，舞者一面舒展长袖长巾，腾跃闪挪，一面还要在盘鼓之上保持平衡，踏出节奏，甚至倒立或倒身"浮腾累跪，跗踏摩跌"于盘鼓之上；又像长袖舞伎，不仅表现在翘袖、绕袖等袖技上，表现在踏鼓、踏盘的步伐上，还包括在高缅上"金鸡独立""回头望月"和"飞流直下"，舞技与杂技合为一体。

凡舞技，当是职业的身体技艺，用于表演，源于训练——长时期的特定训练。《西京杂记》卷一载："（汉）高帝戚夫人善鼓瑟击筑……夫人善为翘袖折腰之舞"，是说戚夫人乐技舞技俱佳，其乐技至少包括鼓、瑟、筑三种；其舞技以翘袖折腰为善。又有善"掌上舞"的赵飞燕，幼年家贫，流落至阳阿公主家当婢女，并学习歌舞，善于用气（控制呼吸），舞姿轻盈，技术高超（《汉书·外戚传》）。还有翁须，八九岁时寄养在刘仲卿家学歌舞，四五年后被送于柳宿，转给贾长儿。二十岁时到长安卫太子家为家伎（《汉书·外戚传》）。这些资料告诉我们，汉代已注意从小培养、训练舞者，且具有特殊的训练场所（如汉乐府）和训练方法（如乐舞一体的训练）。无此，难以在"乐舞百戏"或"设宴陈伎"中登场。

鼗鼓舞的技术包括乐技和舞技。乐技在于播鼗奏乐，打出鼓点节奏，借以导乐和导舞，引领众乐伎和舞伎。据今天的音乐专家介绍，播鼗需要手指捻动鼗鼓柄而带起弹丸击打鼓面，颇有难度。至于舞技，则突出体现在俳优鼗鼓舞中。

俳优体型浑圆，滑稽与技艺兼而有之，正如司马相如《上林赋》所说

图2-82 四川邛崃出土画像砖"播鼗·跳丸·弄剑图"

图2-83 重庆市博物馆藏画像石"播鼗·舞袖·踏鼓弄剑图"

"俳优侏儒，狄鞮之倡，所以娱耳目乐心意者"[①]。所谓的"娱耳目乐心意者"，指其言语诙谐，动作表情夸张，说出常人所想但又说不出的想法，做出常人想表演又难以企及的举动，其意味自在其中。四川邛崃出土有"播鼗·跳丸·弄剑图"画像砖（图2-82），帷幔下三人跽坐宴饮，左侧一人弯腰持桴击鼓；下面三俳优皆裸露上身，左边一人身体向后倾斜，右手播鼗，左手指向右边跳丸和弄剑者，剧烈跳荡，播鼗戏之。又有出土于四川彭州九尺铺的画像石（图2-83），画面左侧为俳优播鼗，屈蹲拧身，左手播鼗，右手后甩，跳踏起舞，与弄剑踏鼓俳优和袖舞伎组成三人舞，与图2-80相似，只是空间发生变化，可视为同一程式。

又有河南南阳出土的"乐舞百戏图"中的播鼗舞者，技艺更高一筹（图2-84）：他位于左起吹奏者右边，头戴冠，身着短襦，作奔跑状，一手高举摇鼗，一手跳丸（可见12丸）。画面中的第三个人梳圆髻，侧有一缕垂髾，口出一曲尺状线条，似为表演吐火魔术；第四个人体态轻盈，梳双髻，按樽倒立；第五人亦圆髻垂髾，作奔跑状，似为滑稽艺人，被播鼗弄丸和吐火之技艺所惊吓；最后两人，头上戴帻，执棒敲钟，以乐悬压住阵

---

① 费振刚、胡双宝、宗明华辑校：《全汉赋》，北京大学出版社1993年版，第66页。

图2-84 河南南阳王寨汉墓出土"乐舞百戏图"

图2-85 四川成都大邑出土"鼗鼓弹罐图"

图2-86 四川广汉新平镇出土"迎谒乐舞图"

脚,避免娱乐至上。此种情况在成都大邑出土的画像砖"鼗鼓弹罐图"中是以套袖双人舞来压场的。(图2-85)

此时的技术表现已然是乐技、舞技和杂技的合一,并且透出身体的跃动感,而非下肢静止不动的坐舞与立舞。这种跃动感在四川广汉市新平镇出土的"迎谒乐舞图"(图2-86)中体现得更清晰。图左上方为迎谒者,跽跪西向;其身后有舞者5人,皆西向起舞,舞姿夸张,热烈欢迎。右上方为鼗鼓舞者,发髻高耸,着宽袖舞服,袖口齐腕部,摆裙齐膝,上身前倾,手持鼗鼓高抬腿踏足而舞,既为呈三角形持剑拉弓的四人武士舞(或随从五百)舞击节,而自身又舞在其中,强悍有力。

凡此跨步播鼗、仰身播鼗、踏鼓播鼗、执鞭播鼗、执箫播鼗、跳丸播鼗、跳步双手双播鼗、仰身弹罐播鼗等,构成了独特的身体技术系统。当我们发现河南南阳崔庄和四川成都大邑都不约而同地出现了播鼗弹罐舞时,就会感到其技术已经达到一种普遍的程式化。

图2-87 宁夏文物考古研究所藏宁夏固原市北塬东汉墓"摇钱树"一叶

对汉画艺术舞蹈而言,一旦它们的技术达到成熟并且成为普遍行为时,其"外在的实在"的程式便形成。这些程式不仅仅是一套固定技术动作,而且是一种系统的风格性的身体表达,诸如建鼓舞的崇高、长袖舞的优美、兵器舞的狞厉、长巾舞的飘逸等。它们又构成了汉画舞蹈更大意义上的风格性程式,并且"显现为外因起统治作用的观念性和定性"[①]。也就是说,建鼓舞可以表现天人合一,盘鼓舞可以表现跳踏日月星辰,长袖舞可以舞出"外儒内道",乐悬的播鼗还可能成为伏羲女娲的天乐舞……它们使汉画艺术舞蹈帝国的真、善、美极大地扩张开来。

一叶知秋,我们将这种扩张再压缩到宁夏固原市北塬东汉墓出土的一片"摇钱树"枝叶上,相对集中地观看汉画舞蹈处身的世界、从生活向艺术的转换及其性质与功能。(图2-87)

"摇钱树"为精美绝伦的陪葬器物,由青铜鎏金制成,分为基座、树干、树冠、树叶,为权力与财富的象征。所以称之为"摇钱树",是因为树叶上垂悬方孔铜钱,触之摇曳;而比铜钱更能透出文化与审美意味的,便是其上"社会动力学"的乐舞。

该叶片图像内容分为上下两层,上层的表演内容可分为四个区域。最左边为双人建鼓舞表演:建鼓形体庞大,通天达地,底部固定于瑞兽之

---

① [德]黑格尔:《美学》(第一卷),朱光潜译,商务印书馆1979年版,第173页。

上，顶部羽葆飘扬，二舞伎分别驾驭瑞兽，舞长袖，挥臂击鼓，为儒道共认的"天地人合"的象征。建鼓旁边为三人盘鼓舞表演：中间的盘鼓舞伎梳双高髻，长裤，舞长袖，步罡踏斗于盘鼓之间，倾斜流动，体现了道家的自然伦理；其左侧一舞伎手托盛物圆盘，脚踏滚轮，仰身向上，在滚动的轮上与盘鼓舞伎呼应；盘鼓舞右边是折腰倒立的叠案舞伎，以畸变向上的反弓"C"形舞姿，呼应盘鼓舞伎。第三组为套袖长袖双人对舞：二舞伎头梳双高髻，着曳地长裙，相对翩跹起舞，中正方圆，"以手袖为威仪"，见出儒家社会伦理的风范。最右边第四组为"羽人饲凤"：一全身羽饰飞扬的羽人手持仙草，正逗引张口振翅的凤鸟，凤鸟长尾恰与摇钱树枝叶末端合为一体，寓意羽化升仙。四组舞蹈均为艺术舞蹈，体现出鲜明的形式感。

摇钱树叶下层的铜钱之间，是青龙、白虎、朱雀、玄武四神，是谓四神兽舞；其左边身居云纹中的二乐伎可以说在为上方舞伎伴奏，亦可以说在为右边神兽伴奏，还可以说在为其左边二武士剑舞伴奏。

一片摇钱树枝叶，微"图"大义，见出汉代主流社会的舞蹈。它处身"天文"与"人文"世界中，由生活而艺术，以多样的风格自我构建成经典程式，技艺超群，亦真亦善亦美。直到今天，当初运用于汉代社会生活的汉画舞蹈，也还在潜移默化地影响着我们。

第四节 分门别类

一、分类的意义与原则[①]

汉代舞蹈深广复杂，如果我们希望对它建立一个认知、研究和重建的

[①] 关于汉画舞蹈的分类，在第一章第二节"最大限度的聚焦"中已有所涉及，算是一种由"聚变"而"裂变"的零散化描述，故在此将其条理化。

细密框架，还需要做的就是分类。汉画舞蹈的分类可以说是中国大传统舞蹈（其经典便是中国古典舞）分类的焦点之一，其功能是让自己和他人可以在相对清晰的分类原则中了解舞蹈对象。在这一问题上，中国的舞蹈学远不如音乐学成熟，后者已经建立了中国传统音乐乐种学的框架，而前者至今还在混沌的舞种概念和"不分舞种"的口号中研究、教学、创作、表演、欣赏和批评，沉浸于各种舞蹈培训、舞蹈比赛、"中国原创舞剧"等之中。

对于中国传统音乐，袁静芳有颇为明确的乐种学及乐种界定："乐种学是研究乐种的科学概念、模式及发展规律的一个专门学科。乐种学将阐明学科的基本概念、原则与方法；探讨乐种在一定文化背景下的产生、发展、变形、变异的演变流程规律；在体系归纳方面，将梳理乐种、乐种族、乐种系的层次关系和艺术特点，研究存留于乐种中的传统文化沉积；并在更大空间即文化层（或文化流）中寻求其价值和地位。"在这一学科框架中，乐种就被界定为"历史传承于某一地域（或宫廷、寺院、道观）内的具有严密的组织体系，典型的音乐形态构架，规范化的序列表演程式，并以音乐（主要是器乐）为其表现形式的各种艺术品类，均可界定为乐种"。于此有历史记载的可以按物理构型的乐种，就成了可辨识和可分析的模式："模式即在事物发展全过程中，在不同阶段所客观形成的各自具有相对稳定与一定典型意义的格局和形式。""模式分析法，是在两个以上同类模式的比较分析研究中，从相同的模式中求其事物的类同，从相异的模式中求其不同类别形式衍变与发展。""模式形态是实实在在的、客观的存在于中国传统音乐各类品种之中的，我们不仅要寻求它、感悟它，还应该深刻认识它的学术价值。"[1] 以上谈的是中国传统乐种，其实这对中国传统舞种也极具借鉴意义——况且中国传统舞蹈是"乐舞一体"。舞种问题是一个大课题，有待中国舞蹈"舞种学"的建立。这里只是想把汉画舞蹈的"种

---

[1] 袁静芳：《乐种学的理论与方法》，《中国音乐学》2018年第4期。

族""种系"厘清。

在第一章中，我们用了"模式"的概念寻踪到可辨识汉画舞蹈。基于此，再用"实实在在"的模式分析方法将汉画舞蹈按照一定原则分门别类。需要说明的是，这里的汉画舞蹈是指本书所涉及的汉画舞蹈图像，算是管中窥豹，这种尝试或许还会给中国古典舞乃至中国舞蹈的舞种学打开一扇窗口。

汉画舞蹈分类是一件非常麻烦但又必须做的工作。首先麻烦在于汉画舞蹈本身不仅有生活舞蹈和艺术舞蹈之分（两者之间的界限也不是清晰可见），而且它们各自也都如万斛源泉，随地涌出，大河溪流纵横交错，比之敦煌壁画舞蹈分类（见表8-1、表8-2）有过之而无不及，是一个大工程。其次，在于对汉画舞蹈分类的专门研究尚有大片处女地，比如"乐舞百戏"的粗放划分（见表3-1）就忽略了百戏"跳丸弄剑""角抵"之中亦有与"文舞"并列的"武舞"，像今日中国古典舞的"剑舞"。又比如"乐舞百戏"之外的"社会生活""生产劳动""历史故事""祥瑞升仙"和"天文与神话"中同样有精彩的舞蹈，包括社会生活中的"以舞相属"、生产劳动中的"阉牛舞"和祥瑞中的"神兽形意舞"。再比如数量众多的"羽人舞"的名分确认和"种系"，不说其舞蹈道具构型、舞蹈形象与舞蹈形式的分类，只是其羽饰飘飞的服饰造型类别就令人叹为观止。如果能看到色彩描绘，这些奇异漂亮衣装的羽人当不亚于敦煌飞天。凡此种种，自身就是一个需要条分缕析的工程。

麻烦的事情往往也是有价值去做的事情。汉代四百余年的舞蹈已经琳琅满目地留在了汉画之中，是祖先留给今天中国古典舞的一处宝藏，我们有责任将它们分类整理出来，为其重建做好准备。从道具舞的分类到徒手舞的分类，从图像的动作分析分类到实践操作的剧目分类，以实现其深描与重建的最终目标——认真"考古"，让文物"活起来"。

当我们面对一个涉及面深广而且复杂纷繁的问题时，分类是一个有意义的逻辑方法。因此，汉画舞蹈分类也是一种思维方法，有助于我们合乎逻辑地面对汉画舞蹈对象,由此建立起深描与重建的思考与实践框架。许多时候,我们经常急于给研究对象下定义,比如什么是"汉画舞蹈"、什么是"长袖舞"、什么是"俳优舞"等。分类往往与定义密切相关,它会使我们对对象的认知有条不紊地深入展开。比如汉画"长袖舞"只是"袖舞"的一个子类,不可以偏概全地切断对其他袖舞的认知与把握,如广袖、窄袖、垂胡袖等,这还不算踏盘踏鼓之袖舞;甚至长袖舞自身也还在构型上有长有短,有单袖有套袖;在形象上有男有女,有胡有汉;在形式上有人数多寡,有坐舞、立舞、高缅舞等之分。如此,今天把从京昆戏曲中拿来的水袖当作中国古典舞袖舞的唯一,就有些以偏概全。当我们把一个综合性的大问题分成若干小问题加以面对时,答案就比较容易和清楚地得出了,如今日中国古典舞之丝绸水袖应该是从亚麻等丝织品制作的汉袖中长袖发展而来的一支。认识到了这一点,也就认识到了汉画舞蹈分类的意义——它可以在中国古典舞一大源头中寻找到视觉直观的身体语料,由此滴水成河地逐渐建立起中国古典舞的语料库。

分类的意义外,还有分类的原则。丹麦存在主义哲学家克尔凯郭尔在他的第一部著作《非此即彼》中就写到了人类接吻的分类:如果有人想把接吻分类,就必须考虑到种种分类原则,包括接触程度、时间长短、声音大小等——每次分类都要按照同一原则进行,然后进行第二次、第三次分类,直到不能再分为止,就像剥洋葱一样。比如我们首先要对汉画舞蹈中的生活舞蹈与艺术舞蹈加以分类,以把一般人日常性的手舞足蹈和职业化的表演性舞蹈分开,排除屠夫的阉牛舞和农人的耕作舞等,从而全神贯注于审美(包括"丑")技艺性的艺术舞蹈,以为它们能踏上中国古代舞蹈经典化之路"清理门户"。但需要说明的是,这一情况很可能会伤害到汉画舞蹈乃至中国舞蹈的整体审美。按照曾繁仁的"生态美学"观,中国传统美学是"体贴"生活与生命的美学,包含着道德理性精神,与西方古典美学超功利的"实体之美"相区别。①所以,这里的"清理门户"只是相对而言。事实上,我们也很难分清夫妻之间的"以舞相属"与舞伎的男女双人舞。在此前提下,我们归之于类的汉画舞蹈只是更加接近表演性的艺术舞蹈,包括有音乐伴奏的"兵器舞"和技艺高超的"羽人舞"等。

把艺术舞蹈单独从汉画舞蹈提出来后,是按内容划分还是按形式划分就成为如何剥开的第二层洋葱。按"跳什么"的内容进行分类是常规做法,从思想人文层面来讲,汉画舞蹈无非是儒道两家的身体表达,佛家其时刚落脚中土不久,于舞蹈方面刚露头角,后来在敦煌大放异彩,这些都是常识。但问题是,汉画舞蹈自己不会开口说话,所以即便对儒道之舞的阐释也多有"我口说我心"的主观倾向。所谓古典精神和人物很少是嫁接在腾跳踏跃的汉画长袖盘鼓舞和乐舞一体的敦煌反弹琵琶舞上。因此,按照"如何跳"的形式划分就被推到前面,比如与"徒手舞"有别的"道具舞"和道具舞中鼓舞之建鼓舞与盘鼓舞的物理构型分类,并由此窥见中国大传统舞蹈及其经典化后的中国古典舞的特质之一——与西方芭蕾徒手舞相区别的道具舞。飞向基督教天国的仙女是徒手立足尖而舞;中国道家的仙女则是直接把日月星辰化为盘鼓摆放于丹庭,步罡踏斗做巾袖盘鼓舞。

中国大传统舞蹈及其经典化后的中国古典舞的又一特质是道具舞前提下的"乐舞一体",而且常集表演者于一身。这样,在生活舞蹈与艺术舞蹈、艺术舞蹈中道具舞和徒手舞的分类原则后,我们又可以按照乐器类道具舞和非乐器类道具舞和两者组合道具舞再一次进行划分,包括乐器中"乐悬"②与"非乐悬",还包括最小乐悬的"鼗鼓舞"自身的分类。这种分类方法可以限定性地解决一些专业问题。像乐悬属于国家规定的正统乐器,是礼乐规则的体现,在乐器类道具舞中应该安排在前面。所以,尽管建鼓舞和盘鼓舞都是鼓舞——且后者舞蹈性更强,但前者还是"老大",常常

---

① 参见曾繁仁《生态美学导论》,商务印书馆2010年版。
② 乐悬:置于轩架上或半空中奏响的乐器。

位于乐舞百戏画面的中央。"祭祀娱乐，合而为一；神圣凡俗，合而为一；礼器乐器，合而为一；视觉听觉，合二为一；'冬冬鼓敲，忽忽旗摇'，合二为一。鼓纛凝体，旗鼓相当"，享有"一鼓立中国"的美誉。[①] 至于乐器类与非乐器类组合的道具舞，可称之为舞蹈奇观。像以长袖为桴的建鼓舞，又像边弹罐边播鼗的鼗鼓舞，令人叹为观止。凡此，说明分类能使我们清楚、透彻、有说服力地提出和解决对某一问题的认知，避免大而无当或虚无缥缈的泛泛而谈。汉画道具舞与徒手舞的物理构型分类如表2-8所示。

表2-8　汉画道具舞与徒手舞分类

道具舞	乐器类道具舞	乐悬	建鼓、鼗鼓、鼗鼓、铎、铃……
		非乐悬	盘鼓、琴、箫、钹、竽……
		两者组合	建鼓与跗鼓、鼗与箫……
	非乐器类道具舞	服饰一体	衣袖、羽饰……
		独立道具	巾、帔、节、兵器、便面、仙草……
		两者组合	袖里藏巾、羽与兵器……
	两者组合类道具舞	乐器与服饰	建鼓与长袖、箫与长袖……
		乐器与道具	盘鼓与长巾、鼗鼓与罐……
徒手舞	略（徒手舞在汉画舞蹈中所占比例极小）		

这一分类还会按不同原则继续下去，比如乐悬中建鼓的构型、非乐悬中盘鼓的数量、服饰一体中衣袖的款式、独立道具中兵器的种类，等

[①] 曾侯乙墓"建鼓底座"有青铜盘龙的"大制作"。建鼓之外，青铜制造的编钟亦为乐悬重器，因此不排除有编钟乐舞的存在。有学者认为：编钟出土于广州南越王墓、章丘洛庄汉墓、盱眙大云山墓、南昌海昏侯墓，彻底改写了汉代"但能记其铿锵鼓舞"的误植。参见张振涛《第二个青铜时代》，《读书》2020年第6期。

图2-88 四川博物院藏"执帗女舞俑"　　图2-89 云南晋宁出土西汉雕饰"执铍踏蛇双人舞图"

等。[①] 它们均与汉画舞蹈的表达和技艺密切相关，像非乐器类道具舞中独立道具的帗舞。帗为五彩缯，先秦为"灵星舞子"执之所为，礼仪性不言而喻。到了汉画中，帗舞又扩大为女性舞伎所为，如存于四川博物院中的"执帗女舞俑"（图2-88）呈半蹲姿态，微笑持帗，帗之摇曳，与花相映，已非灵星舞。又像乐器类中较少的铍舞（图2-89）和或为竽的道具舞（图2-90-1），很像现在苗族、彝族的芦笙舞，其"喜鹊登枝"的技艺与乐器音响同步。与这种不可命名的道具舞相似，宁波海宁长安镇出土的东汉舞蹈画像酷似盘鼓长巾舞（图2-90-2），但是其盘鼓之大超出日常所见，其长巾也是非巾、非袖、非鞭，且末端带有饰物，甚至舞者的越人造型都显得奇特而怪异……按照现代传播理论，媒介之融合不仅能产生1+1＞2的效果，还能产生文化的融合。

在物理学的道具舞与徒手舞分类之后，生理学的、体质人类学的和表演学的汉画舞蹈形象分类就被提到日程上来。毕竟舞蹈是由人来跳的，事关舞者形象的男女性别身份、民族身份和角色身份，同样具有清晰的外部

---

① 参见本章第二节"二、形式即内容"。

1　　　　　　　　　　　　　2

图2-90　山东孝堂山汉代石祠"俳优乐舞图"和宁波海宁长安镇出土东汉舞蹈图

标识。巫鸿《中国绘画中的"女性空间"》[①]一书，说明了图像中男女性别分析的视角与意义，汉画舞蹈的性别与分类也如此。像建鼓舞，其"一鼓立中国"之美誉，或许还因为它囊括了男子鼓舞、女子鼓舞、男女鼓舞不同性别的介入以及不同的身体空间占有方式；又像插花女性之帔舞，显然打破了"灵星舞子"帔舞之肃穆。

性别之外，就是民族身份的辨识了，它不仅确立了汉画舞蹈在民族构成上的多元一体，而且从这种多元一体中体现出五彩缤纷的色彩——汉族的马上建鼓舞与胡人的骆驼上建鼓舞至少在艺术风格上各领风骚，哪怕都是骑鼓，比胡人建鼓舞的单骑跽坐打、汉人建鼓舞的多骑仰身打更见气势。又有重庆中国三峡博物馆藏的汉人马上建鼓舞画像砖（图2-91），马队由四匹增加至八匹，已成一仪。建鼓舞伎戴冠长袖，侧身欲击，应为中原礼仪。从重庆到广东，少数民族汉画舞蹈亦不缺少有气势者。广州西汉南越王博物馆藏有船纹铜提筒，为古代越族盛储器。筒身有四组船纹，船如巨大龙舟，两头翘起，首尾相连，成一支船队，上有"越人船上羽人舞图"（图2-92）。图中有若干羽人，着羽裙，插长翎头饰，多执兵器，于鼓声中跳"猎头祭"，与广西西林铜鼓上的"羽人舞图"应为同一图像

[①] ［美］巫鸿：《中国绘画中的"女性空间"》，生活·读书·新知三联书店2019年版。

程式。①

图2-91　重庆中国三峡博物馆藏画像砖
"汉人马上建鼓舞图"

当这些差异化成为汉画舞蹈表演的角色身份时，艺术上的内容与形式问题就会愈加清晰地显现出来——与男子舞伎肃穆的双人建鼓舞相比，男子俳优滑稽的双人建鼓舞全然不是一种身体言说和风格；人之夔鼓舞远不及神之夔鼓舞超然飘逸。说到神，是比羽人等仙更高一级的天神，比如太乙神、伏羲女娲等。徐州韩兰成汉画馆藏"羽人门吏·双

图2-92　广州西汉南越王博物馆藏
"越人船上羽人舞图"局部

头龙、伏羲舞图"极为别致，二羽人持戈护卫，其下是弧形双头龙，身生四翅的伏羲以双蛇尾的交脚舞姿立于其间。这样，汉画舞蹈形象的分类原则便产生了，其中还包括由艺人扮演的神仙与祥瑞（表2-9）：

---

① 在民族身份辨识标注中，我们粗略地把汉族以外其他民族都归于"胡"。

| 148　翘袖折腰——汉画舞蹈的深描与重建 |

表2-9 汉画舞蹈形象分类

性别身份	男	套袖舞……
	女	套袖舞……
	男女	套袖舞……
民族身份	汉	建鼓舞……
	胡	建鼓舞……
	汉胡	建鼓舞……
角色身份	人	舞伎舞、俳优舞、武士舞……
	神仙瑞兽	羽人舞、天神舞、祥瑞舞……

分类的继续，就应该是舞蹈学中的形式分类，包括表演形式和身体形式。和舞蹈表演分作男女的单人舞、双人舞、三人舞、群舞等常规形式一样，汉画舞蹈表演形式也主要由单人舞、双人舞、三人舞和群舞等形式构成。如男子单人建鼓舞和男子双人建鼓舞，显然各有其语形和语义：前者自由走位，用于百戏和娱乐；后者呈等腰三角形，稳重严肃，用于礼仪。

到了身体形式，就进入了舞蹈的本体研究，它又包括身体调度形式和动作形式。① 在调度形式上，平面空间倾斜流动的女子袖舞和定点表演的女子袖舞不是同一种表达；同样，一度空间的坐打建鼓舞和三度空间的跳打建鼓舞也不可等量齐观。在身体形式上，倾斜流动

图2-93 徐州韩兰成汉画馆藏"女子双人套袖舞图"

---

① 参见刘建等《舞蹈调度的形式陈说》，上海音乐出版社2012年版；刘建等《汉画像舞蹈图像的表达》，民族出版社2011年版。

的袖舞中裙袖飘飘（图2-93）；定点表演的袖舞中扫地裙垂地、长袖收束（图2-94），身体四信号中唯有头部势语显出灵动。

所以，汉画舞蹈分类到了表演形式和身体形式，就

图2-94 徐州韩兰成汉画馆藏"女子群舞套袖舞图"

涉及其最本体的问题（表2-10）：

表2-10 汉画舞蹈形式分类

表演形式	单人舞	男单兵器舞、女单兵器舞……
	双人舞	男双、女双、男女双建鼓舞……
	三人舞	男三长巾舞、女三羽人舞、男女三播鼗踏鼓长袖舞……
	群舞	男群盘鼓舞、女群长袖舞……
身体形式	调度形式	平面空间的女子长袖舞……
		立体空间的女子高絙长袖舞……
	动作形式	徒手舞的头、躯干、手、脚身体四信号（道具舞之道具为四信号的延长与畸变[①]）……

在汉画舞蹈的深描与重建中，还有许多分类原则，比如按道具分出的乐器类道具，除了按乐悬与非乐悬外，尚可以按音乐学的打击乐、吹奏乐、弹拨乐划分。这样，建鼓舞和盘鼓舞又成了一家人。

---

① 参见张素琴、刘建《舞蹈身体语言学》，首都师范大学出版社2020年版，第79页。

又比如按舞蹈形象分出的羽人舞，除了羽人自身的男女之别、胡汉之别、角色之别外，又可以以形象为原点再划分成道具舞与徒手舞，并且可以在道具舞中按"文舞"的六博舞、仙草舞和"武舞"的执戟与金吾舞等进行再次划分。

再比如按舞蹈形式的分类，其动作形式有四信号——头、躯干、手、脚，而每一信号又都是一个焦点。像头部势语中五官的微身体语言，如袖舞中的低眉顺眼或昂首扬眉可见出儒道之分。

类似的分类可以无限地展开，它不仅在于我们主观的努力，更是基于汉画舞蹈自身的丰富多彩和博大精深。许多乐舞画像我们至今无法阐释清楚，如图7-61女子长袖舞伎所执物及长裙造型等，许多专家莫衷一是，凡此种种，不一而足。

二、从道具构型到身体形式

物理性的分类标准涉及形式。形式是具体的物质对象，像建鼓舞的一鼓是悬在建木的中间，为"乐悬"，在先秦就用于祭祀；盘鼓舞的二鼓放置在地面，是"逶迤丹庭"的舞具，一个代表日，一个代表月。在这种数理形式的了解和把握中，我们才能抽象出它们各自构成的隐喻，在相似的鼓中发现不相似的身体描写与叙事。落地建鼓舞以高大建木穿鼓的形式与天地崇拜相关，而马上建鼓建木的短小则适于行走迎送。此外，盘鼓舞七盘或六盘星辰排列的形式，当与北斗七星和南斗六星的隐喻相连。如此，我们需要挂一漏万地圈定本书的汉画舞蹈对象，在聚焦生活舞蹈和艺术舞蹈的划分之后，进一步确立艺术舞蹈形式的三个分类原则——道具原则、形象原则和形式原则，并以道具原则开始而渐次展开。由于分类原则不同，不同类别之间会有重叠，比如陕西绥德汉画像石馆藏"长耳羽人和俳优建鼓与盘鼓三人舞图"（图2-95）中形象的重叠和道具的重叠；比如建鼓舞击打道具的巾桴并举（图2-96）；比如袖舞中长袖舞与套袖舞共

图2-95 陕西绥德汉画像石馆藏"长耳羽人和俳优建鼓与盘鼓三人舞图"

图2-96 徐州韩兰成汉画馆藏"建鼓舞、长袖舞、羽人戏凤舞图"

图2-97 陕西绥德汉画像石馆藏"长袖与套袖男女双人舞图"

图2-98 徐州睢宁九女墩出土"持节羽人跳丸图"

同组成的男女双人舞表演形式(图2-97)中道具种系的重叠。此外,一些较单一且数量较少的道具舞就不再继续分类,如旌、节(图2-98)、博具

图2-99　陕西绥德汉画像石馆藏"兵器舞·建鼓与盘鼓舞图"

图2-101　江苏徐州汉画像石艺术馆藏"傩舞图"局部

图2-100　陕西绥德汉画像石馆藏"羽人仙草舞图"

图2-102　四川中江塔梁子崖墓群出土"胡人舞蹈图"

（图2-99）、仙草（图2-100）、弩（图2-101）等。最后，要把徒手舞也纳入进来，因为它是按道具原则划分中的"非道具舞"，尽管数量不多，亦属大类，且自有其分类系统。如四川中江塔梁子崖墓群出土的"胡人舞蹈

| 第二章　汉画舞蹈 | 153 |

图"（图2-102），五名络腮胡人徒手连臂而舞，动作粗犷，自成一类。以下，我们便按照建鼓舞、盘鼓舞、鼙鼓舞、鼗鼓舞、铎舞、铃舞、袖舞、巾舞、帔舞、羽舞、兵器舞、便面舞、面具舞、其他道具舞、徒手舞、祥瑞舞16个类别的舞蹈依次再分类描述，并且附加它们各自在书中的插图序号，以便检索查看，对照思考。

（一）建鼓舞

建鼓舞在汉画舞蹈中占有重要的位置，也是其中构型最为复杂的一类。除自身构型的丰富外，它还多与其他盘鼓、鼙鼓、蹴鞠、铃、铎等道具复合，更显其性质与功能的丰富多彩（建鼓舞性质与功能的论述详见第一章、第三章、第四章）。

1. 构型分类

地面建鼓	单一构型	高鼓	普通底座		图1-13、2-20、2-22、2-44
			祥瑞底座		图4-18
		中鼓	普通底座	羽葆 单 长	图1-12、2-54、2-59、2-60、2-61、2-62、2-63、3-24、5-22
				羽葆 单 短	图2-17、2-48、2-49、2-52、2-96
				羽葆 多	图1-24、1-29、2-16、2-54、2-55、2-58、2-71
			羽葆与华盖		图1-24、1-29、2-16、2-54、2-55、2-58、2-71
			华盖		图4-25
			无顶饰		图2-76、8-42
			祥瑞底座	虎；羊	图2-15、2-58、2-62、2-108、3-24、8-41；图2-22、2-87、4-18
				龟；鱼	图2-57；图2-60、2-61
				异兽	图2-15、2-63、2-86、3-14、6-7

154 翘袖折腰——汉画舞蹈的深描与重建

（续表）

地面建鼓	单一构型	低鼓	普通底座	图2-53、2-72、3-14（有华盖无羽葆）、3-19（无羽葆）、3-26
			祥瑞底座	图3-24
	复合构型	加跗鼓	图1-38、3-19、3-26、3-27、5-22
		加鼙鼓	图2-56、2-71、6-7
		加蹴鞠	图2-49、2-52
		加盘鼓	图2-48、2-95、2-99
		加铃	图1-12、1-23、1-38、2-45、2-56、3-29、7-70
车骑建鼓	车鼓	图1-23、1-24
	骑鼓	马；骆驼；羊	图2-91、4-19；图1-12；图2-87
人抬建鼓	图8-47

2．形象分类

男	汉	舞伎；俳优	图1-23、1-29、1-38、2-15、2-52、2-53、2-59、2-71、2-87、4-19、5-22、6-7；图2-17、2-96
		羽人；天神	图2-95；图5-19
	胡	舞伎	图1-12、1-16、3-14
	汉胡	舞伎	图2-44
女	汉	舞伎	图2-48、2-60、3-14、4-18、8-42

3．形式分类

表演形式	汉	男单	图1-24、2-48、2-72、2-96、3-27、4-12
		女单	图2-48、8-42

（续表）

表演形式	双	男双		图1-12、1-16、1-23、1-29、1-38、2-15、2-16、2-17、2-20、2-22、2-48、2-52、2-53、2-54、2-55、2-56、2-57、2-58、2-59、2-61、2-62、2-63、2-71、3-19、3-24、3-26
		女双		图2-48、2-60、3-14、4-18
		男女双		图1-38、2-45
	四			图2-44
身体形式	调度与动作	踞坐打；跪打		图2-53、2-72、3-14、6-7；图1-12、2-15、2-57、3-19
		马步打；交叉步打		图3-24、3-26、5-22；图1-16
		立打	直身；倾身	图1-38；图2-45
			仰身；拧身	图2-20、2-44、2-71、2-96、4-18、4-25；图1-23、1-29、2-48、2-61、2-62、2-63、2-76、3-19
			拧倾身	图2-16、2-54
			托举	图2-44
		跳打；跑打		图1-38、2-56；图2-17、2-22、2-45、2-59
		骑打		图2-87、2-91、4-19、8-41
		蹴鞠打		图2-49
		踏鼓打		图2-48、2-95、2-99
击鼓媒介	执桴			图1-16、1-38、2-17、2-20、2-44、2-45、2-52、2-53、2-54、2-57、2-58、2-60、2-71、3-14、3-27、4-18、5-22、6-7、8-42
	执袖			图2-48、2-87、4-19、4-35
	执桴袖			图1-12、1-23、1-29、2-22、2-48、2-49、2-59、2-96、3-26

（二）盘鼓舞

无论在道具构型、舞者形象、舞蹈形式还是在舞蹈内容等方面，盘鼓舞都是汉画舞蹈中非常复杂的一个子舞种,具有极强的表演性。王粲《七释》的"七盘陈于广庭……邪睨鼓下,抗音赴节……安翘足以徐击,驳顿身而倾折"只是惊鸿一瞥。

1. 构型分类

盘鼓	盘鼓袖舞	图1-33、1-34、1-38、2-38、2-46、2-80、2-87、2-89、3-1、3-2、3-15、3-19、3-24、3-27、4-3、4-25、6-34、6-39、8-38、8-39	
	盘鼓巾舞	图1-24、1-50、2-72、3-9、4-13、6-33、6-35、6-38、8-45	
	盘鼓便面巾舞	图3-5	
	盘鼓长袖建鼓舞	图2-48	
	盘鼓长巾羽饰舞	图2-43	
	盘鼓舞轮	图3-14	
	盘鼓建鼓	图2-95	
盘	六盘;七盘	图4-3;图1-24、2-85	
	多盘	扣盘;敞盘	图1-24、2-86、3-2;图3-9
鼓	一鼓	图2-83、2-87、3-19、3-27、4-3	
	二鼓	图1-38、2-58、2-72、2-80、2-87、3-1、3-5、3-14、3-24、6-36	
	多鼓	图2-46、2-47、2-48、3-2、6-8	

2. 形象分类

男	汉	舞伎	图1-24、1-38、2-46、2-58、3-1、3-2、4-13、6-33、6-34
		俳优;羽人	图2-80、2-83;图2-29、2-95
	胡	图2-47、3-14	
	汉胡	图2-46、6-8	

（续表）

女	舞伎	图1-33、1-34、1-35、1-38、2-38、2-43、2-72、2-80、2-87、3-9、3-19、3-24、3-27、4-3、4-25
男女	舞伎与俳优	图1-35、1-50、2-72、2-80、2-83、3-15、3-16、6-35、6-36、6-38、6-39、8-45
祥瑞		图8-27

3. 形式分类

<table>
<tr><td rowspan="4">表演形式</td><td colspan="3">单</td><td colspan="2">图1-24、1-33、1-34、1-38、2-38、2-58、4-3、4-25</td></tr>
<tr><td colspan="3">双</td><td colspan="2">图1-50、2-48、2-72、3-2、3-15、3-16、3-24、6-33、6-34、6-35、6-36、6-38、6-39、8-27、8-39</td></tr>
<tr><td colspan="3">三</td><td colspan="2">图2-46、2-80、2-83、2-95、6-8</td></tr>
<tr><td colspan="3">群</td><td colspan="2">图2-47</td></tr>
<tr><td rowspan="8">身体形式</td><td rowspan="3">调度</td><td colspan="2">横移</td><td colspan="2">图1-24、1-38、2-38、2-43、6-33、6-35、6-38</td></tr>
<tr><td colspan="2">纵踏</td><td colspan="2">图2-47、2-80、2-83、6-34、6-36、6-39</td></tr>
<tr><td colspan="2">纵踏横移</td><td colspan="2">图2-46</td></tr>
<tr><td rowspan="5">头脚动作</td><td rowspan="4">头脚</td><td>低；仰</td><td colspan="2">图2-47、3-19、8-47；图1-33、1-35、1-38、2-46、2-80、2-83、4-3、6-8</td></tr>
<tr><td>侧；拧</td><td colspan="2">图1-34、2-38、4-3；图1-24、1-50、2-38、2-47、2-72、4-13</td></tr>
<tr><td>跳踏</td><td colspan="2">图1-24、1-38、2-38、2-43、2-47、2-58、2-72、2-95、3-1、3-9、3-15、3-19、3-24、4-3、4-13、4-25、6-33、6-34、6-35、6-36、6-38、6-39、8-44、8-45</td></tr>
<tr><td>卧打；旋转；倒立</td><td colspan="2">图2-46、6-8；图3-2；图2-47</td></tr>
</table>

（三）鼙鼓舞

鼙（鞞）鼓舞是敲打鼙鼓之舞。夏侯湛在《鼙（鞞）舞赋》中说："在庙则格祖考兮，在郊则降天神。"① 又《说文》："鼙，骑鼓也。"白居易《长恨歌》："渔阳鼙鼓动地来，惊破霓裳羽衣曲。"② 就是指这种鼓。它可以用于雅乐，也可以用于俗乐。汉画鼙鼓舞之功能大略如此。此外，《古今乐录》载："《鞞舞》，梁谓之《鞞扇舞》，即《巴渝》是也。鞞扇，器名也。"《隋书·乐志》载："《鞞舞》，汉《巴渝舞》也。"③ 但郭茂倩《乐府诗集》认为它们不是同一种舞蹈。

（四）鼗鼓舞

关于鼗鼓舞，详见本章第三节。

1. 构型分类

大	图 2-50		
中	图 2-36、2-51、2-73、2-78		
小	单一道具	单鼗	图 1-24、1-50、2-45、2-52、2-55、2-56、2-58、2-60、2-69、2-76、2-78、2-81、2-82、2-83、2-85、4-13、8-53
		双鼗	图 1-29
	复合道具	鼗鼓与箫	图 1-30、2-49、2-53、2-54、2-61、2-62、2-63、2-67、2-71、2-73
		鼗鼓与便面；鼗鼓与假形	图 2-70；图 1-24
		鼗鼓与罐；鼗鼓与丸	图 1-30、2-73、2-86；图 2-84
		鼗鼓与盘鼓；鼗鼓与日月	图 2-80、2-83；图 2-64、2-65

---

① （清）严可均辑：《全晋文·夏侯湛》，商务印书馆1999年版，第675页。
② （唐）白居易：《长恨歌》，北京联合出版公司2019年版，第5页。
③ （宋）郭茂倩编：《乐府诗集》，中华书局1979年版，第772页。

2.形象分类

男	舞伎	图1-29、2-36、2-45、2-49、2-54、2-71、2-85
	俳优	图1-30、1-50、2-73、2-80、2-81、2-82、2-83、2-84、2-86、8-53
	羽人	图2-75
	天神	图2-64、2-70
女	舞伎	图2-76、2-77
	天神	图2-65、2-67、2-68
男女	俳优	图1-30、1-50、2-80、2-81、4-13、8-53
	天神	图2-64、2-65、2-66、2-69、2-70

3.形式分类

表演形式	单	图2-56、2-67、2-68、2-76、2-77、2-84、4-13
	双	图1-29、1-30、1-50、2-52、2-53、2-54、2-64、2-65、2-66、2-71、2-73、2-78、2-81
	三	图2-48、2-61、2-63、2-80、2-83
	群	图2-58
身体形式	坐	图1-30、2-45、2-48、2-49、2-52、2-53、2-55、2-56、2-58、2-59、2-61、2-62、2-63、2-72、2-73、2-76、2-77
	立	图2-49、2-51、2-54、2-60、2-71、2-79
	行	图1-29、2-36、2-74、2-75、2-78
	跳	图1-29、1-30、2-73、2-82、2-83、2-85、2-86

（五）铎舞

铎，形似大铃，是古代军中传令的工具。《说文》载："铎，大铃也……两司马执铎。"《周礼·夏官·大司马》曰："卒长执铙，两司马执铎。"[①] 铎亦有金铎与木铎之分，金铎声音清亮，用于武事，木铎声音低沉，用于文事。

---

① （清）阮元校刻：《十三经注疏》，中华书局2009年版，第1805页。

"铎舞"即执铎而舞,属汉魏"杂舞"。《乐府诗集》引《唐书·音乐志》载:"《铎舞》,汉曲也。"《古今乐录》载:"铎,舞者所持也。……古《铎舞曲》有《圣人制礼乐》一篇,声辞杂写,不复可辨。"① 汉代至南朝梁皆有新编《铎舞曲》,曹魏《铎舞》曲名为《太和时》,晋朝《铎舞》曲名为《云门篇》,傅玄《铎舞歌诗·云门篇》曰:"振铎鸣金,延《大武》。清歌发唱,形为主。声和八音,协律吕。身不虚动,手不徒举。应节合度,周其叙。时奏宫角,杂之以徵羽。下餍众目,上从钟鼓。乐以移风,与德礼相辅,安有失其所。"② 由此可见,魏晋之际《铎舞》的形态与功能同宗庙雅舞相似,舞者所持之铎既是乐器,亦是舞具。

(六)铃舞

铃舞即以铃为舞具的舞蹈。铃与铎外形相似,但体型略小于铎,且舌口向下(铎为舌口向上且较重)。在汉画舞蹈中,铜铃或悬于建鼓羽葆之上随舞者击鼓而动,或执于舞者手中随身体节律而舞。

(七)袖舞

从袖舞开始,就是服饰与舞蹈一体的服饰性道具舞。《说苑》云:"食必常饱,然后求美;衣必常暖,然后求丽。"③ 汉画袖舞之所以能成大类的前提即在于此,其代表便是长袖舞(图2-103)。故凡袖舞常以"长袖"称之。《韩非子·五蠹篇》云:"鄙谚曰:'长袖善舞,多钱善贾'。此言多资之易为工也。"④ 傅毅在《舞赋》里形象地描述其"罗衣从风,长袖交横"⑤。张衡《舞赋》则赞美长袖舞"裾似飞燕,袖如回雪"。左思《蜀都赋》云:

---

① (宋)郭茂倩编:《乐府诗集》,中华书局1979年版,第784页。
② (宋)郭茂倩编:《乐府诗集》,中华书局1979年版,第785页。
③ 王天海、杨秀岚译注:《说苑》,中华书局2019年版,第1093页。
④ (战国)韩非著,安睿译注:《韩非子(精粹)》,天地出版社2017年版,第382页。
⑤ (汉)傅毅:《舞赋》,载龚克昌等评注《全汉赋评注·后汉上》,花山文艺出版社2003年版,第134页。

图2-103 陕西西安汉宣帝杜陵陵区出土的玉舞人

"庭扣钟磬，堂抚琴瑟"，"纡长袖而屡舞，翩跹跹以裔裔"。[1] 但汉画袖舞形态与审美绝不仅于此。

1. 构型分类

长袖	单一道具	长袖	图1-1、1-4、1-9、1-16、1-29、1-38、1-43、1-45、1-48、2-11、2-20、2-36、2-41、2-43、2-58、2-59、2-61、2-63、2-69、2-93、2-96、2-97、2-103、3-13、3-17、4-23、6-17、7-61
		超长袖	图1-4、2-87、6-37、8-40、8-60
	复合道具	袖与建鼓	图2-20、2-44
		袖与盘鼓	图1-38、2-37、2-38、2-46、2-80、3-1、3-19、3-24、8-38、8-46
		袖与便面；袖与高絙	图3-5；图2-22、8-40
		袖与羽饰；袖与冲狭	图2-11、7-5；图2-37
		袖与蹴鞠	图6-33

---

① （清）严可均辑：《全晋文·蜀都赋》，商务印书馆1999年版，第778页。

(续表)

广袖	单一道具		图1-48、2-7、2-8、4-12、4-13、5-12、7-4
	复合道具	袖与叠案	图4-14
		袖与鼗；袖与盘鼓	图2-64、2-65、2-68、2-69、2-70、5-16、8-46；图2-83
		与巾；与帔	图1-30、2-39、2-87；图2-88
		与羽；与仙草	图5-16、7-5；图2-70、5-12、5-16、7-5
		与便面；与兵器	图2-70；图2-33
垂胡袖	单一道具		图3-6、4-12、8-22、8-23、8-24、8-25
	复合道具		图1-29、4-18、5-9
窄袖	单一道具		图3-27、4-15
	复合道具		图1-33、2-87、4-15、4-25
套袖	延袖	广袖延袖 套袖短延袖长	图1-10、1-46、2-73、2-97、3-1、4-11、4-25、6-17、7-61、8-37
		套袖长延袖短	2-19、2-20、2-86、3-3、3-8、4-16、4-17、4-26、5-10、7-56、7-61、8-32、8-33、8-34、8-35、8-36、8-38
		垂胡袖延袖	图1-6、1-54、2-3、2-48、2-81、8-39
	螺袖		图1-31、1-42、1-47、2-18、2-83、3-6、8-21、8-70

2.形象分类

男		汉	图2-44、2-97、3-1、6-33、8-20
		胡	图3-13、3-17
		汉胡	图1-29
女	舞伎	汉	图1-1、1-4、1-16、1-31、1-33、1-38、1-43、1-44、1-45、1-46、1-47、1-48、2-18、2-19、2-20、2-22、2-36、2-37、2-38、2-43、2-48、2-58、2-59、2-61、2-63、2-86、2-97、2-103、3-19、4-11、4-12、4-13、4-15、4-16、4-17、6-17、6-37、7-61、8-37
		胡	图3-6

第二章 汉画舞蹈 | 163

(续表)

女	羽人	图 2-11
	天神	图 2-3、2-7、2-8、5-12、5-16、7-5、7-64、8-46
男女	舞伎	图 1-6、1-10、1-29、2-73、2-81、2-83、2-86、2-97、3-3、3-8、4-23、6-17

3. 形式分类

表演形式	单		图 1-31、1-33、1-43、1-44、1-45、1-46、1-47、1-48、2-3、2-18、2-36、2-37、2-38、2-48、2-59、2-61、2-63、2-96、2-103、3-13、3-17、3-19、4-11、4-12、4-13、4-14、4-17、4-25、6-17、6-33、6-37、7-61、8-20、8-37、8-46、8-60
	双		图 1-1、1-4、1-6、1-10、1-16、2-8、2-11、2-19、2-20、2-44、2-73、2-85、2-86、2-93、2-97、3-1、3-3、3-6、3-8、3-24、4-15、4-16、4-23、4-26、5-10、6-17
	三		图 1-29、2-80、2-81、2-83、4-25、6-17
	群		图 1-9、1-38、2-18、2-41、3-27、4-25
身体形式	调度	坐（含跽坐、跪）	图 1-9、1-29、1-43、1-44、1-48、2-3、2-48、2-58、5-16、6-17、7-5
		立（含踏、跳）	图 1-1、1-4、1-6、1-9、1-10、1-16、1-38、1-45、1-46、2-11、2-18、2-36、2-38、2-44、2-59、2-61、2-63、2-73、3-1、3-17、6-33、6-37、8-37、8-46
	动作	身姿 直；弯	图 1-1、1-4、1-9、1-43、1-46、2-3、2-19、2-20、2-41、2-59、2-61、2-63、2-73、4-16、4-17、4-23、4-25、5-10、6-17、6-33、8-32、8-33；图 1-9、1-31、1-44、1-45、2-37、3-27、8-46
		折；仰	图 1-10、1-31、2-103、8-41、8-77、8-78；图 1-29、1-33、2-11、2-18、2-87、6-33
		拧；倾	图 1-6、1-16、2-38、2-43、2-87、6-33；图 1-10、1-47、2-18、2-38、2-93、2-94、3-24、4-25、6-35、8-34、8-35、8-36、8-37
		转；下冲	图 5-13；图 2-22

(续表)

身体形式	动作	袖技		
			垂（含垂绕、垂搭、垂扬、垂摆）	图1-1、1-4、1-6、1-9、1-31、1-43、1-45、1-46、1-47、2-3、2-11、2-19、2-20、2-37、2-41、2-58、2-59、2-73、2-93、2-103、3-3、3-8、3-19、4-16、4-17、4-23、5-10、6-17、8-33、8-34、8-35、8-36、8-37、8-46
			抓	图1-38、1-44、2-7、2-8、2-41、2-84、2-94、3-19、4-23、4-25、8-32、8-38、8-41
			绕；搭	图1-38、2-44、2-59、2-80、3-1；图1-46、1-48、2-81、2-86、3-3、8-20、8-37
			抛（含抛垂、抛绕、抛垂绕）	图1-16、1-29、1-33、1-48、2-38、2-44、2-61、2-63、3-1、6-33、6-37、8-38、8-60、8-77、8-78
			折；甩	图2-97、3-1、3-17、6-17、8-29；图1-10、1-29、2-38、2-61、2-63、2-87、3-13、3-24、4-16、6-17、7-61
			扬（含扬绕、扬垂、扬折）	图1-29、2-18、2-20、2-22、2-36、2-43、2-48、2-69、2-73、2-87、3-6、4-25、5-10、7-61、8-37、8-39、8-41
			摆	图1-31、2-20、6-17

（八）巾舞

《隋书·音乐志》《乐府诗集》均提到巾舞，与鞞舞、铎舞、拂舞并称四舞，主要表演于宴飨舞蹈场。故唐谢偃的《观舞赋》中写道："香散飞巾，光流转玉。"[①] 汉代是俗乐舞充分发展的时代，巾舞道具的轻灵性质使其更加容易地参与其中。巾分长巾、短巾，长巾多为汉族舞伎所舞，以女性为主，并且常与男性俳优相伴构成男女双人舞，有着玄武之隐喻，同时又有步罡踏斗之所指。短巾多为胡人俳优所舞，以男性为主，舞者一般穿胡服之上衣下裤（"长襦大裤"），头戴尖帽，时有帽饰。与长巾飘飞延长不同，短巾尽显直线爆发力，力道十足，时而还介入建鼓舞等道具舞，巾桴并举。

---

① （清）董浩等编：《全唐文》，中华书局1983年版，第1591页。

1. 构型分类

长巾	单一道具		图 2-3、2-39、2-73、2-75、3-14、3-15
	复合道具	巾与盘	图 1-24、3-9
		巾与鼓	图 2-73、3-16、8-46
		巾与盘鼓	图 1-34、1-35、1-50、2-43、8-39、8-44、8-53
		袖里藏巾	图 1-30、1-34、2-72、2-73、2-87、8-39
短巾	图 1-29、1-35、2-57、3-2、3-16		

2. 形象分类

男	汉		图 1-24、2-3、2-39、2-75、3-3、3-14
	胡		图 3-14
	胡汉		图 1-29
女	汉	舞伎	图 1-30、1-34、1-35、1-50、2-43、2-72、3-16
		羽人	图 2-57
男女	天神		图 8-46

3. 形式分类

表演形式	单		图 1-24、1-34、2-3、2-43、3-9
	双		图 1-30、1-35、1-50、2-73、2-75、2-87、3-14、3-15、3-16、8-46
	三；群		图 2-39；图 1-29
身体形式	调度	弓步横甩	图 1-24、1-35
		跨步扬垂	图 1-30、1-34、1-50、2-3、2-43、2-72、3-16
		跳步抖绕	图 1-50、2-43、3-9
		蹲跨步扬	图 1-29

（续表）

身体形式	巾技	扬	图 1-29、2-43、3-14、3-16
		绕	图 2-39
		抖	图 2-3
		垂	图 8-46

（九）帔舞

帔舞为手持五彩缯的舞蹈，《周礼·乐师》疏曰："以汉时有灵星舞子持之而舞，故知帔舞亦析五色缯为之也。"[1] 尽管有所变化，汉画帔舞多少承接了《礼记》所谓"乐所以修内也，礼所以修外也"[2]。

（十）羽舞

汉画羽舞与周代"六小舞"之"羽舞"不同，其突出特征是在身体上饰羽而舞，且多为神人或模拟神人在天、仙两界所跳。从构型上看，汉画羽舞有全身饰羽与局部饰羽两种，并可以舞具划分为徒手舞与执道具舞两种形式。

1. 构型分类

整体羽饰	徒手	图 1-25、3-17、5-24、5-32、6-11、6-13、6-27、7-22、7-23、7-66
	执物	图 1-26、2-87、2-92、2-98、5-1、5-11、5-30、5-43、7-39
局部羽饰	徒手	图 1-27、2-12、2-13、2-14、4-24、5-5、5-9、5-13、5-14、5-15、5-17、5-19、5-20、5-22、5-23、5-34、5-36、5-38、5-42、6-1、6-18、6-20、6-21、6-28、6-30、6-32、7-4、7-5、7-9、7-10、7-11、7-17、7-19、7-20、7-34、7-35、7-36、7-37、7-40、7-65、7-67、7-68、7-69、8-22、8-23、8-24、8-25

---

[1] （清）阮元核刻：《十三经注疏》，中华书局2009年版，第1713页。
[2] （清）阮元核刻：《十三经注疏》，中华书局2009年版，第3046页。

（续表）

局部羽饰	徒手	仙草	图1-26、2-20、2-87、2-96、2-100、5-7、5-12、5-19、5-20、5-37、5-39、6-1、6-16、6-18、6-19、6-24、6-25、6-26、7-12、7-18、7-21、7-24、7-26、7-27、7-28、7-41、7-42、7-44、7-45、7-48、7-50、7-51、7-52、7-54、7-55、7-57、7-58、7-59、7-61、7-62、7-63、7-64、8-39
	执物	华盖	图6-16、7-29、7-63、8-27
		博具	图2-2、5-16、7-4、7-5、7-34、7-35、7-36、7-37、7-43、7-61、8-30
		兵器；乐器	图5-13、5-22、7-7、7-8、7-18、7-28、7-29、7-49、7-60；图1-55、3-17、5-16、7-31
		筹	图2-35、5-13、5-32、5-35、6-8、6-22
		鱼；鹿角	图1-27、1-28、5-23；图7-30
		索；巾；尊；盘	图6-2；图2-43、2-57、5-19；图5-12、5-13、5-35、6-1、6-8、6-22、7-16、8-27；图5-11、8-27
		杵；节；槌	图7-30；图7-28；图2-69
		云；羽	图5-15、5-17；图5-33、6-17
		兽尾；不明物	图7-64；图6-14、6-31、7-30

2.形象分类

男（或中性）	半人半鸟		图5-3、5-4、6-11、6-13、6-16、6-30、6-31、7-66
	羽人	汉	图1-25、1-26、1-27、1-28、1-38、1-55、2-1、2-13、2-14、2-20、2-35、2-70、2-96、3-1、5-6、5-14、5-21、5-30、5-31、5-33、5-34、5-35、5-36、5-42、6-14、6-16、6-19、6-20、6-21、6-28、7-8、7-9、7-10、7-11、7-30、7-39、7-43、8-21、8-22、8-23、8-24、8-25
		胡	图6-16、7-29、7-63、8-27
	天神		图6-22、6-23、7-40、7-48、7-53、8-30
女	羽人		图2-2、2-12、2-43、2-98、5-1、5-7、5-8、5-11、5-12、5-43、6-1、6-2、7-26、7-29、7-34、7-35、7-36、7-37、7-44、7-45、7-65、7-66

（续表）

女	天神	图7-40
男女	羽人	图5-15、5-17、5-20、5-43、6-22、7-40
	天神	图1-27、2-98、5-3、5-39、7-40

3. 形式分类

<table>
<tr><td rowspan="4">表演形式</td><td>单</td><td>图1-25、1-26、1-27、1-28、2-1、2-13、2-70、2-98、5-1、5-5、5-7、5-8、5-14、5-21、5-36、6-1、6-2、6-18、6-20、6-21、6-28、6-32、7-8、7-10、7-11、7-18、7-26、7-39、7-44、7-45、7-66</td></tr>
<tr><td>双</td><td>图1-38、1-55、2-2、2-12、2-20、2-43、5-16、5-36、5-39、6-14、7-9、7-22、7-23、7-29、7-40、7-64、7-65、8-24、8-25、8-30</td></tr>
<tr><td>三</td><td>图5-9、5-16、5-17、5-39、5-43、6-19、7-4、7-5、7-43、7-53、8-22、8-23、8-30</td></tr>
<tr><td>群</td><td>图2-13、2-14、2-20、2-92、5-13、5-15、5-19、5-20、5-32、5-35、6-8、6-16、6-22、6-23、6-30、7-28、7-68、7-69</td></tr>
<tr><td rowspan="4">身体形式</td><td colspan="3">调度动作</td></tr>
<tr><td rowspan="2">地面</td><td>坐蹲</td><td>图1-27、1-28、1-38、1-55、2-2、2-20、2-35、2-75、5-16、5-36、5-37、6-14、6-18、7-4、7-5、7-27、7-31、7-34、7-35、7-43、8-30</td></tr>
<tr><td>立行</td><td>图2-12、2-96、5-7、5-8、5-20、5-21、5-23、5-30、5-31、5-35、5-36、6-8、6-16、6-17、6-27、6-28、6-32、7-11、7-16、7-17、7-19、7-26、7-28、7-30、7-41、7-42、8-22、8-23、8-24、8-25</td></tr>
<tr><td rowspan="2">空中</td><td>骑祥瑞</td><td>图1-25、2-1、2-9、5-33、5-37、6-17、6-19、6-24、6-25、7-37、7-39、7-41、7-47、7-49、7-50、7-51、8-29</td></tr>
<tr><td>凌空舞</td><td>图1-26、1-27、2-13、2-14、2-57、2-70、3-1、3-17、5-1、5-5、5-6、5-13、5-14、5-15、5-17、5-20、5-22、5-23、5-32、5-38、6-1、6-2、6-8、6-19、6-20、6-21、6-22、7-12、7-17、7-20、7-21、7-36、7-39、7-40、7-46、7-48、7-49、7-50、7-51、7-52、7-67</td></tr>
</table>

（十一）兵器舞

顾名思义，兵器舞是执兵器的舞蹈，多存在于汉画的百戏与生活场中。它在构型上又类于"武舞"，在风格上又与"健舞"相似，风格多样，

第二章　汉画舞蹈　｜　169

颇具动感。

1. 构型分类

长兵器	图2-23、3-14、3-20、5-13、5-22、7-6、7-7、7-8、7-28、7-29
短兵器	图1-51、2-10、2-30、2-32、2-33、2-35、2-92、2-99、3-6、3-20、5-14、5-22、6-33、7-6、7-7、7-61、8-41
弓弩、箭	图2-31、2-92、7-18、7-30、7-59、7-61
盾；复合兵器	图2-33、5-13；图1-50、5-13

2. 形象分类

男	武士	图1-51、2-10、2-30、2-31、2-32、2-34、2-99、3-20、5-14、6-33、7-6、7-61
	骑吏	图2-23
	俳优	图1-24、1-50、2-36、3-41、4-12、5-9、8-41
	羽人	图5-13、5-22、7-7、7-8、7-18、7-28、7-29
女	舞伎	图2-33
男女	舞伎	图3-6（胡汉）

3. 形式分类

表演形式	单	图2-10、2-31、2-34、2-35、3-6、5-13、7-8
	双	图1-51、2-32、2-99、3-20、5-14、7-6、7-7、7-29、7-61、8-41
	三；群	图2-30；图2-92、7-28
	击技	图1-51、2-32、2-99、3-20、5-14、5-22、6-33、7-6、7-7、7-61
身体形式	护卫	图2-23、2-35、2-98、3-6、7-8
	表演	图1-24、1-50、2-33、4-12、5-9、8-41

（十二）便面舞

与兵器舞的威武气势不同，便面限制了舞者的身份与体态，多呈现出端庄肃穆的特点，详见第三章第一节。

1. 构型分类

单一道具	图2-75、3-6、5-9、7-9、7-10、8-22、8-23、8-24、8-25
复合道具	图1-24、2-36、2-70、3-1、3-4、3-5

2. 形象分类

男	舞伎；武士	图2-36；图3-4、5-9、7-9、7-10
	神仙；异兽	图2-70；图1-24
女	舞伎；天神	图2-75、3-5；图2-70
男女	舞伎（胡汉）	图3-6

3. 形式分类

表演形式	单	图1-24、2-36、3-5、5-9
	双	图2-70、2-75、3-5、3-6、5-9、8-23、8-24
	三	图3-4、7-9、7-10、8-22、8-24、8-25
身体形式	坐	图3-5
	立；转	图1-24、3-4、5-9、7-9、7-10；图2-75

（十三）面具舞

汉画面具舞是个笼统的称谓，实则包括小型面具舞和大型假形舞。前者戴在脸上，装扮各种形象，可在大小舞蹈场跳；后者全身披挂，参与大型演出，如"鱼龙""凤舞"。按《周礼》所载，雩祭用"皇舞"，"帅而舞旱暵之事"。郑司农曰："皇舞者，以羽冒覆头上，衣饰翡翠之羽。"易氏曰：

"象凤凰来仪。"又据乐师注云："皇杂五采羽，如凤凰色，持以舞"，象凤凰飞来，吉兆降临。从图1-24来看，在头戴软翅幞头面具、手持花树人的引导下，凤凰展翅迈步而舞，寓有"家有梧桐树，不愁凤凰来"吉意。该舞一直延续到宋代宫廷"队舞"中。

道具构型	面具	图1-30、2-43、2-84、3-15、3-19、3-20、6-34、6-37、7-12、7-53
	假形	图1-24、2-9、2-75、3-20

（十四）其他道具舞

道具是舞蹈多模态话语媒介系统中的一员，我们亦称其为"舞具"。除上述出现次数较多且较成体系的道具舞外，汉画中亦存在大量零散的道具舞蹈。

道具构型			
道具构型	现实性道具	旌；幡	图2-43、3-15、3-16；图4-21
		尊；罐	图5-12；图1-30、1-50、2-6、2-72、3-15、8-39
		槌；桴	图1-29；图2-69
		轮；盘	图2-87、3-14、4-12；图8-27
		带；爪	图4-20；图2-40
		节；弩	图2-23、2-98、2-100、7-28；图2-101
		鹿角；仙草	图7-30；图2-70、7-57、7-58
		博具；乐器（除前述乐器外）	图2-2、2-76、2-99、5-16；图1-20、2-6、2-15、2-89、2-90
		木屐；丸	图1-50；图1-29、1-38、1-50、2-16、2-17、2-82、2-84、2-98、2-106、2-107、3-14、3-15
	超现实性道具	日月星辰	图2-4、2-5、2-7、2-64、2-65、7-7
		雨水；风雷	图2-5；图2-5、2-6

(十五)徒手舞

汉代舞蹈的综合性特征使汉画中存在大量的道具舞蹈，但与之相别且更加突出舞蹈本体的，则是汉画中的徒手舞蹈。

1. 形象分类

男	汉	舞伎	图 4-21、4-22、7-40
		武士	图 1-8、1-9、2-30、3-20
		俳优	图 1-18、2-84、2-101、3-16、3-27、4-5、6-35
		羽人	图 1-25、
		天神	图 5-1、5-9、5-13、5-14、5-17、6-1、6-23、6-28、7-53、7-64、8-21、8-22、8-23、8-24、8-25、8-30
	胡		图 2-40、2-102、3-11、5-40
女	舞伎		图 3-11
男女	羽人		图 2-13、2-14

2. 形式分类

表演形式	单	图 1-26、2-70、3-20、4-5、4-21、4-22、6-28
	双	图 1-18、2-101、3-15、3-16、5-40
	三；群	图 7-53；图 3-11、3-12
身体形式	地面	图 1-18、3-15、3-16、3-20、4-5、5-16、5-20、5-36
	空中	图 4-22、5-14、5-15、5-17、5-20、5-38

(十六)祥瑞舞

在汉画舞蹈分类中，还有一类舞蹈应该提及——祥瑞舞，即祥禽瑞兽之动物舞蹈。巫鸿曾专门用书名号标识出一幅《拜谒西王母舞乐图》

第二章 汉画舞蹈 | 173

（见图8-27），并指出里边的徒手舞、建鼓舞等舞者全是祥瑞。[①]"祥瑞"说的是吉祥的征兆，动物舞出来的当然就是伸展型舞姿，转化成人舞，就是《南都赋》中描写的"白鹤飞兮茧曳绪，修袖缭绕而满庭"之属。我们说人界的盘鼓舞是将天界的日月星辰置于丹庭，舞伎、俳优跳踏其上，或步罡踏斗，或追逐嬉戏；殊不知盘鼓还可以置于仙界，由祥瑞舞于西王母身边。在图8-27中，十三盘一鼓（一鼓或代表月，奇数阴极）分布于祥云、仙山、飞艇之间，一蟾蜍一飞龙相对而舞，且有祥瑞乐队伴奏。蟾蜍扬手腾跳，如俳优弹罐，飞龙蜿蜒流动，如舞伎甩巾……人类舞蹈起源多与模拟动物舞蹈相关，汉画舞蹈亦然——从长巾盘鼓舞的拟鸟到徒手舞中的拟兽；"鱼龙曼衍"等假形舞本身就是一类舞蹈，如同今天的舞龙、舞狮。

从汉画舞蹈重建的角度讲，这些祥瑞舞的舞姿和动律还多少遗存在陈式太极老架、形意拳等身体行为中，是一份非常宝贵的训练与表演的身体资源，它们当下都在实验中。[②]中国形意拳有母拳和子拳。母拳与中国传统的阴阳五行的身体哲学相合，讲意（识），讲气（能量），讲形（象）。形涉及子拳的十二形拳，即十二生肖，与汉画的祥禽瑞兽相连。每一种形拳均与所指动物形象与功能相关，比如龙之从"缩骨"到出水腾飞，又比如鸡之食米、抖翎、上架、望梅等。汉画祥瑞以"四神"为代表，汉阙和屏风之上的朱雀"上架"等动势（图2-104），完全可以从鸡形拳中获得身体语源，并由此为汉画袖舞与巾舞找到身体的律动。再如玄武是蛇和龟的合体，蛇形拳之外，傣族民间的"海龟舞"亦可成为"礼失求诸野"的一个身体语源。（图2-105）

尽管我们分门别类地将汉画舞蹈粗略地划分出十六大类，但还是不能在大的种类和小的子类乃至更小子类构型上清楚地罗列出来，甚至难以给

[①] 参见[美]巫鸿《中国绘画中的"女性空间"》，生活·读书·新知三联书店2019年版，第40页。
[②] 参见任语迟《汉画像舞蹈实验剧目"龟蛇漫舞"的玄武形象构建》，《舞蹈研究》2019年第4期。

图 2-104　朱雀造型训练
（牛锡桐、张译文提供）

图 2-105　玄武双人舞表演（牛锡桐、张译文提供）

图 2-106　四川郫都宋家林出土东汉"俳优小鼓舞俑"

图 2-107　四川新都博物馆藏东汉"俳优小鼓舞俑"

许多遗落者清楚地命名。比如鼓舞类中扁平的小圆鼓，它们或大或小，或薄或厚，或单或双，或置于地击打，或执于手击打，或乐伎击打或俳优击打——且边鼓边舞（图 2-106、图 2-107）。它们能否以"小鼓"或"小

| 第二章　汉画舞蹈 | 175

图2-108 山东邹城市文物局藏"双伏地虎座双鼓建鼓舞图"

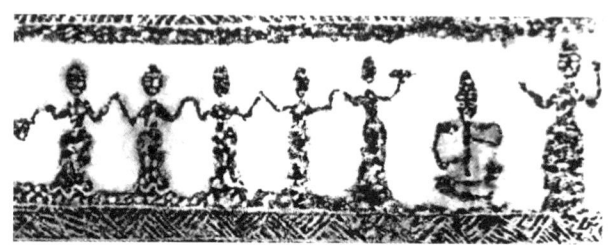

图2-109 重庆綦江横山镇卿家湾二磴岩崖墓群M6出土"巴渝鼙扇舞图"

鼓舞"称之?又比如鼓舞中已经明确为建鼓舞子类中的不同构型,是否有"一木双鼓"一说?(图2-108)再如不同于鼙鼓舞的鼙扇舞(图2-109)当如何归类?凡此,还需要汉画界、音乐界、舞蹈界共同探讨。

第三章
从汉画舞蹈到中国古典舞

第一节　从汉画舞蹈到汉代舞蹈

一、狭义与广义的汉画舞蹈

对于当下的中国舞蹈而言，"汉画舞蹈"和"中国古典舞"似乎是风马牛不相及的两个概念：一个是所谓"古久先生"（鲁迅语）断代断面断点的带着墓葬气息的文物舞蹈图像，是一个需要阐释的实操的高度专业化的概念；一个是跳在当下艺术殿堂里或光鲜的课堂训练中的舞蹈作品，是一个本不需要解释但始终未厘清的高度泛化的概念。两者虽然在概念的先后、大小、新旧等方面多有不同，但却丝丝相扣，血脉相连——无论在时间与空间维度上，还是在物质与精神结构上。因此，汉画舞蹈概念的辨析在此并非目的，而是通过深描探索一条路径，在实践中建立起生动的历史身体范式与文本，参与到今天中国古典舞的建设中。

公元1世纪左右，世界上有四大帝国——汉帝国、古罗马帝国、安息帝国（伊朗境内）和贵霜帝国（阿富汗和北印度境内），帝国间往来有无，商周玉器就是通过"玉石之路"从新疆和田运来。《管子》多次谈到的"禺氏之玉"，王国维认为"禺氏"就是"月氏"。由此，又有了汉地雕刻的汉代玉舞人和羽人骑翼马。公元前2世纪中叶,张骞受汉武帝派遣,凿空西域,"玉石之路"被"丝绸之路"取代,这与丝路东端汉帝国的国力强盛密切相关。其时的汉帝国地域广阔,社会繁荣,文化与科技均领先于世界。对此,包括舞蹈在内的汉画均有视觉直观的记载,这也就是汉画之所以被称作"敦煌前的敦煌"的原因之一。进而,汉画舞蹈也可称作"敦煌舞前的敦煌舞",像敦煌长绸飞天舞,实则是汉代玉舞人的长袖与玉羽人隐喻的演化。

狭义的"汉画舞蹈"是指两汉期间王公贵族及官吏墓葬中雕绘的画像石和画像砖上的舞蹈图像,它们所构成的舞蹈形象是汉代社会生活中身体文化与审美的一种写照——一种优越的、雅俗共赏的、富于创造力的从思想内容到艺术形式的历史写照。撇开舞蹈内容与技术不论,在古代社会,能够在岩石材料上刻出和用泥土烧制出丰富多彩的舞蹈形象,就需要有先进的冶铁技术和制陶技术。像在山东沂水出土的"羽人饲凤·乐舞百戏"画像石上,跳步饲凤取丹的羽人和扬袖与绕袖表演的舞伎等,均被清晰地刻画出来。(图3-1)此非"有钱有闲"(鲁迅语)而不能为。

图3-1　山东沂水韩家渠出土画像石"羽人饲凤·乐舞百戏图"

| 178　翘袖折腰——汉画舞蹈的深描与重建 |

具体到画像石制作，在铁官和工官的管理下，大量铁制工具的生产及质量的提高，为社会繁荣提供了物质基础，也为在汉画石上雕刻舞蹈图像提供了技术条件。与此同时，汉代冶陶业也异常发达，在冶铁鼓风获得高炉温的技术保证下，大批坚固的烧陶器制成，从瓦当、陶瓮到陶狗、陶鸟、陶人、陶舞俑和画像砖。这样，在"事死如事生"的丧葬观念下，和千年石制古墓一样，汉画舞蹈就以石刻和烧陶的物质形态永久地留存下来，在坚固的材料、昂贵的花费、精致的制作与深藏的身体知识中获得了存在价值，从鼓舞到袖舞、从舞伎到俳优、从双人舞到三人舞、从中正方圆到倾斜流动……其丰富多彩令人瞠目结舌。

狭义的汉画舞蹈的另一层含义是特指所有汉代文物舞蹈形象中具有表演性的艺术舞蹈，如按道具划分出的建鼓舞、长袖舞、盘鼓长巾舞等。此外，它们还包括由生活舞蹈提升的兵器舞、六博舞、便面舞、仙草舞等。

广义的汉画舞蹈指汉代文物中所有的舞蹈形象，包括生活舞蹈和艺术舞蹈，它们落脚在画像石、画像砖、漆画、壁画、陶器画、金属器画、丝帛画、玉石、陶俑、摇钱树等物质材料上，不仅从二维空间拓展到三维空间，而且在材料、造型、色彩、形式等方面均扩大了我们对汉画舞蹈的视野、感觉与知觉，是汉画舞蹈更大范围的物质与精神结构的体现。这种有存量的历史不仅是数量上的增加，而且是内涵上的扩展与加深。

在《荷马与古典语文学》中，尼采从古希腊"过量的历史"中提炼出艺术的日神力量和酒神力量（《悲剧的诞生》），证明了希腊古典艺术的尊严与超然，并由此形成一种日神与酒神合一的传统。[①] 相对于狭义的汉画舞蹈，广义汉画舞蹈也能够提供我们所需要的传统，如从"日神舞"到"酒神舞"。

"日神舞"讲究安静、雅致、优美，像郑州与徐州的"施礼舞俑"和北京的"玉佩舞人"（见图1-1、图1-4）。"酒神舞"则不拘礼法，河南荥

---

① 参见［德］尼采《荷马的竞赛——尼采古典语文学研究文稿选编》，韩王韦译，上海人民出版社2018年版。

阳出土的彩绘陶仓楼乐舞图中，一女子举足踏盘高扬巾袖而舞，舞衣红白相间，身后更有赤膊红裤、跨步伸臂的俳优，男女追逐，全无"礼法"（见图1-35）；又有美国纽约大都会博物馆藏汉代烧陶盘鼓舞俑，更是直接提供了脚踏日月星辰而舞的立体造型（见图1-33）。酒神式的舞蹈还有西汉鎏金当卢上所刻云气的云气羽人舞，构成了上天入地的汉代飞天（见图1-26）……这些由多种材料塑造的汉画舞蹈多姿多彩，目不暇接。

广义的汉画舞蹈还给我们带来了舞蹈所必需的场景和色彩。[1]汉墓内的彩色壁画使我们看到了场面宏大、色彩缤纷且线条细腻的汉画舞蹈。河南省新密市牛店镇打虎亭村汉墓占地33000余平方米，为我国最大的汉墓之一。墓内拥有石刻图像300多平方米、彩色壁画200余平方米，是一座中国汉代雕刻与绘画并存的艺术博物馆。学界认为，有彩色壁画的汉墓等级为王侯（一种说法认为打虎亭汉墓的墓主为东汉内朝常侍侯渊）。从排场上看，这里的乐舞百戏表演于"长桌宴"中，刺绣的巨大悬垂帷幕下（或以为这是一种"准"舞台表演装置），室内空间足够容纳几十位宾客宴饮观伎，主宾环坐，觥筹交错。从色彩上看，在场宾客及表演者服饰均是红、黑、白"三元色"的汉代贵族标识。在局部盘鼓舞表演场中，盘鼓环置于长条几案前，中有一黑衣红裤舞伎，右臂屈肘平举，左臂扬过头顶，金鸡独立于地面，似踏盘踏鼓落地后的旋转炫技；旁边有一黑衣白裤俳优击节呼应。（图3-2）

除了材料的扩大外，广义的汉画舞蹈还突破了艺术舞蹈的范围而广泛地介入生活舞蹈的海洋中，诸如汉代流行的"以舞相属"。成都市北门外羊子山东汉墓出土有"以舞相属图"[2]（图3-3），图中一对宽衣博带、头戴冠冕的男女正在对舞，男子扬右手垂左手跳步相邀，女子以同样姿态立地

---

[1] 在物理材料构成上，敦煌舞蹈比汉画舞蹈占优的原因有二：一是笔画强于刀刻，二是彩色强于黑白（尽管当初汉画砖石上的舞蹈图像也有色彩）。
[2] 由此发展出艺术舞蹈的男女双人舞形式，以至我们很难辨清此类图像是生活舞蹈还是艺术舞蹈的归属。

图3-2 河南新密汉墓彩色壁画"宴饮乐舞百戏图"及盘鼓舞局部

图3-3 四川成都羊子山东汉墓出土"以舞相属图"

图3-4 重庆璧山金宝凤凰坡崖东汉石棺"便面舞"

应答,形成典型的"窈窕淑女,君子好逑"的身体投射方式,两旁有侍女摇扇送风。这扇子是汉代日常所用的便面(需要转动成风纳凉),后来自然生成生活舞蹈乃至艺术舞蹈的"便面舞"(图3-4)。事实上,正是生活形态的"以舞相属"提供了作品形态"男女双人舞"的基础。同样,也正是席间士人的便面舞为相应的艺术舞蹈塑造了一个道具舞种类。

今天,生活美学已经成为美学界的时尚——追求美的生活,寻找美的感觉，将其付诸日常实践，最终使生活审美化。这种美学追求是人人可以做到的事情，可以教育自己，也可以教育他人，我们称之为"大众美育"。从美学走向艺术学，先锋派艺术打破"为艺术而生活"而走向"日常生活审美化"，力图将纯粹的审美经验泛化为日常的生活经验，从而使生活呈现另一面貌。《布莱克威尔美学指南》指出，生活美学是将"纯艺术经验与其他生活经验联系在一起的指认"，"那些与艺术或自然并无本质关联的对象与活动同样具有审美品质（aesthetic properties），并且/或者可以引起显著的审美体验。由此，美学分析被恰当地扩展至几乎所有生活领域"[①]，使得生活美和艺术美化合为了一个"统一体"。在广义的汉画舞蹈中，这一统一体的实践早在2000年前业已实现。

除了以舞相属的交谊舞外，以便面成舞可谓典型的在日常生活的"物"中注满理念与感性。在汉代，便面舞普遍地存在于生活中，却又能成为经典的表演性技艺。山东济南历城区黄台山出土有"便面盘鼓舞图"（图3-5），上面主人手执便面观舞；中间舞伎广袖长裙，右手执便面，左手舞袖，踏鼓拧身而舞，旁有一乐伎击鼓伴奏；下面有舞伎执便面坐舞。

图3-5 山东历城出土"便面盘鼓舞图"

《汉书·张敞传》："自以便面拊马。"颜师古注："便面，所以障面，盖扇之类也。不欲见人，以此自障面则得其便，故曰便面。"由此可以见出其礼仪性。便面形状为半规形，似单扇门，又名"户扇"，最早以细竹篾为材，后来有用布锦丝绢者，由此可以见出其贵族性。在汉

---

① 林玮：《构建面向"美好"的生活美学范式——以新世纪以来中国城市电影为例》，《中国文艺评论》2020年第1期。

画中，便面的使用十分普遍。在重庆璧山出土的便面舞图像中，三舞者显然是男性贵族，均头戴冠，着垂胡袖右衽舞服，腰间束

图3-6 重庆江津出土"袖舞·便面舞·兵器舞图"

带并佩以弯头剑器。他们右手执便面举臂，左手扶剑柄，作统一的舞姿，或是宴饮中某种常规的即兴起舞，或是在进行某种礼仪性表演，肃穆庄重。

能够确认这种便面舞以及所佩剑器的兵器舞为艺术舞蹈的例子，还有重庆江津出土的"袖舞·便面舞·兵器舞图"。（图3-6）图中左起第三、四两位便面舞伎，头戴胡汉三角帽与山形冠，着垂胡袖长裙，束腰。二人手执便面相对而舞，舞姿柔曼。其左侧是套袖双人坐舞，袖之所扬与向上的树形相合；其右侧是双人舞和独舞交错的环形刀舞，当为表演性的兵器舞。按照今天先锋派艺术的观念，日常生活是复杂的容器，包含两种不同的体验："既是百无聊赖，又是神神秘秘"，正是将这两种体验同时加以呈现，才形成了一种陌生化与震惊的美学效果。[①]今天中国舞蹈中多有"折扇舞"和"团扇舞"，分别源自明清和两宋。其实，它们的前辈应该是汉代的"便面舞"。同样，今日中国古典舞中的袖舞与剑舞，也应该有汉代之源。

二、汉代舞蹈

"汉代舞蹈"的概念大于"汉画舞蹈"，但它们都是讲身体文化。在《文化就是身体》一书中，铃木忠志认为，人类与自然或世界接触时，会通过

[①] 参见［英］本·海默尔《日常生活与文化理论导论》，王志宏译，商务印书馆2008年版，第40—42页。

身体感知和接受外来刺激并做出反应。那些制约和修正这些反应的社会规则就是文化。今天,一个文明社会不一定就是一个文化社会,所以,努力地还原表演中身体的整体性,重新巩固已被肢解的身体技能,复苏身体的感知和表现能力,才能确保文明的文化在文明化过程中继续发展。[①] 就中国传统身体文化"复苏"的焦点而言,汉代是我们所说过的承前启后的枢纽。夏商周时代,中原王朝控制的地区有限,新疆地区、四川平原地区等属于华夏文化的边地。秦汉之际,疆域扩大,文化延伸,四川平原地区的胡人骆驼建鼓舞已属华夏身体文化内容。换言之,中国的文化艺术发展到汉代,形成一个奠基式的高峰,所以"汉人""汉语""汉字""汉服""汉文化"等都用"汉"来作前缀。由此,"汉舞"也应该在其中,其断代的一个时间点即"汉代舞蹈"。

人们常把由中国、朝鲜、日本、越南形成的文化圈称作由汉字和类汉字构成的"汉字文化圈"。这一说法并不夸张,因为这些国家包括舞蹈史在内的历史多是由汉字或类汉字记载而成。先秦时期,以黄河、长江流域的农业文明为标志的地区政治统一、经济稳定、文化日益成熟。步入汉代,中国迎来了第一个鼎盛的大一统时代,强大的综合国力使汉朝版图扩张的同时,也加强了与周边国家的多方交流:向西,"丝绸之路"的开辟即汉代强大国力辐射及回流的结果;向东,日语中的当用汉字、韩语中的汉语发音,也证明了语言的力量。与此同时,舞蹈身体语言也成"树"成"波"发展扩大。比如汉代的建鼓舞,不仅呈"树"状延伸到清代满族宫廷和神庙,而且呈"波"状扩散进韩国的建鼓舞、日本的太鼓舞……凡此,形成了东亚"舞蹈身体语言文化圈"。

正是在这一时期,巩固的多民族国家的形成催生了延及后世的汉民族文化。于此之中,汉语、汉字承担起了文化定型与传播之重任,汉代舞蹈文化也由此被详实地记录下来。史载,公元前108年,汉武帝在上林平乐

---

① 参见[日]铃木忠志《文化就是身体》,李集庆译,上海文艺出版社2019年版。

馆举办盛大的乐舞百戏汇集,可谓首个国家艺术节。凡与之相关的汉代宫廷雅乐舞、汉代相和歌与相和大曲、汉代民间杂曲歌舞、汉代鼓吹乐与横吹乐、汉代角抵百戏,无论宫廷的还是民间的,室内的还是室外的,定点的还是行进的,均有辞、曲、舞名、舞人、舞姿、舞具等记载,清清楚楚,事无巨细。因此,比之"汉画舞蹈","汉代舞蹈"是一个包括汉画舞蹈的更大的概念,不仅是后者的背景,而且是将其碎片打通串联起来的血脉经络。

按照王宁宁研究员《中国古代乐舞史》中"秦汉乐舞"的描述[①],汉代的乐舞百戏中的乐舞基本上可以这样框定(表3-1):[②]

表3-1 汉代乐舞百戏中的乐舞一览表

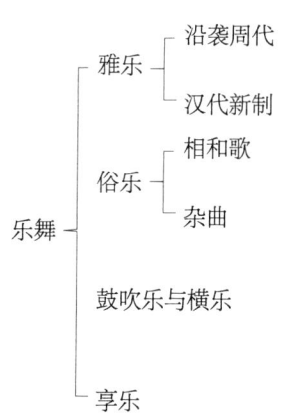

所谓雅乐,即宫廷雅乐舞,主要用于仪式性场合。它一面沿袭了西周六乐,彬彬有礼;一面增设了为汉朝统治阶级歌功颂德的新作,如《上林赋》中汉臣子谢礼场面:"建翠华之旗,树灵鼍之鼓,奏陶唐氏之舞,听葛

---

① 参见王宁宁《中国古代乐舞史》,山西人民出版社2009年版,第275—332页。以下史料引用而未注者均出于此。
② 关于"百戏"及"乐舞"的具体描述,详见第二章第二节"二、形式即内容"。

第三章 从汉画舞蹈到中国古典舞 | 185

天氏之歌，千人唱，万人和，山陵为之震动，川谷为之荡波。"这其中的"灵鼍之鼓"当为通天达地之建鼓，遍布华夏，只是皇家上林苑中的建鼓应该更为高大华贵，气象万千，声震山河。

俗乐是相对雅乐而言的，泛指古代民间音乐、外来音乐和散乐（百戏）；进入主流社会后，由俗而雅，但又不失清新，如《江南》的"江南可采莲，莲叶何田田。鱼戏莲叶间。鱼戏莲叶东，鱼戏莲叶西，鱼戏莲叶南，鱼戏莲叶北"。四川博物院藏有"渔猎采莲"画像砖（图3-7），池塘、小船、水禽、游鱼、高树、飞禽、猴子、渔人与射手，不亚于江南。有学者以为"采莲"之中的"鱼戏"有源自民间的男女相悦相追的隐喻。这也不是妄谈，图3-7高树下射手拉弓射鸟其实也是这个意思。类似隐喻化成舞蹈身体语言的明喻，就应该是日常性的男女"以舞相属"和表演性的男女双人舞。

四川新都出土有陈宴设伎的"男女双人舞"画像石，可谓图3-3起式后的"承、转、合"，是谓"窈窕淑女，琴瑟友之"，已经相当舞蹈化了——特别是女性。图3-8右侧地面有几与酒具，席上有主人跽坐观舞听乐，男女舞伎在乐师们弹拨琴瑟的伴奏下抬腿、拧身，左右外旋，回眸对视；所弹奏演唱之乐未必不是《江南》之类的相和乐歌。换言之，图3-7是图3-8的舞蹈身体语境。

相和乐歌中还有我们耳熟能详的《陌上桑》大曲，主人公是罗敷。据考，其曲与"秋胡戏妻"的记载相关，汉画中亦有相关图像。至于罗敷如何舞蹈，晋朝陆机《日出东南隅行》（曲始之序为"艳"）以之为"悲歌吐清响，雅韵播幽兰。丹唇含九秋，妍迹凌七盘。赴曲迅惊鸿，蹈节如集鸾"，是说罗敷跳的是"雅舞"，用的是汉画舞蹈中七盘舞的素材，不仅保持着"头上倭堕髻，耳中明月珠。缃绮为下裙，紫绮为上襦"的华贵，而且有急迅轻盈的长袖盘鼓舞步伐，不必非肚脐装、"下大腰"不可——毕竟陆机离汉代更近。

俗乐中的杂曲歌舞就更加民间化了。"自孝武立乐府而采歌谣，于是

图 3-7　四川博物院藏画像砖"渔猎采莲图"　　图 3-8　四川新都出土画像石"男女双人舞图"

有代赵之讴，秦楚之风，皆感于哀乐，缘事而发，亦可以观风俗，知薄厚云。"[①] 其舞姿也会更加开放，长袖折腰，轻盈如风。比之图3-3、图3-8的男女双人舞，此处已是《乐府诗集·杂曲歌辞》中女子"思君令人老，轩车来何迟"（《冉冉孤生竹》）的身体直白。当然，汉代的舞蹈形式不单单是女子舞蹈、男女舞蹈，更有男子舞蹈占据"半边天"。其基础是生活舞蹈，像"鸿门宴"中"军中无以为乐"，故项庄舞剑，项伯亦舞剑相属。这种情况在《乐府诗集·杂曲歌辞》中有《李陵歌》印证，写困于匈奴的李陵置酒送别苏武，以舞相属，起舞而歌："径万里兮度沙漠，为君将兮奋匈奴。路穷绝兮矢刃摧，士众灭兮名已隤。老母已死，虽报恩将安归？"以七言方式感喟，其"路穷绝"和"奋匈奴"的舞姿大约有类于汉画舞蹈中的佩剑便面舞和武士舞。当然，舞者已非项庄、项伯之属，当是男性舞伎了。

与雅乐、俗乐平行的还有汉代鼓吹乐和横吹乐，前者为汉乐，后者杂以胡乐。它们主要用于道路和车马上的演奏，演奏时不乏手舞足蹈，类属军乐。皇家的鼓吹，千乘万骑，气吞山河，包括象车鼓吹和黄门鼓吹。战争之后，天下太平，军用的鼓吹乐和横吹乐普遍地转移到仪仗、宴享之中，技艺也大大提高。汉画中的鼓吹乐虽然达不到象车鼓吹和黄门鼓吹的气势，但也能管中窥豹。像山东孝堂山的鼓吹乐（见图1-23）；胡人的横

[①]　（汉）班固撰，（唐）颜师古注：《汉书·艺文志》，中华书局1962年版，第1756页。

吹乐，在骆驼上击打建鼓，亦汉亦胡。(见图1-12)

"享乐"，顾名思义就是享受之乐舞或宴享之乐舞，即我们所说的陈伎设宴之舞蹈，它在汉代风行一时，上至王侯，下至小贵族、官吏，各自"罗钟磬，舞郑女，作倡优，狗马驰逐；大治第室，起土山渐台，洞门高廊阁道，连属弥望"[①]。第室、高廊是享乐的舞蹈场，乐舞未始，其"享"已见。此时的男女双人舞已与"以舞相属"无关，全然进入乐舞百戏合一的嬉戏炫技层面。整体上看，享乐类似于今天的娱乐歌舞，但这未到"娱乐至死"的程度，更多的是以技艺取胜，并且是自主身体母语的技艺，这一点至关重要。

如此，"享乐"就和"百戏"挂上了钩。在《中国古代乐舞史》中，百戏与"角抵"连用，将角力、杂技、蚩尤戏、鱼龙曼衍等合为一处[②]，使享乐里的乐舞有了更大的表演场和更多的表演内容，如与百戏同场的男子长巾七盘舞、女子高缅长袖舞等。

这些直观的汉画舞蹈例子，都不足以描绘出浩大纷繁、五彩缤纷的汉代舞蹈。毕竟，文字的力量与张力要比图像强大得多，不仅能够在当时驰骋各类乐舞场，而且还能以其媒介的优势将汉代舞蹈的方方面面洋洋万言地告知今人，自立门庭。但话说回来，舞蹈终究是视觉艺术，单凭文字的记载与描述不足以如见其"舞"，尤其是远隔千年的古代舞蹈。这样，汉画舞蹈就对汉代舞蹈构成了一个视觉的参照系，使我们能够从视觉开始认知汉代舞蹈。这种反向地对汉代舞蹈的切入是零散化的，特别需要中国古人所说的"左图右书"的研究方法加以整合。

《易》曰："河出图，洛出书，圣人则之。"《通志总序》曰："河出图，天地有自然之象，图谱之学由此而兴。洛出书，天地有自然之文，书籍之学由此而出。图成经，书成纬，一经一纬，错综而成文。古之学者，左图

---

① (汉)班固撰，(唐)颜师古注：《汉书·元后传》，中华书局1962年版，第4023页。
② 参见王宁宁《中国古代乐舞史》，山西人民出版社2009年版，第327页。

右书，不可偏废。"① 这里说的是天文地理，也是研究汉代舞蹈的要义。也就是说，古舞图像比文字更有视觉的侵略性，而文字则多为视觉提供了证明，它们应当互为补充。"汉画舞蹈"之研究首先要依凭于图像之"画"，而后补之以文字之"书"，是"图文并用"；而"汉代舞蹈"之研究则首先在文字，而后寻求图像支点，是"文图并用"。无论如何，汉画舞蹈图像自己不会说话，凤毛麟角的题跋也是只言片语，难成深描；文字则天马行空，其深描甚至跨越时空而把历史勾画清楚，并置于现实之中。

我们知道，汉代舞蹈身后的文化思想基础为儒道，其文献叠床架屋；身前则有文字描绘出的舞人、舞姿、舞辞、舞曲等，如从微观的戚夫人的独舞"翘袖折腰"到宏观的皇家苑囿的"千人唱，万人和"之乐舞。韦伯就曾声称自己的《儒教与道教》和《经济与社会》之间有相互的联系，对中国儒道思想表现出极大的兴趣，而这些思想的审美的身体化，亦在汉代文献中。据汉代文献记载，从高祖到武帝，"乐以载道""舞以象功"的儒家之舞日渐兴盛，从《武德》《文始》直到郊祀之礼的《帝临》《青阳》，"百官侍祠者数百人皆肃然动心焉"(《汉书·礼乐志》)。至于文字所描述的赵飞燕的"掌上舞"等功法，也见诸大量的汉代文献中。这对于我们透视汉画舞蹈并将它们连缀成一个整体是不可或缺的——而这又恰恰是汉画舞蹈图像力所不能及的。我们可以在张衡《舞赋》"抗修袖以翳面兮，展清声而长歌"中寻找到对应的汉画长袖舞，但却难以在汉画舞蹈中寻找到《子虚赋》《上林赋》《两都赋》《二京赋》等大赋中"山陵为之震动，川谷为之荡波"(《上林赋》)的乐舞场景。

缪哲先生有《汉代奇迹》一文，说的是汉代绘画，却和汉代舞蹈相通："集体性"的人性确立了一种文化制度(即"传统")，任何文明的绘画传统起源都是具体的历史问题，而非普通的人性问题。理解历史，固需反思我们与研究对象所共有的人性，但历史研究之为历史研究，乃在于有意识、

---

① （宋）郑樵：《通志二十略》，中华书局1995年版，第9页。

有能力观察人性被实现为"具体"的机制与过程。历经社会演化和艺术协商，作为一种制度性的文化传统，中国绘画乃源于战国，确立于汉代。它们不仅具有公共性的意识形态和语义结构，而且以"正当"的图像志建立起一个巨大的视觉结构，是孔子所谓"我欲载之空言，不如见之于行事之深切著明也"①。换言之，作为传统，汉代舞蹈不是去跳抽象出的什么"人性""汉代精神"或"古典精神"，而是一种历史文化制度的集体产物，只能创造性地出入于具体的历史——"左图右书"之中。也正因为如此，我们才把"左图右书"视为汉画舞蹈研究和重建的基础。② 这不仅在于它们是客观的图像史和文献史资料，可以互补互证；更在于它是一种方法论，由此审视、选择并激活一直作为美术史上的静态汉画舞蹈，并由此扩展到汉代舞蹈。

在《存在与时间》中，海德格尔有言：文献史应当成为问题史。在检视与利用文献之前，问题需要被首先提出来，但问题本身绝非客观明晰地向人们显示出来，而需要具有创造力的建构。比如《武德》《文始》《帝临》《青阳》等汉代儒家舞蹈，能否借兵器舞、长袖舞的图像恢复其活的形态；而"掌上舞"等汉代道家舞蹈，是否可以借助内丹功之法而自主地升华为一个经典，并提供一种古典舞的训练方式。类似问题都应该在深描之前被提出来，使学术研究有落脚点。

山东济南历城区黄台山出土有"长袖盘鼓舞"画像石。（图3-9）图中有一舞伎，身材修长，高髻广袖长裙，双臂扬袖如鸟振翅，双脚脚尖跳跃于敞口盘上，如芭蕾小跳，轻盈超凡。关于赵飞燕"掌上舞"，明代曾有木刻臆想画直观描绘之（图3-10），从服饰到舞姿很难说是汉代舞蹈，倒更像明代人按照明代审美臆想而为之。"掌上舞"为"右书"所载，长袖盘鼓舞为"左图"刻画，汉"书"汉"图"互证，一定比明代人真实。我们说过，

---

① 缪哲：《汉代奇迹》，《读书》2018年第12期。
② 详见第一章第三节"一、不求何得"、第四章第二节"以'左图右书'为基础"。

图3-9 山东济南历城区出土画像石"长袖盘鼓舞图"
图3-10 明代木刻臆想画"赵飞燕掌上舞图"

晋代陆机以为,"罗敷行"之舞类似于长袖盘鼓舞,他是"以图证史",不敢臆想。如此,"掌上舞"亦可从汉画盘鼓舞中"拿来"一些东西。在今天汉代舞蹈史撰写中,"左图右书"的合力尚有缺憾,如赵飞燕"掌上舞"的明代化用图①,又如《盘鼓舞》《建鼓舞》《长袖舞》的粗放化命名——它们甚至都不应加书名号……② 凡此,汉画舞蹈研究对汉代舞蹈研究的重要性不言而喻。

由图而书,由书而图,汉画舞蹈研究的终极目的是重建汉代舞蹈,以400余年的经典文本成为中国古典舞林中的一木,而一林以木成。

---

① 参见王克芬《中国舞蹈发展史》,上海人民出版社2003年版,第121页。
② 参见王宁宁《中国古代乐舞史》,山西人民出版社2009年版,第318—324页。

第二节　从汉族舞蹈到汉民族舞蹈

一、汉族舞蹈

汉族是世界上最大的民族，在中国更是如此，约占总人口的90%以上。汉族源于"华夏"，华夏是商周时不同部落的结合体，不以血缘为标志，这一点非常重要。两汉时期，在此结合体中生成了汉族，酿就了黄河、长江流域的中原文化。相对于"中国"之"中"的中原，周边地区少数民族对汉代版图内的华夏人统称为"汉人"，对汉人的族群统称为"汉族"；而汉族对周边民族则依方位依次称为"东夷""南蛮""西戎""北狄"。

由此，"华夏"与"戎、夷、狄、蛮"五方之民同为"中国"，中心对边缘进行建构，边缘对中心进行感应并也产生一定影响。于此之中，汉族及其汉族舞蹈的模糊地带开始形成：从东夷之人到由此发端的羽人舞，从南蛮之人到被汉高祖认定的"巴渝舞"；青铜时代的三星堆大巫师已经有了独立的身体文化，其羽人舞则与东夷遥相呼应……因此，我们很难将纯粹的汉族和汉族舞蹈剥离出来。随着汉代疆域的扩大，这种民族互渗和民族舞蹈互渗已经使中国古代舞蹈成为五方共有，历代相续。

南方地区有巴渝舞，为巴蜀舞蹈，留存在汉代崖墓和石棺等处。汉以前，巴渝舞属于武舞，主要用于辅助武王伐纣，是古代巴人在长期征战生活中形成的军前舞蹈，有誓师迎敌的激励作用，也有祈神佑助、祷祝胜利的巫术活动内容。"至高祖为汉王，发夷人还伐三秦。秦地既定，乃遣还巴中……初为汉前锋，数陷陈（阵）。俗喜歌舞，高祖观之，曰：'此武王伐纣之歌也。'乃命乐人习之，所谓《巴渝舞》也，遂世世服从。"[①] 到了汉代国泰民安之时，巴渝舞逐渐向民间娱乐化发展，且歌且舞，经常徒手相牵，连臂而舞。据史料记载，巴人居住环境艰难，为了生存的需要，聚集

---

① （南朝宋）范晔撰，（唐）李贤等注：《后汉书》，中华书局1965年版，第2842页。

图3-11 重庆开县出土的"巴渝舞图"及马王堆一号汉墓漆棺"仙人铎舞图"

而居,有团队协作精神,其舞蹈也如三国时的魏人何晏所说的"巴子讴歌,相引牵连手而跳歌也"。

重庆开县出土有"巴渝舞图"(图3-11-1),7位舞者男女相杂,发式服装不一,左边第一人右手执一物,似铎。铎属"乐悬",本为汉族乐舞所用,形制似大铃,一种为金口木舌(称之为"木铎"),一种为金口金舌(称之为"金铎"),先秦用于祭祀和武事。《礼记·乐记》郑玄注:"夹振之者,王与大将夹舞者,振铎以为节也。"是说奏《大武》时,天子和大将分立于舞者两侧,振铎以指挥舞队。至汉,铎舞渐独立而成形,马王堆一号汉墓漆棺的头档部即有"仙人铎舞图",亦可谓羽人面具铎舞。(图3-11-2)舞者戴羊首面具,双手振铎踏地而舞,羽饰飘飞,或祈福,或驱逐。战事、巫术外,铎舞后来还进了殿堂,《乐府诗集》记载详备,晋傅玄《铎舞歌行》描述为"歌者齐弦,舞者振铎,弦铮铮,铎琅琅"[①]。已可想见其乐舞一体、踏地、低昂、铿锵有力的形态,为群舞,与巴渝舞相似。

由于汉高祖的金口玉言,巴渝舞后来进入了汉代歌舞殿堂。班固在《汉书·礼乐志》中引丞相孔光、大司马何武奏疏说"巴渝鼓员,三十六人",这里说的"鼓员"显然属职业乐舞伎了。

更南边之地还有云南晋宁石寨山出土的"四人铃舞"铜扣饰(图3-12)。四人头戴圆形装饰物尖帽,帽上长带分垂于地;身上长衣至胑,

---

① 魏代富:《铎舞考》,《北京舞蹈学院学报》2016年第1期。

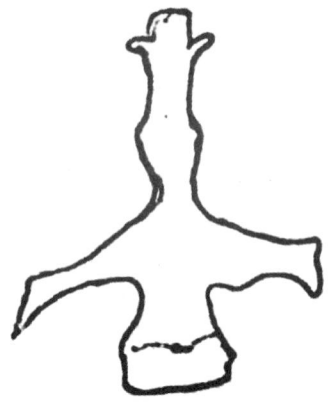

图3-12 云南晋宁石寨山出土"四人铃舞"铜扣饰　　图3-13 徐州十里铺出土东汉"胡人陶舞俑"(线描图)

又有短袖圆领内衣,胸前有圆形扣饰。他们跣足拧身踏步,手执口向下之铃(铎则是口向上,且较重)[①],当为铃舞,舞姿强悍,不知是中原乐悬南迁,还是英雄所见略同的巧合。此外,还有西南贵州金沙和毕节出土的乐舞画像石和乐舞画像砖,说明了汉族舞蹈外延的扩大。

四川中江塔梁子崖墓群M3出土了"胡人舞蹈图"(图2-102)。图上五个高鼻深目、胡须环腮的胡人牵手群舞,他们头戴尖圆平顶小帽,左边第一人着汉交领袍服,长及小腿,其余四人皆短装、长裤,脚穿靴。他们小帽涂红色,眉目发须、衣襟足底勾画浓墨。左起第一人,右臂曲肘旁抬,第一、第二人均以左手扶于左侧舞伴腰际;第二、第三人均右手搭右侧舞伴左肩;第三人左手与第四人右手相牵;第四人左手扶于腰际;第五人右手搭第四人左肩,左手扶腰。第一、二、四、五人均转头看中间第三人,第四、第五人并上身右拧,第三人则面向前,五人做着统一的大八字屈膝的动作,作搭肩扶腰踏歌状。胡人,属西戎或北狄,此时身处巴蜀之地,着交领汉袍服而舞,已然在族群、服饰和舞蹈上混融。

---

① 参见魏代富《铎舞考》,《北京舞蹈学院学报》2016年第1期。

类似的混融乐舞还一直抵达中原。河南灵宝出土的釉陶乐舞楼中，有持汉族乐器、着长袖的胡人乐舞；又有徐州十里铺出土东汉胡人陶舞俑（图3-13）。胡人高鼻深目，头顶高帽，双袖横飞，或为旋转，与汉族长袖舞和而不同；类似的情况还有山东出土的胡汉长袖、盘鼓共舞的景象等。此时，汉族舞蹈的长袖舞依在、盘鼓舞依在，但又同时发生了新的变化，产生了新的存在。

东夷即高祖为汉王时"发夷人还伐三秦"中的"夷人"，在今日东南沿海地区生活。《山海经》言东南有羽人之国，其羽民皆身生毛羽。由此，还孕育出了羽人舞。关于羽人舞产生的族群所属，历来说法不一，或以为产自东土，或以为来自西域。如果我们按照民族与舞蹈互渗的视角来看，汉代羽人舞的民族属性和舞蹈属性也应该模糊处理，因为它已为五方共有，陕西、江苏徐州、安徽、山东、河南、四川地区均发现了羽人舞图像。

严格讲起来，"东夷"之东，还有汉时建国的高句丽，那里的歌舞百戏也十分盛行，不仅有羽人舞，还有与汉画舞蹈相似的长袖舞。高句丽的族群身份和文化身份使这些舞蹈和而不同。

按照五方共有的踪迹，北狄的典型例子有北面内蒙古和林格尔出土的乐舞百戏壁画中的建鼓舞、盘鼓舞和长巾舞（图3-14）。建鼓舞居中，构型奇特，球形鼓加华盖，似帐篷，其中的矮鼓当为坐打之鼓；盘鼓舞则与舞轮、弄丸相配，当属杂耍；长巾舞为双人舞，从巾之横飞可见出力道，带着胡风。据考证，在场者有鲜卑族和乌桓族。

尽管这种五方共有的乐舞存在着某种"横向不平等"（horizontal inequality），但汉帝国还是有效地解决了族群关系，奠定了中华民族大一统的局面。这从汉画舞蹈的分布和种类中可以清晰地见出——在由中原向东、向南、向西、向北辐射的同时也可能反向而为，即"中心"与"边缘"存在互动，像汉画长袖舞中的"高帽长袖舞"和倒立击打的盘鼓舞。

按照结构主义理论，这些双向互动结构源自汉族舞蹈"自身调整或自身守恒作用"，它们使其结构不断地发生变化。"从新结构的构造过程的

图3-14　内蒙古和林格尔盛乐博物馆藏"乐舞百戏图"

观点来看,应该把两个等级的调节作用区分开来。有一些调节作用,仍然留在已经构成或差不多构造完成了的结构的内部,成为在平衡状态下完成导致结构自身调整的自身调节作用。另一些调节作用,却参与构造新的结构,把早先的一个或多个结构合并构成新结构,并把这些结构以在更大结构里的子结构的形式,整合在新结构里面。"① 前者有如汉画建鼓舞拓展出的胡人建鼓舞和胡汉建鼓舞;后者有如汉画盘鼓舞中的去盘留鼓的胡人盘鼓舞和胡汉盘鼓舞。

事实上,纯粹的"汉族"和"汉族舞蹈"在民族史和舞蹈史中均未被严格地剥离出来。高屯子曾借助纪录片《寻羌》表达了关于族群的旨趣。高屯子是松潘汉人,他曾明确表示,那些高山上羌族人的长衫和他20世纪六七十年代在汉地看到的祖父祖母辈的穿着几乎一模一样,他认为正是这些边缘人群保存着中华民族的古风雅俗。他认为自己并不是在拍羌族,而是在表达传统服饰在身的有敬畏天地、祖先、先贤之心的古老中国人。可以说,羌族及许多其他少数民族都是一个可变的容器,不同时期填入的内容固然会有所不同,但这个容器从未被彻底清空重装,这些填充物是有历史延续性的,而且填充这个容器是所有历史阶段的必然追求。这一道理,用在华夏(汉族)乃至中华民族上也同样适用。对于这一看法,合理的推论是,民族之别的内容和形式尽管不断变迁,但民族现象将在时间和空间

---

① [瑞士]皮亚杰:《结构主义》,倪连生、王琳译,商务印书馆1984年版,第11页。

持续、广泛存在，人们所应寻求的是不同民族之间、国族与民族之间的共通之情、共度之理、共存之道。①

"汉族"的理解如此，"汉族舞蹈"的"华夏边缘"一体化也是如此。这就像今天四川羌族的羊皮鼓舞与甘肃天水的羊皮鼓舞的有机联系一样，因为羌族的祖先就是从甘肃河西走廊迁徙而来的。到汉代，包括氐羌在内的河西走廊的民族和民族舞蹈，我们也不妨称之为"胡人"和"胡舞"，其时已经和"汉人"和"汉舞"相融了。

二、多元一体的汉民族舞蹈

由"汉族舞蹈"到"汉民族舞蹈"，即由子概念扩大到母概念，是空间的扩大，也是时间的延伸。汉帝国的建立，使"汉"由族群概念上升到民族概念乃至国家概念。从这个意义上说，"汉民族包含了中国境内的众多民族，当然也包括汉族。汉民族在广义上成为中华民族的代名词，而汉族则是狭义的民族概念，是汉民族或中华民族56个民族大家庭中的一员"②。在汉代，这一人口占多数的民族并未排斥其他民族，尤其在乐舞百戏方面更是持海纳百川的态度。

建鼓舞为中原"钟鼓之乐"的排头兵，在汉画中却可以由俳优表演。俳优何来？《说文》云："俳，戏也"，"优"是倡优；《汉书·霍光传》云："击鼓歌吹作俳倡"，颜师古注"俳优，谐戏也"。《史记·李斯列传》亦载："（秦）二世在甘泉，方作觳抵（角抵）优俳之观"，说明至少秦时已有俳优的表演形式，并和角抵夹杂在一起演出。在汉代，俳优舞以"丑"的形象、滑稽的风格、戏剧性的表演和独特的技艺而自成系统，成为乐舞百戏的基础之一，同时也推动了汉代乐舞形式的发展。司马相如《上林赋》有言：

---

① 参见郑少雄《云中何人：灾难背后的历史与族群》，《读书》2020年第6期。
② 周新献主编：《石上春秋：南阳汉画与汉文化》，中国文联出版社2003年版，第185页。

"俳优侏儒,狄鞮之倡,所以娱耳目而乐心意者。"说明了俳优表演范围扩大的重要原因之一是"狄鞮之倡"的加入。这种加入不仅使角抵百戏成形——从跳丸弄剑到走索马术,而且直接参与乐舞中的鼓舞、袖舞、巾舞等表演,激发了其形式的推进和表演的活力。

在这里,俳优的亦汉亦胡特征形成了表演者的多元一体;而俳优道具表演的亦汉亦胡特征则证明了表演内容与形式的多元一体。就道具而言,如果说俳优建鼓舞是胡对汉的吸纳,那么俳优跳丸则是汉对胡的接受。史载,跳丸是由掸国(今泰国)国王遣使献乐献技而来,是谓"掸国献乐"。永宁元年(120),掸国国王雍由调曾经遣使朝贺,"献乐及幻人,能变化吐火,自支解,易牛马头。又善跳丸……"(《后汉书·南蛮西南夷列传》)。这些"乐人"及"幻人"扩充了汉画乐舞百戏的队伍。河南唐河冯君孺人墓出土有俳优跳丸图像(图3-15),俳优赤膊穿短裤、戴面具,不辨胡汉。他左手执罐,右手舞丸,与播鼗吹箫、反弓倒植、长袖盘鼓舞同场共舞,且形象更"高大",令盘鼓舞伎拧身甩袖,侧目而视。其手中之"丸"则与徐州睢宁九女墩出土的"持节羽人跳丸图"相似(见图2-98),有仙丹之隐喻。所以,跳丸本身就是一种复合体。

俳优除了独立表演,还常与其他舞者同场表演,特别是女性舞伎,使跳丸弄剑等与袖舞、巾舞相互对话。四川德阳出土有两幅相似的"俳优与巾袖舞图"(图3-16)。上图左边一男舞伎戴冠,广袖长袍,跽坐执旌似

图3-15 河南唐河冯君孺人墓出土"俳优跳丸与盘鼓舞图"

图3-16 四川德阳出土"俳优与巾袖舞图"

在助威;中间女性长巾舞伎高髻着裙,似刚从身后一鼓跃下,身体倾倒前冲,广袖上扬,袖中长巾飞动向后,呈两个锐角三角形,如老鹰扑食吓倒右下角一俳优。俳优身体后倾,瞠目结舌,一手按地,一手张开前伸,似做抵挡,双脚抬踏后退。下图大同小异,只是舞伎一脚尚在踏鼓,其巾也稍短些。有趣的是倒地作戏的俳优:高髻半裸肥腿裤,为"狄鞮之倡"装束,一度空间的抬错脚跳,成地面徒手舞。

比之徒手舞,胡人俳优的道具舞也见独特技艺。最常见的是盘鼓舞中去盘留鼓的炫技(见图2-47)。如果说图2-46戴尖帽、着垂胡袖的俳优是胡汉混合装束的话,那么图2-47中鼓上杂耍胡人的装束和图3-15、图3-16的俳优则完全相同了。鼓舞道具舞中还有乐悬之首的建鼓舞。四川新都出土有骆驼建鼓舞画像砖,行鼓吹之事:画中一骆驼迈腿前行,双峰间置一矮建鼓,建木上树有羽葆,缀以铃铛,高鼻深目的胡人跽坐于鼓边,双手执桴击鼓做舞;更有俳优建鼓舞,明显呈滑稽状,走向娱乐化。它们都典型地见证了一种"以不变应万变"的民族舞蹈构成状态。

回顾中国历史上几次大的民族纷争与融合,它们对汉族及汉族舞蹈的发展产生了很大的推动作用;而汉族及汉族舞蹈则通过对其他民族的群体认同，通过不断地吸纳与融合其他民族舞蹈而逐渐形成了多元一体的汉民族舞蹈。按照文化变迁理论，文化类型是适者生存发展出的一套规范和技能。比如从中原一直延伸到中国北部和西部的建鼓舞。建鼓舞在中国文化规范类型的形成上源自两个维度——物质主义价值观和后物质主义价值观。前者关注与生存相关的事务，如汉代的胡汉战争、和亲政策、商贸往来等，是基于生存的理性考量，建鼓舞在前期就具备这样的功能，特别是在战争中；后者关注生活习俗的互动、艺术样式的选择等超越生存需求的事务，更多地强调个人行为与意识，建鼓舞后期则强调这一点。由此产生的自我表达的价值观使文化被定义为"人类为了适应外在的环境获得生存而发展出来的一套规范和技能"[1]，汉画建鼓舞的发展说明了这一点，包括鼓舞者、鼓的构型、鼓技、鼓舞的功能与风格等。

  当一个国家和地区经历经济发展、社会稳定时，出生和成长在物质丰裕条件下的新一代价值观开始改变，并在成年后固化下来，当经济繁荣和社会稳定长期持续，代际更替会引发社会整体的文化变迁。换言之，生存压力的逐步消失引发了民众价值观的变迁，即从物质主义价值观变为后物质主义价值观，从生存价值观走向自我表达的价值观。[2] 此时，"趋同性"产生了，但又保持着"差异性"，这就像我们同时在汉代华夏东西南北中都看到了建鼓舞，但它们又具存明显的差异——和林格尔的建鼓羽葆短小，鼓舞者身宽体胖；新都胡人建鼓置于骆驼身上且悬挂铜铃，鼓舞者身材矫健……于是，建鼓将胡汉、雅俗、坐立、动静、高低等差异统统合为一体。如此，现代中国学者才提出"一鼓立中国"之说：

    音乐的"樂"字，按照音乐学家的解释，就是"社树"类器物的象征。下面的"木"字，是树干象征，上面两边"丝"字，是经幡的抽象，

---

[1] 胡鹏：《文化变迁及其影响下的世界》，《读书》2019年第10期。
[2] 参见胡鹏《文化变迁及其影响下的世界》，《读书》2019年第10期。

即后来演化为羽葆、民间至今保持在大树上系红布条祈祥的飘状物。甲骨文的"鼓"字，右边描摹的是一人敲击姿态，左边中间的"口"字，是鼓腔，下面是鼓座，上面是羽葆状的盖。重要的是学术界对这个飘状物的解读。

  一九六三年陕西宝鸡发现的"何尊"，中有一百二十二个铭文，其中第一次出现了"中国"一词。阿城先生在《昙曜五窟——文明的造型探源》一书中解释道，"中"字是建鼓象形，中间"口"字，就是鼓腔，上下一竖，就是立柱。铭文"中"字上面，有两条飘扬羽带，与建鼓所系"羽葆"形状一致。"中"字下面，也有底座。可见现在的"中"字，是经过简化的。现代"中国"一词，也并非原始意义上的概念，而是古代人的祭祀中心。祭祀中心在哪儿，哪儿就是方国中心。换句话说，"中国"是个在发展过程中逐渐演变为现代国家地域的概念，最早指的就是一个社区、一个方国的祭坛中心。后来，渐至转化为朝廷、国家乃至现代"民族国家"的概念。按照这个顺序向前推，祭坛在哪里，社树在哪里，建鼓在哪里，哪里就是中国。[①]

汉族舞蹈以礼乐为核心，而赋予其多元色彩，长袖舞讲礼，羽人舞亦讲礼。汉民族舞蹈同样如此，不仅"礼下庶人"，而且"礼布四方"。凡此，若隐若现地呈复线铺盖在中国古代舞蹈史中。在汉唐之间，高句丽墓葬壁画舞蹈一直保持着神秘色彩，无论在民族身份还是在舞蹈风格上都是如此。高句丽政权始建于汉元帝建昭二年（前37），至于唐高宗总章元年（668），极盛之时西抵辽河，东达延边，北至吉林，南到朝鲜半岛汉江流域。至今已发现123座墓（中国境内38座，朝鲜境内85座），墓中壁画上有色彩斑斓的舞蹈。比如长川1号墓"歌舞百戏图"中的长袖舞（图3-17-1）其舞姿与折袖技酷似汉画长袖舞；又比如五盔坟4号墓"吹长号羽人"

[①] 张振涛：《一鼓立中国》，《读书》2019年第8期。

图3-17 高句丽壁画墓中的舞蹈图像
1.长川1号墓"长袖舞图";2.五盔坟4号墓"吹长号羽人图";3.五盔坟4号墓"伎乐仙人图"

(图3-17-2)和"伎乐仙人"(图3-17-3),相当于把汉画羽人舞和敦煌飞天舞共置一室了。

"大汉"之后有"盛唐",盛唐乐舞五彩缤纷,但其核心依旧不脱离礼乐。唐代宫廷乐舞《春莺啭》文质彬彬,向来是宫廷乐舞的标识之一,且"出口"到韩国、日本,成了大和民族与大韩民族今天活着的文化财富。1967年4月8日,台湾的刘凤学先生将其重建,以8分钟的作品别之于日、韩,在当代中国古典舞舞台上立起了一根标杆。《春莺啭》,唐教坊曲名。崔令钦《教坊记》"春莺啭"条载:"高宗晓音律,闻风叶鸟声,皆蹈以应节。尝晨坐,闻莺声,命歌工白明达写之为《春莺啭》。后亦为舞曲。"[①] 在《教坊记》里被列入软舞曲。《乐苑》又载虞世南有《大春莺啭》,蔡亮有《小春莺啭》,都属商调曲。任中敏先生还认为《羯鼓录》中之《黄莺啭》、《唐会要》中之《春莺啭吹》应该与《春莺啭》为同一调。唐诗人元稹则将《春莺啭》作为开元天宝年间流行的胡乐来看待。在《法曲》中,他说:"女为胡妇学胡妆,伎进胡音务胡乐。火凤声沉多咽绝,春莺啭罢长萧索。胡音胡骑与胡妆,五十年来竞纷泊。"[②] 于是,我们在唐代宫廷软舞中看到了胡乐的渗透,或者说汉族雅乐对少数民族胡乐的接纳。你中有我,我中有你。

---

① (唐)崔令钦撰,任半塘笺订:《教坊记笺订》,中华书局1962年版,第182页。
② (唐)元稹:《元稹集》,中华书局2010年版,第325页。

图3-18 宫廷乐舞
1.阿鲁科尔沁旗重建的北元林丹汗宫廷乐舞;2.布达拉宫壁画"噶尔乐舞图";3.新疆艺术学院重建的"十二木卡姆"宫廷乐舞(刘建提供)

元帝国由蒙古贵族统治,但依旧以礼乐为核心,也讲究文质彬彬,诸如元代宫廷队舞、元代宫廷雅乐舞。作为一种汉民族舞蹈的融合与重建实例,北元时期林丹汗宫廷乐舞的重建(2014年内蒙古阿鲁科尔沁旗),印证了汉民族舞蹈的五湖四海皆有"礼"的和而不同。(图3-18-1)

延至由满族贵族统治的清王朝,以礼乐为核心的宫廷舞蹈性质依旧,至今我们还可以看到清王朝时期建鼓鼓乐的重新亮相(2006年北京天坛神乐署)。与此同时,藏族女子表演的"囊玛"被定位为内庭歌舞,属于内庭歌舞表演,与男子宫廷舞蹈"噶尔"(图3-18-2)相对应。从文献的记载时间和历史事件推断,囊玛是由10世纪的王室后裔从拉萨出发,途经日喀则将其带至阿里,历经阿里的文化洗礼,与阿里地区的"宣"血脉相连("囊玛"一词词源一说即古老的象雄语),在七个世纪后又重新回到拉萨,并盛行起来。

作为内容与形式的统一,囊玛显示出的古典性原则是"平衡、节制、简洁、精致",即汉族宫廷雅乐所遵循的"大礼必简"。但这种简洁与其古典性的贵族化多模态话语媒介系统并不相悖,反而是一种互为渗透。在音乐上,囊玛的伴奏必须有七种基本乐器:横笛、六弦琴、扬琴、特琴(类似二胡)、京胡、根卡(藏族乐器,形似维吾尔族的艾尔克,弓在弦外,弦为三根,又称"扎念琴")、串铃,否则不能成为"囊玛"。在服饰上,按照20世纪40年代拉萨贵族女性的装束,囊玛表演者须头戴三角形珠冠,藏语称"巴珠"(巴珠有珊瑚装饰的珊瑚巴珠或珍珠装饰的珍珠巴珠);与巴珠相配套的还有头顶的一簇鲜花或精致的珍珠帽,并在发髻两侧相配绿松石镶嵌的金制"诶果儿"。自上而下,左肩佩戴珍珠镶嵌的"吉穷";脖颈佩戴由天珠、珍珠、绿松石相穿的"给珠";胸佩金制卡乌挂饰;身穿大襟、宽腰、无袖长袍,内着长袖"文久";身披无袖氆氇马甲;腰系五彩"帮点";脚穿皮靴或皮鞋。于此固定的服饰、曲目、乐句和歌词中,不同的舞蹈动作也模式化地呈现出来:在快板音乐伴奏中是快速的踢踏舞小组合(其手势动作基本以一位围腰手和交替一位里绕手为主);在慢板音乐中最常出现的是撩踢腿配合前后直臂甩手的典型组合。整个舞蹈中贯穿着行礼作揖的手势动作,随身体轻松舞动。[①]

也在差不多同一时期,维吾尔族由叶尔羌公主所创造的"十二木卡姆"(有别于"刀郎木卡姆")等古典乐舞诞生(图3-18-3)。

马库斯对经典民族志的反思,主要是对传统民族志单一地点研究的批评。他主张将单一地点的民族志拓展为面向"多点"的研究。多点民族志方法不是简单的"多个地点",而是将人类社会文化的流动、关联、系统统

---

① 参见桑嘎卓玛《西藏藏族歌舞"囊玛"的形态特征》,《北京舞蹈学院学报》2018年第2期。

筹起来考虑，其研究结果有助于呈现人类文化的流动性和互动性。[1]按照当代法国学者布鲁诺·拉图尔的"行动者网络理论"，社会的各种发展变化都是因为行动者的互动联结以及由此所产生的网络造成的。网络的形成是建立在行动者之间的互动基础上，不同行动者的地位是平等的，发挥的作用都只是促成联结，对文化转型和社会变迁产生影响。正是在这个意义上，网络既可以看作共享历史的承载者，也可以视为历史的塑造者。[2]

在中国历史上，各民族以其开放性和包容性促进了统一的多民族国家的形成，也促进了汉民族舞蹈多元共同体的形成。中国历史上多次的朝代更替都不能改变这一文化特征——即使蒙古贵族的元王朝、满族贵族的清王朝，在文化上仍然传承着中国汉唐以来的传统，包括舞蹈文化传统。所以，广义上说的汉民族舞蹈，已然是一种跨民族舞蹈，它并不单单指汉族创建和应用的舞蹈，而是指中国历代各民族舞蹈不断交融而推陈出新的多民族舞蹈整体，已远远超出了汉画舞蹈、汉代舞蹈和汉族舞蹈的范畴。严格地讲，我们所说的"汉民族舞蹈"相当于"中华民族舞蹈"，前者更多地带有时间性而后者更多地带有空间性。无论使用两者中的哪个术语，它们都"应然"地以大传统舞蹈为代表，其经典化就是中国汉族和少数民族共有的"实然"的古典舞，即所谓"大独必群，群必以独成"（章太炎）。

---

[1] 参见张多《多点民族志》，《民间文化论坛》2019年第3期。
[2] 参见王利兵《区域、网络与公共资源治理》，《读书》2020年第6期。

第三节　从中华民族大传统舞蹈到中国古典舞

一、中华舞姿

2007年，北京舞蹈学院中国古典舞系年过古稀的孙颖教授得到了两幅汉画舞蹈拓片。面对长达4米画卷中呼之欲出的千年舞姿，先生欣喜若狂，当即题字：其一为"中华舞姿，千古之美。悠悠吾心，不求何得"；其二为"民族要有记忆，舞种必讲祖源"。所谓"中华舞姿"之"舞姿"，即中国传统舞蹈，特别是中华民族大传统舞蹈；所谓"舞种必讲祖源"之"舞种"，即中国古典舞。我们先来看前者。

在现代民族国家的观念中，由在长时段历史中多元一体民族构成的中国被称作"中华民族"，其文化被称作"中华文化"，其中的舞蹈亦被称作"中华舞蹈"（"中华舞姿"），即"中国传统舞蹈"。孙颖先生的"汉唐古典舞"以其64岁创作的《踏歌》而闻名，但"踏歌"并非汉族专有，明代杨慎《滇程记》就记载西南少数民族"男女踏歌，宵夜相诱"的跳月习俗，至今依旧。它们均在华夏身体知识体系中，既非汉族的"教化"成果，亦非汉人"猎奇"所得，都是对共同的"自身文化的回眸"。[①]

文化之"文"的本义是"错画"花纹，需要人为之精心描绘；"化"是"演化""造化"，是《易·系辞》所说的"在天成象，在地成形，变化见矣"的自然演化。一个民族的文化是由其人群创造的，按照多元分层的跨民族阶级论方法，在阶级产生以后，兼具生物性和社会性的人群分成了上层与下层。上层统治阶级创造的文化为"大传统文化"，其中的舞蹈为"大传统舞蹈"，像汉代舞蹈中的宫廷雅乐舞、相和歌与相和大曲等；下层平民百姓创造的文化为"小传统文化"，"小传统舞蹈"由此诞生，像汉代舞蹈中尚未配以管弦的民间杂曲歌舞。两者各为其主，互动互进。前者起引领作

[①] 参见胡晓真《明清文学中的西南叙事》，台大出版中心2017年版，第129页。

用，后者起滋补作用。

在中华民族大传统文化的概念中，儒家文化、道家文化和佛家文化三足鼎立（前两者源自本土，一个在汉代立足），前两者在汉代诞生，后者在汉代传入。它们均以身体的方式介入舞蹈。

儒家将文化引申到人之品德修养，《周易·乾》强调"夫大人者，与天地合其德，与日月合其明，与四时合其序"[1]。即《论语·雍也》的"文质彬彬，然后君子"。亦为《荀子·不苟》所说的"诚心守仁则形，形则神，神则能化矣"，以达到"化，谓迁善也"，指的是教化。这种"文质彬彬"的"迁善"即是汉代雅乐舞辞中的"大海荡荡水所归，高贤愉愉民所怀。大山崔，百卉殖。民何贵？贵有德"（《汉书·礼乐志》）。具体体现在生活当中，有如汉代《玉台新咏》中的《上山采蘼芜》："上山采蘼芜，下山逢故夫。长跪问故夫，新人复何如？"……分手男女，并无恶语相向，反见彬彬有礼，显然与小传统文化中的"上邪！我欲与君相知……冬雷震震，夏雨雪，天地合，乃敢与君绝"（《乐府诗集·汉铙歌·上邪》）不同。前者的文本带着经学的考虑，渗透着观念，与前面提到的《陌上桑》互文，舞蹈形态大致就如"施礼女舞俑"；后者的文本为情感的直白宣泄，其身体动势或如疾风暴雨。

力主自然的道家文化是《易·系辞》的分流，兼具民间意识，在汉代诗歌中也是随地涌出，像前述的乐府诗中的《江南》及《上邪》。《江南》为相和歌辞，一人唱，多人和，在汉乐府中当为且歌且舞，其舞姿在孙颖先生综合创造的《相和歌》中可略见一二。如再加大力度和幅度，就是图3-16那种无拘无束的舞姿了。

佛家文化在汉代立足未稳，因此多以百戏之吐火、冲狭等"打前站"，以显赴汤蹈火，无所畏惧。这也多少在汉画中有所存留。

---

[1] 陈戍国点校：《四书五经》上册，岳麓书社2003年版，第143页。此"大人"非指尊贵在上者，而是指与自然人伦相合之人。

这样，中华民族的大传统文化及其所属的大传统舞蹈，就在儒道文化两翼和佛教文化掠影中为我们呈现一个框架。为了支持这一框架，元鼎五年（前112），汉武帝设立宫廷乐府机构，采集民间歌曲乐章施之宴飨；东汉，又设"黄门鼓吹署"，掌管宴俗之乐。蔡邕《礼乐志》载："汉乐四品：一曰大予乐，典郊庙、上陵、殿诸食举之乐。……二曰周颂雅乐，典辟雍、乡射、六宗、社稷之乐。……三曰黄门鼓吹，天子所以宴乐群臣。……""大人"之舞就此铺撒开来。凡此，可以从归属于大传统舞蹈的汉画舞蹈中反映出来。

从所有权来讲，汉画舞蹈当属皇亲国戚与达官贵人，是"有钱和有闲阶级"（鲁迅）的身体文化与审美的产物。因为位居上层，所以其舞"错画"精心，"造化"丰富，显示出大传统文化的统治力和辐射力。这种文化力是以"濡化"的方式构成的。"濡"有"沾湿"之意，取"濡"，是慢慢浸入之意，所以濡化是双方缓慢接触。濡化不是同化，濡化是互相影响、互相吸收的双向过程。濡化过程表现为两个方面：一是保持文化和身份；二是接触和参与。[1] 横向多元地看，这种濡化是多民族的大传统舞蹈共同体的形成；纵向分层地看，这种濡化还是主流社会大传统舞蹈与非主流社会小传统舞蹈的互动。凡此，在汉画的乐舞百戏中都能鲜明地表现出来，并由此折射出汉代的社会生活——或者说在汉代社会生活中观照汉画乐舞百戏，以见其大传统舞蹈文化的特质。

1935年，中国最早的汉画馆——南阳汉画馆竣工，东西两个卷门所挂门牌分别是"车骑舞乐"和"朱雀星宿"，恰好将汉画舞蹈置于特定的语境中，把舞蹈与社会、与自然连成一个文化景观。今天，几经扩建的南阳汉画馆藏汉画像石2500余块，这些汉画像石精品被分为8个厅展出，我们依其与舞蹈由近及远的关系重新排列，可以借以管窥中华舞姿濡化的情景（表3-2）[2]：

---

[1] 参见安然《解析跨文化传播学术语"濡化"与"涵化"》，《国际新闻界》2013年第9期。
[2] 由此还会涉及南阳以外的汉画舞蹈。

表3-2 南阳汉画馆展厅的重构

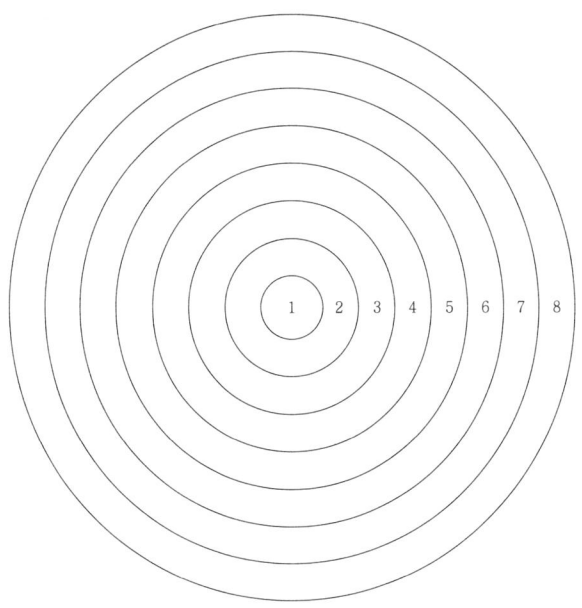

1.乐舞百戏厅；2.角抵厅；3.建筑艺术厅；4.社会生活厅；5.生产劳动厅；
6.历史故事厅；7.祥瑞升仙厅；8.天文与神话厅

在这里，我们设定"乐舞百戏"为中心，舞是"乐舞"的中心。"乐舞"一词是汉语中约定俗成的词序——"乐"在前，"舞"在后；有时甚至只有"乐"而无"舞"，以"乐"含"舞"。但国外汉学家时有将二者词序颠倒过来表述——"舞乐"。① 事实上，二者各有其媒介，可合可分，各自可以独立，谁前谁后当视谁为对象谁为主体。在汉画舞蹈研究中，舞蹈是对象，可以前置，况且在直观"乐舞一体"时，以视觉为主的汉画舞蹈的确多占据画像的中心，乐为舞伴奏。百戏属于杂技，其中的飞剑、跳丸、高缍、冲狭等为舞蹈扩大了身体叙事与动感空间。如此，普适性的、成为合

---

① ［美］巫鸿：《武梁祠——中国古代画像艺术的思想性》，柳扬、岑河译，生活·读书·新知三联书店2006年版，第74页。

图 3-19 南阳汉画馆藏 "乐舞百戏图"

理规范的君民同乐的乐舞百戏逐渐确立了一种共同的身体语境、语源、语种及子语种，将广场内外陌生人社会融凝为一个巨大的舞蹈共同体，从此可以看出两汉大传统身体文化与审美。

南阳汉画馆藏有瓦店出土的乐舞百戏画像石（图 3-19），图中矮建鼓居中，下有跗鼓，两侧鼓员戴冠、着长襦大裤，有的跪打，有的跨步拧身打，鼓舞桴上有三角旗；跪打者身后为赤膊戴假面俳优，装神弄鬼，舞丸炫技；其右，为一高髻束腰、长袖踏鼓舞伎，其袖之超长超重与踏鼓之顿挫有力相合；最右边，一艺伎头顶碗，单手倒立于樽上，喇叭口裤甩出"C"形，与长袖呼应。拧身打鼓者身前是二执桴击鞞鼓乐伎，击鼓的同时还左手执排箫吹奏，乐技高超；其身后为一吹竽者，拧身吹奏，尽力扩大身体空间。整个乐舞百戏虽然场面不大，但舞蹈、音乐、杂技五脏俱全，身后各有其故事。像吹竽坐舞者的拧身吹奏或立舞者"喜鹊登枝"吹奏，均非滥竽充数。

"角抵"是乐舞百戏的组成部分：人与人斗、人与兽斗、兽与兽斗，可划归到舞蹈的"武舞"中，展示了汉代崇力尚武之精神。角抵与百戏、乐舞同场表演，首先在于它们各自的成熟；其次，它们的同场消除了大传统舞蹈与小传统舞蹈、"舞"与"武"、艺术与杂耍与击技之间的藩篱。

南阳汉画馆藏有两块墓门南、北门楣上的"斗兽·角抵图"（图 3-20）。南门楣左边，一兽垂首夹尾蹲地服输；迎面一兽昂首扬蹄奔驰而来；奔兽身后有一斗兽士，戴面具，一面追赶奔兽，一面拧身招架北门楣上冲抵而来的公牛。公牛身后，是二武士角抵，长短兵器打得四周云气飞扬，恰与兽兽斗、人兽斗所激发的云气纹相合。南阳汉画馆又藏有角抵

图 3-20 南阳汉画馆藏"斗兽·角抵图"

之"武士图"和"蹶张图",更是武舞之典型。

汉代建筑之屋宇、楼阁、亭榭、宫阙、桥梁等,从内到外,蔚为壮观,是汉画舞蹈的场域,舞蹈或跳在其中,或以其为背景。这些建筑的造型风格质朴自然,与汉画舞蹈交相辉映,水乳交融。

在呼和浩特市和林格尔县新店子镇小板申村,发现了一座东汉护乌桓校尉壁画墓,其间有山水环绕的大庄园,农耕、桑麻、畜牧、庖厨、宴饮等一应俱全,坐落在山水中的建筑随处可见。庭院假山之间,似有一男二女戏耍,田园风光与庭院情趣交织。把庭院拉近,就是重庆中国三峡博物馆所藏"庭院图"了,能见到"两个黄鹂鸣翠柳,一行白鹭上青天"的情景,而乐舞百戏也许就在其中。(图3-21)就纯建筑而言,南阳唐河出土有"双阙·厅堂·铺首衔环图"。(图3-22)巨大的厅堂宽敞通透,厅堂内,主人扶几端坐,两边侍者毕恭毕敬;厅堂外是高耸的一对双阙,上有祥禽栖息,下有长青树,双阙之间凤鸟飞翔,这常是羽人的舞蹈空间。图下部铺首衔环,似在守护这一舞蹈场。

社会生活的画像常与汉画舞蹈同场,车马、拜谒、迎送、田猎、纺

图3-21 和林格尔壁画墓"庄园图"和重庆中国三峡博物馆藏"庭院图"

图3-22 南阳唐河出土"双阙·厅堂·铺首衔环图"

图3-23 南阳石桥汉墓出土"捧奁侍女图"

织、庖厨、宴飨、讲经、斗鸡走狗、投壶六博、持戟扬盾卫士、端灯提壶及捧奁侍女等，它们像汉画舞蹈一样，是汉代贵族日常生活的一部分，同时也把汉画舞蹈提升到"高档日常生活舞蹈"的层面。南阳石桥汉墓出土有"捧奁侍女图"（图3-23），侍女高髻细腰，双手捧奁，亭亭玉立。侍女尚如此，可以想见，舞女更显彬彬有礼，或流动倾斜。由此又有了男女双人长袖舞、兵器舞、便面舞、羽人六博舞等从生活中升华的艺术舞蹈。

如果说前4个展厅可以算作以汉画舞蹈为中心的舞蹈场，那么后4个展厅则可视为汉画舞蹈更深广的场域，包括塑造了人类主要文明的信仰共同体。

生产劳动是汉画舞蹈得以存在的经济基础，也是其生活舞蹈的一个来源。在"轻徭薄赋、与民休息"的环境中,铁器制造、普及牛耕、兴修水利,以及农业、渔业、纺织业、制陶业等行业的发达,给"有钱有闲阶级"乐舞的发展提供了条件,不仅使建鼓舞、长袖舞这些标志性的舞蹈赏心悦目,而且使以农耕为主要代表的生产劳动画面也成为律动化的劳动舞。

农耕文化在中国传统文化中占有重要位置,古代四民社会中居于前两位的就是士和农;而四民之首的读书人,两千多年来所追求的也是以耕读为标榜的生活方式及伦理道德,如明代思想家王船山毕生所追求的两件事,即读书与耕田。直到今天,在日本稻作传统的村落祭祀仪式中(一村一社),农耕的插秧舞和宗教伦理的"神乐"也还是同场演出,使生产劳动神圣化。[1]于此日常生活形态的非日常性追求之中,农作舞的使用价值与汉代农耕文化特征融于一体,成为维克多·特纳的"结构—功能"性舞仪;同时,其"亚艺术"与"长袖善舞"等"纯艺术"也融于一体,像南阳汉画馆藏的"阉牛图",与其说是血腥的阉牛劳作,不如说是欢娱的"阉牛舞"。

历史故事厅的故事多为汉代占统治地位的儒家思想内容,从追思先祖到"二桃杀三士""獒咬赵盾""范雎受袍""西门豹治邺""荆轲刺秦王""泗水捞鼎""鸿门宴""高祖斩蛇"等,均有形无形地框定了汉画舞蹈的忠孝节义思想。它们与中正方圆之建鼓舞、含胸搭袖之长袖舞等构成儒家身体叙事系统。至于道家、道教思想内容的叙事,则属"怪力乱神"的神话故事了,它们另外寓于"伏羲女娲""嫦娥奔月"等舞蹈图像世界中。

比之历史故事的现实主义的深度和神话传说的浪漫主义广度,祥瑞升仙厅是又一个充满想象力的现实与浪漫世界。青龙、白虎、朱雀、玄武"四神",仙鹿、仙羊、仙鹤、神龟,以及相关的"羽人戏龙""虎吃怪兽""五鹄西飞"等叙事,处处渗透了地理方位说、宇宙星象说、天人感应说、谶纬学说、灵魂不灭说、羽化升仙说等思想。这些祥瑞升仙(或驱逐

---

[1] 参见李晶《稻作传统与社会延续——日本宫城县仙台秋保町马场村的民族志》,生活·读书·新知三联书店2019年版。

灾异)并非完全是先验思维,它们更是以一种去主体化的思维方式建立的"天人合一"等知识话语体系。

当许多自然现象还不能被科学解释的时候,无论"四神"说还是"五鹄"说都还无法被证伪,于是它们便逐渐化为一种元叙事。像"四神"中的龙,就一面成了地理方位的"东方"标识,一面成了日后帝位与权力象征,位居所有符瑞之首。《三国志》魏、吴诸帝纪传便多有黄龙、青龙见于某地记载。又像"五鹄"之"五",一方面为奇数数字,一方面也是吉祥的化身。《三国志·吴书·三嗣主传》:孙亮建兴二年十一月,有大鸟五见于春申。明年,改元五凤。在吴人眼里,那种大鸟自然就成了传说中的凤凰,"五"之奇数亦为凤图腾崇拜之数。凡此,为汉画舞蹈调度的身体投射以及拟兽舞的开掘方式打开了"人的本质力量对象化"(马克思语)的天地。

与祥瑞相关,"天文与神话"涉及更缥缈的意识形态和宇宙观。天象图被刻于墓室的顶部,象征着天空。其中有天文观测的实际记录,如北斗图、彗星图;有天文星象的神话象征,如阳乌、日月合璧;还有对世界构成的哲学理解。它们体现了汉代天文学发展的水平,同时也是汉画神话故事的组成部分。在天被赋予了神格之后,自然现象、帝王和圣人都被神化,伏羲女娲、风神雨伯、雷公击鼓、嫦娥奔月各种神话故事展现了汉代人的诸神观念和神系构成。许多情况下,那些"北斗图""彗星图""苍龙星座图""嫦娥奔月图""雷公车图""牛郎织女星座图"等,可以成为汉画舞蹈的题材、素材和虚拟空间,甚至成为舞蹈本身,像雷公鼓舞及七盘或六盘的盘鼓舞。

这些刻在"纪念碑"(巫鸿)上的大传统舞蹈形态的中华舞姿,是中华民族身体文化与审美的表征,是文化艺术、社会生活、生产劳动、历史文本、神话传统及宇宙观等共同铸就的标识物。如此,人类学、文化学中的"中华民族大传统舞蹈"问题就转入艺术学、舞蹈学中的"中国古典舞"问题上来。用舞蹈学术语来讲,就是直观辨识的舞种。

二、舞种必讲祖源

20世纪中期前后，随着民族解放运动的方兴未艾和民族意识觉醒，许多民族和国家的大传统舞蹈开始向舞台化和经典化进发，借以在身体文化与审美上自我求证。东方学意义上的"古典舞"概念即在这一社会语境中提出，像印度就直接使用了"印度古典舞"的概念，而韩国则使用了舞蹈"文化财"的概念，殊途同归。"中国古典舞"概念的提出和创建也是始于此时。按照世界各国古典舞创建的学理和实践，中国古典舞无论如何都回避不开中国古代舞蹈的历史镜像，无论是"垂直传承""重建复现""综合创造"，还是"重构创新"[①]，但事实并非如此。

阴差阳错，当代创建的"中国古典舞"选择了从芭蕾舞和戏曲舞蹈"重构创新"开始。芭蕾舞是西方古典舞舞种，有完整的训练与表演体系，但基督教世界的直观形态不可取；以京昆为主的戏曲舞蹈形态可取，但属于别一艺术门类"唱念做打舞"中的后者，且远非历史中的中国古舞的全部。这正像梅兰芳先生的戏曲舞蹈《天女散花》（1920）无法回避开敦煌舞的历史镜像一样——戏曲舞蹈毕竟不是敦煌舞。具体来讲，成熟的京昆戏曲是理解明清政治、思想文化和社会生活的窗口，可以窥见其时文化艺术界焦虑的身份、伤感的情绪，以及都市戏园与堂会的表演场、男旦的欣赏及市民的趣味。此间，还可以划分出皮黄剧本中男性主角的霸气（宫廷戏）和昆曲剧本里女性主角的凄美（士大夫戏）[②]，其舞蹈场域、舞蹈与汉唐等时期全然不同，更不要说元朝的《十六天魔舞》和阿里地区古格王朝的"宣"舞了。

正因为如此，孙颖先生才创造出了"打断扁担腿"（芭蕾舞）和"去除小脚"（戏曲舞蹈）后的天足的汉唐古典舞。实际上，"小脚"的古典舞和

---

① 刘建、张昂：《中国古典舞的四种存在方式 导师工作坊序》，《舞蹈》2017年第1期。
② 参见[美]郭安瑞《文化中的政治：戏曲表演与清都社会》，郭安瑞、朱星威译，社会科学文献出版社2018年版。

图 3-24　山东微山出土西汉"建鼓舞·长袖舞盘鼓图"

图 3-25　孙颖先生综合创造的汉唐古典舞《相和歌》

"天足"的古典舞各美其美[1]，由此构成中国古典舞"时间的一段儿和空间的一块儿"[2]。汉唐古典舞之"汉"的核心力量也正在于天足的倾斜流动，就像20世纪80年代与其同时创建的敦煌古典舞的"S"形核心力量。钱锺书先生的《围城》是中国现代小说中首推的"知识小说"，其书名出处便有《左传》《战国策》及蔡文姬《悲愤诗》等典故，足以见出现代汉语的祖源的丰富性。古典舞是用身体跳的，哪怕是处身现当代，其舞种的祖源也一目了然——全在中国古代的"左图右书"之中。

仔细追溯，汉唐古典舞"古"之直观形态的依凭主要就在汉画舞蹈，辅之以其他历史图像与文献。当初，孙颖先生家中除了"二十四史"外，就是满壁汉画舞蹈拓片，特别是倾斜流动的舞姿（图3-24），其"半月""斜塔"训练组合风格即由此而生，《楚腰》《踏歌》《相和歌》（图3-25）等剧目和"汉唐古典舞基本功训练教材"也由此而成型，给中国古典舞的精准创建留下了宝贵的财富。

由于想别建一种风格的中国古典舞（"汉唐古典舞"为其代名词），孙颖先生采用了融"二十四史"为一体的"综合创造"方式："古代的舞蹈早已

---

[1] 参见刘建《舞蹈随想三则　缠足而舞的"俊美"——由秧歌引发的舞蹈审美随感》，《艺术教育》1999年第6期。
[2] 张素琴、刘建：《当我们面对活的中国古典舞时》，《舞蹈》2008年第2期。

随着历史的流逝而湮灭无存，文物、墓葬中即令尚有一点形象可征，但难以捕捉的是具有文化内涵的神和韵，这无捷径可走，只有从总体文化上去接近、认识我们民族的审美取向和传统。"[1] 这种"总体上去接近"的方式属于以面代点，过程极为艰难，加之单兵作战等因素，因此汉唐古典舞的实绩是向我们展示了中国古典舞意义上的一种"古"之风格，尚未达到作为舞种的"典"之系统（训练系统和表演系统），并最终以"风格性"被此前创建的更具"功能性"的"身韵古典舞"收编（2017）。[2] 敦煌古典舞亦如此。这样，我们就应该考虑一种更为焦点化的、更具元模式实体的中国古典舞建设路径，在表演和训练上探索前行，逐渐由"古"而"典"。

在这条路径中，中国历代图像乐舞的重建复现是一个非常重要的选项，它具有断代断面断点的具体历史对象，纵向和横向地分属中华民族大传统舞蹈的各个部分，且每一部分中都蕴藏着不同的模式与命题，如汉画舞蹈及其分类、唐代墓葬壁画舞蹈与唐代敦煌舞图、西藏古格王朝壁画舞图、明朱载堉《人舞》图等。这些历史图景，可以形成中国古典舞的一种图式化记忆链。

图式化与文化生产的模式化行为非常相似——文化让人们产生模式化行为，模式化行为以历史的方式巩固社会现实，是所谓"古为今用"。今天，包括汉画舞蹈在内的"汉"，已经成了中国学的代名词——"汉学"。欧洲的汉学以研究古代中国学为主，美国的汉学以研究现代中国学为主，两者从两个向度在观察中国学，当然也包括其中的中国古典舞。事实上，只要我们认准方向，用心去做，在历史透镜中逐渐地主体性地取舍升华，将其由生活形态而训练形态而作品形态，最终会达到"古"与"典"相合。

---

[1] 孙颖著，北京舞蹈学院汉唐古典舞教研室编：《中国汉唐古典舞》卷三，生活·读书·新知三联书店2015年版，第203页。
[2] "身韵古典舞"即当下公示的"中国古典舞"，基训和表演都是"两张皮"——"土芭蕾"的基训力保功能性，由戏曲和武术而来的"身韵"显示风格性，玩技术用前者，谈文化用后者。

汉画舞蹈如此，汉代舞蹈如此，汉民族舞蹈亦如此。在此基础上，中华民族大传统舞蹈才能切实有效地建立起来，并由此生成以艺术舞蹈（生活舞蹈除外）为标识的中国古典舞。

和20世纪中期前后许多民族和国家的古典舞创建一样，中国古典舞的身份标识不是为了自我封王，而是为了他者辨识，让中国和世界观众认知。"文化中的沙文主义和孤立主义，与政治中的一样，都是自杀性的选择。"[①]身份本身并非自在之物，并非孤立的实体，或者什么纯粹的自我建构或自我实现；恰恰相反，它总是"一种结构，一种必须借助于一个外围的他者来完成其自身叙事的话语"。"文化自信的建构过程便必然牵涉我们对待外部文化或异质文化的方式，是它们对我们进行定位和再定位、塑型和再塑型、构造和再构造。"[②]

对于中国古典舞来讲，需要对话的自我有两个向度——现实的空间向度和历史的时间向度。前者是今天耳熟能详的"与世界接轨"，即与世界其他各国异质文化中的古典舞进行对话，从外部打破第一人称单数自恋式的"容器自我"（container self），从而以第一人称复数确立自我，确立自我是他者中的自我。后者强调在现实空间中想与世界接轨的中国古典舞必须面向历史时间——但中国古典舞的当代创造恰恰是以自诩的"当代精神"背对客观历史的身体记忆与技艺，以"芭蕾+戏曲"（后来又加上现代舞）的创造取代中国古典舞历史时间中先在的"异在性"（或"他者性"），如汉画舞蹈的"异在性"。在《尼各马可伦理学》中，亚里士多德将在较高水准的交流活动中所体验到的他者描述为"另一个自我"。这个他者与我自己（自我）相像，同时他或她又不像我自己。

今天，在与世界古典舞接轨的现实空间向度中，中国古典舞很难确立

[①] ［美］乔治·斯坦纳：《语言与沉默——论语言、文学与非人道》，李小均译，上海人民出版社2013年版，第75页。
[②] ［荷］赫伯特·赫尔曼斯：《对话自我理论：反对西方与非西方二元之争》，《读书》2018年第12期。

图3-26　河南南阳出土"桴袖建鼓舞图"

图3-27　陕西绥德汉画像石博物馆藏"建鼓·袖舞图"

和而不同的"另一个自我",其原因就在于我们缺乏历史时间向度中"另一个自我"的形象,如"一鼓立中国"的种类繁多的建鼓舞形象和《相和歌》之原型的长袖盘鼓舞形象。图3-26、图3-27均为建鼓之矮鼓加跗鼓,与高鼓和中鼓相比是另一个"自我";如果从跗鼓的造型与位置、羽葆的长短与高低、鼓员的单人与双人、击鼓的桴与桴袖、舞姿的马步与站立来看,它们又各是另一个自我;尤其是图3-27,建鼓后方还有长裙窄袖舞的伴舞,更显他者性。这种他者性的祖源甚至可以追溯到青铜时代的"钟鼓之乐"。其时的"钟"为青铜所制,如编钟(图3-28),属于乐悬之礼器;"鼓"则为建鼓,虽不是青铜所制,但地位与编钟相等。陕西澄城刘家

图3-28 陕西澄城刘家洼M2出土东周编甬钟　　图3-29 陕西澄城刘家洼M2出土东周挂铃建鼓（王清雷提供）

洼墓地发现了春秋早中期芮国礼乐重器的钟、磬、建鼓、钲、铃，"金声玉振"同场，其中的4件建鼓把汉画建鼓舞追溯到先秦。（图3-29）这里的M2建鼓和钟铃配置在一起的发现，不仅证明了汉画建鼓舞成形历史，而且证明其复杂的"乐舞一体"的属实性。① 建鼓舞者不仅有且鼓且舞的技艺，还当有且"铃"且舞的舞姿，确立了子舞种中的"他者"。凡此种种，是我们能跻身世界古典舞之林的优质资源。

这样，至少在中国古典舞断代断面的一个焦点上，汉画舞蹈的重建可以为国人也为世界塑造出中国古典舞的一种元模式。当我们找到类似焦点的真相并从不理解到理解，从静态观看到动态操作时，也就找到了中国古典舞的希望。用高尔基的话讲："我们不仅要知道两种现实——过去的现

---

① 参见王清雷等《陕西澄城刘家洼墓地音乐考古调查侧记》，《人民音乐》2019年第3期。

实和现在的现实,也就是我们在某种程度上参加创造的某种现实。我们还必须知道第三种现实——未来的现实。"① 它们在《在世界坐标与多元方法中——中国古典舞界说》② 一书中已经说得很清楚了。

---

① [苏联]高尔基:《在苏联作家协会理事会第二次全体会议上的演说(1935年)》,载《苏联作家论社会主义现实主义》,人民文学出版社1960年版,第19页。
② 刘建:《在世界坐标与多元方法中——中国古典舞界说》,民族出版社2020年版。

第四章
从中国古典舞到汉画舞蹈

第一节 "创造"的终结与"重建"的开始

一、三十年河东,三十年河西

在从微观到宏观的视角论述了汉画舞蹈与中国古典舞的关系后,我们再从宏观到微观的视角反向论述,借以站在学者的立场上将问题的重要性摊开。

当代的中国古典舞是20世纪50年代中期"创造"出来的①,只用了五个月的时间,第一批中国古典舞教师便被培养出来。汉画舞蹈"重建"是从21世纪开始的(和重建复现的宋代雅乐、明代《人舞》、龟兹乐舞、林丹汗宫廷乐舞等相伴),与前者相比,汉画舞蹈初出茅庐、势单力薄,但观念在先,勇于实践。维特根斯坦以为,词语的意义存在于对它们的使用之中。当我们把"中国古典舞"和"汉画舞蹈"两个前后、大小、强弱不同的概念捆绑到一起时,实际上是在探讨一种观念的确立及其向实践转化的

---

① 刘青弋、张麟在《追问古典:中国古典舞"名""实"之辨》(《当代舞蹈艺术研究》2018年第1期)中提出"创造"一词,并以之为应当"终结"。

问题——观念要说服实践何事当做，如何去做。

在《观念的冒险》一书中，怀特海引用了柏拉图的名言："世界的创建就是说服战胜了征服。"他认为，人类历史的发展是两大因素交互作用的结果：一种是人类缘于渴望又诉诸希望的"信仰"（或信念），另一种是"力量"（或暴力）。前者是说服的力量，后者是征服的力量。在人类的文明建设中，一旦诉诸强制或武力，就意味着文明的一次失败；而人的价值与责任就在于他们要选择说服。① 目前，依靠体制性力量获得一家独大的中国古典舞可以立在那里，但它不能独占"中国古典舞"的观念——能够服众的观念。汉画舞蹈以视觉直观的历史在场，证明自己隶属中国古代舞蹈，其经典化构成便可以成为中国古典舞一员。因此，将历史的汉画舞蹈重建纳入现实的中国古典舞建设范畴，就是经历这种观念的冒险过程。不仅要说服自己，而且要说服他人，共同踏进中国古典舞复兴的实践。

中国古典舞是多元一体和一体分层的中华民族千百年来大传统舞蹈中的经典舞蹈，其当代价值在于一个国家或民族在对话世界时自身所保留的主流身体文化与审美传统。"传统"（tradition）的拉丁文词根"trader"即"给予、传给、传递"的意思，是指"思想和实践、信仰和习俗、仪式、故事、歌曲、舞蹈，以及其他娱乐活动、哲学与上层建筑等的总和……每个民族有其自己的'传统'"，用于一代又一代的储存、传承和使用。因此，传统"在现代生活中的持续从来也不是个谜"——当然，在面对世界的发展时，这个"渐变的连续体"需要不断地重新评估和更新。美国学者阿默思曾就传统问题界定出七条标准，也可以说七种观念上的界定，可供作为当代创造的中国古典舞与历史重建的汉画舞蹈进行自我参照和相互参照。②

其一，作为风俗的传统。它"指的是有特定群体界定和实践的，并在

---

① 参见康太一《观念为径》，《读书》2018年第11期。
② 参见［美］丹·本-阿默思《传统的七股力量：论传统在美国民俗学中的多重意义》，张举文译，《民间文化论坛》2018年第5期。

图 4-1　中国民族舞剧《小刀会》　　　图 4-2　按流行文化创造的中国古典舞《小城雨巷》
（叶进提供）　　　　　　　　　　　　　（叶进提供）

其范围内一代代传承的，有关习俗、仪式、信仰以及口头文学的知识"①，关于舞蹈的身体知识也在其中。汉画舞蹈代代传承 400 余年，已成社会风俗并影响后世，如沿袭到今天的戏曲水袖（汉画长袖舞）、天坛神乐署的建鼓（汉画建鼓舞）和化为中国古典舞的剑舞教材（汉画兵器舞）。与之相比，当代创造的中国古典舞是在"打倒旧文化，建立新文化"的语境中建成的，很有一些和"白色"吉赛尔对立的《红色吉赛尔》（俄罗斯艾夫曼芭蕾舞团）中工农兵土风舞的感觉。像当初创造的《小刀会》（图 4-1），只能说是一种"新文化"的风气之先，并非古代主流的代代相传的风俗；又像后来创造的《孔子·采薇》等，虽然以"S"形舞姿夺人眼球，但却与儒学"以手袖为威仪"等古今风俗风马牛不相及。

其二，作为教条的传统。传统分"大""小"，大传统的"高雅文化"是"过去生活的一种模式"，它"建构出一个教条来形成对一个群体的社会和文化定义"②，并且以具有识别性的形式特征和秩序原则区别开"小传统文化""流行文化"和"创作性文化"。与已经形成"教条的传统"的汉画舞蹈

---

① ［美］丹·本－阿默思：《传统的七股力量：论传统在美国民俗学中的多重意义》，张举文译，《民间文化论坛》2018 年第 5 期。
② ［美］丹·本－阿默思：《传统的七股力量：论传统在美国民俗学中的多重意义》，张举文译，《民间文化论坛》2018 年第 5 期。

(如独特的建鼓舞、盘鼓舞)不同,当代创造的中国古典舞的一个典型特征就是"非教条性",将自己混淆于"小传统文化""流行文化"和"创作性文化"中,如类似于河北秧歌的《济公》、带着流行文化色彩的《小城雨巷》(图4-2)和与"古"不沾边的《少年聂耳》等。当我们还没有确立作为"教条的传统"的主体时,后现代的去主体化便乔装登场了。

其三,作为过程的传统。它同时涉及"时间层面的传统"和"空间层面的传统"。[①] 汉代400余年的汉画舞蹈,地域上遍及山东、河南、四川、陕西及"南越"地区,是达官贵人秉持的儒道身体传统的审美显现。与汉画舞蹈作为时间积累和空间分布的形成过程不同,当代创造的中国古典舞是以速成的方法让芭蕾与戏曲结缘,把"本非同根生"的别人过去的"创造过程"与"传承过程"拿来嫁接。名不正则言不顺,故没有人敢把戏曲舞蹈《宝莲灯》和被誉为"中国的《天鹅湖》"的《鱼美人》称为"中国古典舞舞剧"。这种尴尬一直持续到今天由"伪风俗"和"伪教条"构成的中国舞剧命名中。

其四,作为民众的传统。舞蹈是"创作—表演—接受"的三位一体,传统舞蹈"不是将传统视为超有机体,而是一个有机的民众集体",包括创作主体、表演主体和接受主体的"主动和被动传统传承人"。[②] 身居汉代乐舞百戏之中的汉画舞蹈是全民性的舞蹈,从君民同乐到夫妻以舞相属,形成了民众传统。即便在今天南京博物院的展演中,汉画实验舞蹈也能使男女老少感到一种亲切,如同汉服在今天年轻人中流行一样。与之不同,当代创造的中国古典舞多为××教员、××演员、××编导第一人称"单数"的个人性行为,难以形成一种有机的传承机制而进入公众视野,如"两张

---

① [美]丹·本-阿默思:《传统的七股力量:论传统在美国民俗学中的多重意义》,张举文译,《民间文化论坛》2018年第5期。
② [美]丹·本-阿默思:《传统的七股力量:论传统在美国民俗学中的多重意义》,张举文译,《民间文化论坛》2018年第5期。

皮"①的训练和以芭蕾式接触双人舞技法构成的中国舞剧《红楼梦》的身体表达。

其五，作为文化的传统。"文化的一个同义词就是'传统'"②，它们可以互用。汉画舞蹈是汉代文化的缩影，也是中华民族身体文化传统的表征之一，如长袖舞之于中国古典舞、建鼓"一鼓立中国"之说。反之，当代创造的中国古典舞之所以缺少"群体认同感的传统"，就是因为缺少对文化，特别是大传统舞蹈文化的把握。与以雅乐为核心的中国古典舞蹈文化不同，当代创造的中国舞剧《孔子·采薇》是穿着肚脐装正面摆胯，而《小城雨巷》则是穿着高开衩旗袍侧面摆胯。法国女作家乔治·桑以为：相对于文化塑造的人的品质，性别的区分是次要的；即便让女性从卑微中重新站立，其真正的英雄主义也在于坚韧隐忍而非搔首弄姿。所以，作为主流的身体表达，此类作品既非文化，也无传统。

其六，作为言语（"语言"和"话语"）的传统。今天，"传统"已成为一个综合的术语，在语言学、身体语言学和舞蹈身体语言学中也占有一席之地，"其中的系统作为一个指导性模式和主题与形式的仓库而存在，而这些可以在适当的时候由有能力的表演者再现出来"③。汉画舞蹈有一个系统的舞蹈身体语料库，存放着按道具分类的鼓舞、袖舞、巾舞等系统，按形象分类的武士舞、俳优舞、羽人舞等系统和按舞者多少分类的单人舞、双人舞、三人舞、群舞等系统。其中，鼓舞子系统"建鼓舞"的通天达地和"盘鼓舞"的步踏星宿等形象构成的主题与形式，储存了我们可以随时重建并表演的身体语料资源，像已成为语用的《相和歌》和《逶迤丹庭》的踏盘

---

① 在当代创造的中国古典舞的课堂训练中，依传统戏曲而来的"身韵"和依古典芭蕾而来的"基训"在形态与审美上存在着无法贴合的"两张皮"现象，这也是中国古典舞作品在世界舞坛"失语"的原因之一。
② ［美］丹·本-阿默思：《传统的七股力量：论传统在美国民俗学中的多重意义》，张举文译，《民间文化论坛》2018年第5期。
③ ［美］丹·本-阿默思：《传统的七股力量：论传统在美国民俗学中的多重意义》，张举文译，《民间文化论坛》2018年第5期。

而舞。(见图3-25、图1-48)与之相比,无论训练还是表演,当代创造的中国古典舞身体语言尚未成为系统,更未建成分类细密的舞蹈身体语言"仓库",因而也未能全面地站在身体母语元语言的基础上言说。"我们可以把语

图4-3　河南洛阳出土东汉盘鼓舞俑

言看作一种世界观,也可以把语言看作一种联系起思想的方式,实际上,语言在自身中把这两种作用统一了起来。"① 中国传统的世界观和思想方式是在语言中实现的,也是在舞蹈身体语言中实现的,比如"天人合一"在盘鼓舞中的统一(图4-3),用不着奋力"开绷直立"。当美国观众赞美中国舞剧《红楼梦》把芭蕾跳得很好时,我们大可不必沾沾自喜,而应该反省中国古典舞的身体母语传统。

其七,作为表演的传统。它在此被理解为"那些早已存在的有文化特质的"对象,"诸如内容与风格的事项都是被传下来的,而不是表演者的发明"。② 在汉画舞蹈中,无论长袖舞还是盘鼓舞,都是按照其文化特质被模式化,并由此展开其丰富性和传承性。如长袖盘鼓舞,是按照"抗修袖以翳面兮"(张衡《舞赋》)和步罡踏斗的文化特质而表演的。它们甚至构成了一种称为普遍认知的程式,借以区别他者,全然不同于当代创造的中国古典舞缺乏文化特质的不间断的"创新"。从《宝莲灯》到《小刀会》,

---

① [德]洪堡特:《论人类语言结构的差异及其对人类精神发展的影响》,[英]Peter Heath 译,世界图书出版公司2008年版,第49页。
② [美]丹·本-阿默思:《传统的七股力量:论传统在美国民俗学中的多重意义》,张举文译,《民间文化论坛》2018年第5期。

图4-4 中国古典舞《胭脂扣》
（叶进提供）

从《鱼美人》到《少年聂耳》，从《小城雨巷》到《济公》，从《红楼梦》到《胭脂扣》(图4-4)，其创造的"内容与风格的事项"都不是"被传下来的"。在表演的传统被舍弃后，当代创造的中国古典舞便成了准"即兴舞蹈"，将自己淹没于"创作性"文化中。

事实上，就连最初创造"当代创造的中国古典舞"之人也经常处于一种自我怀疑和自我反思中。在1960年出版的《中国古典舞教学法》"前言"中，"中国古典舞"一词的使用即被审慎地加以注释："至于'中国古典舞'这个名词是否能得到共识，也可以研究。为方便起见我们暂时这样称呼。"[①]可惜，后来者逐渐失去这种审慎，站在前辈的肩膀上，强行把一种自我创制的"中国古典舞"神圣化。

史学家们常说："每一代人都要重写历史。"一代有一代之学术，一代有一代之艺术，每代约30年，参与者不以自然年龄而以学术观念和艺术实绩划分。从20世纪50年代到80年代，中国古典舞创造者恰恰经历了一代。

20世纪80年代，"敦煌古典舞""汉唐古典舞"凭借着传统图像舞蹈崛起，构成一种别样的中国古典舞气象；甚至"芭蕾+戏曲"的"戏曲古典舞"此时也寻根而做出"身韵"，力图弥补前30年的漏洞。虽然敦煌舞

---

① 北京舞蹈学校编著：《中国古典舞教学法》，北京舞蹈学校内部资料，1960年，第15页。

和汉唐舞始终被视为"庶出"①，无法形成集团冲锋力而与当代创造的中国古典舞抗衡，但它们毕竟掀开了历史的一页。此时正值改革开放，思想解放，新时代需要新的身体知识的补充，包括对"两张皮"应该合成"一张皮"②的"身韵古典舞"的构想。但是，这一代的建设者依旧没有改变中国古典舞实践现状，"汉唐古典舞"的被兼并（2017）就是一出"观念的冒险"在实践上的悲剧。

又过了30年，2018年1月12日，由上海戏剧学院舞蹈学院、北京舞蹈学院和《当代舞蹈艺术研究》编辑部联合主办的"中国古典舞名实之辨"学术研讨会拉开帷幕。这是一个没有中国舞蹈决策者、当代创造的中国古典舞者参与的博士论坛，研讨的对象是一个在世界古典舞坐标和科学方法论中心照不宣的事实——名不符实的"当代创造的中国古典舞"。研讨会上，刘青弋研究员直言："对古典舞的概念认识不清，是导致中国古典舞建设走上歧途的原因，同样的误区还表现在将古典舞的建设等同于当代舞蹈表演专业人才的培养……因而，'中国古典舞为当代创造论'应该就此终结。"③之后，张素琴博士又以舞蹈身体语言（作为言语的传统）的视角论证了"无论从时间和风格发生而言，当代的'中国古典舞'并未完全建立动作严密、风格相对保守、变化缓慢、规范性强、程式化程度极高的语言体系，而是在寻找身体语言体系过程中频繁出现'借语'现象"④，即"洋为中用""牛为马用"的中国古典舞"芭蕾化""现代舞化"现象。这是第三代关于中国古典舞的学术的声音。这种具有独立语言权的声音由来已久，暗流

---

① 据敦煌舞创建者之一的高金荣老师口述，"敦煌舞"当初在北京不被认可，在甘肃被划分为"甘肃民间舞"。
② 即打破"身韵"+"基训"的训练模式，建立一种功能性与审美性相统一的训练方法，使身韵古典舞获得"美在整一"的身体效果。
③ 刘青弋、张麟：《追问古典：中国古典舞"名""实"之辨》，《当代舞蹈艺术研究》2018年第1期。
④ 张素琴：《"层累说"与"中国古典舞现象"观察——兼论近现代"中国古典舞"的发生》，《当代舞蹈艺术研究》2018年第3期。

涌动，只是因为没有话语权而未能受到重视。

"终结论"的提出，是在当下"当代创造论"占据主流语境中的又一次观念的冒险，力图以一种极端的表达方式唤醒大众；其背后的支撑，更在于一种中国传统身体直观形式和美感实践的呼应——"敦煌古典舞""汉唐古典舞"之外，台湾"唐乐舞""梨园舞"的登台，大陆"宋代雅乐"、明代《人舞》的复现，以及"汉画舞蹈""龟兹乐舞""林丹汗蒙古族宫廷乐舞""十二木卡姆宫廷乐舞"等的重建。凡此，已然在"三十年河西"构成第三种力量。此时的政治文化背景是民族复兴，是希望在考古的基础上让中国舞蹈"博物馆活起来"。此时，从身体知识到身体实践，旧有的中国古典舞机制与构成已经无法应对新的现实，它必须注入新的血液。

二、理论形态与实践形态

无论是在"河东"还是在"河西"，理论形态和实践形态都是捆绑在一起的，我们称作"实践理论"：实践是我们所做的，而理论是我们所想的，它们在公众和学术背景中有着对等的意义。实践理论可以说是一种"行动策略"，一种不言而喻的知识和预设，或精心策划的行为。在引起社会关注时，普通行为往往具有一定的框架，象征性的交流不仅与所表达内容相关，而且与变动主体的姿势和动作有联系。"将实践与理论放在一起，迫使对实践的评估不同于那些缺乏思考的应用，而是要理解其对文化和传统构成的重要性"，借以回应那些不符合文化逻辑的权力集团或个人行为。这种带有承启关系的行动策略小则与日常生活相关，大则与"多点"民族志相连，可以用"一种美学中立的观念来指导实际的交流行为"①，包括大而言之的中国古典舞和小而言之的汉画舞蹈。

---

① ［美］西蒙·布朗纳：《民俗和民间生活研究中的实践理论》，龙晓添译，《民间文化论坛》2019年第4期。

中国古典舞理论形态的上位概念是舞蹈学，但这舞蹈学不是孤立的，它还涉及从亚里士多德的《诗学》到乔治·迪基的"艺术体制论"。更重要的是，中国古典舞还和中国古代艺术理论与实践交融在一起。因此，在理论和实践都有所准备的力量面前，我们看到了当代创造的中国古典舞之所以被认为应当终结，就在于其理论形态的不成熟而导致的实践形态的不稳定，因为它的身体重心和投射依旧是在对20世纪50年代的过去修修补补，而不是面向20世纪80年代和21世纪的现在与未来。

就理论形态而言，"当代创造论"求"新"求"变"，与中国古典舞建设应当采取的传统态度截然相反。在中国古典舞传统断裂的语境中，这种理论主张一种"凤凰涅槃"式的"创造"或"创建"，而非"传承"或"复现""重建"，其产生与中国近现代以来的一系列革命及观念相通。从立足点上讲，"当代创造论"的一只脚在含糊的蒙昧主义的宏大理论上，如"新中国古典舞""大古典舞"等；另一只脚则站在精巧的抽象经验主义上，如其规训形态的"两张皮"理论。"两张皮"理论带着明显的机会主义，在"基训"失去学理之后，又不断地在理论形态上强化被撕裂开的"身韵"，借以"兵来将挡，水来土掩"。你要功能化技术，我亮出风格化的"基训"；你要看风格，我亮出功能化的"身韵"。这种机会主义的理论不仅违反艺术规律，也违反了"身韵"初建者欲将"两张皮"合一的意愿。对新的秩序已经到来视而不见，主观地将中国古典舞理论定于一尊，唯我独大，犯了列宁所说的"左派幼稚病"。[①]

有必要说明的是，这种"幼稚病"患者当下依然，使用那些非文化逻辑的话语掌控着中国古典舞的理论与实践。因此，"主流"自我强化为不仅能得到多数人"群体幻觉"的"遵从"，而且能得到"执行"，不是出于尊重

---

① 参见刘建、孟雪《20世纪中国古典舞断裂谈》，《艺术广角》2018年第3期；刘建、郑琪《中国古典舞的"先在"与"后建"》，《艺术广角》2017年第5期；刘建《中国古典舞的"知"与"行"》，《艺术广角》2018年第2期。

而是出于恐惧。① 比如，基训、身韵"两张皮"的训练及其为之辩解的后设理论。

由于身在"主流"，这种取得话语权的后设理论对于中国古典舞的其他思考不屑一顾，在自身没有新的理论建树时轻率地否定他者。他们对于汉画舞蹈评点为："汉画像舞蹈存在不存在这个概念？不存在……所以汉画像舞蹈这个概念，是错误的。"对于敦煌古典舞批评为："把根据敦煌绘画雕塑创造出来的舞蹈说成是'敦煌舞'，让人以为那是唐代遗传的舞蹈，这也是一种误导。"对于汉画与敦煌舞蹈斥责为："甘肃舞蹈家创作的舞剧《丝路花雨》中，又由高金荣教授编制出一整套训练模式，都是他们根据壁画、雕塑进行的创造，不能误认为是一种古代现成的舞蹈种类。在一些人看来，无论是谁都可以把某一墓葬的壁画或秦砖汉瓦中的舞蹈形态连接起来，像编考级组合那样随便串连一下，就成为一种假造的古代舞。"②

在《法律、立法与自由》一书中，哈耶克强调了理论形态产生于"自由体"的"自发秩序"，鼓励多种理论性思考及规则抽象，从而将思想市场引向繁荣。所以，对于经理性思考过的思想和见解，人们不能鄙弃，而应尊重甚至敬畏，如同敬畏自然神。③ 退一步讲，当代创造的中国古典舞可以将其理论形态定于一尊，但没有必要对其他关于中国古典舞的理性思考及规则排斥。无论"汉唐古典舞""敦煌古典舞"还是"汉画舞蹈""宋代雅乐"，它们不仅已成为实践形态，而且已形成了各自的实践理论形态。因此，我们就应该像实践形态的"body to body"（身体对身体）那样，以"理论对理论"进行交流、质疑、辩论乃至批评。

中国古典舞的保守主义者强调，传统"即天然承自先人的技能、规范、

---

① 参见张维迎《真君子与伪君子》，《读书》2020年第7期。
② 转引自刘建等《从"不在场"到"在场"的延迟表达——谈中国图像乐舞的重建》，《艺术广角》2019年第1期。
③ 参见[英]弗里德利希·冯·哈耶克《法律、立法与自由》，邓正来等译，中国大百科全书出版社2000年版。

道德及文化等因素，及对其所自来的历史的认识。社会的演进（包括人类自由的体现）应是在尊重传统的前提下通过调节改进以达至"。"传承的观念促成了确定的保留原则及确定的传递原则，并且不排除改善原则。"① 也就是说，自由有前提的、给定的，无论"汉唐古典舞""敦煌古典舞"还是"汉画舞蹈""宋代雅乐"，之所以它们敢在改革开放和民族复兴的背景下以"自组织"的方式对当代创造的中国古典舞建制化提出挑战，就是因为它们曾经存在于中国的大地上，这些身体的历史不仅可以给我们看到未曾见到过的财富，而且可以为现实服务。

这在理论形态上是一大进步。改革开放的前提是思想解放，民族复兴的前提是有复兴的资源。进一步讲，这种理论形态重建了理论应该具有的问题意识，并且恢复了历史的尊严。理论的生命力在于面向现实提问、质疑与反思。作为对传统理论的质疑，今天的理论正在走向"后理论"，即坚守"聚焦个案研究，将这种'经验式的'研究（empirical studies）置于一个大的理论框架下来考察，并加入一些经验研究和理论分析的成分"②，类似于我们提到的"实践理论"。至于尊重历史，中国古典舞的保守主义者"把社会看成是逝者、在世者及尚未出生者的联合体。这个联合体的联结原则不是合约，而是更接近于爱的东西。社会是个共享的遗产，我们要为之学着规制我们的需求，在体现为持续的取与予链条的事物中看到我们的位置，并认识到我们继承的好东西不由得我们肆意挥霍"③。像"敦煌""敦煌学"和"敦煌舞蹈研究"一样，这些"好东西"中还有"敦煌前的敦煌"——"汉画""汉画研究"和"汉画舞蹈研究"。

"保守主义发端于一种所有成熟人们共有的情愫，即，好东西毁之易，成之难。那些作为公共资产来到我们手中的好东西尤其如此……这些东

---

① 苏鲁闽：《一个保守主义知识分子的固守》，《读书》2018年第11期。
② 王宁：《论"后理论"的三种形态》，《广州大学学报（社会科学版）》2019年第2期。
③ 苏鲁闽：《一个保守主义知识分子的固守》，《读书》2018年第11期。

西，毁之快且易，而且令人兴奋，而创造它们则很慢，艰辛而无趣。"[1] 想当初，汉画舞蹈、敦煌舞蹈、宋代雅乐等根本就不在当代创造的中国古典舞关注之中，不要说重建，连重建的观念都不允许存在：提出"古曲新韵"的吴晓邦先生被批判，"天马工作室"被取消；潜藏着汉唐古典舞观念的孙颖先生受到不公正待遇……今天，"古曲新韵"的提法已被刘凤学先生唐乐舞的重建理论系统化；汉唐古典舞的理论核心在汉画舞蹈重建的"左图右书"观念中被聚焦。前者欲建构另一风格的中国古典舞身体通史，而后者则希望开掘一种断代史，它们均已从中国古典舞应有的保守主义的自发秩序中获得了自我"立法与自由"——理论形态的功能就是为实践去遮蔽，正视听，指清道路。

就实践形态而言，当代创造的中国古典舞的直观形态突出表现在一个"新"字上，求"新"求"变"。这样，其实践过程就是按照当代的"我"进行，自认为"我"之前没有中国古典舞，无论长袖盘鼓舞还是戴冠俳优舞。于是"我"便我行我素：在训练上，就是基训、身韵"两张皮"训练到底，且基训甚至可以用芭蕾基训取而代之；身韵也应该更讲究"起于脚，行于腿，发力于腰，传导于手"，以及杨氏太极的平圆、吴氏太极的立圆和陈氏太极的缠绕等。在创作表演上，"我跳我经验中的女子群舞《孔子·采薇》，不理《诗经·小雅·采薇》中的男性主人公"；"我跳我经验中的'白幕'《杜甫·丽人行》，不睬老杜诗中的'红巾'、绿'翠'"；"我认为《孔乙己》是古典舞中的滑稽人物"，其实在汉画中有滑稽的俳优形象（图4-5）；"我认为'粉墨'之合成词就可以用分隔号分隔成《粉·墨》的作品名称，并可以直接由课堂训练转化成作品文本……"

如此，作为中华民族大传统舞蹈中经典的中国古典舞，就失去了它由"过去时"形成的群体认同的风俗性、教条性、过程性、民众性、文化性、语言性和表演性，失去"我们"的保障，成为"你方唱罢我登场"的"自由

---

[1] 苏鲁闽：《一个保守主义知识分子的固守》，《读书》2018年第11期。

图4-5　自由命题的中国古典舞《孔乙己》与洛阳烧沟西出土的东汉戴冠俳优舞俑

舞",以致只能在自我或小团体圈子中自娱自乐。如此,应该成为一种稳定结构的中国古典舞就落入了第一人称单数"我"和"我"之间打拼与淘汰的陷阱,其自然淘汰甚至不必借助外力而只在内部就完成了自我"终结"。而所有的终结者又都面临着新的终结,无法戴上《天鹅湖》《罗摩衍那》《佳人剪牡丹》《兰陵王》那样作为古典舞的永恒的钻石王冠,更无法使春秋战国时期即已成形的建鼓舞立于中国。(图4-6)

《天鹅湖》《罗摩衍那》《佳人剪牡丹》《兰陵王》的永恒都突出在一个"旧"字上,其实践过程属于保守主义的古典舞,即古典芭蕾的俄罗斯学派、印度古典舞的婆罗多流派、日本雅乐、韩国呈才等集体契约化的古典舞。

和敦煌学对敦煌古典舞的契约限定一样,"左图右书"的汉画研究也是对汉画舞蹈的契约限定;而先于敦煌学和汉画研究,还有"我们"的敦煌莫高窟和汉画图像存在。换言之,只要《史记》《汉书》《后汉书》及汉代诗赋等文献存在,只要考古学的汉画图像存在,汉画舞蹈就不会被淘汰,也不会被终结。这是因为,先在的它们早晚会从被打开的魔瓶中跑出来,而我们所能做的只能按照第一人称复数(包括考古学者、文化学者、历史

图4-6 从成都百花潭出土战国乐舞中的建鼓舞到汉画舞蹈中极为成熟的建鼓舞

学者、音乐学者、服饰学者、舞蹈学者和中国古典舞的接受者等)进行重建——重建"我们"前人已经做过的并于今天依旧有益的事情。如同伽达默尔所言:"艺术的万神庙并非一种把自身呈现给纯粹审美意识的无时间的现时性,而是历史地实现自身的人类精神的集体业绩。"[1] 这种集体的业绩早已镌刻在中国历史的"左图右书"之中,有待我们去实践。

---

[1] [德]伽达默尔:《真理与方法:哲学诠释学的基本特征》,洪汉鼎译,上海译文出版社2004年版,第124页。

第二节 以"左图右书"为基础

一、有别于创新、复现与仿古的重建

南宋郑樵曾在《通志·图谱略》中说："置图于左，置书于右，索象于图，索理于书。"① 由此，"图"与"书"结合成为中国古人一种重要的治学方法。当代艺术学理论的学科生成，使文献与图像研究迅速形成有机结合。将图像研究引入艺术学理论领域，"艺术图像呈现出多样性审美特征，主要表现为纪实性与审美性的并行，瞬间性与恒久性的统一，虚拟性与真实性的重合，韵律美与造型美的互化，情感性与义理性的相融"②。由于垂直传承的中断，中国古典舞建设当以"左图右书"为基础，汉画舞蹈的重建亦如此。③

"重建"不同于"创新"（创造），它是文学艺术中有依托对象的创作，比如依托于图像或文献，来去出处分明。依托文献重建古今有之：东晋干宝所作《搜神记》，于南宋之际已罕见流传。作为有明一代知名藏书家和学者，胡应麟一直对文言小说保持着浓厚的兴趣，并有辑佚前代小说的习惯，《搜神记》也在其中。如卷十一"三王墓"述及眉间尺将剑和头托付给侠客，希望他替自己报仇的时候，原文作"尸乃僵"，胡应麟改为"尸乃仆"，这是根据上下文意思做出的调整——眉间尺自刎后，尸体僵立不动，直到听见侠客许诺替他报仇，才放下最后的执念扑倒在地。④ 后来鲁迅《故事新编·眉间尺》就用了这个重建后的情节。依托图的视觉形象重建古今亦有之，像对天安门城楼和黄鹤楼的重建等。古典舞的重建因为需

---

① （宋）郑樵撰，王树民点校：《通志二十略》，中华书局1995年版，第1825页。
② 田川流：《艺术图像研究的学科属性和美学特征》，《中国文艺评论》2020年第5期。
③ 关于"左图右书"的理念阐释，参见第一章第三节"一、不求何得"与第三章第二节"一、汉族舞蹈"。
④ 参见霍达《制造〈搜神记〉》，《读书》2020年第6期。

要视觉直观,所以和古人作学问"左图右书"的排序一样,一定要把"图"放在前面,但"图"离不开"书",如此才能使人信服。

特别需要指出的是,在今天的中国古典舞及汉画舞蹈建设中,"左图右书"之"书"不仅包括古代文献,而且还应该包括现代相关理论,如人类学、语言学、美学等,用以打通古之"图"与"书"的藩篱。当代创新(创造)的中国古典舞的观点之一,就是排除汉族以外其他民族的古典舞,这至少在接触语言学上是说不通的:一种语言的维护需要有它相对独立的环境,当它和其他语言发生接触时就会产生新的语言,它自身也会不断变化,转变成另一种新的语言。[①] 舞蹈身体语言也是如此,由此形成舞蹈的多语空间。[②] 在汉画舞蹈中,胡人的建鼓舞、盘鼓舞、长袖舞及播鼗、弄剑等,已按照舞者形象中的民族身份编码而成为"胡舞",是汉画舞蹈的一部分,中国古典舞没有理由将其排除在外。

同印度古典舞、高棉古典舞等建设路径一样,毗邻于中国且同属汉字文化圈的韩国也在心怀保守主义情愫进行古典舞建设,由"左图右书"的"重建"向"垂直传承"和"综合创造"两翼发展,其成就为世界所肯定。这一过程大约经历了1920年的"近代化"、1962年的"文化遗产化"和2000年以后的"新传统舞蹈化"三个阶段,大致也经历了三代人,间隔40年左右。第一阶段在于西洋式剧场的冲击所带来的传统舞蹈的舞台化重建,依托《进馔仪轨》等图像与文献使"僧舞""萨尔朴里舞(Salpuri)""太平舞"等寺庙与宫廷舞蹈逐渐重建恢复,领军人物是韩成俊(其时中国也正是清代伶人传授《霓裳羽衣舞》和跳《菩萨舞》的宫廷舞人裕容龄年富力强的时期)。第二阶段是将这些重建的舞蹈定型,确定为非物质文化遗产("无形文化财"),确立了各自特定的传承形式。第三阶段是以重建定型的多样传统舞蹈为基础而尝试新传统舞蹈的创造,其递进原则是:(1)"传统舞蹈

[①] 参见[日]真田信治等《社会语言学概论》,王素梅、彭国跃译,上海译文出版社2002年版,第62—66页。
[②] 参见张素琴、刘建《舞蹈身体语言学》,首都师范大学出版社2020年版,第301—302页。

再构成"（保持原型传承，内容不变形式变，如改变服饰、节奏，独舞群舞化等）；（2）"传统舞蹈再创作"（对传统舞蹈再诠释，在保持本体舞蹈身体语言的同时创造现代舞台审美效果）；（3）"新传统舞蹈演出"（在传统舞蹈动作原理基础上重新阐释其传统性，使传统舞蹈生动扩展而呈现多样化）。有意味的是，即便在第三阶段中，其创作依旧本着"左图右书"原则，如《响钹舞》对《乐学轨范》图像与文献的依凭、《舞乐之仙》对舍利函的伎乐图像的依凭。[①]

中国古典舞的建设虽然晚于韩国，但截止到今天，时间已大致相当，所以韩国人的做法值得我们学习。在《以重建复现为"实然"的接点——中国古典舞建设谈》一文中，我们看到了中国古典舞的建设路径问题：除了"应然"的观念探索外，以"原真性"为基点的"实然"的身体操作当同步进行——如此才能避免纯理论形态的无人理睬、无处落实。[②] 在厘清了中国古典舞现存的四种存在方式（"垂直传承""重建复现""综合创造""重构创新"）后，我们还要进一步厘清"重建复现"中"重建"的概念。

敦煌专家常沙娜曾是"中国敦煌历代装饰图案"课题研究小组负责人。她的研究内容和方法是将敦煌壁画和彩塑上装饰图案的部分进行系统的搜集整理和分类，根据装饰图案在石窟中所处的不同位置和不同装饰功用，分成若干类别（类似知识考古学和谱系学）。然后，在每一个类别中又按照历史时代的先后顺序，选择每个时期最为典型和优美的装饰图案，进行整理性的临摹。这种临摹既不同于完全依照敦煌壁画现状的复制（我们称之为"复现"），也不同于凭借想象进行的"复原"（我们称之为"仿古"），而是在忠于壁画装饰图案原造型和色彩的基础之上，运用图案学的组织构成原理和对敦煌图案的理解，将图案残缺的部分补充完整，再现图案的整

---

① 参见［韩］尹罗美《近代以后韩国传统舞蹈走向》，北京师范大学"国际创意舞蹈学术研讨会"发言，2017年9月23日。
② 参见刘建《以重建复现为"实然"的接点——中国古典舞建设谈》，《当代舞蹈艺术研究》2017年第2期。

体造型、构图和色彩（我们称之为"重建"）。①依此美术学的"重建"概念，她在1958年设计出了人民大会堂宴会厅天顶图案。（图4-7）汉画舞蹈的重建当与之殊途同归。

"重建"也不等于"复现"，虽然两者都是为了复兴中国古代舞蹈中有价值的内容，但又有着条件差异和由此而产生的功能价值差异。"复现"（复原）是对基本完善的历史原型的再次呈现，类似汉代诗人班固的《咏史》，就古咏古；"重建"是对残缺的历史原型的重新建构，类似同是汉代诗人王粲的《咏史诗》，以古比今。两者均属"咏史"，但又有差异。2018年12月17日，曲阜师范大学音乐学院根据《乐律全书·六小舞》中的舞谱复现了《人舞》《皇舞》《羽舞》《皵舞》《旄舞》和《干舞》，"左图"与"右书"基本相合。像《干舞》道具舞图所配的文字说明——"干舞者，大武支派也……"一板一眼，都同步复现在舞台上，属于传统咏史的"正体"。（图4-8）

汉画舞蹈的重建没有这么幸福却又幸福无限，属于传统咏史中的"变体"。它的"图"与"书"相分，却分出了大量种类繁多的舞图和舞蹈文献，我们所要做的就是依据文献学把美术史上的图像转化为舞蹈史上的形象，将"左图右书"各自局部的确定性化为整体的确定性，将古代的舞蹈"化石"变为今天在场的活的"鱼龙"。其中，"左图"是第一位的，要以逆向人类学的方式依"图"入门，细致而耐心地阅读，学会以图像制作者的方式去理解图像，读出舞蹈图像的微妙意思。与此同时，其阅读和想象要依凭"右书"历史文献，辅之以"书"，展开图上鱼龙跳跃翻腾的四维空间。

单看汉画图像中的"跳丸弄剑"，不过是俳优杂耍，但要把它置于汉代乐舞百戏的更大画面中，与建鼓舞、长袖舞、盘鼓舞等平行站位，就要了解其"丸"之隐喻及何以入中原，其"剑"何以成"弄"及跳弄之技艺。汉

---

① 参见高阳《存真至善　大美不言——访艺术设计教育家常沙娜》，《中国文艺评论》2018年第11期。

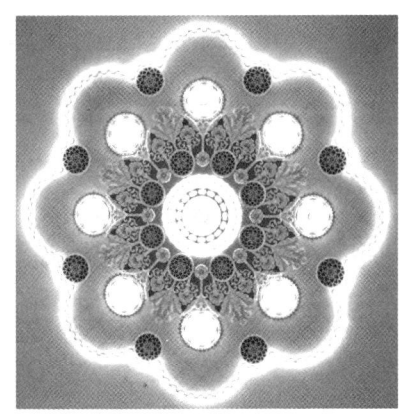
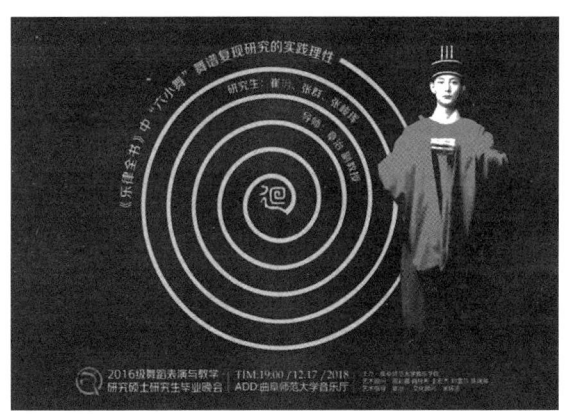

图4-7 常沙娜设计的人民大会堂宴会厅天顶图案

图4-8 曲阜师范大学复现的《人舞》

画实验舞蹈中有重建的《弄剑》，前接《手袖威仪》，后引《羽人》，故而有了自身"出剑—弄剑—献剑"三个部分，戏谑不失庄重，滑稽不失礼仪，重建了汉代乐舞百戏中的一种君民同乐的"剑舞"，尽管还远未达到弹罐弄剑并举之技艺。在这里，选择性传统的运作是非常重要的，它会以压缩的形式用于历史的重建，在创造一个特定社会的历史记录的同时，创造普遍的人类文化，它们甚至是学术背景下的传统的形成[①]，很有些霍布斯鲍姆的"传统的发明"的意味。俳优《弄剑》可以弄出舞台作品，弄出剑之技艺，弄出滑稽，弄出尚武精神，弄出大、小传统身体文化的和谐相处。

老子曰："信言不美，美言不信。"按图索骥和照本宣科的古代舞蹈不可能触及原生性；而主观创造的舞蹈又缺乏历史之真实，汉画舞蹈重建力图将二者合为一体，创作出动态的"本真性"舞蹈。[②]汉代大儒董仲舒认为，在师异道、人异论之际，当恢复六艺之科、孔子之术，使民有所从。这个对策得到了汉武帝的赞赏，于是便有"罢黜百家，独尊儒术"的提议，有了承接和发展周代教育贵族子弟的"以手袖为威仪"的汉代舞俑。今天的

---

① 参见［美］丹·本-阿默思《传统的七股力量：论传统在美国民俗学中的多重意义》，张举文译，《民间文化论坛》2018年第5期。
② 关于"本真性"，见本书第八章第二节。

汉画实验剧目《手袖威仪》便是对"六艺"之舞的重建。

汉代又有"总会仙倡，戏豹舞罴；白虎鼓瑟，苍龙吹篪。女娥坐而长歌，声清畅而蜲蛇。洪涯立而指麾，被毛羽之襳襹。度曲未终，云起雪飞，初若飘飘，后遂霏霏"（《西京赋》），参照汉画中"蜲蛇"与"云起雪飞"的盘鼓巾袖舞和"被毛羽之襳襹"的羽人舞，两者虚实相合，于是又有了今天道家之舞的汉画实验剧目《逶迤丹庭》和《羽人》的重建。

凡此按历史"左图右书"创作出的舞台作品，当与韩国古典舞建设的第一阶段的任务相似，由虚而实，由散而整，逐渐地由粗而精。

"重建"还不等于"仿古"。20世纪60年代，台湾便出现仿古的热潮。以李天民、高棪教授领衔的中华传统舞蹈系列展演——形成，包括《凤舞》《礼容舞》《宫灯舞》等，其中的《凤舞》便是依凭汉画乐舞百戏中的假形舞而重构创新的"创作舞"。所以将其定性为重构创新的"仿古"而非"重建"，是因为其视觉直观已非汉画舞蹈，而是更多主观性的汉画《凤舞》，特别是动用了芭蕾舞的舞姿和男女双人舞的形式。（图4-9-1）

20世纪80年代，在"寻根"思潮中，一大批色彩绚烂的"仿古乐舞"登堂入室，取代"祖国山河一片红"，算是一大进步。但由于观念、方法和实践均未成熟，所以除了题材与"我们的"古舞沾边外，其实践操作还只是"重构创新"的路数，特别是本体动作的确认。由于动作体系词不达意，所以仿古之舞在题材选用上多有用中国历史或中国文学史素材替代中国古代舞蹈史的现象（至今依然），以避实就虚。这种仿古的"盲目的偏见"不同于重建的"合理的偏见"，后者更强调基于元模式的想象，宁取舞蹈史而舍文学史。在多少有些盲目的"仿清乐舞""仿宋乐舞""仿唐乐舞"等历史回溯中，"仿汉乐舞"也在其中，以1994—1996年徐州市歌舞团表演的大型仿古音乐舞蹈《汉风乐舞》（后改名为《汉之魂》）为代表。策划者表述：

（乐舞）总体构思以大汉历史发展的动因及态势为主线，以抗暴

图4-9 仿古汉画舞蹈
1. 20世纪60年代，台湾芭蕾化的仿古汉画舞蹈《凤舞》（台湾文化大学提供）；
2. 20世纪80年代，大陆芭蕾化的仿古《汉之魂·羽人长巾舞》及《汉之魂·上邪》

秦、诛逆楚、大汉开国为先声，依次呈现出海内清平中的宫廷庆典、五谷丰登后的民间祭祀、四夷来朝时的歌舞相和、生生不息的大汉雄魂等历史场景。在艺术表现上，它汇聚了汉代表演艺术中的音乐、舞蹈、杂技、幻术、傩戏、仪仗等形式；而且在编创中注重每一个节目的历史依据，遍阅了有关汉代乐舞百戏的历史文献及汉俑、汉画像石等实物遗存，并得到吴晓铃、冯其庸、彭松等前辈学者的点拨指导，力求仿出汉意、汉韵、汉风、汉情。

作为艺术作品的《汉风乐舞》，当然有其艺术上的标树和追求。在江苏省第三届音乐舞蹈节上,它以绚美的舞台艺术和倾倒四座的演出效果,赢获唯一的综合艺术最高赏——优秀演出奖。及巨涛向我"坦白交代",他和他的艺术合作者们,一直想回避"仿古"之称。因为从艺术创作的角度讲,面对已流逝的历史文化现象,纯粹的仿古或慕古,在艺术上肯定是退化型的,在文化上更是苍白无力,在操作上显然也不可能。真正的困难并不在于对历史文化遗产的深度发掘和纯熟把握——虽说把散落于汉画像石、汉俑、汉大赋、乐府及史籍中的乐舞资料瑰集起来且解析透彻也着实不易——而在于能否把这些残断遗存升扬为一部完整的当代艺术作品,并使传播者的文化意志转化为了流通的文化消费。[①]

据此,"大汉"的宏大叙事、"绚美"的非汉代艺术标树、假仿古而真创新的身体"操作"以及"文化消费"而非文化保护与传承的传播定位被确立。与"重建"的实践理论不同,这一"仿古"的定位是基于逆古,以为"古"之艺术是"退化型的"、文化是"苍白无力的"、操作上是"也不可能"的。于是,《汉之魂》中的"羽人"就被创新为风马牛不相及的《羽人长巾舞》,用今日的长绸舞充数;更有芭蕾双人舞式的《上邪》,完全是依"书"(汉代《乐府诗歌》)而去"图"的身体言说的想当然——"开绷直立""接触磨合"(图4-9-2),全失"汉风"。

抽象的"汉风"或"汉之魂"之操作显然与汉画舞蹈重建所确立的"一粒沙子看世界"呈反向运动:那个世界里呈现的是微观的建鼓舞祭祀和跳丸弄剑的娱乐炫技,是长袖舞和盘鼓舞中正方圆与倾斜流动的审美,是重返汉代的身体文化追求和操作原则。与"仿古"在文化和艺术(包括技术操作)上"厚今薄古"的不大自信相比,汉画舞蹈的重建充满着"厚古薄今"

[①] 及巨涛:《汉韵——及巨涛汉代题材作品选》,中国戏剧出版社2001年版,第19—20、37页。

的自信,其前提是真正全力搜集和解析透彻的历史踪迹。就像欧阳予倩先生写过前言的《全唐诗中的乐舞资料》的文字踪迹一样,中国古舞文字构成的舞谱踪迹、音乐乐谱构成的律动踪迹和舞姿图像构成的直观形象踪迹等,为其重建打下了坚实的基础。随着考古学、历史学、社会学、图像学等学术研究的进展,这些"元踪迹"也在不断地显露和扩展,不断地系统化和被阐释,成为饱受人为断裂之苦的中国古典舞"起源的起源"(德里达)。它们不是当代消费品,而是让当代人自鉴的历史之镜。

二、思想、艺术与技术资源

凡建设,均需要资源。中国古代舞蹈的图像踪迹是中国古典舞"元认知"所依托的"元形象",可以为今人提供丰富而切实的思想、艺术和技术资源。这其中,就包括作为"敦煌舞前的敦煌舞"(冯其庸)——汉画舞蹈。

2007年,世界博物馆协会把博物馆首要的功能定义为"教育",替代了原来的"研究"。这种教育不是了无实际内容的宣传口号或情感"按摩",而是帮助我们重拾被忘却的有价值的身体记忆与技艺,这也是博物馆作为历史资源存在的意义。

2019年2月16日,"国家大剧院艺术普及教育活动"邀请汉画实验舞蹈参与。剧目录播和讲解之后,实验舞蹈的研究生请在座的孩子们上台体验《手袖威仪》。(图4-10)没有借用芭蕾舞身体教育的"开绷直

图4-10 2019年2月16日,"国家大剧院艺术普及教育活动"中汉画舞蹈现场互动

立",也没有时髦的"鬼步舞"身体教育的跳荡亢奋,有的是孩子们的垂首含胸、躬身施礼的舞步,一种缓慢和敬畏的弥散使家长们大为感喟。我们总说中国是礼仪之邦,今天,这一身体思想的落实显得尤为重要,汉画舞蹈的重建也正是在身体思想重建的基础上开展艺术与技术的重建。

就知觉的身体思想资源而言,按照"左图右书"的视觉语义结构,汉画舞蹈全程参与了形而下的饮食男女、形而中的仁义道德和形而上的信仰追求。同是舞剑,百戏中的"弄剑"不同于武士的兵器舞;同是羽人舞,人界羽人的"舞庖厨"不同于天界羽人舞的"赞美仁义";一个建鼓舞,有俳优娱乐之鼓舞,有讲经施教之鼓舞,还有祭祀天地之鼓舞。

只说赞美仁义。战国时期,百家争鸣,思想交锋;步入汉代,思想互渗,形成融合。汉明帝永平年间(58—75),佛教东渐,和中土的儒道思想开始对话。此后,才有了敦煌壁画中飞天舞的闻法飞天、赞法飞天和涅槃飞天。其中,赞法飞天舞又分出"施药救众""流水济鱼""舍身饲虎"三个层次,最高层次是"舍生取义"的"无畏",与儒家的"杀身成仁"殊途同归。近代变法志士谭嗣同以为:"佛说以无畏为主……无恶名畏,无死畏,无地狱恶道畏,乃至无大众威德畏,盖仁之至矣。"[①] 即是将佛教的"大无畏"精神与儒家"仁"之境界相比,谭嗣同身体力行之,带着汉画荆轲刺秦"杀身成仁"的肝胆和武士舞风格。在汉画舞蹈中,这种赞法之舞是由飞天的前身之一——羽人舞实现的。"实质性传统是人类的主要思想范型之一,它意味着赞赏过去的成就和智慧以及深深渗透着传统的制度,并且希望把世传的范型看作是有效的指导。"[②] 从宏观的思想范型来看,以儒道为本的儒道释并行,是汉画舞蹈带给中国古典舞最初的身体思想资源。

羽人自身就是道家思想的产物,赞美仁义道德外,羽人的六博舞、仙

---

① (清)谭嗣同撰,蔡尚思、方行编:《谭嗣同全集》(增订本),中华书局1998年版,第469页。
② [美]E.希尔斯:《论传统》,傅铿、吕乐译,上海人民出版社1991年版,第27页。

草舞、饲凤取丹舞、天马行空舞等，均是化道于形。

需要补充说明的是，除了"外儒内道"的表达，汉画舞蹈也体现出一丝佛教气息，成为儒道释并行的先驱。印度佛教在汉代进入中土，异常坎坷，故而常以百戏打前站，特别是其中的杂技幻术，以显西方净土之神奇，如跳丸弄剑、叠案吐火、骑象巡游。这些身体行为的佛教隐喻多被身体技艺所冲淡，像佛之诞生与白象相关的骑象巡游[1]，又像弄剑吐火的"蹈火不烧，履刃不伤"与佛之无敌相关。[2] 云南晋宁出土有西汉透雕饰件：二胡装舞伎佩剑击钹弄蛇，"昂首曲膝、引吭高歌、且歌且舞，以钹伴奏"[3]，其踏蛇而舞之技艺不亚于中土盘鼓舞。其钹后来成了佛舞之法器，用于驱逐不祥，和道观中的钹舞殊途同归。此外，四川绵阳还出土有胡人羽人舞供佛的图像。

"对不对"的思想问题之后，是"美不美"的艺术问题。就审美教育的艺术资源而言，仅是中国古典舞中的袖舞，汉画舞蹈就提供了目不暇接的形式美。《墨子》："衣必常暖，然后求丽。"作为身体"第二层皮肤"的服装，在满足实用的前提下，还承载着伦理和审美功能。在汉代富足的环境中，日常衣袖在制作成袖舞舞服后，实际上就成了一种舞具，自身即构成一种形式美体系，包括长袖、广袖、垂胡袖、窄袖、套袖以及它们的子系统等，由此划出了它们各自的审美轨迹。（表4-1）

---

[1] 参见俞伟超《东汉佛教图像考》，《文物》1980年第5期。
[2] 参见（梁）僧祐、（唐）道宣撰《弘明集　广弘明集》，上海古籍出版社1991年版，第2页。
[3] 李昆声：《云南艺术史》，云南教育出版社1995年版，第114页。

表4-1 汉画袖舞分类表

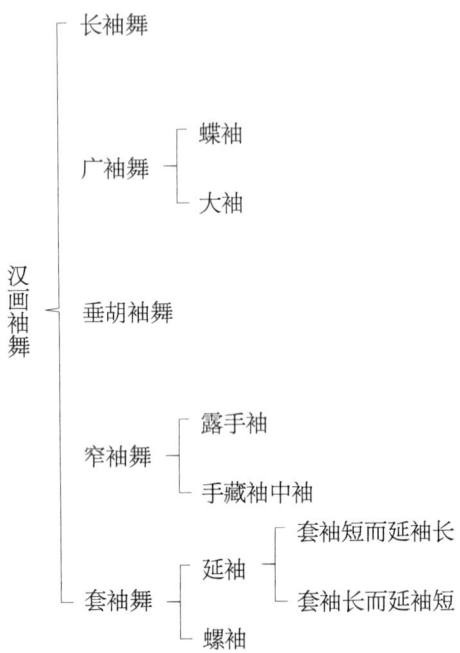

傅毅在《舞赋》里描述长袖舞"罗衣从风,长袖交横",说明此舞对空间的占有方式和审美的多样性。长袖舞服的长袖长可及地,舞者一般上身着紧身衣、束腰长裙或袍,材料多为亚麻,较戏曲舞蹈水袖的丝绸质地更具重量感和力度感,从而能保证审美多样性的实现。按照"外儒内道",长袖舞首先表现的是肃穆、端庄;其次向雅致和优美展开。待到它不受约束时,常常会以舒朗的形式表现出来,如图2-96下层的长袖舞即与同一画像石上层的羽人戏凤舞姿相近。毫无疑问,长袖舞最大空间占有方式的审美形态是飘逸,这种飘逸会用"交横"的折袖和抖袖方式加以展现,出土于四川内江岩边山崖墓一号墓的东汉"长袖舞图"(套袖中的延袖)为一典型。(图4-11)右面舞伎头绾高髻,着广袖舞衣、束腰长裙,小腿后踢行进,广袖中的双长袖飞扬。按画面人体高度的比例,其袖长可达1.5米—

图4-11　四川内江岩边山崖墓一号墓"长袖舞图"

2.5米，使其身后的俳优相形见"小"，颇似今日舞台上敦煌飞天的长绸舞。此外，长袖舞还能呈现出俏皮、含蓄等风格。

　　与长袖之长相比，广袖讲究宽，是从腋下弧线开出的由窄而宽的款式：其一是从腋下直接开出弧线，如蝴蝶翅膀，可称之为"蝶袖"；其二是从腋下至肘部为直袖，而后展开，可称之为"大袖"，它们多与长裙（袍）搭配。汉代辛延年《羽林郎》有："长裾连理带，广袖合欢襦。"《后汉书·马廖传》记载了其时的长安谚语："城中好高髻，四方高一尺；城中好广眉，四方且半额；城中好大袖，四方全匹帛。"[①] 这是说广袖所用布料颇多，亦为贵族服装，代表着等级与尊严；其袖舞也要求仪表端庄、舞态从容。四川雅安出土"广袖舞图"算是广袖中的"蝶袖"（图4-12）。图正中有广袖舞者，双臂高擎，作振翅舞姿，其袖若翼，振翅欲飞。右上方五人端坐观看，席间还有百戏表演，反衬出中心位置的广袖舞之典雅。

　　又有成都羊子山汉墓出土"广袖舞图"（图4-13），舞者屈膝出胯，"S"形舞姿被左右回收的大袖控制在中正方圆之中，优美而不失端庄，同样在百戏之中保持着典雅之风格。四川合江画像石棺上有"叠案广袖旋转舞图"（图4-14），图中独舞者着大袖收口舞衣，束腰，双臂舒张，手掌竖立，单脚立于案上，一脚前伸，做旋转动作，舞姿造型在汉画袖舞中别具一格。和广袖一样，垂胡袖也常与曳地长裙（袍）相配，外观上给人一

---

① （南朝宋）范晔撰，（唐）李贤等注：《后汉书》，中华书局1965年版，第853页。

图4-12 四川雅安出土"广袖舞图"

图4-13 成都羊子山汉墓出土"宴乐图"及局部广袖舞

图4-14 四川合江画像石棺上的"叠案广袖旋转舞图"

种厚重且利索的视觉感受。

垂胡袖类似于广袖，只是袖在袖口处明显收小，只留了狭小的管口（见图4-12左上角舞伎舞服），因其袖形有如黄牛喉下垂着的肉皱（学名称为"胡"），故谓之"垂胡袖"；又因其袖款式似两个大灯笼，所以还被称作"灯笼袖"（汉以后又被称作"琵琶袖"），领口、袖口多饰有花边。由于袖口处收拢，手可较为方便地拿各种器具，因此垂胡袖舞服在舞蹈中运用极为普遍，除了执鼓槌等物外，徒手表演也很常见。

垂胡袖舞中还有垂胡套袖一格，既圆融又飘逸，极具特点。它们不仅跳在

图4-15 江津出土的"窄袖双人舞图"和孙颖先生的《踏歌》

"小场"的设宴陈伎中,亦可在"大场"的乐舞中独占一方,陕西靖边杨桥畔镇汉墓出土壁画"乐舞图"中的垂胡套袖舞即是一例。

与广袖、垂胡袖之大相比,窄袖可言其小,小到几乎裹着手臂而裁剪,因其窄而细,又称"小袖""箭袖"或"筒袖"。汉时窄袖舞服有袖口处逐渐收小者(也可能做成紧口),舞者舞蹈可以露出双手,也可以手藏袖中。由于不受舞服的限制,窄袖舞者表演时比较自由,动作轻盈灵动。四川江津出土有"窄袖双人舞图",图中二舞伎头绾双髻,左面舞者右手翘腕平抬,左手执一短棒形物上举,头转向右面舞者,迈步向前;右面舞者,面向左,右手前抬,左手背后,似在做绕腕动作,身体后倾,二人对视而舞。(图4-15-1)窄袖舞衣在战国时期就已经出现,传至唐代,盛行不衰。因其轻盈灵动,在当代舞台上也开始流行,像孙颖先生的《踏歌》,即手藏袖中之放宽的窄袖舞。(图4-15-2)

"套袖"也称"两截袖",战国时期已经出现。一般来讲,套袖舞者先穿一条长袖舞衣,然后在外面套上短袖舞服,将长袖从外层舞衣的袖口中掏出,这样进行舞蹈的袖舞称为套袖舞。其主要的形式有二:其一是"延袖",是长袖从广袖(或垂胡袖)中延长而出,外观似舞袖之延续,保持着某种一体性,故名。延袖又分为两种,一种是延袖长于套袖,另一种是套袖长于延袖。(图4-16)后者像陕西米脂出土的"延袖舞图",其右边的长

图4-16 陕西米脂出土"延袖舞图"

图4-17 四川梓潼出土"套袖乐舞图"

袖舞即此;又如四川梓潼出土的"套袖乐舞图",内袖亦较短。(图4-17)其二是"螺袖",因其延伸出的内袖如螺状,故名。如四川什邡出土的"宴乐陈伎图"中从套袖延伸出去的悬挂之螺袖。这种袖式一直影响到韩国的宫廷袖舞,带着明显的下垂感,因而属于高雅肃穆一类。

舞蹈在本质上属于视觉艺术,而古典图像是直抵古典舞视觉的信史,对它们的凝视可以使我们窥见历史中舞蹈艺术的直观形象,从而受到身体审美教育。在当代中国古典舞的建设中,"当代创造的中国古典舞"(又称"戏曲舞蹈"或"身韵古典舞")之后,敦煌古典舞、汉唐古典舞等之所以另立山门,就在于有这些风格性的呼之欲出的"左图"坐镇,它们是包括服饰道具在内的古典舞姿势信史;加之文献等"右书"的辅助,共同构成一种图文互证的巨大的艺术资源库。具体而言,中国古典舞资源库最大的有两座:一座位于敦煌石窟,一座藏于汉画。

在《元和郡县图志》中,唐李吉甫从开发西域的作用对敦煌进行了解释:"敦,大也,以其广开西域,故以盛名。"这一解释虽有歧义,但对后世理解敦煌壁画及其舞蹈之"大"产生了很大的影响。从纵向的时间看,敦煌图像乐舞从公元366年开建时即有,一直延续到清(明代空缺),时间跨度1500多年,比美国人新出的巨著《阿波罗的天使:芭蕾艺术五百年》多出1000年;从横向的空间上看,莫高窟现存有壁画和雕塑的492个洞窟多不相同,唐窟不同于元窟,吐蕃窟不同于西夏窟,道教窟(清代两个窟)不同于佛教窟,佛教显宗窟不同于密宗窟,图像乐舞各美其美。于此之中，伎乐人舞、伎乐天舞两大类别之外，菩萨舞是又一大类，仅千手观音菩萨所依托的《千手千眼观音经变》就从唐延续到元，广布37个洞窟的40幅壁画。壁画中的千手观音有男身和女身。他们所持物有莲、杨柳、净瓶等；手印有"日精手""月精手""宝剑手""宝弓手""宝珠手""宝轮手""甘露手""葡萄手""杨柳手""拂尘手"等，每一种都有自己的指称与含义，风格各异。敦煌古典舞以佛教为主体的身体文化与审美即由此而来。

储藏儒道舞蹈艺术资源的汉画产生更早，分布更广，不仅生产了本土原生的儒道"伎乐人"和"伎乐天"乐舞，而且从中生成了敦煌舞的许多基因。故唐代张彦远《历代名画记》有云："图画之妙，爰自秦汉，可得而记。降于魏晋，代不乏贤。"唐代狂狷诗人李贺也曾自诩"汉剑"——"自言汉剑当飞去"，可见唐人对汉之器重。具体而言，汉画中的"羽人"就是敦煌画中"飞天"的祖源之一。如果我们执拗地以为敦煌壁画飞天舞为虚构的，那么汉画羽人舞则是可以脚踏实地手舞足蹈。又有有案可稽的汉代盘鼓舞舞蹈图式可应对敦煌飞天舞：汉人把象征日月星辰的盘鼓置于地面，踏盘踏鼓，舞袖舞巾，汉画实验舞蹈中南斗六星之上的《逶迤丹庭》，便是由此而重建。[1]

思想问题是对不对，艺术问题是美不美，技术问题是棒不棒。在这一点上，汉画舞蹈的技术资源也足以令我们望尘莫及。斯坦尼斯拉夫斯基后期开始把MPA（Method of Physical Actions）作为戏剧表演的核心，从重视"心理体验"转向重视"身体行为"。MPA可译为"身体行动方法"或"形体动作方法"，强调演员的训练与表演就是从身体行动开始而非从心理体验开始的。[2] 也就是说，汉画舞蹈的舞伎与俳优均为职业舞者，训练有

---

[1] 2017年4月19日，北京舞蹈学院导师（刘建）工作坊"汉画舞蹈的操作理念与实践"实验于北京舞蹈学院黑匣子剧场演出。
[2] 参见钟明德《MPA三叹：向大师斯坦尼斯拉夫斯基致敬》，台北书林出版有限公司2018年版。

素，技术过人。当女子双人击打高鼓建鼓时，其击鼓舞姿需要半月形旋转而非"平转"才能实现。又像汉画中播鼗、跳丸、弄剑弹罐的俳优和长巾盘鼓舞的舞伎，均是脚穿木屐而舞，其技术难度堪比爱尔兰踢踏舞……从经典的立场上看，汉画舞蹈的重建可以从"跳什么"的剧目重建开始，但必须落脚在"怎么跳"的训练系统中，以使"跳什么"向"跳得如何"技术体系迈进。凡此，是一个思想、艺术和技术资源整合的过程。

对于今天的中国古典舞而言，汉画舞蹈重建只是一只准备起飞的小鸟。如果它日后有更大力量的投入，说不定也会像敦煌舞那样，发展成为一个子舞种，就像今天的汉画研究已经从古器物学、金石学等一直延伸到现代历史学、艺术史学等构成的现代学术一样。[1] 在《象征的图像：贡布里希图像学文集》中，贡布里希充分肯定了由图像出发重建历史的可行性，强调了"历史情境重建"的重要意义：我们一般用图像学表示对一种方案的重建。[2] 汉画舞蹈的重建就是这种方案的一种。

第三节　身体历史的延迟表达

一、知识考古与谱系

今天中国古典舞的问题，应该是越过旧有理论形态和实践形态的论争而进入二者实绩建设阶段，汉画舞蹈重建就是在这样的平台上开始的，借以形成汉代四百余年舞蹈身体语言表达；毫无疑问，这种表达必须是审美的和技术的，舍此不能最终登堂入室，成为中国古典舞的一翼。2017年

---

[1] 参见［美］巫鸿《武梁祠——中国古代画像艺术的思想性》，柳扬、岑河译，生活·读书·新知三联书店2006年版，第50页。
[2] 参见［英］E.H.贡布里希《象征的图像：贡布里希图像学文集》，杨思梁、范景中编选，上海书画出版社1990年版，第58页。

4月19日,北京舞蹈学院导师工作坊的汉画舞蹈实验演出迈出了汉画舞蹈重建实绩的第一步——还不能言及"美"和"棒",只在"对不对"问题上走出了第一步。[1]

历史的"考古"、语言的"叙事"与审美的"美感",这三个关键词是汉画舞蹈重建的操作过程及各自的价值所在,是中国古典舞一种元模式的"真、善、美"重建。所谓历史的考古,特别指向身体历史,需要将其"不在场"的古代文物发掘出来,经过整理和阐释使今人走进文物,"在场"地体验和思考历史留给我们的物质与精神财富。海德格尔以为,任何一种存在之理解必须以时间为其视野,汉画舞蹈的重建也必须首先身处这种视野中。尽管那时我们的身体"不在场",但我们可以在包括考古学在内的历史学的丰硕成果中"入场",完成身体"知识考古学"的学习。

"知识考古"这个概念源于法国哲学家福柯,意思是审慎地看待过去留给我们的东西,发现不同历史材料和这些材料之间的张力,明了它们背后是怎样一种知识谱系,是否都可以拿来复原、重构或淘汰——"不能变成礼物的过去,不值得记忆"[2]。在这一思考框架中,历史是可以被学习、思考、讲述和为今天服务的。当我们观看汉画舞蹈图像时,不是一般性的"看",而是一种思维状态的观察与推断——由已知事物推导出未知事物,思考这静态的舞姿为何而舞,如何舞,从哪个舞姿而来,向哪个舞姿而去,"用灵魂注视事物本身"(柏拉图)。但这还不够,还要依靠文献将"看"和"知"联系在一起(德里达),比如用道家与道教思想的"知"注视汉画舞蹈中的羽人舞和盘鼓舞的舞蹈动机及身体语言的表达。这种复线进展的知识考古可以成为用身体书写历史的方法。需要强调的是,其知识的获得必须遵循以史度己、以己度物(舞)的原则,而不能相反,如汉画舞

---

[1] 2017年4月19日,北京舞蹈学院导师(刘建)工作坊"汉画舞蹈的操作理念与实践"实验于北京舞蹈学院黑匣子剧场演出。
[2] [美]乔治·斯坦纳:《语言与沉默——论语言、文学与非人道》,李小均译,上海人民出版社2013年版,第78页。

蹈中存在的女子建鼓舞问题。

山东滕州汉画像石馆藏"女子双人建鼓舞图"(图4-18)不属于乐舞百戏的混合表演,也不属于设宴陈伎中小巧玲珑的"被看",而是独立地占有了一个空间:高鼓,线条柔和的卧羊底座,建木通天,羽葆飘飞,祥禽瑞兽成双向天;二女子戴冠,着螺纹垂胡袖舞衣,束腰长裙,昂首仰胸,躯干呈"C"形,双手执桴,双臂呈斜线似旋转击打,身体空间占有由平面而立体。按巫鸿所言,其整个画面"空间都被定义为被保护的封闭女性空间,这个空间属于女主人公并与她合为一体,二者同样'洁而不污'"[①]。这一判断是历史给予的。

知识是呼应人类生活需要的产物,这也注定了知识具有受特定场景制约的局限性,在新的生活场景出现时,知识必然会出现短缺和需求。对于汉画舞蹈重建甚至整个中国古典舞建设而言,关于古代舞蹈身体知识的考古是第一位的,即我们反复强调的从"左图右书"中寻找的根。舍此,我们没有资本和能力处理中国古典舞与世界古典舞的问题;没有资本和能力处理中国古典舞汉舞与唐舞的问题;也没有资本和能力处理汉舞、汉画舞蹈、汉画建鼓舞、汉画女子建鼓舞的问题。

知识考古学再深入一步,便是福柯所谓的"谱系学"研究。20世纪70年代,福柯用"谱系学"研究替代了之前断续性的"知识考古学",将目光转向知识的系统性,试图通过建立对象的谱系,并以各种交错的线索来显示其本质。这些本质的剥离是具有实效性的,它可以穿越时间而形成一种历史先验规则,即从纵向流动的历史时间里切取空间的事件或事物,而这些空间的事件或事物可以被重新建构以便获得新的意义。比如汉画舞蹈中袖舞谱系之外的鼓舞谱系,鼓舞谱系之中的建鼓舞、盘鼓舞、鼗鼓舞、鞞鼓舞谱系。仅从建鼓舞的谱系上看,便如万花筒。

就建鼓安放而言,除了置于地上、车上外,"黄门鼓吹"的马上建鼓和

---

① [美]巫鸿:《中国绘画中的"女性空间"》,生活·读书·新知三联书店2019年版,第75页。

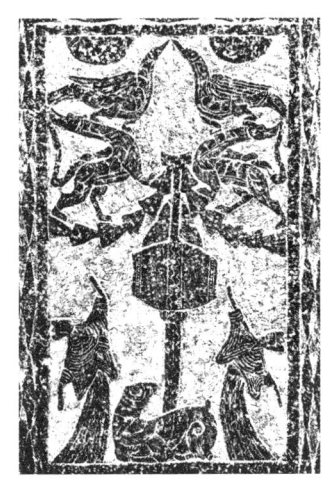
图4-18 山东滕州汉画像石馆藏"女子双人建鼓舞图"

图4-19 四川大邑出土"马上男子建鼓舞图"

骆驼上的建鼓也别立山门,由此还划分出胡汉建鼓舞的不同风格及文化内涵。前者声势浩大,激越跳荡,舞者仰身挥臂,执长桴表演,与身后马上鼗鼓、马上排箫等形成天子宴乐群臣之势(图4-19);后者鼓矮人低,舞姿略带滑稽,类似于朝贡或娱乐。

就建鼓舞者的性别而言,也是一个知识考古的谱系问题。此时,向以男性为主角的于高大华丽建鼓之下祭祀天地的建鼓舞改变了性别角色,女性以其视觉张力获得了独立空间的身体知识——至少在相应的汉画建鼓舞中与男性并驾齐驱,共同构建了汉代的性别秩序。这种秩序不是要颠覆"秋胡戏妻"的空间构成,也不是要摆脱乐舞百戏和设宴陈伎舞蹈场中女性舞伎的表演,而是表明汉代女性也可以参与到男性的社会行为中。更具体地讲,这一女子双人建鼓舞参与了祈求祥和的公共事务中。

性别谱系只是建鼓舞形象谱系学的一个分支,另外还有胡汉的民族身份谱系、舞伎与俳优的表演身份谱系,如与舞伎建鼓舞风格迥然不同的俳优建鼓舞。在汉画舞蹈形象考古知识中,俳优自成一个身体知识谱系,可以说代表着一种"底层叙事"的有效介入,如俳优建鼓舞、俳优鼗鼓舞、

第四章 从中国古典舞到汉画舞蹈 257

俳优弄剑、俳优便面舞等。其滑稽诙谐与其说是增添了汉画舞蹈的感性色彩，不如说注入民间的以快乐原则为本的"原欲"。体现在建鼓舞中，则在崇高、优美、肃穆之外别添一种风格（包括内容与形式）。此外，建鼓舞还有道具构型谱系、舞蹈形式谱系等，不一而足。①

　　汉画舞蹈谱系学的建立，是对对象的结构性把握，是历史的也是现实的。就历史而言，它不仅包括汉画舞蹈道具构型、舞蹈形象、舞蹈形式等细致划分及关联，还包括其历时（从西汉到东汉）与共时（从山东到四川）关系的把握，包括群体（图像系列）与个体（单幅舞图）视角的把握，包括舞图与其他图像等交互关系视角的把握等，从单线性的、一元的历史延伸到复线的、多元的历史。就现实而言，汉画舞蹈系统的知识考古与谱系可以使我们从历史中获得直面当代的动力。比如今天舞台上《相和歌》的长袖盘鼓舞之所依，又比如可以用祈求祥和的女子双人建鼓舞弥补当代《罗敷行》"青春版"的"肚脐装""下大腰"的身体知识的匮乏。也正是基于"时间性也就是历史性之所以可能的条件，而历史性则是此在本身的时间性的存在方式"②，汉画舞蹈中的历史感与现实感有了天然不可分割的联系。如此，我们才能在汉画舞蹈宏观的建构中触摸其微观的表演性。

　　可以说，这一谱系的描述首先反映一个之前存在的世界，这是非常重要的一点。也就是说，我们需要在古代的历史谱系中发现现代所不具有的东西，像图4-18的女子建鼓舞；或者说被现代人改变了的东西，像图1-22的《罗敷行》。在前者独立的画面中，高大的建鼓、横飞的羽葆以及祥禽瑞兽组成了威严的仪式场，两名舞伎反躬的"C"形身体充满了建鼓两面的空间，即拉班所说的"球体空间"。这一女性身体的社会张力不是现代电影中用水袖击打矮鼓以博取眼球所能比拟的。图4-18在今天闻所未闻。所谓"各美其美，美美与共"，不仅是空间上的，更是时间上的。所以

---

① 参见第二章第四节"分门别类"。
② ［德］海德格尔：《存在与时间》，陈嘉映、王庆节译，生活·读书·新知三联书店2014年版，第26页。

说,汉画舞蹈可以给今天带来一种从未有的身体世界的存在,形成汉画舞蹈特定的事实生成逻辑,并成为经验,推进知识向实践转化,最终化为中国古典舞身体常识而面向中国和世界。这就像亚洲古典舞谱系中的"婆罗多"之于印度、"孔"之于泰国、"雅乐"之于日本、"呈才"之于韩国和世界一样。

二、从叙事到审美

这里的叙事,就是汉画舞蹈重建的表演文本。它把谱系化的考古知识转化成身体话语,将二维或三维空间的静止图像舞姿转化为四维空间的"然后……然后……然后……"的结构性的身体言说,并从中抽绎主题思想。正像莱辛在其《拉奥孔》中所论述的那样,汉画舞蹈的每一单幅图像都处在它周围多幅图像的整体叙事结构中,甚至单幅图像本身也浓缩着某种叙事结构与主题。

理查德·鲍曼认为:表演的本质就是"一种说话的模式","一种交流的方式"[①],它伴以相应的组织性原则,由此保证表演者的思想或观念被有序地表达出来——而由题材、情节和主题构成的思想或观念应该尽可能地广泛而深刻一些。同样是古典舞,当我们把中国舞剧《孔子·采薇》《昭君出塞·踏浪》《杜甫·丽人行》的女子群舞与古典芭蕾《天鹅湖》《吉赛尔》《舞姬》相比较时,就会发现前者叙事的残缺——不仅看不到它们与全剧的组织原则,甚至看不到其自身千篇一律的"春情"中"阈限"的变化。对普遍性的追寻不可避免地会使其走向自己的反面,成为千篇一律的话语体系。汉画舞蹈重建的原则之一,就是避开此类反叙事的舞段。

在谈到汉画像时,巫鸿认为许多长幅的画像如同中国绘画的手卷一样,会从右到左讲述一个视觉故事。他还以四川南溪出土画像石棺"求仙

---

① [美]理查德·鲍曼:《"表演"新释》,杨利慧译,《民间文化论坛》2015年第1期。

图4-20　四川南溪出土"求仙见西王母图"

图4-21　汉画实验舞蹈中的《羽人·侍奉》及《羽人·六博》

见西王母图"（图4-20）为例阐释：最右边二人依依相别；一只飞鸟和一只鹿将离别者引向一扇半启的门；门前坐着持串珠节杖的天师道神职人员，正与开门侍者交谈；门后是一女侍者，面向西向龙虎座上的西王母禀报。其叙事过程与另一幅"求仙图"相同。①（见图7-36）在这里，我们更关心的是西王母之上的长耳羽人与俗人的六博，它不仅是祭祀西王母的一种身体仪式行为，而且其自身也可以构成一种舞蹈身体叙事。正因为如此，汉画实验舞蹈中的羽人舞才可以有从"侍奉"到"六博"的叙事，也还可以有"羽人六博舞"自身的叙事。（图4-21）

按照叙事学原则，比之情绪、情感、意识之流，社会事件和思想观念

---

① 参见[美]巫鸿《中国绘画中的"女性空间"》，生活·读书·新知三联书店2019年版，第109页。

的叙事更为深广。这种叙事放在社会语境中，就是"社会中的仪式"或者"仪式中的社会"（范·根纳普），它包括涂尔干所说的"神圣的"和"世俗的"两大类。无论哪一类，都是人们的一种模式化的表演，充当公共展演的一种角色，表达某种隐喻的思想，经过"阈限"而发生变化。汉画"泗水捞鼎"属于世俗类，建鼓舞和鼗鼓舞置身其中，其反讽主题为：始皇取鼎而不得，是因为缺少儒家之"仁政"也。至于蛟龙咬断绳索及鼎落水前后建鼓与鼗鼓之乐舞如何进行，就需要我们来"弥补历史的断裂"了。类似的叙述还有汉画"鸿门宴"（见图2-34），其主题亦来自儒家正统观——以刘邦为正宗，项庄舞剑属不义，故而有项庄正拔剑独舞，有项伯起身拔剑，形成双人舞的舞蹈叙事。由人界到仙界，其叙事我们已经在图4-20及说明中见出。再由仙界到天界，神圣类的叙事也随之生成，诸如伏羲女娲繁衍人类，羽人亦以双人舞介入其中，同样有"起承转合"。

退而求其次，抽象的"人欲""人情""人事""人心"也有叙事要素。梁元帝萧绎的《金楼子》卷四《立言篇》中有一段有趣的文字："白鸟，蚊也。齐桓公卧于柏寝（台名），谓仲父（管仲）曰：'……今白鸟营营，饥而未饱，寡人忧之。'因开翠纱之帱（帐子），进蚊子焉。其蚊有知礼者，不食公之肉而退。其蚊有知足者，嚊（咬）公之肉而退。其蚊有不知足者，遂长嘘短吸而食之，及其饱也，腹肠为之破溃。"[①]"知礼而退""知足而退"和"不知足而吸食"包括了思想观念、情感乃至欲望。汉画实验舞蹈中有长袖舞《手袖威仪》，其"入场—在场—退场"的结构就是一个知礼而进与知礼而退的儒家思想叙事。待到盘鼓巾袖舞的《逶迤丹庭》，其叙事及主题就比较复杂了，渗透了情感与欲望。它们是按照南斗六星的天相隐喻而铺陈开来的："司命"—"司禄"—"延寿"—"益算"—"度厄"—"上生"[②]，构成了一条身体行为的意义链。

[①]（梁）萧绎：《金楼子校笺》，中华书局2011年版，第833页。
[②] 见"汉画实验舞蹈"说明书，北京舞蹈学院研究生部制，2017年4月19日。

从表演文本的操作上来讲，依据"左图右书"的汉画舞蹈叙事应当顾及三个层面：(1)低层面的社会语境研究，主要依据"右书"；(2)中层面的言辞语境研究，主要依据"左图"；(3)高层面的语篇(文本)研究，同时依据"左图右书"。第一个层面的构成来自历史文献或传说，像《史记·刺客列传·荆轲》。第二个层面的构成来自巫鸿特别强调的"中层分析"，即以辨析"各个画像题材的图像志为基础"，经过分析和印证，"为更高层次的分析打下根基"，诸如这些汉画舞蹈"位置的意义"及"融入的思考和意图"[①]，像"刺秦图"。第三个层面的构成来自一个独立单位的汉画舞蹈与舞蹈场，像下文图4-25的羽人舞，它涉及高层次的舞蹈本体分析，包括动作的词篇、动作与动作连接后的句篇、独立成文的段篇(舞段)以及多模态话语媒介系统。

三个层次由宽而窄，由宏大叙事而私人叙事，相互关联，相互支撑，其逻辑构成由汉画自身中流出，重德重道而非泛道德化或泛超自然化，正如《鲁灵光殿赋》所谓："图画天地，品类群生……贤愚成败，靡不载叙。恶以诫世，善以示后。"毫无疑问，这种叙事以身体行为完成，类似于斯坦尼斯拉夫斯基后期所强调的"形体动作方法"："逐步掌握行为逻辑、逐步组织舞台上的生活、逐步体现思想的方法。这种逐步的性质可以用下述原则加以表明：从简单到复杂、从有意识到下意识、从自我到形象。"[②]换言之，正是因为有了图4-18女子双人建鼓舞和图4-19马上男子建鼓舞"打鼓向青天"的形象，《建木之下》的"以鼓敬天"形象才会诞生。(见图1-41)

在考古之"真"、叙事之"善"的基础上，我们才谈到"美"或"美感"(包括美的定义、美的功能、美的创造、美的分类、美的判断等)。黑格尔以为"美是理念的感性显现"，就是说理念之"真"和"善"要用"感性"的"美"形式表现出来。这也是鲍姆嘉滕所谓的"'可理解的事物'是通过高级

[①] [美]巫鸿：《武梁祠——中国古代画像艺术的思想性》，柳扬、岑河译，生活·读书·新知三联书店2006年版，第82页。
[②] 《斯坦尼斯拉夫斯基创作遗产讨论集》，中国电影出版社1958年版，第41页。

认知能力作为逻辑学的对象去把握的;'可感知的事物'(是通过低级认知能力)作为知觉的科学或'感性学'(美学)的对象来感知的"①。用中国古典美学的话来讲,就是《周易·系辞上》所云:"子曰:'圣人立象以尽意,设卦以尽情伪,系辞焉以尽其言。'"②孔子认为"书"与"言"都无法"尽意"时,通过"立象"能清楚地表达"意"。《周易·系辞下》还提出了意象理论中"观物取象"的重要命题。道家老庄则表述了"言不能尽意""道中有象"的观点。于此之中,西学东学是相通的。

舞蹈的感知特别依赖于知觉中的视觉,依赖于由叙事而来的可见的"有意味的形式",人们通过这种"终极实在"感受纯形式"所揭示的现实本身的感情"。③梅兰芳舞技闻名,其《贵妃醉酒》中的"卧鱼嗅花"、假疯真骂,均是以身体立象尽意:"梅兰芳并不旨在单纯摹拟女人一姿一态。他旨在发现和再创造妇女的动作、情感的节奏、优雅、意志的力量、魅力、活泼或温柔的某些本质上的特征。"④汉画舞蹈重建的终端也在于此,像图4-18的女子建鼓舞,足以见出"妇女的优雅的风度、意志的力量",完全可以立象尽意——尽管是一种事隔千年的延迟性表达。

许多情况下,延迟表达的艺术美功能甚至可以超出某些"审美现代性"(马克斯·韦伯)。1933年,围绕芝加哥世界博览会,日本大肆展开"伪满洲国"政治合法性的宣传。中国的设计者在美国芝加哥世界博览会上将承德(其时的热河省会)外八庙的"万法归一殿"按照等比例大小复建在博览会会场中央,美国人给这一复建的建筑的官方名称是"热河小布达拉宫",因其金碧辉煌的屋顶,人们更愿意称它为"热河金庙"。金庙从头到脚却都印着"中国"的标签,门上的匾额用中文书写,殿内摆放着中国古代的

---

① [德]鲍姆嘉滕:《美学》,简明、王旭晓译,文化艺术出版社1987年版,第169页。
② 李学勤主编:《十三经注疏·周易正义》,北京大学出版社1999年版,第291页。
③ [英]克莱夫·贝尔:《艺术》,周金环、马钟元译,中国文联出版社1984年版,第4、36页。
④ [美]斯达克·扬:《梅兰芳》,载中国梅兰芳研究学会、梅兰芳纪念馆编《梅兰芳艺术评论集》,中国戏剧出版社1990年版,第699页。

钟鼓和藏传佛教法物，这一切都与日本毫无关系。从金庙里走出来的游客对于热河及"满洲"究竟属于中国还是日本早已有了答案。金庙门前有两条路，一条通往日本展区的"满洲馆"，一条通往中国馆，游客们均毫不犹豫地把中国馆当作下一个目的地。① 由此，设计者实现了康德的无功利的功利性。

相对于用建筑语言材料"复建"的清代"金庙"而言，汉画舞蹈重建的身体语言美之创造会更加困难，但绝非不可能。傅斯年在《历史语言研究所工作之旨趣》中认为，语言即思想，一个民族的语言即这一民族精神上的富有。这与德国的施勒格尔、洪堡特等人的语言观相同。"舞蹈是一切语言之母"，是"一种姿态体系"。② 作为身体语言的程式化姿态体系，古典舞更容易以一种典范加以显现。《礼记·曾子问》曰："卿、大夫、士哭踊，三者三。"这是哀伤表达的极致：哭泣之时，女性搥胸，男性顿足。大约长哭一声，跺三次脚；最多只能有三次这样的动作。③ "三"是中国文化的一种极数，是"感性管理机制"之一。《礼记·仲尼燕居》载："古之君子不必亲相与言也，以礼乐相示而已。"故《荀子·乐论》亦有"君子以钟鼓道志"。所以，在汉画舞蹈实验演出中，《建木之下》敬畏天地的姿势动作不越"三者三"，《手袖威仪》人伦施礼的姿势动作也不越"三者三"。其古典感性的管理不敢像皮娜·鲍什《穆勒咖啡屋》中情感爆发时九次的动作重复。此外，还有《羽人》侍奉西王母的敬畏施礼"三者三"（见图4-20），其敬鬼神与敬天地、讲人伦和而不同。从美感的分类来讲，这些

---

① 参见程龙《密歇根湖畔的热河"金庙"》，《读书》2018年第10期。
② ［英］罗宾·乔治·科林伍德：《艺术原理》，王至元等译，中国社会科学出版社1985年版，第250页。
③ 关于"三者三"，唐人解释见《礼记·檀弓下》"辟踊，哀之至也"句，孔颖达正义："抚心为辟，跳跃为踊。……男踊女辟，是哀痛之至极。若不节限，恐伤其性，故辟踊有算，为准节文章。准节之数，其事非一。每一踊三跳，三踊九跳，为一节。"见（清）孙希旦撰《礼记集解》（上），中华书局1989年版，第256页；王文锦解释："每哭一声跳一次脚，三哭三踊为一节，一共哭踊三节。"见王文锦译解《礼记译解》，中华书局2001年版，第239页。

舞蹈都尽力在寻找形成感性的多元表达，或肃穆，或雅致，或灵动。

人的身体不同于动物的身体，这一身体能涌现出概念、心智、推理和认知。延展到美学与艺术领域，这一心理与身体相通的"身心交关论"还能创造出不同的美，即维柯在《新科学》中所说的"诗性智慧"或"诗性思维"（朱光潜译为"形象思维"）。它们深刻地揭示了人类文明中"身体方面的想象力"[①]，并且可以凭借这种想象力创造和续写人类文明。

从身体（包括眼睛及视网膜）的物理性存在来讲，我们的确不在中华文明的汉画舞蹈场中；但从身心交关论的人文性存在来讲，我们不仅"形似祖先"，而且"神似祖先"，因而有能力和有必要回到祖先的舞蹈中去，以"延异"的方式重建祖先留下的身体文化与审美："在传统被发明的地方，常常并不是由于旧方式已不再有效或是存在，而是因为它们有意不再被使用或是加以调整。"[②] 比如人类对于死亡的态度，广西合浦汉代文化博物馆藏有汉墓出土执带（或衣袖）舞俑，毕恭毕敬，哀而不伤（图4-22）；又有山东滕州市汉画像石馆藏的扬幡舞伎，跳跃招魂（图4-23）。今天，我们的葬礼不过是其延迟化的调整，长带（或衣袖）和幡可能调整为挽联或旗帜。事实上，以舞仪的方式举行葬礼至今犹存，像土家族的"撒叶儿嗬"，其葬礼上的扬手踏足与图4-22舞伎无二。

舞蹈是即时表演的，其"传统的发明"必须在当下"呈现"或"体现"——"舞蹈除了现在时之外是没有生命力的"，它必须以表达时空性表演艺术所特有的"突发性"而"在场"。此时，所谓的"不在场"只在强调舞者在表演过程当中所体验的间距化及延迟化，它们可以通过身体的体验展示而"先在"。简而言之，这种"延异"是沿着"踪迹"在时空中推迟表达的，是"在一个区分和延隔的替代的循环中永动的自我移位"，不仅

---

① 朱光潜:《维柯的〈新科学〉及其对中西美学的影响》，香港中文大学出版社1984年版，第69页。
② ［英］E.霍布斯鲍姆、T.兰格:《传统的发明》，顾杭、庞冠群译，译林出版社2004年版，第10页。

图4-22　广西合浦汉代文化博物馆藏"执带舞俑"　　图4-23　山东滕州汉画像石馆藏画像石"扬幡舞伎"

"有踪可寻"而且可以按语言和符号运作表演。①

2017年4月19日,"汉画舞蹈的操作理念与实践"实验作为导师工作坊在北京舞蹈学院黑匣子剧场表演;2017年9月15日,它又在云冈石窟研究院会议厅表演,将汉画舞蹈扩展到首届"'一带一路'中国图像乐舞重建复现研讨会"中;2018年5月18日,它在世界博物馆日的南京博物院大厅中表演,让博物馆陈列的"建鼓舞""长袖舞""弄剑""羽人""盘鼓舞"活起来,分别面对不同的观众,从文化部门官员到普通的中小学生;2018年10月,首都体育大学武术与表演学院将它带到土耳其表演;2019年11月1日,在第二届"'一带一路'中国图像乐舞重建复现研讨会"上,《闻鼓

---

① 参见[古希腊]亚里士多德、[罗马]贺拉斯《诗学·诗艺》,罗念生、杨周翰译,人民文学出版社1962年版。

而进》的建鼓舞、《羽人饲凤》的羽人舞等剧目,又拓展性地延迟表达了汉画舞蹈的更大空间……类似的实验性演出可能会显得很幼稚,甚至会被迫中断,但新的种子不会死。

我们常说世间的事物生生不息,"生生"即存在——继续性的存在,这对于中国古典舞尤为重要。马尔库塞认为,思想的一个最崇高的任务就是反对屈从时间,恢复记忆的权利;而在日本作家村上看来,历史对一个国家来讲,是一种集合记忆。作为已然过去的事件,遗忘、置换都是非常错误的。因此,必须和历史修正主义战斗到底。当中国转向改革开放、迈向民族复兴时,包括身体知识在内的知识范式同步随之更新,作为民族身体文化与审美身体标识的中国古典舞亦在其中。所以如此,因为我们今天所处的时代变了,已由封闭走向开放。与此同时,我们新面临的问题也不同了,不再是闭关自守的孤芳自赏,而应该承担起历史的责任,直面新的广阔的世界给我们提出的问题与挑战。

这种问题与挑战有大有小,大至中国古典舞在世界古典舞之林的位置,小至汉画舞蹈一个图像的分析。我们做事当然要从大处着眼,从小处着手。郑岩《弯曲的柱子——陕北东汉画像石的一个细节》[①]一文精细地分析了"荆轲刺秦王"画面中被剑击中的宫廷立柱何以弯曲(图4-24、图4-25),并以其他地区汉画中的同一题材加以比较。我们从中不难看出其结论:这弯曲的柱子隐喻着通向仙界乃至天界的阶梯,因为其形状就是蘑菇状的昆仑山。从汉画舞蹈的视角看,这些"弯曲的柱子"上下多有羽人手舞足蹈;而当这根柱子上插进刺秦的利刃,羽人之舞就多了一层"赞法飞天"的功能,盛赞舍生取义。如果说图4-24羽人骑鹿随驾奔向西王母还有些间接赞法的话;那么图4-25则是羽人与祥瑞一起直接为荆轲手舞足蹈——脚踏着仙草流云,倾身扬手在天界迎向荆轲。

---

① 郑岩:《弯曲的柱子——陕北东汉画像石的一个细节》,载巫鸿、朱青生、郑岩主编《古代墓葬美术研究》第二辑,湖南美术出版社2013年版,第149—167页。

图4-24 陕西神木大保当16号墓墓门及门楣"刺秦图"

图4-25 陕西绥德四十里铺墓门楣"刺秦图"

图4-26　陕西靖边杨桥畔镇西汉墓壁画"乐舞图"　　图4-27　陕西西安汉阳陵遗址出土双人舞彩绘陶舞俑

于此之中，当我们以重建的方式回到汉画舞蹈的历史现场，从零散的乐舞画面中（图4-26、图4-27）、从枯燥的文献中创造整合出鲜活的具有美感的生命体，就可以以在场的姿态、内在的视角"接着说"这些有意义的审美的身体故事。

下篇 一粒沙子看世界

第五章
从羽人舞说开

第一节　亦鸟亦人舞出格

一、个案的选择

当下，无论我们投以什么样的眼光，包括汉画舞蹈在内的中国图像乐舞研究和实践已然踏上了中国古典舞的建设大道，尽管其力量还很微弱。宏观地看，中国古典舞中有壁画上敦煌乐舞之外的龟兹乐舞、唐代墓葬壁画乐舞、响堂山乐舞、云冈乐舞等，五彩斑斓，遍布中国大地；轮到汉画舞蹈，也有东西南北、眼花缭乱的鼓舞和袖舞，等等。微观地看，与鼓舞和袖舞相比，汉画羽人舞同样有其一席之地和特质，并且可以和敦煌飞天舞一样，成为中国古典舞的一员。（图5-1、图5-2）

在汉画舞蹈的深描与重建中，我们之所以剑走偏锋地选择知名度不高的羽人舞个案，至少有三点考虑：其一，作为中国舞蹈史中的一个焦点存在，它有必要被重新梳理和认可；其二，作为汉画舞蹈形象的主体之一，它可以独立实现舞蹈的基本功能；其三，作为个案选择的意义，它可以以点带面地引发我们对汉画舞蹈乃至中国古典舞建设全方位的思考和实践。如果羽人舞值得深描与重建，汉画舞蹈中的鼓舞、袖舞乃至中国古典舞的

图5-1 山东沂南汉墓"跳水羽人舞图"　　图5-2 敦煌榆林窟第158窟唐"跳水飞天舞图"

建设资源如万斛源泉，随地涌出，大有深描与重建的必要。

尽管我们今天有所淡忘，但羽人和羽人舞在汉代却风靡一时。在汉代，生命意识的觉醒引发了神仙思想盛行，从宫廷到民间，整个社会都弥漫着求仙飞升的风气，方术之士辈出，人们把精神寄托在敬神好巫中，因而在表现形式上也就更为丰富，更加浪漫。汉代舞蹈由此也就有了新的追求，推崇轻快、飘逸、升腾的舞风，汉代羽人舞的盛行与之密不可分。

按照汉画舞蹈形象分类，羽人兼具男女与胡汉，可以与舞伎、俳优、武士、巫傩、神仙等组合。按照物理性舞蹈道具分类，羽人的羽饰也和袖舞之袖相当，是直接穿戴在身上的；要说有所不同，是这些羽饰不能做出抛袖、甩袖、绕袖、翘袖折腰一类的动作，而只表现出某种动势，常与

| 274 | 翘袖折腰——汉画舞蹈的深描与重建 |

"仙草"类道具互动。按照舞蹈形式分类，羽人舞在表演形式和身体形式上也都可以自立，单双三群，从地到天。所以，无论从哪个角度讲，羽人舞都是汉画舞蹈中的一类，包括生活中的手舞足蹈和艺术表演行为。

鸟形羽人舞的出现自有其踪，从甲骨文中的"舞""巫""无"同字就透露出这种鸟形舞的信息。"舞"和"巫"同字，是说原始舞蹈带着形而上的信仰；而"舞"和"无"同字，则是说这种带着形而上的舞蹈是在作鸟舞。有学者举证高亨《周易古经今注·乾》："无亦古舞字。篆文作像人戴冠伸臂，曲胫而舞之形。""戴冠伸臂"指舞者头上的鸟羽类装饰和双臂伸开如鸟飞；"曲胫而舞"指舞者下肢的扎马步，或准备起飞，或准备降落，继而"翩翩起舞"。这样，原来学者们认为的"巫"字是执牛尾而舞的牛尾，还有一种可能是臀部的羽饰；而"无"字的"蛙式舞姿"说的"蛙"，更大的可能就是头上有饰物的"鸟"——毕竟"青蛙头上是秃秃的"。[1] 如此，羽人和羽人舞在远古就成形了，且东西方"英雄所见略同"。[2]

《山海经·海外南经》云："羽民国在其东南，其为人长头，身生羽。一曰在比翼鸟东南，其为人长颊。"长头、长颊、长耳是羽人头部特征，身生羽是羽人身体特征。据当代学者考证，《山海经》并非臆想之作，许多描写都可以求证，比如"羽民国"即远古东南方部落之一，从目前的考古实物来看，最迟在商代，羽人形象就已经存在了。所谓"身生羽"本是远古人体多毛，后来成为人的自我装饰，再后来就被仙化了。屈原在《楚辞·远游》中说："仍羽人于丹丘兮，留不死之旧乡。"王逸注："《山海经》言有羽人之国，不死之民。或曰：人得道，身生毛羽也。"也就是说，当人们发现"不死""得道"和"身生毛羽"有了联系时，主动的装饰行为就出现了。所以，洪兴祖补注："羽人，飞仙也。"[3] 由此可以看出，在古

---

[1] 一意专精老实念佛：《飞鸟着陆——古代岩画中的一个常见舞姿》，载作者微信"宗教与神话"系列，2020年9月2日。
[2] 汤因比的"文明交融说"、亨廷顿的"文明冲突论"以及赛义德的"东方学"在此可化解。
[3] （宋）洪兴祖：《楚辞补注》，中华书局1983年版，第167页。

图5-3　重庆中国三峡博物馆藏"日神·月神图"

代人的心目中,羽人就是装饰后的仙人,所以在今天的汉画研究中,"羽人""仙人""飞仙""有翼神人"常常是互称的。

从形象特点来讲,羽人包括鸟形的人首鸟身、身生羽的人首人身和着衣裙裤羽饰的人身形象。羽人的原型是飞鸟,因此人首鸟身的形象应该是其"原生态"。人类对鸟的崇拜自古即有,因为鸟能高飞青天,达及无限的神性。许多时候,连神也是飞鸟形象,比如我国古代神话传说中的日月神。重庆中国三峡博物馆藏有"日神·月神图"(图5-3),画面左边日神是人首鸟身,背负圆轮,圆轮中有一金乌,代表太阳;右边月神也是人首鸟身,背负圆轮,圆轮中有一蟾蜍,代表月亮。

最初的羽人形象与此类似。据《山海经·海外南经》载:"讙头国在其南,其为人,人面有翼,鸟喙,方捕鱼。"《山海经·大荒南经》载:"有人焉,鸟喙,有翼,方捕鱼于海。"《神异经·南荒经》又载:"南方有人,人面鸟喙而有翼,手足扶翼而行,食海中鱼,有翼不足以飞。"说明人首鸟身的羽人有长头长颊是为了"捕鱼",而有翼则是为了飞翔。出土于四川简阳四号和五号石棺上的羽人形象与此相似(图5-4、图5-5)。图5-4中左边是一奔跑的梅花鹿,右边为一羽人,人首鸟身,腹部有一圆轮,其飞动感与鹿之轻捷相合。在图5-5中有三只鱼鹰和一个羽人,羽人腹部亦有一圆轮,似日轮,大概也是要去捕鱼。他们都已穿衣戴帽,高度文明化了。由此看来,人首鸟身的羽人既有功能性又有神话性。后来的敦煌壁画

图5-4 四川简阳出土石棺"人首鸟身羽人·梅花鹿图"

图5-5 "人首鸟身羽人·鱼鹰图"

伎乐天分类中也有这种人首鸟身形象——嘉陵频鸟,其舞蹈"嘉陵频舞"至今还跳在日本雅乐中。另外,缅甸古典舞中的紧那罗与紧那梨也是这样的舞蹈形象。

第二种羽人形象是"身生羽"之人首人身,缩小"鸟形",加大"人形"。其生羽之处包括额头、背部、两臂、腋下、肋、胯边、腿边。重庆内江东汉崖墓上刻有"羽人图"(图5-6),图上有舞者,发髻高耸,着紧身舞衣,背上有菱形旗状羽翼,正双手合于胸前,两腿直立跳跃飞升。比内江羽人"进化"一些,四川西昌出土东汉羽人条形砖图像中,翅膀变成了羽饰,手臂的飞动被凸显出来(图5-7、图5-8)。前者造型别致,羽人呈侧面舞姿,身后翘起的羽翼和身前的扬臂吸腿,表明舞者正在踏步起飞;后者更为别致,舞者两耳奇长,除背上的羽翼外,两臂两腿上均有羽饰,呈扬臂吸腿的侧面舞姿。这种将翅膀改作羽饰的造型凸显了身体动作,和芭蕾舞剧《仙女》中仙女背后的小翅膀相似(见图5-29),是舞蹈源于自然的写照。

有趣的是,这些羽人还常常束发或戴冠、戴帧(头巾)、戴三角帽而舞,与常人并无两样。重庆璧山一号石棺上便有对称的朱雀和云胜,云胜

第五章 从羽人舞说开 | 277

图5-6 四川内江崖墓"羽人图"

图5-7 四川西昌出土汉砖"羽饰羽人舞图"（一）　　图5-8 四川西昌出土汉砖"羽饰羽人舞图"（二）

之"胜"为西王母头饰，中部为联璧纹，表示吉祥；下层是两根立柱，将画面分为三格，以见厅堂华贵。左格为戴山形冠的俳优跳丸弄剑，最右边为一便面舞者介入其中；右格是戴冠广袖佩剑的两位武士跳便面舞，其间垂胡袖、戴三角帽者（似墓主人）与执便面者共舞；中间为三羽人，头戴山形冠，着紧身衣，腋下生羽，连臂而舞，笑逐颜开，似准备飞身向上，与朱雀相会。

身着服饰及羽饰的人首人身者，是羽人更加人化的标识。在图5-5的"羽人·鱼鹰图"中，飘然起舞飞升的羽人羽饰就接近汉代袖舞服饰。汉人的"制服之道，取至适至和以予民，至美至神进之帝，奇服文章以等上下而差贵贱"[①]。对于平民百姓，合适的服装足以满足日常生活所需；达官贵人则需穿着至美至神的服饰才能体现出与众不同的显贵，以达到"夫礼服之兴也，所以报功章德，尊仁尚贤"[②]。

以衣襟分类，汉衣款式划分为"直裾"和"曲裾"两种：直裾（图5-9-1）垂直向下，多为常人服；曲裾（图5-9-

---

① （汉）贾谊：《新书·服疑篇》，载《四部备要》（第五十四册），中华书局1989年版，第13页。
② （南朝宋）范晔撰，（唐）李贤等注：《后汉书·舆服上》，中华书局1965年版，第3640页。

1　　　　　　　　　　　　2

图5-9　汉代直裾与曲裾服

2)通身紧窄,长可曳地,下摆一般呈喇叭状,行不露足,多为贵族服。曲裾衣袖有宽窄两式,袖口大多镶边,衣领部通常用交领,领口很低,每层领子必露于外,最多的达三层以上,时称"三重衣",据长沙马王堆汉墓模拟复原的宽袖绕襟深衣即是典型。它们也以夸张或变形的方式成为舞服。

被夸张变形的舞服除了裙摆加大、裙腰加细、裙袖延长外,裙之褶皱也是被凸显的。据汉伶玄《飞燕外传》载:汉成帝在太液池建造"合宫舟",赵飞燕于其上舞《归风》《送远》,侍郎冯无方吹笙伴奏,时大风起,飞燕扬袖起舞,似乘风而去,汉成帝命侍郎抓住赵飞燕的裙子,裙子被抓出褶皱。《飞燕外传》曰:"他日宫姝幸者,或襞裙为绉,号留仙裙"[①],类似今天的百褶裙。细观汉画舞伎直裾或曲裾服饰,时有褶皱,如与袖配,大有"留仙"意味(图5-10);而当留仙裙加身羽人舞并加以羽饰时,就变得奇异了。

四川彭州九尺镇征集的东汉画像砖上有"仙人骑鹿·羽人奉丹图",刻画极为细腻(图5-11):一株开花的仙草摇曳于中,其右为直裾仙人,长

---

① 转引自(陈)徐陵编,(清)吴兆宜注:《玉台新咏笺注》,中华书局1985年版,第291页。

图5-10　陕西西安北郊出土的汉代玉舞人及当代留仙裙设计（韩春启提供）　　　图5-11　四川彭州九尺镇征集画像砖"仙人骑鹿·羽人奉丹图"

图5-12　合川汉墓"衣裙羽饰羽人执尊与仙草舞图"

发飘飞（或为羽饰），骑于鹿上，拧身回望，似讨仙丹；其左为奉丹羽人，右手托盛丹托盘，左手前伸，与仙人呼应。其服饰为紧身衣羽饰裙装，肩上裙摆羽饰上扬，颇为奇异，但却似舞蹈（与图5-1相似）。亦有穿常人服饰的羽人舞者。在重庆地区，合川汉墓出土有专家认定的"仙人像"。（图5-12）我们说过，在汉画中，"仙人"与"羽人"常常为同义语。该仙人长耳，脑后有羽饰飘飞，着广袖宽衣，束腰，过膝裙，足穿鞋，全然一个汉代女孩子装束，比之图5-11的骑鹿仙人更日常化。她右手持尊，左手举三株树。据《神仙经》，西北荒中有玉馈酒，上有玉尊，饮此酒，人不生死；又西王母、东王公侍者常执三株树。故此仙人当为西王母侍者，正扬手踏足起舞侍奉，这是羽人在仙界的重要任务之一。

在汉画舞蹈中，亦鸟亦人、亦仙亦神的羽人艺术形象绝大多数是人所扮演的。汉代有人着羽衣风俗，以之为仙。方士栾大曾被汉武帝拜为五利将军，封为两千户"乐通侯"，"又刻玉印曰'天道将军'，使使衣羽衣，夜立白茅上，五利将军亦衣羽衣，立白茅上受印"①。身上长不出羽毛，便以穿羽衣代替，到了舞蹈的时候就成为舞衣。②从舞蹈服饰的外在造型看，羽人舞大约有羽饰紧身衣装、羽饰裙装、羽饰裤装、长耳装③、带翼装、蛇尾装、面具装、戴冠装、勾连卷云纹装等，它们之中或兼及他者（表5-1）。

表5-1 汉画舞蹈形象分类

服饰造型	分类及图例
羽饰紧身衣装	全身羽饰（图5-31）
	头部羽饰（图5-34）
	躯干羽饰（图5-6）
	臂部羽饰（图7-4）
	腿部羽饰（图5-36）
羽饰裙装	（图5-16-2左）
羽饰裤装	（图5-1）
长耳装	长耳紧身衣（图7-31）
	长耳羽饰（图5-16-2中）
	长耳带翼（图5-17）
	长耳裙装（图5-16-2右）
	长耳裤装（图7-46）
带翼装	带翼紧身衣（图5-9）

---

① （汉）司马迁：《史记·孝武本纪》，中华书局1982年版，第463页。
② 参见四川省音乐舞蹈研究所编《四川古代舞蹈图录集》，四川美术出版社2003年版，第72页。
③ 长耳为羽人标识之一，与"长头""长颊"相配，耳轮清晰（见图5-11、图5-12），有时会被误认为双髻头饰。

（续表）

服饰造型	分类及图例
带翼装	带翼裙装（图5-4）
	带翼裤装（图5-32）
	带翼冠装（图5-15）
蛇尾装	单蛇尾装（图7-40）
	双蛇尾装（图5-14）
面具装	（图5-37）
戴冠装	（图5-15）
披肩装	（图8-27）
勾连卷云纹装	（图5-13）

山东武氏祠左石室屋顶前坡东段画像中有众多羽人，他们服饰造型各异，或徒手，或执道具，在人界、仙界和天界手舞足蹈。全图自下而上表现了一个羽化升仙的全景（图5-13），下层的人界从左至右以马、有屏轺车、执笏执戟者、三座圆形连体坟冢和亭阁及其中的两位侍者为标识；坟冢上下左右有四个长耳装和带翼裙装羽人，他们分别执兵器和挥手护卫与招魂。

坟冢被勾连卷云纹连接至中层仙界，云纹西向斜线飘升，其间至少有四个勾连卷云纹装羽人导引灵魂飞升。仙界之中，人界的车马插上了翅膀，由羽人护卫，呈"左—右—左—右"折线飞向东王公和西王母。[1] 东王公和西王母周围，是带翼裙装羽人执物侍奉，又有长耳紧身衣带翼羽人灵巧地在云间飞舞。

上层天界被刻线明显地隔离出来，四个长耳紧身衣带翼羽人驾四翼龙

---

[1] 巫鸿以为，仙界两辆车马是分别载男女主人停在东王公和西王母身前。参见巫鸿《中国绘画中的"女性空间"》，生活·读书·新知三联书店2019年版，第59页。

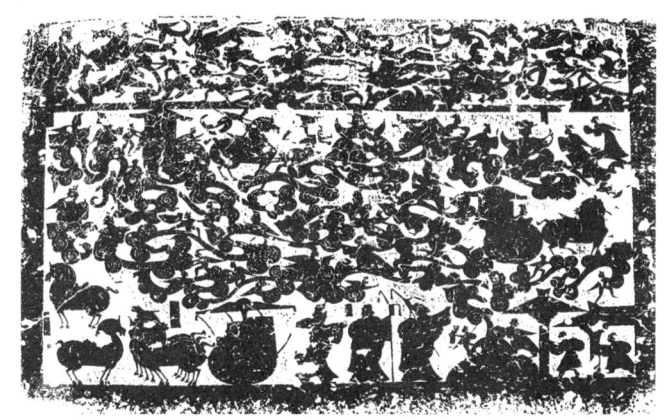

图5-13　山东武氏祠"羽化升仙·羽人舞图"

图5-14　武氏祠"逐恶羽人舞图"

西向奔驰；又有两羽人驾云车同行。云纹下端，有长耳紧身衣羽人拧身召唤；上端则有单蛇尾带翼羽人同样西向飞行。最左边，一持笏者恭候迎面而来的祥瑞和羽人。全图呈反"S"形构图，其间处处有舞动的羽人。

在武氏祠左石室后壁的画像中，还有进化的"双蛇尾装羽人舞图"（图5-14）。图中地上卧一恶人，巨蛇缠身，左右各有一武士执锤、斧击打之，左上一羽人扬手飞舞，似呼唤五毒共同逐恶，其双蛇尾已接近穿着裤子的双腿，可以跳跃起舞。

羽人及其舞蹈在汉画中存量极大，既是一个形象群（远远超出舞伎、俳优、武士等），也是一种以羽饰为标识的道具舞（也远远超出袖舞、鼓舞、巾舞等）。按照后者，在山东汉画像石的抽样统计中，袖舞（长袖、广袖、垂胡袖、窄袖、套袖）、鼓舞（建鼓、盘鼓、鼗鼓、鼙鼓）、巾舞（长巾、短巾）单幅存量总数为27幅，而羽人舞则达到53幅，近1倍；[①]在四川汉画像砖的抽样统计中，袖舞、鼓舞、巾舞合计8幅，羽人舞25幅，后者为前者的3倍；[②]在中国整体汉画的抽样统计中，前三者为59张，后者为53张，与前三者总数接近持平。[③]这样的存在不容我们视而不见，极有必要进行梳理。

舞蹈的基本功能有二：内容的表达和身体技艺的呈现。在这两方面，羽人舞均不辱使命。

按照黑格尔的划分，内容的表达自低级向高级为世俗娱乐、社会伦理和宗教信仰。在这一方面，羽人舞可以凭一己之力打通"三关"。

第一关的世俗娱乐讲究吃喝玩乐。[④]在中国传统习俗中，世俗之乐首先是"民以食为天"的口腹之乐，所以汉画中庖厨和宴饮是一大类题材，常与炫耀身份的车马出行并列。山东大汶口墓前室北壁横额东段有完整的庖厨画像（图5-15），自右向左描绘了从进料到烹调的全过程。有趣的是，画面中有4个羽人在手舞足蹈：左边戴冠紧身衣羽人于卷云纹下做白鹤亮翅动作，身体面向烤肉串者；右边同样装束的羽人于卷云纹中屈膝跪地，拧身张臂，观望抬猪、拉羊、椎牛者，喜形于色；中间一对戴冠着紧身衣的羽人，相互牵手（或为男女）舞跳，其乐融融。

至于"色"，羽人舞也不置身其外，当然，这是更高层面的与繁衍有关的表达。

汉代流行六博游戏。汉画六博图像可分为两类：一类为俗人六博，一类为仙人（羽人）六博。俗人六博常与宴乐相伴，如《史记·滑稽列传》载

[①] 参见《中国画像石全集·1》，山东美术出版社2000年版。
[②] 参见高文主编《中国巴蜀新发现汉代画像砖》，四川美术出版社2016年版。
[③] 参见陈履生主编《中国汉画》，广西美术出版社2018年版。
[④] 参见第二章第三节"一、真与善的维度"、第五章第三节"二、自然伦理中的儒道分合"。

图5-15 山东大汶口墓出土"庖厨·羽人舞图"

图5-16 四川新津崖墓石棺"六博图"与德阳出土画像砖"羽人六博三人舞图"

"州闾之会,男女杂坐,行酒稽留,六博投壶,相引为曹",但其中的身体行为却含着阴阳的动势。四川新津崖墓石棺上有俗人"六博图",四川德阳也出土有"羽人六博三人舞"汉画砖。(图5-16)

"六博投箸图"中二男子,山形冠,广袖,跽坐或半跪,手握博箸欲投,二人动作上下左右两两相对,是仙人六博的动态原型。仙人六博超凡脱俗,运行宇宙,打通阴阳,羽化成仙,故其身体行为也飘飘欲仙。在汉画舞蹈中,羽人六博坐舞满目皆是,"天府之国"的四川尤甚。

"羽人六博三人舞"汉画砖中,二身长耳羽人跽坐,躬身专注于博具。右边羽人广袖裙装,超长羽饰飘飞于背部,凝神注目;左边紧身衣羽人长羽饰生在肩部、背部,也飘飞空中,她张嘴呼号、左膝半跪欲起,情绪激动。二人同样屈肘扬臂,五指张开,成对称舞姿。最左边为一个广袖长裙束腰女子,双肩处亦有羽饰,上下飘飞,当为羽饰裙装羽人,她左手前伸立掌,右手执一鼗鼓(或为灵芝)摇动,成助威势,与背后摇曳的灵芝树成呼应,成互动三人坐舞。

第二关是社会伦理层面，汉代以孝为先，以孝治国，这在汉画中有突出的表现，羽人舞也常介入其中。山东大汶口墓前室西壁横额画像中，有专门刻画的"孝子·羽人舞图"，第一个是"孝子赵荀"，有榜题。（图5-17）田边树荫之下，赵荀老父亲执鸠杖坐于车上纳凉，赵荀则在烈日下锄草，还不时回头问长问短。他不愿意让老父亲孤独一人在家，每次外出都推车携父同行。同样有趣的是，车后有一童子效仿赵荀推车，上方则有三羽人跳跃起舞，一个着紧身衣戴冠跃于车上，两个着带翼紧身衣凌空跳追来，三羽人看似增添画面活泼感，实则如敦煌"赞法飞天"（另有"听法飞天""涅槃飞天"）在赞颂赵荀之孝。同样在大汶口墓中，还有羽人舞在场的歌颂贤君"舜涂廪"的故事。舜乃"孝"之祖，有孝方有忠。类似的对"忠孝节义"之赞颂的图像中，都不乏羽人舞图像。

至于第三关宗教信仰层面的追求，图5-1的"跳水羽人舞图"和图5-13的"羽化升仙·羽人舞图"都形象化地表现了汉代人的信仰：后者以道教的西王母崇拜正面回答了死亡问题；前者则在宗教哲学的更高层面上实现了精神上的自由。图5-1为山东沂南汉墓前室壁北侧画像：流云蔓草之中，全身羽饰裤装的长耳羽人腾空而飞，呈反"C"状，头部朝下，下颌

图5-17 山东大汶口墓"孝子·羽人舞图"局部

扬起，脚部朝上弯曲倒立，呈高台跳水状，无拘无束，翱翔空中，且不失肃穆雅致。她右手前伸，探向蔓草、卷云、鲜花，左手按住身下一昂首盘曲的翼虎之尾；翼虎身下是凤鸟、盘龙和龙虎兽，均昂首向上，与"跳水羽人"形成对冲的动势效果，有如敦煌"持璎珞跳水飞天"。羽人飞天舞供养西王母，敦煌飞天舞供养西方如来。敦煌飞天的最高境界是面对死亡的"涅槃飞天"，汉画羽人的最高境界是事死如生的羽化升天，以中国本土宗教的思想和艺术构建了"飞天前的飞天"。

就舞蹈身体技艺功能而言，汉画羽人舞也是有着主体的。比较图5-1的"跳水羽人舞"和图5-2的"跳水飞天舞"，前者单手倒立的舞技是一种可操作的技术，后者的双手执珠凌空飞舞则有更多的想象成分，颇似图5-13中的蛇尾装的羽人舞。所以，今天舞台上的飞天舞主要是舞绸带，类似汉画舞蹈中的长巾舞。由此可见，在技艺上，羽人舞并不逊于飞天舞，且更具操作性，它们各自为中国古典舞中汉画舞蹈和敦煌舞蹈的一个焦点。

在技艺呈现上，有一点特别需要说明：汉画的构图方式一般采用散点透视的方法，即把在不同时间和空间中所见到的事物集中在一幅画面中，由此产生时空的重叠，必须进行有形和无形的上下分层和左右分格方能剥离清楚。在图5-13中，地界、人界和天界是被卷云纹和线刻分开的，其间羽人舞按时间顺序当是由下而上，带着某种身体叙事，并非共时性的。而在图5-15和图5-17中，情况可能有所不同，其中的羽人舞和庖厨的忙碌及赵荀的行孝应该是共时性的同场表演，而不是像敦煌飞天那样真的飘浮在天上。在这样的纵深空间中，我们会看到抬猪、牵羊、椎牛旁边的羽人牵手起舞的跳跃技术；也会看到赵荀旁边的羽人塌腰、橛臀、跨步的技术，既是置身其中行孝，也是身在其外"赞法"。

最后我们谈羽人舞个案的以点带面的问题。

直到今天，中国古典舞的研究还是建立在一种所谓的"大舞蹈学"下的"大古典舞"基础上①，经常在"古典精神""时代性""当代创造""当代精神"等宏观视野中无限地扩大中国古典舞的外延（从研究、训练到表演），而对其微观的内涵则闪烁其词，甚至视而不见。理论上的"新中国古典舞"说、训练上的"结合课"说、表演上的"重构创新"说以及终极的"取消舞种"说，都充分地说明了这一点。其结果是云山雾罩，"老虎吃天，无法下爪（手）"。汉画羽人舞从另一个向度为中国古典舞提供了一个建设方案，说明只有在微观的焦点上深入探讨，才能寻找到历史碎片，而只有当这些碎片被具体地、一块一块地、有机地黏合起来的时候，我们才能看到中国古典舞可以鲜活地舞动起来的曙光。

古典舞自有其舞蹈场，按照米歇尔的"元图像"说，微观的羽人舞跳在微观的言辞语境中，即便在今天舞台上的舞美，也不是什么"时代性"等所能替代的。像图5-15庖厨的人界、图5-13西王母的仙界和图5-1祥禽瑞兽的天界，它们都清晰地刻在石阙、祠堂、墓室、石棺，乃至摇钱树等材料上，均不乏自己的"语境位置"。换言之，语境的位置决定了汉画舞蹈表演的内容与形式。同是羽人舞，刻画在山崖上的羽人可以插上巨大的旗状羽翼，腾飞于空中（见图5-6）；当羽人的形象被刻画在棺椁外层的时候，他们就散布在漫天流云中，放浪形骸（见图6-23）；当羽人形象被刻画在紧挨墓主人的石棺侧面时，他们就只能翅膀缩小，蹦蹦跳跳，三三两两地与跳丸、便面舞组合在一起，行娱悦之功能（见图8-22）。这其中的最好说明，莫如墓室。墓室在汉代墓葬制度中称作"宅""室""室宅"，算是最为私密的个人死后生活空间。墓室画像又是汉代社会的缩影，是汉画舞蹈立体的舞蹈场。汉代尚左，西汉南越王博物馆保存了完好的墓室，一进墓门的东耳室（左），是弦舞钟磬的陈放处。从墓中出土句鑃上"文帝九年乐府工造"的铭文，可知南越国设有"乐府"机构以及对乐舞的

---

① 参见庞丹、赵晶晶《"身韵美学"的构建与中国古典舞的学科建设》，《北京舞蹈学院学报》2013年第1期。

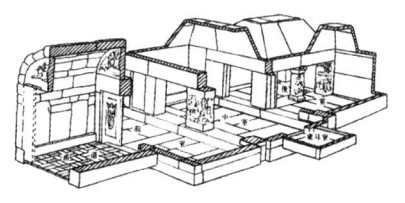

图5-19 安丘董家庄汉墓前室封顶石中段
"天界羽人舞图"

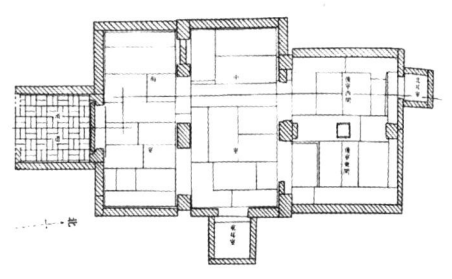

图5-18 山东安丘董家庄汉墓平面图与
透视图（引自《中国画像石全集·1》）

的重视。移步中原，山东安丘董家庄汉墓有完整的墓室结构（图5-18），规模更为宏大，在其中51幅画像石和石柱雕刻图像中，有15幅羽人舞图像，按照所承担的不同功能分布在墓室当中。

  走进铺首墓门，抬头便可见前室封顶石中段的"天界羽人舞图"（图5-19）。自左向右是5个羽人，他们均主力腿弓、动力腿绷，张臂屈肘，似乎在做旋转动作，为雷神和电母开路助威。汉画构图中有纵横式设计，人物在画面中被纵横排列，纵向人物常常是被凸显者。此5个羽人当在纵向被凸显的设计中，如果我们横过来观看他们的"自由舞"，就会更加清晰。

  羽人身后是肩生双翼的雷神坐在有翼雷车上，下有卷云，上有三面建鼓①，雷神正击鼓前行。雷车的上方和后面是手中扬长鞭的6个电母（二残），发髻高耸，长裙摇曳。同雷神的建鼓功能一样，其抛甩的长鞭代表闪电，鞭技高超。② 电母身后是顶盆、提壶和口中吹气的雨师和风伯。再往后则是有三足乌的日轮，有卷云环绕。最右端是两个头部羽饰、穿紧身

---

① 韩国乐舞表中，保存有"三面鼓"鼓舞。
② 清代宫廷的长鞭响鞭示上朝，今日民间仍有长鞭技。

第五章 从羽人舞说开 | 289

图 5-20　安丘董家庄汉墓中室南壁东侧方柱北面"羽人舞图"

图 5-21　安丘董家庄汉墓后室中柱"羽人托栌斗图"

衣的羽人随卷云跳跃,用手舞足蹈封闭了由水波纹、垂帐纹和锯齿纹刻画的全图——而这全图恰恰就刻在墓室封顶石所代表的天界。

从前室到中室,我们选择了中室南壁东侧方柱北面的"羽人舞图"(图5-20)。全图自下而上刻画4个身着紧身衣羽人,最下面的羽人迈腿扬臂,展翅向上腾踏,手中仙草亦扶摇直上;与之相对的2个"跳水羽人",似从仙界下凡,以单手倒立技术戏耍打闹;最上面的羽人目视前方,扬手踏足,似达天门,与斜坡仙界画像勾连,开始步入又一语境。

后室比前室和中室小,但却是棺椁存放之处,所以前、后、中有三根石柱支撑,中柱为圆柱,上下雕刻成对的称斗状栌斗和柱础,上有高浮雕石刻云朵异兽和人物画像群,从力士到羽人。图中正面栌斗棱角下有一羽人正凌空跃起,手托头顶巨大的栌斗,行力士之责,以保护墓主人的安危。比之下面喜笑颜开的群像,羽人表情显得凝重(图5-21),呈现出羽人舞的多种表达话语与技艺。

凡话语,均是语境中的话语。在汉画舞蹈中,无论是按哪种分类方法，羽人舞都得天独厚地身处丰富而切实的语境中。就社会语境而言，这里所举的安丘董家庄汉墓在山东，以泰山山脉为中心的山东曾是文明的"齐鲁之邦"。至汉，"膏田满野，奴婢千群，徒附万计。船车贾贩，周于四方……琦赂宝货，巨室不能容；马牛羊豕，山谷不能受……倡讴伎乐，列乎深堂"[①]。于此富足之中，儒家思想、早期道教、神仙方士学说、楚文化好鬼尚巫之影响相互联手，都灌注进羽人舞中。就言辞语境而言，则有诸如图5-1的"跳水羽人舞"和图5-15的庖厨羽人舞。可以说，在参与世俗、安抚墓主人、维护社会秩序、贯彻伦理道德、理解人与自然关系等方面，羽人舞都表现出了相应的姿态。与羽人舞一样，鼓舞、袖舞、巾舞、兵器舞等都可以成为个案，也都可以以点带面地展示出汉画舞蹈的一个个侧面，并且形成由不同侧面组成的汉画舞蹈的万花筒。这是汉画舞蹈内部的以点带面。

至于汉画舞蹈外部的以点带面，第三章和第四章已经有所铺叙。汉画羽人舞不过是中国古典舞"时间的一段儿，空间的一块儿"，可以由王国维所说的"有我之境"到中国古典舞跨时空的"无我之境"。

二、飞天前的飞天

在今天的中国古典舞舞台上，敦煌唐代飞天舞已然成了一个审美标识，代表了中国古典舞的一个时空焦点。与之对应，在汉代时空中，则有汉画羽人舞——"飞天前的飞天"，其深描与重建足以使汉唐两代飞天舞能够平行展翅，你我共荣——你"舞供佛"，我"舞供儒道"。在这一点上，羽人舞可算前辈。

山东汉画舞蹈丰富多彩，而滕州汉画舞蹈尤其精彩纷呈。在2018年"中国汉画大展"中，滕州送展的24幅精美拓片中，有10幅都绘有羽人

[①] （南朝宋）范晔撰，（唐）李贤等注：《后汉书·仲长统传》，中华书局1965年版，第1648页。

图 5-22 山东滕州汉画像石馆藏 "建鼓乐舞"

形象——或骑鹿,或格斗,或飘飞,或执仙草;有的侍奉西王母,有的与应龙嬉戏,有的饲喂凤鸟,有的追逐神鹿,凭着轻灵的羽饰身体特立独行。其中最为"出格"的(也是汉画少有"出格"的舞蹈图像),就是那块羽人上天入地的"建鼓乐舞"画像石了。(图5-22)

所以命名"建鼓乐舞",是因为建鼓居于画像中央,占据了主要画面。通天达地的建木将画面左右平分,华盖之下飞舞飘动的羽葆又将画面上下平分,恰形成"四格画"。建鼓两侧各有一戴冠男子弓步执桴横向击鼓;建鼓底座旁又各有一趵鼓[①],供鼓舞者上下击打。画面左侧下格是人界乐舞百戏,端坐的吹箫、抚琴乐伎的上方是掷丸和叠案倒立表演,倒立者双腿左甩,与羽葆连成一体,掷丸者抛向空中的七丸(北斗之数)飞上了左侧上格。左上格自左向右是鸱鸮和七头(五人头、二鸟头)瑞兽;一头二身的神猴,各以一身置于左右侧,前肢相交于华盖之上,恰是猴头所在。画面右上格是合欢树,树边应为墓主人,树上有凤鸟及幼鸟,一猴及格斗羽人、奋飞羽人和饲凤羽人。在这一表演场中,有猴3只、建鼓舞者2人、

---

① 二趵鼓抑或为酒壶:淮北市相山区出土的"鸱鸮·楼阁·人物图"中,楼阁下有二人跪坐,身后各置一壶,与此"趵鼓"形状相同。

舞伎俳优2人、乐伎2人、凤鸟2只、鸱鸮1只、七头瑞兽1头、人物1个、羽人4个。

羽人的身体话语还自成一个"叙事系统":与左侧的人界乐舞百戏相呼应,是"武""舞"不分家的羽人格斗舞,单棍对双棍,跳跃对打。不同于汉画中的人之格斗舞,羽人之格斗除了蹦蹦跳跳似鸟形外,其舞蹈动机深层还潜藏着保卫墓主人和西王母之责任。所以,图中格斗兴酣之处,由上方一猴指引转化为奔向仙界的"羽人飞升舞"——羽人昂头伸臂,直飞向羽葆顶端,如果挂上飘带,身成"L"或"V"字形,就是敦煌北魏和西魏飞天舞了,当为"文舞"。"飞天羽人"身后是界于上下格的傍树而立的一人(似为墓主人),华服在身,双手前伸,似追寻羽人飞升,进入羽葆之上的仙界。树为扶桑树(合欢树),亦是贯通上下两格,呈倒三角形。枝条交错的巨大弧形树冠上,栖息着一只同样巨大的出格凤鸟,昂首立于仙界与天界之间,引颈待食;饲凤鸟者,可以说是界于仙界和天界的羽人,也是出格而立,躬身饲喂;羽人身后左下方,一只伸颈求食的小凤鸟似在鸣叫,提醒羽人身后还有待哺者,为祥禽瑞兽所在的仙界和天界增添了生活气息。

类似的"出格"羽人舞在滕州汉画石"周穆公拜见西王母图"中也有发现(图5-23),只是其出格旨在用右边纵向的"羽人持鱼饲龙"将左边横向的双层画面打通:左边图分上下两层,上层画面偏窄,似为周公辅成王及其他历史故事,奠定了能够羽化成仙的伦理框架,所以在最左边立着一株灵芝,以示为善者长寿。下层左起是戴胜的西王母端坐于昆仑山上,凤鸟、玉兔相随;昆仑山下左侧,一羽人正以"登山步"上行,手执仙草;昆仑山下右侧,一匹神马引领五龙驾驭云车自东向西而来;最右边是凭几而坐的周穆公,在祥瑞和云气纹中准备出发;云气纹和瑞兽之间,有三羽人飞天起舞,右者逐鹿(禄),中者在云车顶上伴飞,左者戏龙。有趣的是,这一羽人舞还和西王母所戴之胜有"血缘"关系:"胜"为西王母头饰,簪钗左右对称的装饰物是飞鸟抽象而来——圆形为鸟身,两边梯形为鸟

第五章 从羽人舞说开 | 293

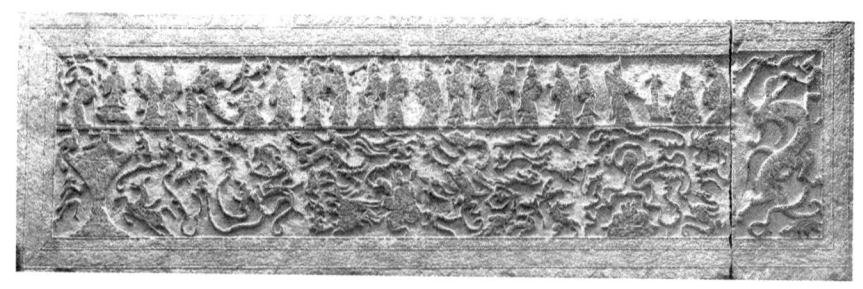

图5-23　山东滕州汉画石馆所藏"周穆公拜见西王母图"

翅[1]，如双鸟飞翔于头顶（见图5-23局部），颇似凌空飞舞的羽人身姿。

图右侧上下贯通，一条应龙向上盘旋舞动，穿越儒道的图像叙事，欲破图而出，恰与爪下爬行的玄武形成；龙首所向，是持鱼踏步上前喂食的羽人（"鱼""余"音相同，为羽人常用道具），一半身体前探，一半身体隐在画像右格内——换言之，出格于画像外。

羽人舞的"出格"，首先与会飞的鸟有关，这在"人鸟合一""人神一体"的图腾时代即已有之。中国古代文献中记有"句芒"，鸟形人面，振翅欲飞，《礼记》《左传》认为其为木神，民间以其为打春的春神，有学者以为"句芒"或为羽人学名。再往后发展，这一观点逐渐切实，《汉书·地理志》提到了"鸟夷皮服"，颜师古注："此东北之夷，搏取鸟兽，食其肉而衣其皮也。一说，居在海曲，被服容止皆象鸟也。"海曲即现在的山东省日照市。《山海经·大荒南经》载："又有成山，甘水穷焉，有季禺之国，颛顼之子，食黍。有羽民之国，其民皆生羽。有卵民之国，其民皆生卵。""大荒之中有人名曰讙头……讙头人面鸟喙，有翼，食海中鱼，杖翼而行。"引文中的"成山"大概位于今天的山东半岛，岛上居民在古代被称为东夷人，崇拜鸟图腾。又有《史记·夏本纪》载："鸟夷皮服。夹右碣石，入于海。"按古代文献推论，"杖翼而行"的羽人源自东夷，其生活的

---

[1] 广西合浦、广东广州越秀区等地均有胜之出土文物，材质包括玉、琥珀、金和玻璃，造型有双胜形和单胜形；或以为"胜"的原型来自纺织机卷线轴两端的"滕花"。参见郭宝钧《古玉新诠》，中华书局2009年版，第258页。

区域大致在今天中国以山东为中心的东部、东南、东北沿海等地。

中国古典文学中亦有鸟与人相结合的文本,并将其神话,像"玄鸟生商"的故事。古代商朝人崇拜鸟图腾,认为人类是鸟繁衍而来,故《诗经·商颂·玄鸟》载:"天命玄鸟,降而生商,宅殷土芒芒。"其大意为上天命令玄鸟给了有娀氏的女儿简狄一个鸟卵,简狄吃下之后则生下了契,即为商族的祖先。另有《诗经·商颂·长发》载:"有娀方将,帝立子生商。"郑笺:"禹敷下土之时,有娀氏之国亦始广大,有女简狄,吞鳦卵而生契。"与《诗经》相呼应,《楚辞·离骚》亦载:"望瑶台之偃蹇兮,见有娀之佚女。"又有《天问》载:"简狄在台,喾何宜?玄鸟致贻,女何喜。"王逸注:"言简狄侍帝喾于台上,有飞燕堕遗其卵,喜而吞之,因生契也。"在这里,玄鸟、佚女、瑶台、繁衍等都是汉代羽人活动的铺垫。

除上述古籍文献的记载,在仰韶文化、大汶口文化等遗址中还出土了大量与鸟图腾相关的器物。20世纪80年代,在江西新干大洋洲出土一件约为商代晚期的玉雕羽人。该羽人鸟头人身,造型别致,是我国目前发现的年代最早的羽人形象。(图5-24)它给我们带来了羽人的直观形象,比根据文献描画的"句芒"更加真实。在汉代出土的文物中,羽人及其舞蹈开始批量登场,从半人半鸟化形为半鸟半兽半人形(图5-25),再化形为羽饰之人;舞蹈场景更是目不暇接,如从广东提筒和广西铜鼓上的羽人舞队到山东滕州汉画石上的羽人舞"叙事系统"。魏晋之后,人们对于羽化成仙的执念逐渐减弱,羽人形象也慢慢与佛教的飞天相融合……一代有一代之艺术,汉代羽人舞和唐代飞天舞可以说各领风骚数百年。

作为东土飞天的"前辈",汉画羽人形象及其舞蹈实际上是人类的集体身体无意识的表现,是遍布全球的文化现象。在玛雅文化中,肩生双翅的创世神刻在公元前400年的圭形神柱上;在古代埃及,有翼神灵拥有无上权威,被描绘在木乃伊头顶;从波斯宫殿所遗留下的石刻看,公元前6世纪的波斯之神皆肩生双翼;之后出土于伊朗的公元前3世纪到2世纪早期的有翼神人像则酷似羽人,展翅欲飞(图5-26)。公元前336年至公元

 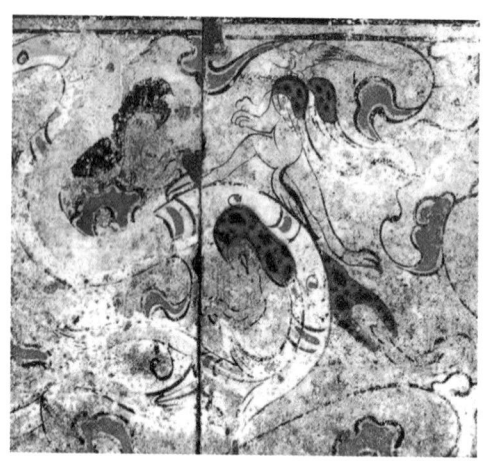

图 5-24　江西出土商代玉羽人　　图 5-25　河南洛阳浅井头西汉壁画墓"半鸟半兽半人羽人舞图"

前323年,亚历山大大帝战胜希腊、埃及、波斯等国,建立起强大的亚历山大帝国。随着亚历山大大帝的挥戈东征,古希腊文化、古埃及文化、古波斯文化传入包括中国在内的东方各国。1907年,英国考古学家斯坦因在中国的楼兰遗址中就发现6件"有翼天使"像。公元1世纪前后(约为中国东汉时期),西方基督教创立,诞生了"有翼天使"和"有翼仙女"形象。在东方,又有柬埔寨吴哥时期(11世纪)的带翅仙女浮雕和双臂生翅的"欢喜金刚"青铜像等。

　　这些世界性的"羽人舞"在后来同样演化出了不同的舞台作品,从日本雅乐《迦陵频舞》(图5-27)到丹麦芭蕾舞剧《仙女》(图5-28),再到2018年成为世界古典舞非物质文化遗产的柬埔寨高棉古典舞《仙女》……作为人类集体无意识的身体体现,这些"身生羽"的舞蹈都是精神舞出肉体的舞蹈经典。

　　值得玩味的是,在中国美轮美奂的敦煌唐代飞天舞并未成为一种民俗而活体传承下来,而羽人舞却以鸟形舞的演变活跃在中国民间舞中。如从北方鄂温克族的"天鹅舞"到南方苗族的"锦鸡舞"、哈尼族的"棕扇舞";从四川大凉山彝族的"云雀欢飞舞""鸡公打架舞"到山东海阳秧歌"凤采

图5-26 日本MIHO博物馆藏银鎏金"有翼神人像"（刘斌提供）

图5-27 日本雅乐《迦陵频舞》（孙剑提供）

图5-28 芭蕾舞剧《仙女》（丹麦皇家芭蕾舞团提供）

牡丹""金鸡报晓""喜鹊衔梅""白鹤踏月""紫凤朝阳"等动作。这之中，许多舞姿都与汉画羽人舞相似，并且可以成为羽人舞重建的活态身体语源。

如此，汉画羽人舞就成了一种先在的身体人类学的表演，它们在过去可以由职业舞者演出，在今天亦可以化为实践，像敦煌唐代飞天舞那样成为中国古典舞舞台艺术作品。

第二节 亦仙亦神通天地

一、动机因果律

羽人之所以能舞出格，就在于他们是神仙，能通天达地。

河南博物院藏有两块独立的羽人画像石（图5-29）。二图所见羽人头

第五章 从羽人舞说开 | 297

生长发，身披羽毛——长发和羽毛均以发带和羽带的流苏状方式象征性地表现出来，其一右手托执一棵三株树，平视躬身疾走，似给西王母送仙草；其二仰视跨步，左手从右肩露出，与右手合执一物（漫漶不清），面向青天。比之鸟图腾面具舞和过于人格化的羽人格斗舞或饲凤舞，一眼看去，没有人会认为此二羽人为"鸟"或"人"，他们倒更像仙或神，是神仙用身体讲述超人间的幻想故事，实施长生不老和自由驰骋的"魔法的因果律"[①]。为了取得这种效果，他们必须要化形为新奇生动的舞蹈形象。

由鸟而人，由人而仙，由仙而神，羽人成了汉代神仙思想最为活跃的形象代言人。"神、仙"本是两个不相同的概念："仙"是凡人修炼的，所以沾地气，跳在人界；"神"是天造的，所以超凡脱俗，舞在天界。羽人将二者合一，所以能由地而天、由天而地，往来自由，从羽人六博、羽人格斗、羽人下庖厨、羽人赞仁义到羽人导引、羽人侍奉、羽人侍卫、羽人持仙草、羽人取丹，再到羽人饲龙凤、羽人戏祥瑞、羽人骑天马、羽人化阴阳等，将神仙思想贯穿其中。

神仙思想源自道家思想和汉代道教，其演进大致经历了三个阶段：第一阶段是西汉初期作为官方思想出现的黄老哲学，此时神仙思想淡薄；第二阶段是武帝"罢黜百家，独尊儒术"后植根于民间求仙拜神的民众道教，民间信仰于此之中悄然蓄力；第三阶段是由道家思想转化为有组织的宗教形式的道教，始于东汉张陵在四川创立的五斗米教，神仙思想渐成正统。从功能上讲，道教既可驱邪，亦可祈福，不仅有经文可诵，而且伴以稽首俯仰、步虚旋绕等动作。它们在内容和形式上都影响了汉画羽人和羽人舞——仙人舞和神人舞的形象塑造。

先说仙和仙人舞。道家与道教之前的远古时期，巫是通天地的媒介，享有崇高地位。道教创立于民间，巫术是其创教时仪式的主要来源和模仿对象，汉代仪式大多为模仿巫术而成。由于巫术和创教初期的道教关系密

---

① 户晓辉：《童话现象学：苦心孤诣谁愿识？》，《民间文化论坛》2016年第3期。

图5-29 河南博物院藏"羽人舞图"

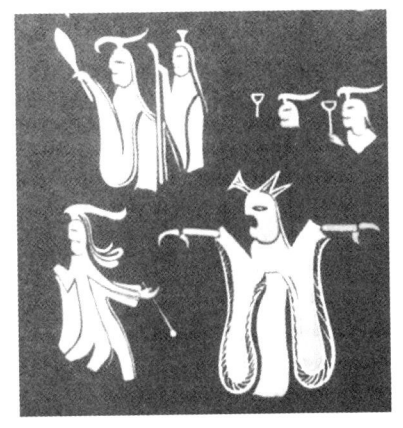
图5-30 河南信阳出土春秋战国彩绘漆瑟"巫舞图"

切,位于南方的早期天师道甚至被称为"米巫"和"巫道"。更具体地讲,先秦时期即产生的对"长生不死"的崇信也和巫术相连:《山海经》关于"不死之山""不死之国""不死之药""不死之民"的描述,表明了古人对仙界的向往,而荒山之中的"巫咸、巫即、巫盼、巫彭、巫姑、巫真、巫礼、巫抵、巫谢、巫罗十巫,从此升降,百药爱在"[①]。河南信阳出土有春秋战国时期彩绘漆瑟,上有巫师作法(作舞)形象。(图5-30)他们头顶或垂悬羽饰,或执法器(舞具)、或徒手而舞——其手如鸟爪,驱逐祈福。

巫师们掌握着长生不死的灵药,反映到人间,其中一种表现就是对疾病的治疗和祛除,以求平安、秩序、乐祭、长生,这些都明确地反映在道教教义和仪式行为中。如张陵所在的蜀地巫术兴盛,巴郡蛮人"俱事鬼神",賨人"俗好鬼巫"。方士们用厌胜术镇压邪鬼,用解除方术谢罪悔过,用禁咒术治病度厄,劾鬼疗病,收万精魅,追求长生。于此驱逐祈福的因果关系之中,羽人所作所为主要落脚在其轻灵机速的采摘、收取、供献、发放仙药上,引导众生长生成仙。我们所见图5-30其一的羽人手执三株

---

① (晋)郭璞传,(清)郝懿行笺疏:《山海经笺疏》,齐鲁书社2010年版,第4994页。

图5-31 榆林汉画像石博物馆藏"骑鹿羽人送仙草图"

树(一说为灵芝)向西疾走,即是采摘、供献仙药。经西王母手得到仙药以后,还要将其送至墓主人处。榆林汉画像石博物馆藏墓门楣上,墓主人一家坐在图中央大屋中,两边各有一羽人骑鹿飞驰而来,身前各有一株仙草,以供墓主人一家服用,羽化升仙。(图5-31)比之巫舞,这一典型的"鹿上芭蕾"显然更舒展。

作为仙人,羽人舞的动机实现主要来自其服务对象西王母,那里有长生不死的仙药供人羽化成仙;而常伴于西王母的羽人就成了人们幻想接近西王母、寻求长生不死之药、追求羽化升仙的最好的"引路人",这是西王母身边的玉兔、蟾蜍及其他祥禽瑞兽所不及的。在更多的情况下,羽人身体投射的西王母是出现在画面中的,但也可能不出现。尽管不出现,西王母也有一种无形的引导力,使孤立的羽人舞获得行动的意义——"只有通过这种联系一切方面的能力,孤立性才获得它的意义。如果没有这种能力,外在的孤立成分就必定会四处离散。"①

山东嘉祥武宅山出土的"羽人祠西王母图"中(图5-32),带翅西王母居于中心,周围是祥禽瑞兽、风伯雨师,"身生羽"的鸡、马也飞升到祥禽瑞兽队伍中。更有满山墙的羽人,达15个之多,自左向右姿态不一:

---

① 户晓辉:《童话现象学:苦心孤诣谁愿识?》,《民间文化论坛》2016年第3期。

图 5-32　山东嘉祥武宅山出土"羽人祠西王母图"

先是跽坐在山墙左角的长耳羽人，竖起两只长耳，与躺在地面上的一只鹄鸟嬉戏；他们的前面是凤鸟和跪拜的鸡头神和马头神，广袖执笏拜见；鸡头神、马头神头顶的双蛇尾羽人亦双耳竖立，拧身回望西王母，以飞天舞供奉；其脚下，二紧身衣羽人跨步向前、执"筹"①供奉西王母，与西王母右侧执筹跪拜的头部有羽饰、着紧身衣的羽人相呼应。

西王母右侧持筹羽人上方是两个飞天羽人，一个裤装双蛇尾，一个紧身衣单蛇尾，呈"跳水"舞姿。他们的下面是上指抬步准备起飞的羽人，身后祥云裹身的鹄鸟似乎也准备腾空飞起；它的后面是由怪兽脖腔中长出的双身供奉长耳紧身衣羽人（酷似埃及的人面狮身像），毕恭毕敬，持供品西向而立；其上飞天羽人似倾身相扶而行；再后面，兽身双人像的兽背上，斜立着一展翅羽人，主力腿弯曲，动力腿探步西向，拧身回头，似呼唤后面的四位羽人快走——后四位伙伴或在踏步前行，或在跨步腾跃，以致喧宾夺主，使真正能飞翔的祥禽只能侧卧于地下，或蜷缩于角落。15个羽人上下左右连为一体，实践了屈原"仍羽人于丹丘兮，留不死之旧乡"之理想。

---

① 《汉书·五行志》载："哀帝建平四年正月，民惊走，持稿或棷一枚，传相付与，曰行诏筹……设张博具，歌舞祠西王母。""筹"一解为"禾秆"或"木薪"，一解为"禾秆"或"麻秆"。参见马怡《西汉末年"行西王母诏筹"事件考——兼论早期的西王母形象及其演变》，《形象史学研究》2016年第1期；［美］巫鸿《武梁祠——中国古代画像艺术的思想性》，柳扬、岑河译，生活·读书·新知三联书店2006年版，第146页。

再说神和作为神人的羽人之舞，这将在第七章第三节"天界的高远恣肆"中被深描出来。简而言之，那里没有西王母和东王公，只有天神、祥瑞和卷云、蔓草等，羽人身体投射于大自然，尽显伸展型舞姿。

这样，羽人舞的一种分类就可以形随神变，分为"人舞""仙舞"和"神舞"了，其动机后面分明地潜伏着"化形"的"形式意志"。

二、身体化形表演

在后世道教的影响下，羽人从原始宗教的鸟图腾形象逐渐化形为巫之"鸟人"形象，继而化形为文明状态的"羽人"（"仙人"或"神人"）形象。在这一过程中，"鸟"的面部、长喙、翅膀、长尾逐渐缩小、隐去而以象征服饰替代，借以由"鸟"而"人"，由"人"而"仙"而"神"转化。这种逐渐理想化的形象转变，更多的是基于白巫术的祭拜、供奉、赞颂、导引、存思、遨游等形式完成，而非黑巫术的恐吓、压制、驱逐等——当然也不排除格斗与侍卫等"武舞"，在形神变化之中上天入地进行表演。

道教是出世宗教又是入世宗教，讲究人的身体既是现世的肉身又是不生不灭的"仙体"。在道教看来，身体是道的附着，是法的承载，是"道体"和"法体"的合一，既属于现实，又属于永生，处在打破时空的不生不灭状态中。具体到化形的身体上，道教是"去身"的宗教，又是"具身"的宗教，一方面需要忘掉身体，隐去身体；另一方面又需要以身体表演来实现教义。受到内丹功等功法的影响，道法的身体在形、神、精、气方面有着通神致真的功能，"一神变而千神化形，一气化而九气皆煦"，其"形神俱妙"构成道教身体观的最终追求。[①] 凡此，化形的羽人都可以说是已修炼成神仙。

[①] 参见张素琴《道教仪式舞蹈的身体语言研究——以龙虎山天师道仪式舞蹈为例》，博士学位论文，中国艺术研究院，2019年。

在安徽萧县博物馆藏汉画石中,有两块可以连成一体的"羽人导引升仙图"(图5-33、图5-34)。图5-34画面分上下两层,上层为厅堂主宾宴饮:自左向右是侍者捧鼎献食,跽坐主人,跽坐客人,背囊袋的侍者。囊袋下垂处正对着下层的楼

图5-33 萧县博物馆藏"羽人导引升仙图"

图5-34 萧县博物馆藏"羽人导引升仙图"

梯,斜立楼梯下方连接的是一只巨羊,所占空间等同于上层主宾二席。羊背上立一执鞭羽人,正鞭策巨羊向西而行;西边(左边)廊柱外,拱手跽坐着一只鸱鸮,似在迎接。由此再回看上层左右厅堂脊檐人面神鸟和凤鸟,便与鸱鸮连成一体了。

图5-34承接图5-33继续向上:下端一只神鹿西向蓄势待发,其上是一株节节高的扶桑树,树间有雄鸟、雌鸟和窝里嗷嗷待哺的幼鸟,尽显伦理之序;树尖上是一羽人,西向双翅展开,双手前伸,交叉而舞,颇像基诺族("舅舅的后代")母亲鼓前的舞姿——听见远古母亲的召唤而上下交叉手跃步前行。当然,羽人的工作是引领厅堂跽坐的主宾飞升去仙界。此后,他们才能驰骋于天界而与祥禽瑞兽、雷公电母等共舞。

羽人舞的化形表演类似于童话,是汉代人的集体创作,其形象中渗透着某种"形式意志"——依靠形态的特殊种类而形成某种主题。童话绝非单纯的游戏之作,"人不仅要不断创造一个给人尊严的社会,而且同时必

第五章 从羽人舞说开 | 303

须在与社会无法割舍的内在关联中尽可能广泛地探求人的存在的本质和特点"[①]。由此,我们看到了羽人舞所关涉的汉代人身体的存在、身体的升华、身体共同体以及身体的思考与创造等重要问题,诸如面对死亡时所保持的人的尊严。

作为身体的存在,人在本性上也是行动的存在。作为行动者,人及其身处的世界始终处于变动当中。德国学者曾借助《淮南子》来说明人事变动不居的道理,把人事的变动作为人类存在的本性。这种本性体现在对生命的认识上,就是汉代人在生命终结的时候依旧要使其延长,并借助羽人的化形表演来实现。

在这一变动当中,对行动的意义和目的的追问和决定至关重要。在行动中,人类自身成为"起始",意识逐渐确立,身体得到升华("再生"),其理想状态之一就是让身体长出羽翅,羽人由此而生。这相当于第二次诞生,通常是某种宗教性的或者类似于宗教性的体验(像羽化成仙)。这一体验并不寻常,老子之"道"直接回归自然,所以羽人从人界就开始陪伴羽化成仙者,而不像西方宗教中长着翅膀的天使只有在天国才能见到。

无论天使还是羽人,他们都是在一种共同体中形成。在"一"与"多"之间,人首先是身体并因而是个体的存在。作为绝对的"一"和作为分散的"多"需要人能够发现彼此之间的关联,而正是绝对个体性的身体成为这一关联的基础。作为身体的存在,人占有空间并在空间中移动,并从而与其他身体相遇。在这种相遇中,身体作为力的承载者的事实呈现出来。身体自然形态只是某种虚构,力与力的碰撞和组合构成了相互理解和共同生活,像汉代生命意识的觉醒和对长生不老的共同追求。

为了这种追求,人要用身体思考和创造,使人从身体的生走向灵魂的生。因此,人的再生是在某种"转化"中促成了灵魂的生——这并非宗教

---

① 户晓辉:《童话现象学:苦心孤诣谁愿识?》,《民间文化论坛》2016年第3期。

意义上的生命更新，而是人性意义上的自我发现。[①] 如果说这种发现能够在汉画舞蹈中寻找到个案说明的话，那就非羽人舞莫属了，因为它不仅涉及了一种社会伦理与自然伦理的思考、创造与表演，而且构成一个身体变动不居的系统。

第三节　跨越生死的前提

一、社会伦理的基调

人类在有生之年从未停止与死亡的纠葛，死亡的暗影几乎弥漫了人类的整个生命过程，所以海德格尔说："只消人在，人就处于死之无路可走中。"[②] 在中国，汉代人率先考虑到这个问题，从《古诗十九首》"人生天地间，忽如远行客"的感喟到汉画中的羽人舞，使关于生命的"人的觉醒"（李泽厚语）被生动地表现出来，并且明确地承载着行动的动机和目的——儒道的社会伦理和自然伦理。[③]

在汉代，社会伦理是首先要强调的，其核心思想是儒家伦理，由此厚葬之风盛行，才有了汉画的出现。具体来讲，图5-34扶桑树间的"飞鸟一家亲"、图5-32的"主仆关系"已经隐喻地表明了得道成仙、长生不老的社会伦理前提。如果需要我们用动态的明喻表明这一基础的话，那么山东嘉祥宋山祠堂西壁的"羽人侍奉导引图"即是一典型（图5-35）。画像自上而下共分四层，高居顶端的是神仙世界，西王母端坐于中心云纹台

---

① 参见崇明《为政治的尊严辩护——评〈再生：论人类存在的政治起始〉》，《读书》2019年第9期。
② ［德］海德格尔：《形而上学导论》，熊伟、王庆节译，商务印书馆1996年版，第159页。
③ 这里的社会伦理见第二章第一节"二、'人文'世界"；自然伦理见第二章第一节"一、'天文'世界"。二者的舞蹈表达可详见第七章"舞动三界"。

图5-35 山东嘉祥宋山祠堂西壁画像

上,头戴华冠(汉代贵族妇女所戴,或称"五凤冠"),身披华服,臂生羽翼,"粉面含春威不露"。其左右两侧分别跪一身着裙装羽人,各持"木薪"和"禾秆"侍奉。左边侍奉羽人的身后是玉兔、蟾蜍在捣药,仙草郁郁;右边侍奉羽人的身后和头顶上是"召唤羽人""倒立跟进羽人"和"前伸手飞天羽人",一面投身西王母,一面领起下三层人界,似乎在告知唯有贤者方可求得长生不老之仙药。这类构图在汉画中已经成为一种程式,足见其稳定性。

第二层人界再现了"周公辅成王"的历史典故:周公为周武王之弟,周武王曾经患病不愈,周公则设坛祭祀,祈求先祖"以旦代某之身"[①]。武王死后,周公一心辅佐年幼的武王之子成王,即使遭遇奸臣的谗言仍忠心耿耿,巩固朝政。画像中,位于中心位置且身材矮小者即为年幼的成王,其左为跽跪的周公及大臣,尽显其忠;其右为持华盖等侍奉的侍者。该图为肯定性的社会伦理判断,故在上。

第三层亦为历史典故内容——"骊姬害太子申生":春秋时期,骊姬作为晋献公的宠妃野心勃勃,为使自己的亲生骨肉继承王位,设计害死了晋太子申生。画面中间跪地者为晋太子申生,手持一匕首朝向自己,右侧

---

① (清)阮元校刻:《十三经注疏·尚书正义》,中华书局2009年版,第416页。

有一只躺地观望的狗,暗示了右边奸臣计谋得逞。该图为否定性的社会伦理判断,故在下。

第四层为车马图,车马自东向西行进,最左侧一人一狗在路边恭候贵客的到来,其隐喻类同于图5-33同样于左下角跽跪的鸱鸮。显而易见,世人若登仙界,必须除恶("骊姬害太子申生")扬善("周公辅成王"),需要在现实社会中做到仁、义、礼、智、信,如此方能跟随羽人见到西王母,得到仙药,升仙长生,这已成为汉画羽人舞中一种既定的表演程式。

凡此,在诸如武梁祠山墙锐顶上的西王母仙境中亦有相同结构,说明异引升仙是有社会伦理明确指向的。巫鸿说:"东汉祠堂处于一个复杂的社会网络之中,它既是私人的又是公众的。武梁祠是武梁和家中活着的人进行交流的媒介。……在举行葬礼仪式期间和仪式之后,祠堂对家族成员和公众都是开放的,因此可以继续发挥它的社会作用,正如一座东汉祠堂上的题记所言:'涕泣双并,传告后生,勉修孝义,无辱生生。唯诸观者,深加哀怜……明语贤仁四海士,唯省此书,无忽矣。'"① 当年,秦始皇武力打天下,秦陵里留下了浩浩荡荡的兵马俑。之后,汉代以文治天下,汉墓里留下了周公、荆轲、丁兰、邢渠等和引导他们升仙的羽人,是所谓"图画天地,品类群生,杂物奇怪,山神海灵。写载其状,托之丹青。千变万化,事各缪形……贤愚成败,靡不载叙。恶以诫世,善以示后"②。

二、自然伦理中的儒道分合

汉武帝"罢黜百家,独尊儒术"确立了儒家思想的统治地位;即便如此,道家思想,特别是东汉时期道教建立的观念与仪轨始终生机勃勃,内

---

① [美]巫鸿:《武梁祠——中国古代画像艺术的思想性》,柳扬、岑河译,生活·读书·新知三联书店2006年版,第246页。
② 《鲁灵光殿赋》,载(梁)萧统编,(唐)李善注《文选》,上海古籍出版社1986年版,第515页。

化于汉代的精神世界中,也内化于汉画舞蹈中,形成"儒道交融"。这一特点亦影响了汉画羽人整体形象及羽人舞的构成。整体观看图5-35中的羽人形象,他们中的一类跪拜于西王母两侧,虽已成仙人,但仍能够恭敬跪拜侍奉,身姿同周公及大臣,形成一个由人界而仙界"谒拜"的三角结构,体现了社会伦理的稳定性关系,使羽人侍奉西王母与下层刻画的"周公辅成王"等儒家典故合成一个方尖碑。

有趣的是,方尖碑结构之外的羽人则显出了自然伦理的道家精神,与蟾蜍、玉兔等神仙灵兽在卷云纹中雀跃飞舞,特别是西王母头上勾连卷云纹装的飞天羽人。在面对死亡的问题上,与海德格尔不同,中国道教选择以长生成仙来回避死亡问题,相信肉体不死,而非虚幻的灵魂不灭。据《史记·封禅书》等记载,战国时齐威王、宣王与燕昭王等皆使人到蓬莱、方丈、瀛洲三神山寻访仙人与不死之药。汉武帝时,求长生成仙、肉体不死之风盛行,并转向西方昆仑山,成为早期道教的主要追求。春秋以前,尚无"仙"的观念。"仙"字最早见于《诗经·小雅·宾之初筵》:"曰既醉止,威仪幡幡,舍其坐迁,屡舞仙仙。""仙仙"指称醉后抛开礼仪束缚,自在起舞,无拘无束。它甚至构成了中国文人的一种集体无意识。唐代李白在政治上不得志,便"天子呼来不上船,自称臣是酒中仙";宋代黄庭坚向往谪仙,却又不得不"青衫乌帽芦花鞭,送君归去明主前。若问旧时黄庭坚,谪在人间今八年"。

四川彭山出土有"羽人舞图",羽人动作夸张,极具可舞性(图5-36)。图中上部中央有"千万"二字,是"千岁万岁"的吉祥数字。其右边有两个舞者,居左者着紧身衣,腰腿间羽饰飘飞,跳跃起舞,似男女高低桩的对舞;右边低桩者高鼻深目,似胡人。图下左部有一羽人,裤装饰羽,高大健美,拧身跨步,似"堂·吉诃德变奏"舞姿,正面向吹奏神兽起舞。他的上面是人界的乐人和仙界的祥禽瑞兽;他的两侧是人界的看客和仙界的静卧神兽。整个画面舞乐相伴,动静有致,人仙鸟兽并存,"屡舞仙仙"。

图 5-36　四川彭山出土 "羽人舞图"

　　阿尔贝特·施韦泽（Albert Schweitzer，1875—1965）曾树立过"敬畏生命伦理观"。1915年9月，他在非洲行医期间，顿悟式形成"敬畏生命"的伦理学，并从伦理学的角度对一切生命的平等权利进行了阐述。施韦泽指出，只涉及人对人关系的伦理学是不完整的，也不可能具有完全的伦理功能。敬畏生命伦理区别于以往伦理学的关键点就在于它的对象不仅仅限于个人、家庭与社会，而是扩展至生物、自然与宇宙。[①] 羽人舞的自然伦理虽然没有上升到一种自然伦理学，但多少也透露出一些相关的信息。

　　尽管成仙之事虚无缥缈，但仙之观念的形成却有现实生活的基础。东汉刘熙在《释名》中将"仙"释义为人生的某个阶段——"老而不死曰仙"，并将其描述为一种生存方式——"弃老"。"弃老"本为古代人生礼仪中从老年走向死亡的过渡仪式，老人在特定的年龄阶段从公共生活中隐遁，在

---

① 参见石海毓《沙漠独行者——美国自然文学作家爱德华·艾比》，《读书》2020年第6期。

社会身份与生活空间上与世人相隔离，以等待死亡的到来。"仙"之原意当为老年年龄等级之称谓；长生成仙信仰起源于曾经存在的"弃老"习俗与仪式，是原初处于仪式阈限状态的老人形貌与"野化"生活方式的曲折记忆与美化想象。故而《说文》释"仙"为："仚（即仙之古体字），人在山上，从人从山。"《说文·人部》又"僊（仙之异体字）"曰："长生僊去，从人从僊，僊亦声。""长生僊去"者即为仙，"长生"即为年老，先有长生之年龄，再仙去"，脱离日常社会生活的束缚，即可称为仙，故而"仙"字古意又有抛开礼仪束缚、无拘无束、进入神秘的"非人间的山中"之意。正如闻一多所言："仙在最初并不是一种特殊的人，只是人生活中的一个理想的阶段而已。"[①] 汉画中的羽人自然而然被称作"仙人"，无拘无束地生活，这些都不是凭空想象的。在中国古代文献中，对这些离群索居于山中的仙人生活多有记载——食松柏芝草、不着衣服、形体生毛、身轻机迅、不知冬夏与汉魏：

> 毛女者，字玉姜，在华阴山中，猎师世世见之，形体生毛，自言秦始皇宫人也。秦坏，流亡入山避难，遇道士谷春，教食松叶，遂不饥寒，身轻如飞，百七十余年。（《列仙传·毛女》）

> 汉成帝时，猎者于终南山中，见一人无衣服，身生黑毛。……而其人逾坑越谷，有如飞腾，不可逮及……问之，言我本秦之宫人也，闻关东贼至，秦王出降，宫室烧燔，惊走入山。饥无所食，垂饿死，有一老翁教我食松叶松实，当时苦涩，后稍便之，遂使不饥渴，冬不寒，夏不热。（《抱朴子·秦宫人》）

由此，我们几乎看到了羽人形象的原型：早期仙人之形貌大多丑怪，

---

① 转引海力波《"弃老"故事与长生成仙信仰》，《民间文化论坛》2016年第3期。

尤以体生绿毛、背生双翼为特征，如《苏仙公》（出自《洞仙传》）中："郡守乡人苦请相见，空中答曰：'出俗日久，形容殊凡，若当露见，诚恐惊怪。'固请不已，即出半面，示一手，皆有细毛，异常人也。"又《刘清真》（出自《广异记》）中"其人……通体生绿毛"；《刘根》（出自《神仙传》）"后弃世学道……冬夏不衣，身毛长一二尺，其颜色如十四五岁人。深目，多须鬓，皆黄，长三四寸"。《玉女》《萧氏乳母》（出自《逸史》）中皆有类似食松柏、长绿毛、可飞行的描述，《姚泓》（出自《异史》）中更以"唯餐松柏之叶，年深代久，遍身生此绿毛，已得长生不死之道矣"，将体生绿毛作为成仙之体证。王充在《论衡·无形》中明确表示："图仙人之形，体生毛，臂变为翼，行于云，则年增矣，千岁不死。"故有"千万"之说。汉墓画像砖与青铜器造型中仙人多为羽人状，有学者认为仙人形貌应是中国传统飞鸟图腾与西方双翼天使造型相结合的产物，但"体生毛"这一特征应是野化生存恶劣条件下，营养不良导致新陈代谢紊乱而发生的体貌变异——"深目而玄準，鸢肩而修颈，丰上而杀下"[①]。此乃活脱的人间羽人。

从自然伦理构成上讲[②]，仙人的"弃老山居说"为羽人的存在提供了现实依据；而"飞鸟图腾说"则为羽人的存在插上了理想的翅膀。它们在跨越生死的问题上是一致的：前者趋于"审丑"，是自然人化形所致，由此确立了汉画羽人的基本形象；后者则将这一形象诗化，使羽人在汉画舞蹈中成为艺术对象，不仅是叙事的，而且是审美的。由此，我们才能既现实又理想化地面对汉画羽人舞自然伦理的复杂构成。

在徐州出土的汉画石中，有"羽人车马临阙图"（图5-37），以汉阙的内外将画面分割成人界与仙界。汉阙的功能原本是别尊卑、发号令和登高远望，在这里，它又成为导引升仙的分水岭：阙之外是人界，左下角处，一羽人"深目而玄準"，手持仙草仰视车马临阙。按"弃老山居说"，这一

[①] （晋）葛洪撰，胡守为校释：《神仙传校释》，中华书局2010年版，第5页。
[②] 关于汉画舞蹈中自然伦理的构成，可详见第二章第一节"一、'天文'世界"和第三节"一、真与善的维度"。此处自然伦理的描述为生命的最后时段。

图5-37 徐州出土"羽人车马临阙图"（朱存明提供）

羽人是在准备仙草，供即将成仙的车马主人食用；按"飞鸟图腾说"，他自己是在准备起飞，以仙草迎接车马。两者的相通之处在于：只有身成仙体者才能执仙草展翅迎接即将成仙的车驾，并引导其升仙。果然，在翼马拉的车驾前面，是一身生翼、头戴面具、毛发丛生的羽人驱马西奔，直至高大宏伟的阙下。此时，神鸟栖息之阙成了登上仙界的天门。天门之内，别有洞天，我们常见的羽人饲凤亦在其中。观此半蹲跳跃之羽人与凤鸟亲密无间，正如《神仙传·彭祖》所云："仙人者……或食元气，或茹芝草，或出入人间则不可识；或隐其身草野之间，面生异骨，体有奇毛，恋好深僻，不交流俗。"

由社会伦理而自然伦理，实际上体现了中国本土儒、道两家的分分合合，贯穿古今。在一些社会学家看来，人类社会的构成来自人们相互的模仿与重复，即"社会模仿说"。比如法国古典芭蕾所形成的路易十四时代，路易十四和他的臣民之间存在社会关系，是因为双方都是同样的古典教育和基督教教育的产物。[①] 它强调了个人的从众心理。而在另一些社会学

---

① 参见［法］加布里埃尔·塔尔德《模仿律》，何道宽译，中国人民大学出版社2008年版，第48页。

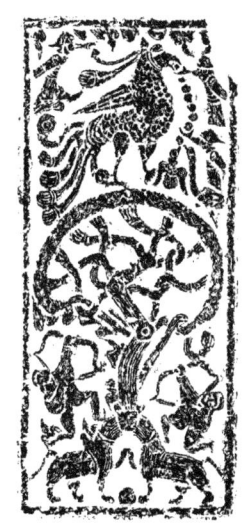

图5-38 山东邹城大故县村出土"羽人戏凤取丹图"

家看来,人类社会的构成来自群体实体间的相互关系,而非模仿,因为模仿没有能力使他们相互联系起来。"一个喷嚏、一个舞蹈似的动作、一阵杀人的冲动,都可以从一个人转移给另一个人,而他们之间只需要偶然和短暂的接触。"[①] 也就是说,偶然的不稳定的模仿并不能创造社会,社会是必然的实体。此为"社会实体说"。对于跳入我们视域内的由人扮演的汉画羽人舞来讲,无论是鸟舞和人舞还是仙舞和神舞,其形神之间都少不了模仿;与此同时,这些模仿又都被限制在"外儒内道"的汉代社会实体中。由此,它们才能成为我们深描与重建的舞蹈性个案:从戏白虎的"虎扑"(见图2-70右上角)到戏青龙的"倒植"(见图5-1);从求取仙丹(图5-38)到舞蔓草流云(图5-39)。

有趣的是,在社会伦理与自然伦理之间,汉画羽人舞在东汉后期还与佛教的造像、乐舞供养等观念与实践联系在一起,体现了生死轮回的观念,并且以胡人身份出现。如四川绵阳出土"胡人侍佛"摇钱树(图

图5-39 河南南阳麒麟岗出土"羽人舞蔓草流云图"(一说为伏羲女娲图)

---

① [法]埃米尔·迪尔凯姆:《自杀论》,冯韵文译,商务印书馆2001年版,第106页。

图5-40 四川绵阳安州出土东汉摇钱树"胡人侍佛"　　图5-41 山西大同智家堡北魏墓壁画摹本（局部）

5-40），佛陀端坐中央，周围是羽饰花供养，一戴尖帽、留络腮胡须的胡人羽饰其身，执三宝类侍奉，毕恭毕敬。佛教舞供奉羽人的出现，开拓了汉画羽人舞的表空间：一是羽人侍奉西王母外，又多了同在西方的佛陀，并被造像定格，使羽人舞有了新的身体投射中心；二是汉画羽人舞中胡人的身份认定，扩大了其表演队伍；三是从"献乐及幻人"的世俗歌舞表演层面跃升到了信仰层面；四是执节、执棍、执戟、执金吾、执仙草的道具舞外，羽人又有了执三宝类的表演。如此，羽人舞才有了向后代转型和延续的可能。魏晋南北朝时期，佛教大盛，胡人羽人舞大行其"舞"。山西大同智家堡北魏壁画中，有四位男性侍者，手持莲花，其上有由羽人转型的二飞仙执巾对舞。（图5-41）再往后，这些飘飞的羽人舞就渗透进敦煌唐代飞天舞中。此时，飞天舞的身体表达就完全摘掉汉代羽人舞供佛"灵活性与隐蔽性"的面纱了。①

---

① 参见何志国《东汉外来杂技幻术与佛像关系及影响》，《民族艺术》2016年第1期。

第六章
手舞足蹈

第一节　名正则言顺

一、舞蹈研究的眼光

人说汉画是"敦煌前的敦煌"。以此推理，汉画舞蹈当是"敦煌舞前的敦煌舞"，汉画羽人舞亦当是"敦煌飞天舞前的飞天舞"。可惜，其没有敦煌飞天舞那么幸运，尽管上天入地、手舞足蹈于汉画世界中，但舞蹈界和汉画界均未很认真地视羽人的身体行为为舞蹈。舞蹈界多认为其难成舞台艺术，汉画界则多认为难在乐舞百戏中给它一个类别。所以，羽人舞之"舞"的名分确认要有个说法，以使因成见而被遮蔽的羽人舞名正言顺地进入汉画舞蹈的视野。

站在舞蹈研究的立场上，羽人舞名分的确认主要在于：其一，在手舞足蹈的前提下，它是舞蹈中的生活舞蹈还是艺术舞蹈？其二，在舞种分类的前提下，它是民间舞还是古典舞？其三，在舞蹈技艺的前提下，它是民间舞的绝活儿，还是古典舞的规训？这也许又要借敦煌舞蹈加以比较分析。

在舞蹈界，敦煌舞蹈已然细致地分出伎乐人与伎乐天。伎乐人多被归为生活舞蹈，带有一些民间舞性质；伎乐天则被归为艺术舞蹈，在伎乐天

中又分出飞天伎乐和药叉伎乐等，飞天伎乐还分出闻法飞天、赞法飞天和涅槃飞天，舞不厌"精"。以伎乐天为研究、创作和表演的敦煌舞因此又被称为"敦煌古典舞"。与之相比，汉画舞蹈似乎只是混沌地跳在乐舞百戏中，两者谁也没把它纳入自己的"族群"中。但事实上，它们不仅有生活舞蹈和艺术舞蹈之分，可以在乐舞中占一定份额，可以按乐

图6-1　山东临沂博物馆藏"伏羲·羽人舞图"　　图6-2　海阳秧歌"金鸡沐浴"动作

舞中的道具、形象与形式分类，而且还有羽人自身的人界舞、仙界舞和天界舞之分，其经典可以与敦煌飞天古典舞并列。（见图5-1）

生活舞蹈就是日常生活中的手舞足蹈，非专业舞者所为，在传统舞蹈中属于民间舞，许多情况下也不自诩为"舞蹈"。① 汉族的"北方的秧歌南方的灯"从来没冠以"舞蹈"的头衔，蒙古族的"安代"、藏族的"果谐"等也如此。但它们可以成为职业化的艺术舞蹈，以作品形态跳上舞台；或者进入学院的练功房，以规训形态成为教材，像已成为"学院派民间舞"的山东海阳秧歌女班教材，其中"民间艺人传统短句"里的"凤采牡丹""金鸡报晓""喜鹊衔梅""紫凤朝阳"等②，都属于艺术舞蹈的训练，也都有与汉画羽人一样的飞鸟舞基因。如果它们进一步典雅化，日后像汉乐府一

---

① 详见第三章第二节"从汉族舞蹈到汉民族舞蹈"。
② 参见张荫松、田露《山东海阳秧歌教程》，上海音乐出版社2012年版，第211页。

样酿就出古典舞，也未必没有可能，[①]就像"汉唐古典舞"的代表作品《踏歌》。

山东临沂博物馆藏有一张漂亮的羽人舞图（图6-1）。全图分上下两层，下层为斗拱，底部似有采药者；自下而上，第一根拱右端的东王公遥拜另一端的西王母，他们的身前皆有侍者；第二根拱中间还有两只怪兽脸，咧嘴大笑，以示赞许；斗拱上端是两只捣药玉兔和一只献食瑞熊。上层的执规者为人首蛇身的伏羲，胸前一日轮，中有九尾狐与三足乌；伏羲对面是扬手跨步拧身回望的羽人，右臂与左臂向上环抱成圆形，与日轮相呼应，尤其是伸展到极限的右臂，划出的弧线与伏羲反躬的蛇尾呈对角圆弧。羽人沐浴着灿烂的阳光，与海阳秧歌的"金鸡沐浴"动作异曲同工（图6-2），优美精巧。

又有南阳市汉画馆藏"羽人逐仙鹿图"（图6-3）：左上角为玄武，右下角为代表繁衍的九头神兽，天界的云际中又有两只带翅神鹿向西飞奔；神鹿的身后是身着紧身衣羽饰的羽人，持长索踏步追逐，主力腿弓步发力，动力腿顺势飞扬，与海阳秧歌的"白鹤踏月"动作相似，后者只不过把长索换成了手巾（图6-4），舒朗轻灵。它们均为艺术舞蹈。

"礼失求诸野"，印度古典舞的初建过程即大量吸收民间舞的动势与动律。在这个意义上，"金鸡沐浴"和"白鹤踏月"可以说是活在当下的"羽人见伏羲""羽人逐仙鹿"的折射，它们不再是民间艺人的绝活儿，而是一种普通的身体规训形态。

就舞种性质而言，汉画舞蹈主要保有的是汉帝国主流社会的身体文化与审美记忆，即古典舞形态。"乌泰姆普斯"是古希腊的想象帝国，在那里，人们依靠技术进步带来大量闲暇时间，过着自由、宁静而和谐的生活。汉帝国的生活也很休闲，在汉画的世界里，最为自由的舞蹈角色大概非羽人莫属，他们也时常会带来宁静与和谐，图6-1、图6-3即是证据。

---

① 北京舞蹈学院中国民间舞系潘志涛教授就曾直言，日后学院派民间舞可能取代古典舞。

图6-3　南阳汉画馆藏"羽人逐仙鹿图"　　图6-4　海阳秧歌"白鹤踏月"动作

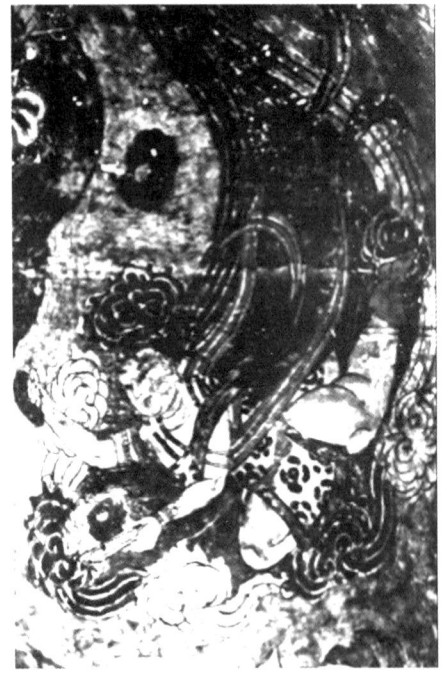

图6-5　敦煌第97窟西夏"撒花飞天"　　图6-6　2019年，山东青年政治学院表演的《羽人取丹》

在我们所分析过的图6-1中，还有两个漂亮的"飞天羽人"：其一在上格右上角凌空飞来，扬手俯身，羽饰垂悬，只可惜躯干和脚隐在格外，但整体动势当如敦煌"跳水飞天"；其二是位于伏羲蛇尾左下边的持仙草羽人，昂头乘风而下，双腿后踢，躯干呈弓形，与前伸的双臂形成伸展的反弓弧形舞姿，与伏羲弧形蛇尾相合，并与之浑圆的肩部形成对角的圆弧，恰成日轮之外又一个隐形大圆。这一"撒花羽人"从手到脚之间构成了优美的"S"形，比之敦煌的"撒花飞天"（图6-5）更具有可操作性。

如此，除去羽人的生活舞蹈，在艺术舞蹈的范畴中，羽人舞当之无愧地占有一席之地。换言之，如果说敦煌飞天舞已然成为今天舞台上的作品，那么羽人舞也没有理由不能成为舞台作品——况且已经有了实验作品，如从侍奉到取丹（图6-6）。同样，如果说敦煌飞天舞已有其规训系统，那么汉画羽人也可以成为汉画舞蹈规训系统中的子系统。

二、汉画研究的眼光

一般情况下，汉画研究将建鼓舞、盘鼓舞、袖舞、巾舞，甚至鼗鼓舞、钹舞等归之为"乐舞"中的舞蹈，而将角抵、戏车、冲狭、滑稽戏、跳丸弄剑、鱼龙曼衍等归之于"百戏"，羽人的手舞足蹈虽然多有提及，但似无所归属。其实，无论按照道具分类还是按照形象或形式分类，羽人舞都有其鲜明的物理特征。

按舞蹈道具分类，作为物理构成的服饰与道具一体的羽饰可以成类而存在于鼓、巾、剑、袖等道具中，尽管它们不如建鼓、盘鼓、长巾、广袖那样标识鲜明，但其所带来的视觉直观效果却可以与鼗鼓、铎、钹、便面等道具媲美。

在舞蹈形象分类上，羽人是一种独立形象，与舞伎、俳优、武士、天神等形象平行站位。这些形象上天入地，不仅打破了时空界限、雅俗界限、人神界限，还以多样性的徒手舞和道具舞丰富了汉画舞蹈形象的塑造,像"羽人六博舞""羽人格斗舞""羽人庖厨舞""羽人侍奉舞""羽人饲凤舞""羽人仙草舞""羽人戏祥瑞舞""羽人飞天舞"等,自下而上,穿梭于建鼓、盘鼓、长袖、长巾、兵器诸舞之间,不拘一格。

舞蹈形式分类包括表演形式和身体形式,前者又包括男女的单人舞、双人舞、三人舞、群舞,后者又包括调度形式和动作形式——调度形式中还有平面空间与立体空间之别,像坐舞、立舞、飞舞。[1] 于此之中,没有哪一类舞蹈能像羽人舞那样充分拓展汉画舞蹈的形式。

二度空间的立舞是中国传统舞蹈的最常见的表演形式。在山东安丘董家庄汉墓的墓室顶部,刻画了一幅纷繁热闹的乐舞百戏图。画面的左上方是两个跽坐的观众倾身观看身前的便面踏鼓舞:舞者右手执便面,左手平伸,踏鼓而舞;手指指向的右侧舞者则舞动长巾,与之呼应。他们右侧的方毯上有三位乐人正在为舞蹈伴奏。再往右边为"顶杆戏"的表演:"十字形"的大杆被一人托住底座,竖杆上有"猴人"和人向上攀爬;横杆上有若干名童子在表演软功或倒立。画面最右边是一排乐人在演奏,一人在表演"舞丸弄剑",其上方一羽人在同步作舞,其脚下有席地而坐的观者。观者的下方又是一艺伎倒立,目睹着自右向左的一队假形祥禽瑞兽表演;在左下方三条龙中间,一羽人在摇鼗、执龙尾嬉戏,跳踏作舞。我们也经常看到更艺术化的羽人舞蹈,像"长绸舞"式的仙草舞。

一度空间的坐舞也是中国传统舞蹈一种表演形式。在画面的中区偏左的位置有两位羽人跽坐六博,手舞夸张;其上二羽人似博戏作罢,右边羽人跪取方毯上的赌物,敬递左边仍在摆手作舞的羽人;他们身后是踞坐的伴奏乐人。"羽人六博坐舞"的右边是两位聚精会神的观者;又有一贵族骑马赶来观战,身后还有两个扛戟侍从随马奔跑……整个画面中上下左右的六个羽人不仅构成了人数上的集团冲击力,而且以坐舞的形式占有一席之地,在乐舞百戏场中形成空间差。在汉画舞蹈中,从人界到仙界,羽人六

---

[1] 汉画舞蹈分类可详见第二章第四节"分门别类"。

图6-7 山东沂南汉墓"跽坐建鼓·鞞鼓舞图"

图6-8 山东嘉祥满硐宋山村小石祠东壁"车马·庖厨·乐舞·羽人侍奉东王公图"

博坐舞丰富多彩,姿态万千。

这种坐舞形式与建鼓坐舞和长袖坐舞同在。山东沂南汉墓前室有两幅关联的"跽坐建鼓·鞞鼓舞图"(图6-7),均为大建鼓挂小鼙鼓,造型别致。左图鼓舞者双手执桴拧身击鼓,一彗竖立于身边;右图鼓舞者右手执双桴,左手执彗,由击打建鼓到拥彗迎宾。二者当为连动,因跽坐而使舞姿稳如泰山,与羽人运筹阴阳五行的六博之坐舞别成一种风格。平心而论,如果建鼓、鞞鼓可以打出"乐"外而成"舞",那么六博之阴阳动势更应该归于"舞"。

羽人除有一度空间的坐舞、二度空间的立舞外,更有三度空间的"飞舞",山东嘉祥的"车马·庖厨·乐舞·羽人侍奉东王公图"中的飞舞羽人就是其一。(图6-8)图上下分四格,自下而上为车马、庖厨、乐舞和羽人侍奉东王公。车马、庖厨是身份和富足的象征,非钟鸣鼎食之家而不能为。乐舞一格共6人,左面3人,1人抚琴、2人伴唱;右边3人做盘鼓舞,中间者手足并用,跌状击鼓,与两边的踏鼓者构成技术高超的男子盘鼓三人舞,其中戴尖帽者为胡伎。最上一格的羽人侍奉东王公舞跳在卷云

| 第六章 手舞足蹈 | 321 |

纹和祥瑞之中：舞者或持筹或徒手，由两边向东王公踏步靠近，双手交叉上扬，双脚踏步前趋；右侧上方更有双蛇尾飞天羽人舞，双手同样交叉上扬，双尾（双脚）凌空"飞舞"，算是倾斜跳跃舞姿，"汉唐古典舞"训练术语称之为"斜塔"或"斜塔跳"。

按照三度空间舞蹈的功能来讲，敦煌飞天是以舞娱佛，以舞传佛；汉画羽人是以舞娱"道"，以舞传"道"——东王公是继西王母后的道教代言人，这就在舞蹈道具、形象和形式之外涉及舞蹈内容的分类。

汉画舞蹈内容分类无非世俗生活和信仰生活两大类，前者包括生产劳动、车马庖厨、谒拜宴享等舞蹈场中的舞蹈，后者包括"外儒内道"和沾了一点儿边的佛教——儒道释的舞蹈。[①] 对于世俗生活和信仰生活，羽人舞全面覆盖，但其核心内容追求如鲁迅所言——"中国的根柢全在道教"。汉代羽人产生的思想基础是当时流行的神仙思想，而神仙思想又是汉代道教兴起的核心思想之一，常在道教仪式中的身体行为中表现出来。

像儒教的佾舞、佛教的法舞一样，尽管道教仪式中的舞蹈形态已经是学界确定的事实，但仍有一些学者、教内外人士对道教仪式舞蹈的概念、内涵和边界持怀疑态度，徘徊于"仪式说"和"舞蹈说"之间。对此，道教经典《道藏》不仅明确认定了道教之"舞"的存在，确立了舞人身份、舞名，而且还确立了道教之舞的性质、功能和种类。道教舞人身份包括"天钧伎乐""音钟伎乐""旛幢伎乐""天伎乐""自然伎乐""飞仙伎乐""神仙伎乐""神龙伎乐""宝盖伎乐""无量伎乐""文武伎乐"等。舞名则分两类，第一类直接涉及宗教内容，有"龟息鹤舞""延命舞""无量寿舞""舞天""舞仙旗""舞龙蟠""舞霄""舞轮""舞空轮""舞玄""舞金乌"等；第二类为舞蹈史中的舞名，如"舞剑""舞袖""舞商羊""舞六么""舞霓裳""踏歌"等。《道藏》反对道士私习伎乐，追求享乐，认定舞蹈的终极目标是驱凶纳吉，羽化成仙，故一定与天界、仙界、人界的事相关：天

---

① 参见第四章第二节"二、思想、艺术与技术资源"。

界的事含有"鸾啸凤唱,飞鸣应节。龙戏麟盘,翔舞天端";仙界的事当有"旛幢宝盖,衣服帐舆,饮食器物,皆同一色。飞云采鹤,翔鸾绮凤,金翅朱鸟,神仙仗乐,填满东方,来到会中,以用供养";人界的事用于"音声舞曲吉凶诀","弹一两操琴,舞三四歇剑,狂歌野舞,翔然归宿"。①

图6-9 梅山教变身行法舞姿（张素琴提供）

图6-10 汉画舞蹈"鸟形训练组合"（牛锡桐提供）

在汉画舞蹈中,"龟息鹤舞""舞仙旗""舞轮""舞金乌""舞剑""舞袖"等均有表现,而就其代表性舞容而言,则非羽人舞莫属——至少西王母和东王公是羽人舞明确的身体投射中心,这也可以说是一种"取地下之实物与纸上之遗文互相印证"（陈寅恪）的非对称性使用,以证明"羽人舞"是"舞"。

特别需要说明的是,道教仪式舞蹈绝非停留在《道藏》的论证及汉画相关图像之中;它还流传至今,活生生地存在于当下,如梅山教变身行法中半跪的"鸟形"舞姿。（图6-9）类似舞姿不仅普遍地存在于汉画羽人舞中,而且非常生动地体现在从朱雀到鹄鸟等祥禽舞姿上。按照拟兽舞说,这些祥禽舞姿亦是羽人舞重建的身体语源之一（图6-10）,因为羽人本来就是鸟形。

---

① 张素琴:《道教仪式舞蹈的身体语言研究——以龙虎山天师道仪式舞蹈为例》,博士学位论文,中国艺术研究院,2019年。

事实上，汉画舞蹈世界的建鼓舞、盘鼓舞、长袖舞、长巾舞等，并非图像或榜题的自身说明，甚至在文献中也少见其合成词；之所以加进"舞"字，乃后世诸多领域"好事者"所为。如此，称羽人的手舞足蹈为"羽人舞"并给它一个舞蹈的名分就不算勉强了。

第二节　身体言说

一、征服有限的生命

在名分确认之后，羽人舞"跳什么"和"如何跳"的问题就摆在了我们面前，借以确立"这个"（黑格尔）。与其他汉画舞蹈有别，羽人舞的身体言说动机主要是面对"死欲"（海德格尔）而征服有限的生命。

李泽厚以为，汉代艺术"通过神话跟历史、现实和神、人与兽同台演出的丰满的形象画面，极有气魄地展示了一个五彩缤纷、琳琅满目的世界。这个世界是有意或无意地作为人的本质的对象化，作为人的有机或非有机的躯体而表现着的。它是人对客观世界的征服，这才是汉代艺术的真正主题。"① 从终极意义上讲，这种征服即是对死亡的征服。具体来讲，有机的躯体在面向世界时会直接与世界接触，在世界之内体验它，由此产生"身体意识"或"身体化的意识"。通过这种意识，身体能够将它自身同时体验为主体和客体。② 当人类以艺术的方式表现出这种身体化意识的时候，便是舞蹈身体言说，故刘熙《释名》有云："礼，体也，得事体也。"在汉画舞蹈五彩斑斓的身体言说世界中，由审美的身体化意识构成的羽人舞自成一格，以死欲为起点，按照"面对死欲→飞升摆脱→长生不老→化形为鸟

---

① 李泽厚：《美的历程》，生活·读书·新知三联书店2009年版，第75页。
② 参见［美］理查德·舒斯特曼《身体意识与身体美学》（中译本序），程相占译，商务印书馆2011年版，第7页。

→羽人完型",即"克服死亡的缠绕→体轻机迅地寻求出路→健康俊朗的生活方式→图腾鸟人的自然模仿→带羽仙人的自我造型"。前三个阶段是在征服有限的生命,后两个阶段是在此过程中自我构造成形。五个阶段既是历时的,也是共时的。

长沙马王堆一号墓(前2世纪)出土有覆盖于棺木之上的"T"形帛画(图6-11),不仅传达出墓主人希望得道升仙的目的,而且也传达出活人借"秦篝齐缕,郑棉络些"(用缕棉作成幡物)以招死者之魂。招魂的一种说法是在送葬时由生人举着帛画走在队伍前端,用来召唤死者灵魂;另一种说法是为死者的灵魂披上翼状的"T"形帛画,他就能像鸟一样飞往天上世界。事实上,"不死"与"成仙"并不是一直就有着内在关联的一组词汇。

图6-11　长沙马王堆一号墓出土"T"形帛画

秦始皇之前,王公贵族所追求的不过是在人世间寿命的延长,而没有对去另外一个神仙世界并改变自己"人"的身份的无限渴望。至少到目前为止,没有发现在秦始皇之前的时期有王公贵族期望摆脱"人"的身份,成为"神仙"。关于《庄子·逍遥游》的描述,传统研究中有人认为是屈原所作,而现在的一些研究认为它应当属于汉代早期的作品。[①] 在此,帛画将"不死"

---

① 参见贺西林《云崖仙使——汉代艺术中的羽人及其象征意义》,《中国美术研究》2012年第Z1期。

第六章　手舞足蹈　｜　325

与超脱尘世的"成仙"联系在了一起,也成了羽人舞身体言说阶段的一个参照。

第一阶段是面对死欲阶段。死欲是人之原欲,它产生于人的意识成熟之后,并特别地体现在生命即将消失的时段。因此,人类想尽办法要克服它,哪怕生命消失,人们还会以各种方式实现逝者的这一意愿,这也是在原始转化仪式中葬礼尤为被看中的原因。商朝甲骨文的"死"字,即右边为一活人跪坐在左边尸体旁,从中可以推论:远古时期,人们对于死已经有了一种主动应对的方式。延及汉代,大规模精致的墓葬及墓葬艺术有力地证明了这一点,这也是羽人舞首先面对的现实。

在马王堆帛汉墓画中,位于人界中层的贵族死者(身前跪有侍从)清楚地意识到了她将面临着下层阴间和上层仙界两个世界——死亡和永生。在阴间狭长的世界中,二龙龙身缠绕结成"死欲";迎接死者的是镇邪的豹身狮头兽、长角兽和丰厚的祭品;唯一挑起亮色的是祭奁上面两个人首鸟身的鸟形人,它们是羽人前身的一种,鸟的身体特征多于人的身体特征,很像后来敦煌壁画中的迦陵频伽,也是汉画中罕见的置身阴间的羽人。它们昂首伫立,迎接死者;与此同时,其昂首欲飞之所向,也给死者带来冲破死欲、重生成仙的希冀。按照弗洛伊德的说法,人的原欲会转化成焦虑,而这焦虑必须发泄出来,才能使人得以舒畅。发泄可以是导致悲剧的破坏性的,也可以是导致喜剧的建设性的。作为人之死欲发泄的导引者,羽人属于后者——"它不是如原始艺术请神灵来威吓、支配人间,而毋宁是人们要到天上去参与和分享神的快乐。"①

第二阶段是飞升摆脱阶段。这种建设性的飞升属于精神层面,落实到肉身,它体现在体轻机迅上,无此便无以导引凡人飞升。于是,我们看到了马王堆汉墓帛画中想象的由二龙龙头指向的仙界天门。天门口是迎接死者的一只展翅高飞的鸱鸮和两只栖息于仙草边的凤鸟。古罗马神话中智慧

---

① 李泽厚:《美的历程》,生活·读书·新知三联书店2009年版,第76页。

女神密涅瓦身旁的猫头鹰（鸱鸮）是思想和理性的象征，在黄昏中起飞就可以看见白天发生的一切，也可以洞悉黑夜。黑格尔曾用密涅瓦的猫头鹰在黄昏中起飞比喻哲学，意在说明哲学是一种沉思，是一种反思的理性。此处的鸱鸮也是在黑夜与光明之间，沉思着征服有限生命的问题。至于其上的凤鸟，则已从鸱鸮的沉思中开始引吭高歌。进入天门内，有两位戴冕的侍者跪迎；再往上行，所见是仙花异草、祥禽瑞兽、日月同辉；上层正中两只似鹿似马昂首向上奔行的瑞兽身上，似乎是两个长耳羽人，正叉手回身，骑行引领，直奔端坐于顶端中央的两边有仙鹤齐鸣的西王母。在此宽敞明亮的仙界中，不同于狭长昏暗的阴界纵向缠绕之龙，横向舒展之飞龙满目飞动，与骑行羽人并行向上——上面是日月同辉。

汉代人有一种共识，认为宇宙是一个整体，神圣和世俗领域之间没有本质的区分，天地之生物与人类都被看作同一个世界的成员，其中不可见的力量能够影响人的命运，人可以与这些力量进行交流，从而致福避祸。为此，汉人的愿望不再仅仅被表现于有关福地的虚幻图画上，而且被表现在有关宇宙图景的高度复杂的象征物上。[1] 在这幅帛画的顶端，天界的日月也不期而至，三足乌、蟾蜍、仙鹤、飞龙、羽人、门吏，天地万物融于一体，羽人可以以其体轻机迅引领逝者。

第三阶段是长生不死。化解"死欲"飞升之后自然生成"长生不老"的意识，这符合汉时黄老之术的祈愿——"天一生水，人同自然，肾为北极之枢，精食万化，滋养百骸，赖以永年而长生不老。"（《太上纯阳真经·了三得一经》）汉人以为，长生不老的肉身形态不是苟延残喘，而是隐居深山后的重返童真的健康俊朗，是汉乐府诗《长歌行》所谓的"仙人骑白鹿，发短耳何长。导我上太华，揽芝获赤幢。来到主人门，奉药一玉箱。主人服此药，身体日康强。发白复更黑，延年寿命长"。

在古代，"好道学仙"和长生不老不是虚幻的想象，而是一种健康俊

---

[1] 参见［英］鲁惟一《汉代的信仰、神话和理性》，王浩译，北京大学出版社2009年版。

朗的生活方式所构成的现实,是克服死欲阈限的一种现实存在。闻一多认为,中国神仙思想出自西北羌人,随羌人自西北经陕、晋、燕、赵而传播至齐鲁之地,秦汉之后又在巴蜀荆楚之地盛行,形成一个东北自西南的边地半月形文化传播带,故长生成仙信仰之起源应当是该传播带内游牧、渔猎族群与农业族群文化交融的产物。据扬雄《蜀王本纪》记:"蜀王之先名蚕丛,后代名曰柏濩,后者名鱼凫。此三代各数百岁,皆神化不死,其民亦颇随王化去。鱼凫田于湔山,得仙。今庙祀之于湔。时蜀民稀少。""蚕丛""柏濩""鱼凫"诸王皆为神话中人物,当为南迁之氐羌族群代表。诸王皆"神化不死",与《华阳国志》中所记其后蜀王杜宇"升西山而隐"一样,是按照族群弃老习俗隐化于湔山中。《太平御览》卷八八八注曰:"(鱼凫)王猎至湔,便仙去,今庙祀之于湔",可见鱼凫诸王无墓无葬,皆隐于山中不见踪迹,故称其"不死"。

这种生活方式一直延续至清嘉庆年间,曹树翘所著《滇南杂志》"绿瓢"(志作秋胡)条记:"云南黑白倮㑩往往有寿至百数十岁者。相传至二百岁则子孙不敢同居,舁之深山大箐中,为留四五年粮,此㑩渐不省人事,但知食卧而已,遍体遂生绿毛如苔,尻突成尾,久之长于身,朱发金睛钩牙锴齿。其攀徒岩壑,往来如飞,攫虎豹獐鹿为食,象亦畏之,土人呼为绿瓢。"无怪汉画中的羽人无惧神兽,与之共舞。该习俗非孤案,日本阿依努人亦有隔绝垂死者之俗:"虾夷人(阿依努人旧称)为了保存旧有的住所,他们往往为行将死去的老弱者另搭一个小窝棚,将他们供养在里面。待其亡故后将小窝棚烧毁,用以替代过去那样的捐弃。"[①] 今天,日本阿依努人还有以"海豹舞"祭祀与世隔绝的先祖的舞仪。在"隐于山中不见踪迹之后",这些人的生活方式被称为"得仙"。(图6—12)

第四阶段化形为鸟是典型的"人的本质对象化"(马克思),即把前三阶段的结果化作鸟图腾。中国半月形传播带主要分布在内陆高原和山地,

---

① 海力波:《"弃老"故事与长生成仙信仰》,《民间文化论坛》2016年第3期。

没有海豹,故其祭祀祖先的舞蹈多用鸟形舞,像哈尼族的"棕扇舞"、苗族的"锦鸡舞"等,或以棕扇为翼飞去见祖先,或是祖先化作锦鸡前来相见。这些鸟形舞来自祖先不死的鸟图腾崇拜,其鸟形有喙有尾有翅,遍体生毛,它们的进化,就是第五阶段的带翅仙人——羽人的完型了。这两个阶段我们将在下文加以深描。

图6-12 美国费城博物馆藏宋元散页中的"得仙图"

二、从自然模仿到自我定型

征服有限生命的"跳什么"问题之后,便是羽人舞"如何跳"的实践操作,其前提是舞者的塑形,即我们今天所说的化妆造型。在汉画之中,凡举善事或福事,多有鸟在场。鸟是羽人的原型,由此演变出"鸟人"和"羽人"、"鸟舞"和"羽人舞",其进化清晰可见。

湖北荆州天星观二号战国楚墓出土有彩漆木雕鸟人,肌肉发达,健硕有力。它有突出的鸟喙和鸟尾,身体前倾,双手执物,立于凤鸟之上似在寻觅,是谓"鸟人"。(图6-13)至汉,有河南洛阳东郊出土的汉代羽人青铜像和陕西西安南玉丰村的汉城遗址,人形多于鸟形。(图6-14)尽管两尊青铜羽人像分别出自东汉与西汉、洛阳与西安,但其形象特征却极为近似:长头,深眼,高鼻,嘴角含笑,双耳出颠,长发披于脖后,肩生羽翼,双臂持物前伸,五指分明。二者均体态饱满,躯干笔直,细腰圆肩,

图6-13 湖北荆州天星观二号战国楚墓出土的鸟形羽人彩漆木雕

图6-14 洛阳出土的东汉羽人和西安出土的西汉羽人青铜像

图6-15 战国兽衔环狩猎纹壶壶身下部的"拟鸟舞图"

腿部附着毛羽，呈跽坐状，身体前倾，毕恭毕敬，气定神闲，似在谒拜、侍奉或吹奏，是谓"羽人"。这两位"坐舞"羽人表现出高度文明状态中人类的身姿，已然是从客观的自然状态走向主观的艺术创造，使羽人开始自我定型。从"蚕丛""绿瓢"到战国木雕鸟人，我们已经看到形而下的"得仙"生活方式正在向形而上的图腾寻觅转型；再从战国木雕鸟人到汉代青铜羽人，我们则看到了图腾鸟人向羽人的转换，同时也看到了更高的精神层面的转换。在对羽人原型的研究中，孙作云先生认为：当初，鸟种族的人为了与鸟图腾同一化，要学鸟的动作；他们又相信人死了以后要变成鸟，基于这种原因，所以在后代才发生人要变成鸟（至少是一半变成鸟）或骑着鸟就可以飞升的观念。如从《山海经·海外南经》"羽民国在其东南，其为人长头，身生羽"到屈原《楚辞》中的"高飞兮安翔，乘清气兮御阴阳"；再到李白的"安得生羽毛"，"矫翼思凌空"。与此同时，在学鸟的动作之前，还有一个化形为鸟的鸟形人；而在学鸟的动作之后，又有一个审美化的拟鸟舞的升华（图6-15），最后才到了汉画羽人舞。（图6-16）

比较图6-15和图6-16的拟鸟舞和羽人舞，其共同点都在"身生羽"，以双臂为翅，身型纤细灵动。图6-15为鸟人图腾舞，是原始宗教

图6-16　山东嘉祥武宅山出土"祠西王母羽人舞图"局部

中图腾自身的言说，因双翼所累难以有"手舞"的身体语言表达，在汉画舞蹈中尚有遗绪（图6-16左上角羽人舞即其一）。图6-16为羽人侍奉舞，其长耳、羽饰、长裙的装束使他们不仅更接近人，而且腾出了双手，使之有了持仙草、持华盖舞侍奉等更丰富的身体语言表达。

《论衡·雷虚篇》有言："物无翼而飞谓仙人。"鸟翼有力而狭长，故无翼仙人之手臂也是有力而修长的，手亦如此，有的甚至长如鸟爪。与手相呼应，以羽毛或流苏为饰的仙人的腿也一样细长有力，像长跑运动员一样。与运动员不同的是，他们是赤足而舞蹈，趾尖长，借以抓握、疾行、腾飞、轻落。此外，这些舞者头部多有一束向后飘飞的羽毛，与凸出的小嘴构成斜线，在笔直的躯干上格外抢眼。当诸多强化鸟形的身体四信号被冲淡而人形特征被突出时，鸟形人的身体便换形为羽人，拟鸟舞也换形为"矫翼思凌空"的羽人舞或羽舞，与乐舞百戏中的舞伎、俳优等形象同在，与袖舞、巾舞、鼓舞等道具舞共存。（图6-17）

图6-17自左向右为：月，持便面、供品侍者，戴胜西王母，持便面侍者，持便面鸡头神，凤鸟与九尾狐，玉兔捣药，羽人捧仙草舞，乐队，三人长袖坐舞，俳优倒立与弄丸，单人长袖舞，观舞（或伴奏）者，持便面者，羽人骑鹿送仙草（鹿是羽人的坐骑，骑鹿升仙已成为中国传统文化

图6-17 陕西绥德县博物馆藏"西王母·乐舞百戏图"

模式之一),羽人驾三飞鸟拉的车,车上应为主人。其中的捧仙草、长袖舞与羽人骑鹿送仙草、羽人驾飞鸟车送主人共同把全图连缀成一个有机体,回应了征服有限生命的身体言说。

第三节 在仪式与表演之间

一、言说语境

显而易见,图6-17的羽人舞是置身西王母仙界言辞语境中的身体表达,似仪式似表演。这正像"交融美学"所确立的语境美学的特征:在审美交融中,边界消失了,我们直接亲密地体验混沌中的秩序。

皮朝纲先生以为,"中国古代美学是一种人生美学","以游戏艺事作为艺术审美的心灵诉求"。[1] 这话说的是禅宗美学,其实也点到了羽人舞超然的语境——既非功能化的身体仪式行为,亦非"设宴陈伎"的静观表演,而是一个有益于"道事"却又可以"游戏"的舞蹈场。语言学以为,语言在语境中才能成为话语。语境分为宏观的社会语境(场域)和微观的言辞语境(场),前者是羽人舞的外部环境,后者是其舞蹈的具体场合[2],是

---

[1] 转引自林琳《在深耕与体悟中夯实中国美学之基——访美学家皮朝纲》,《中国文艺评论》2020年第6期。
[2] 参见张素琴、刘建《舞蹈身体语言学》,首都师范大学出版社2013年版,第8、15、18页。详见第五章第一节"个案的选择"中关于"舞蹈场"的描述。

我们要细致探讨的内容。

社会语境是羽人舞历史、社会、文化思想等方面的大背景。《汉书·地理志》颜师古注："东北之夷"，"居在海曲，被服容止皆象鸟也"。海曲即现在的山东省日照市，东夷生活在那里，崇拜鸟图腾，故山东汉画中多有"象鸟"和人鸟合一的羽人及羽人舞。

由历史而社会，《史记·封禅书》载：武帝建元元年（前140）"汉兴已六十余岁矣，天下艾安"。《汉书·食货志》亦载："至武帝之初七十年间，国家亡事，非遇水旱，则民人给家足，都鄙廪庾尽满，而府库余财。京师之钱累百巨万，贯朽而不可校。太仓之粟陈陈相因，充溢露积于外，腐败不可食……"从昭帝始元二年（前85）有报告称"凤凰集东海"（今山东东南部）开始，到宣帝在位24年间，祥瑞出现了17次。[①] 汉画中多出现羽人与祥瑞共舞的图像与此息息相关。

社会安定，天下太平，生活的富足安逸使人们有了延长寿命的企盼，加之神仙之说、谶纬之学日渐盛行，于是求仙拜神、寻找不死的仙方成为风尚。昌邑王刘髆是武帝的儿子，在他的墓葬中随葬了一整套铜药具和朱砂等药品原料。临淄的大武汉墓虽尚未确定是哪一代齐王的墓葬，但也出土有用于制药仙丹药物的工具。它们证明了贵族们在求仙问道的途径中相信服食药物之类的东西可以祛病养生、延年益寿。伴随着这种实际操作，执仙草、取仙丹的羽人舞也应运而生。

至于文化思想背景，我们在前面的社会伦理与自然伦理中已经谈到，它们是羽人舞形而上的指向。

言辞语境是羽人舞切实的舞蹈场，它们被刻画在贵族墓室中的人界、仙界和天界。[②] 人界常设在庄园建筑内外。建筑外有高山、树林、田地，内有阙门、修门、厨房、马厩、大屋、高楼，这是人界的世俗生活，容纳

---

① 参见张从军《黄河下游的汉画像石艺术》，齐鲁书社2004年版，第121页。
② 详见第七章第一节"一、世俗之乐"。

图6-18 民间藏"大屋·拜谒·供奉西王母·羽人饲凤鸟图"

日常的出行、迎归、拜谒、狩猎、博弈、格斗、斗兽、兽斗、庖厨、相马、乐舞百戏,以及孝子、"泗水捞鼎"、"孔子见老子"、"周公辅成王"等历史故事,羽人经常舞在其中。在民间藏品"大屋·拜谒·供奉西王母·羽人饲凤鸟图"中,大屋下层正在拜谒。大屋和双阙之间,二身袍服羽人一左一右侍奉,行使他们在人界的职责。(图6-18)

仙界为西王母所居,是墓主人理想中的与神仙相会之处。《史记·封禅书》有"仙人好楼居"一说,要想见到仙人,必须准备好仙人们的居所。这种神仙来自天上高处的观念从汉武帝时就存在,《史记·考武本纪》云:"文成言曰:'上即欲与神通,宫室被服不象神,神物不至。'乃作画云气车,及各以胜日驾车辟恶鬼。又作甘泉宫,中为台室,画天、地、泰一诸神,而置祭具以致天神。"[①] 结果神仙们不肯光临,汉武帝诛杀了文成将军,"又作柏梁、铜柱、承露仙人掌之属"建筑,高可通天,"鬼魅不能自还兮,半长途而下颠",连鬼魅都因为太高而上到一半就被惊坠。(《汉书·扬雄传》)又有《太平御览·居处部》引《史记》云:"作通天台,高三十丈,雷雨悉在其下,去长安三百里,望见长安城。"这通天台不仅高

---

① (汉)司马迁:《史记》,中华书局1982年版,第458页。

图6-19　山东邹城卧虎山石椁东档板内侧"羽人凤鸟图"和"执鸠杖老者图"

耸入云，而且宽敞华丽，集中了人间建筑的所有精华，并伴以歌舞——"武帝祭天台，舞八岁童女三百人。"汉画中的神仙居虽然没有这么气派，但灵芝仙草、玉兔蟾蜍、神鹿云车等还是使它高高在上，羽人也在其中以舞供奉西王母。在图6-18中层，戴胜西王母端坐中间，周围侍者环绕，二层高楼外的双阙门上，又各有一双蛇尾羽人恭敬起舞，与瑞兽舞相呼应。

汉画像中，屋顶之上常为天界，相当于汉武帝祭天台的上方——云纹蔓草、祥禽瑞兽、伏羲女娲、风神雨神、雷神河伯等悉数在此，羽人舞在其中。图6-18的大屋顶上是羽人饲凤鸟：两只凤鸟驻足于大屋顶，引颈待饲，中间的羽人展开双臂饲喂凤鸟。如果再向上跃起而舞，就是与伏羲、与祥瑞凌空共舞了。

三界羽人舞的语境都刻画在石阙、祠堂、墓门、围墙、山墙屋顶以及棺椁和随葬物品之上，这些物质材料自身的质地、大小、位置、方向等均是语境的构成因素，像山东邹城卧虎山石椁画像。石椁画像是分棺椁内外来刻画的：棺椁外侧常刻画远一些的天界云纹图案，棺椁内则多刻画与墓主人更贴近的图像，如图6-19即东挡板内侧的"羽人凤鸟图"和"执鸠杖老者图"。[①]

---

① 参见张从军《黄河下游的汉画像石艺术》，齐鲁书社2004年版，第126页。

前者有三羽人，或乘应龙高高掠过，或与凤鸟相伴，执仙草高蹈而舞，他们的身体投射一律西向，构成了舞蹈场的立体空间和身体投射方位。汉代讲究"尊左""尊西"。《论衡·四讳篇》云："夫西方，长老之地，尊者之位也。尊长在西，卑幼在东。"《尔雅·释宫》也说："西南隅谓之奥。"疏："西南隅最为深隐，故谓之奥，而祭祀及尊者常处焉。"从西汉景帝开始，一般帝王陵在西，帝后陵在东。在长安城宫殿布局和分配上，则是帝王朝政和长居的未央宫居西，帝后居住的长乐宫居东。这种尊西卑东的观念体现到中小型墓葬中，就有了如北京昌平史家桥、江苏泗洪重岗、山东平阴新屯等将男性墓葬置于西，女性墓葬排在东的制度。类似"尊左""尊西"的思想观念，对汉画羽人舞的身体投射及动作产生了深刻的影响，其有形和无形坐标的定位就是西王母。

西王母是西汉晚期以来备受民间喜爱的主宰神，她的出现使中土传统的神仙观念发生变化，神仙世界的方位也因此而发生了根本性的转移。西汉中期以前，黄河流域的神仙传说集中在渤海湾畔的燕国和齐国一带，秦始皇和汉武帝追求的视野是向东方大海寻找神仙和不死之药。但从元封年间（前110—前105），汉武帝将目光转移到了西方，使战国时期的西王母神仙体系逐渐壮大起来，蓬莱仙岛让位于昆仑山，燕齐方术之士也为西北"胡巫"所取代。这样重大转折的一个根本原因是燕齐方士们的仙方不灵验，且东方海上仙山虚无缥缈。西方则不同，奇珍异宝、风土怪异、歌舞音乐等均是实在的。与此同时，那里还有一个神仙国度和一位美女神仙，掌握着不死仙药。战国时期成书的《穆天子传》里说，西周时期周穆王就在瑶池会见过西王母。到汉武帝求仙方向西移时，西王母的传说再次被提起，后来终于使西王母从战国传说走进了西汉中晚期的信仰世界[1]，并且开辟了一个汉代舞蹈场——仙界，使包括羽人舞在内的人界舞蹈有了形而上追求的新向度。

---

[1] 参见张从军《黄河下游的汉画像石艺术》，齐鲁书社2004年版，第121页。

与此同时，羽人舞又未脱离汉代"独尊儒术"的思想背景。图6-19"执鸠杖老者图"，就体现出仙界羽人舞对人界"孝"行为的嘉许。后者敬老的主题，避免了前者的虚无缥缈，体现了羽人舞语境的儒道一体，如同图6-18的谒拜与侍奉西王母一体。

汉代极为重视孝道。《汉书·文帝纪》载，文帝初即位，就发布诏令"存问长老"，对80岁以上的老人给予米肉酒帛等赏赐。西汉时期的人们认为，老人的饮食宜以流质为好，以防被噎。《后汉书·礼仪志》曰："仲秋之月，县道皆案户比民。年始七十者，授之以王杖，哺之以糜粥。八十九十，礼有加赐。王杖长九尺，端以鸠鸟为饰。鸠者，不噎之鸟也，欲老人不噎。"[1] 图6-19右图左侧（西边）老者所执之杖杖头即鸠鸟，与画面树端上的鸠鸟相呼应。树下执鸠杖老者居左，为尊，其右有一成人请安，中间一儿童拧身回望执杖老人，亦在学习孝道。这样，鸠杖、同样西向的鸠鸟便与左侧的羽人舞暗合，使人界与仙界连为一体。

二、快乐原则与达观精神

王充《论衡·道虚篇》云："为道学仙之人，能先生数寸之毛羽，从地自奋。升楼台之陛，乃可谓升天。"即《楚辞·远游》所说的"仍羽人于丹丘兮，留不死之旧乡。"因为处身超然语境以求"不死"，又有忠孝节义的伦理支持，所以羽人舞在达观向上的语境中自奋上升。

在中国传统舞蹈的语境中，"三界"常由神界（天界）、人界和鬼界（地界）构成，没有仙界。彼三界手舞足蹈的典型，是今天还能见到的"南傩北萨"的萨满舞。萨满舞者身在人界，身体投射于天界和鬼界。因为萨满是上不了天界的，他们只能在人界换取天界神灵的身份，借以附体去人界"跳大神"，面向鬼界驱逐邪恶。像中国在新疆的维吾尔族"巴赫西"、内蒙

---

[1] （南朝宋）范晔撰，（唐）李贤等注：《后汉书》，中华书局1965年版，第3124页。

古的蒙古族"博"、广西的壮族"师公舞"和四川的羌族"端公舞"等，其语境都鲜明地设在原始舞蹈与文明时期舞蹈边界上，尤其与鬼界（地界）相关，主要功能在于驱鬼治病[1]，显示出与快乐原则相反的恐吓与压迫，舍此不能驱逐。

如此，萨满舞经常表现为非常态的身体修辞，如广东梅山巫的手诀，通过十指的勾、按、扤、撇、绕、扣、掏、拧、转、挑、翻、弹等方式形成奇异复杂的各种图案与运动路线，表现出"大金刀""船""金光掌"等多种驱逐型手舞。"大金刀"常用于斩邪、除煞、安奉、开天门、开路、封禁等，"船"表达驾船遣送瘟疫，"金光掌"表示放射金光驱逐恶鬼。[2] 在这一过程中，萨满先要由人而神进入天界（神界）；神灵附体后，还要重心向下，勇猛地踏入幽暗的地界（鬼界）驱逐打鬼，舞蹈动作的语形扭曲癫狂，以表达神灵附体后驱逐治的语义；最终构成了仪式化的唯我独尊的语篇，取得介入个人治疗的语用效果——至少可以达到心理疗效。[3] 此后，萨满送神去天界，自己又回到人界，完成了仪式流程。

与萨满借神驱逐不同，羽人是鸟、人一体，故其舞蹈重心向上，呈伸展型舞姿，借以异引升仙。由此，羽人舞便由自然宗教的巫舞迈向人为宗教的亦道亦儒之舞，体现出一种融合的文明状态。凡此，我们可以在巫舞与羽人舞的舞姿中见出，只其按掌与摊掌之别，就显示出恐吓与快乐的消歧性的舞蹈身体语言。简言之，与彼三界（鬼界、人界、神界）的萨满舞不同，此三界（人界、仙界、天界）的羽人舞是由弗雷泽所说的"去魅"化的舞蹈身体语言系统构成的。（表6-1）

---

[1] 参见刘建《宗教与舞蹈》第四章"巫舞"，民族出版社2005年版；刘建等《舞与神的身体对话》第三章"舞蹈魔力的消解与再生"，民族出版社2009年版。
[2] 参见龚倩、伍彦谚《论梅山巫傩手诀的特征及其与楚巫舞的关系》，《当代舞蹈艺术研究》2019年第2期。
[3] 参见[美]米尔恰·伊利亚德《萨满教：古老的入迷术》，段满福译，社会科学文献出版社2018年版，第35页。

表6-1 萨满舞与羽人舞身体语言结构对比

言语\舞种	语境	语言身份	语种	语料	语形	语义	语篇	语用
萨满舞	鬼界 人界 神界	由人而神的半人半神	弥散式的地方性分化的巫舞	非常态的身体四信号	重心向下的迷狂的拧扭型	神灵附体的驱逐辟邪	仪式化的唯我独尊	介入个人的物理治疗效果
羽人舞	人界 仙界 天界	鸟人一体的仙人与神人	制度化的国家性统一的儒道之舞	常态的身体修辞	重心向上的明快的伸展型	导引升仙的天地往来	叙事化的社会表演	介入社会的精神引领效果

从表6-1中可以看到，语境状态的设定是一种舞蹈表达的决定性的前提。萨满设定的基本语境是"鬼界"，其"神界"所求也是为了驱鬼；而羽人舞的语境则设定在仙界，是人界之所向，所向的终极目标是祈福。由此，从语言身份到语用都显示出了差别。比如羽人舞的身体语形保持着一种重心向上的明快的伸展型，与萨满舞重心向下的迷狂的拧扭型形成鲜明对比。拧扭型舞蹈类似于古希腊"酒神舞"，个体达到迷狂状态，给人以恐惧；伸展型舞蹈类似于"日神舞"，有如今天奥运会取火种时希腊女舞者的表演，是为奥林匹斯山的众神表演，给人以快乐。

第六章 手舞足蹈 | 339

图6-20　山东嘉祥武氏祠"道吏车出行图"

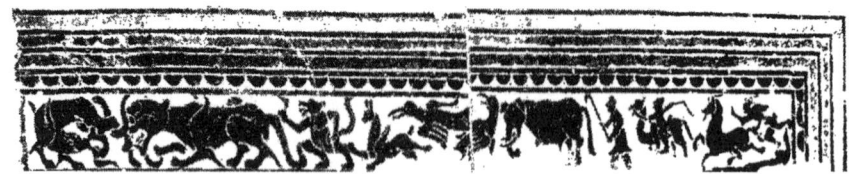

图6-21　山东临沂市博物馆藏"驱兽·羽人舞图"

快乐是有层次的。浅层的快乐为娱乐——以舞娱人。陕西绥德汉画像石博物馆藏"建鼓与盘鼓三人舞图"尽显娱人之态,不仅建鼓与盘鼓绞在一起,长耳羽人和肥胖的头有羽饰的俳优也手打脚踏、纵情鼓舞,且有人界牛羊相伴,显然与凤鸟相伴不在一个空间。

中层的快乐就要面对人生了。在山东嘉祥武氏祠的"道吏车出行图"中(图6-20),有两骑吏乘马西行,又有两人驾车西行,二者之间有一带翼裙装单蛇尾羽人,轻盈灵巧地飘浮于半空中随行,虽带着区别于人的"飞翔"属性,却又和人与车马共在,同往西王母所在之地。如果说此羽人更像鸟的话,那么其翼化为双手、其尾化为双脚后,就是名副其实的"人"了,其舞也是名副其实的"人"舞了。

山东临沂市博物馆藏有"驱兽·羽人舞图"画像石(图6-21),垂幛纹下,左面是翼龙拧身与虎相戏;虎后半蹲一熊,举右爪驱虎;熊后是一鹿,奔腾逐熊;鹿后是两凤鸟,一往左飞,一往右回望,欲左先右,似有不舍之状;其右为一大象,身后有人手执钩驱赶;再其后跟随举鞭驾驼人;最后是羽人压阵,身体前倾,手中执一物,似飞似跑正驱赶一匹奔

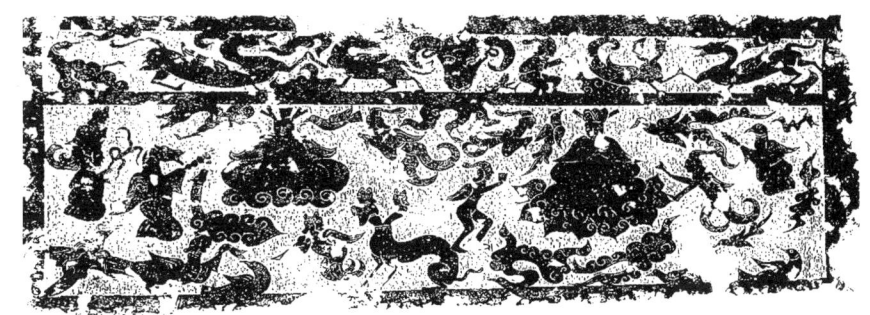

图6-22　民间藏"羽人侍奉西王母与东王公图"

马。[①] 比之图6-20的羽人,这里的羽人手脚全部解放出来,更显人之欢快。按照《山海经》的说法,早期西王母是和飞禽走兽杂处,"一人得道,鸡犬升天",所以飞禽走兽也都是欢欣鼓舞。

如黑格尔所分类,深层的快乐是信仰层面的快乐。自娱、娱人、驱车、放马、六博、格斗之乐外,羽人舞还有执仙草、取仙丹、行诏筹、戏祥瑞等形而上的快乐方式。"行诏筹"一语出现在《汉书·五行志》中,它类似树枝等物,为西汉晚期群众大规模"歌舞祠西王母"的宗教活动时使用:"持槀或棷一枚,传相付与,曰行诏筹。"显然,槀(禾秆)或棷(麻秆)是用来表达人们对这位女神的信仰的,同时也被用作信徒之间交流之物,或用作招募新成员时所用的信物。换到羽人手中,便成了一种带有象征性的舞具。图6-22全图分上下两层,上层为天界,有羽人与祥瑞共舞;下层为仙界,羽人舞供奉西王母与东王公,图中右边东王公两侧侍奉羽人手中持物,即在行诏筹。二羽人一为紧身衣,一为双蛇尾,两者均为伸展型舞姿,斜线上行,扬手踏步。比之图6-20、图6-21,其言辞语境已由人界上升到超然的昆仑之仙界,故其快乐也上了一个层次。这种介于仪式与表演之间的舞蹈是汉画羽人舞的一种普遍范式,并且流溢到天界。

由于脱离了人界"乐舞百戏""设宴陈伎"的世俗环境,脱离了仙界西

---

① 参见赵承楷、江继甚编著《走进汉画》,上海书店出版社2006年版,第23页。

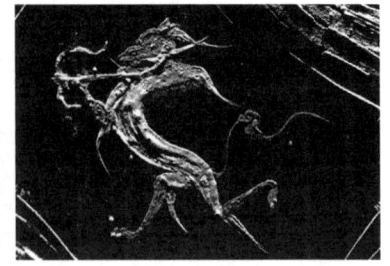

图6-23　长沙马王堆1号墓黑地彩绘棺及"神兽羽人舞"局部

王母威权构成的半仪式化仙界,天界羽人舞的快乐达到了真正的超然。天界的舞蹈场无边无际,香草流云,羽人已由仙而神,可以与天神及祥瑞共舞。在汉画舞蹈中,天界言辞语境的主要标志之一是云。云作为装饰纹样出现得很早,从商周的"云雷纹"到先秦的"卷云纹"再到汉代的"云气纹",云已由一种自然现象转化为富含吉祥寓意的装饰纹样,更多地贯穿于象征天界的图像中,象征弥漫于宇宙间的真气,与汉代"元气论"哲学观和灵魂不朽观念相联系。汉代人渴望长生不老、羽化升天,云是升天的条件之一,所以云就成了汉代人热衷描绘的对象,视云为祥瑞。人们把高高在上的云与升仙之后更渴望到达的天界联系在一起,天界羽人舞就传达出了这种终极愿望。湖南长沙马王堆1号墓的黑地彩绘棺即在满目流云中现出神兽装束的羽人,出人界,越仙界,跳荡狂舞,长乐未央。(图6-23)

与之相似,广西贵港出土西汉铜鼓鼓身上刻的"羽人舞图",也可以说是独乐乐——装扮成祥瑞大鸟,向日而舞(图6-24):羽人每2—3人形成一组,身着羽饰裙子,头戴夸张的羽饰和剑形冠帽,双臂展开,昂首后倾,跨步向前,如同其头顶上振翅而飞的大鸟,造型古雅,舞姿明朗,跳向太阳所在的东方(铜鼓面即太阳纹)。比同样装束的羽人"猎头祭"舞更伸展。无独有偶,图6-1中的羽人舞也保持着这种面向太阳的舞姿,只不过是以拧身相向的方式,并且是与天神伏羲对舞。

"独乐乐"之外还有"众乐乐"。汉画天界羽人舞常与"怪力乱神"同在,形成"众乐乐"。河南南阳麒麟岗汉墓出土画像石上有"羽人乘龟舞

图6-24　广西贵港罗泊湾出土西汉铜鼓"羽人舞图"　　图6-25　南阳麒麟岗汉墓"羽人乘龟舞图"　　图6-26　山东曲阜韩家铺出土石棺"羽人乘龟舞图"

图"：神龟昂首伸颈前行，广袖长裙羽人执仙草跽坐在神龟背上，头上羽饰飘然，形成"跽坐仙草舞"（图6-25）。类似的画像在山东曲阜韩家铺出土的石棺上也能看得见（图6-26）：羽人手执三株仙草，跨步于神龟背上嬉耍，由坐舞而立舞，神龟回首与之呼应。汉画里常见龟之形象，龟代表延年益寿，是所谓"甲虫三百六十，而神龟为之长"。又如《事类赋注》引任昉《述异记》云："龟一千年生毛，寿五千岁谓之神龟，寿万年曰灵龟。"[①]神龟、灵龟都是道家之祥瑞。

祥瑞有爬的，也有飞的，还有能跑能飞的。河南南阳汉画馆有"羽人饲凤取丹图"（图6-27），铺首之下，白虎拧身长啸；铺首之上，羽人执仙草饲凤鸟取仙丹。凤鸟高冠长尾，口衔作为成品仙药的仙丹，代表吉祥如意和羽化成仙，是谓有凤来仪。在它的身前，带翼裙装羽人探头倾身，弓步上前，右手执仙草饲喂诱引，左手取凤鸟嘴衔的仙丹，为一种两相情愿的收获乐事。

天界与凤相配的是龙。龙是能飞能跑能游的瑞兽，河南唐河出土汉画像石有"羽人戏应龙图"，是无功利的游戏舞。（图6-28）图中一应龙拧扭奔逃，身后有一羽人跨步追赶，双手欲抓住龙尾之时，头部却呈回望姿

---

① （宋）吴淑撰注：《事类赋注》，中华书局1989年版，第560页。

第六章　手舞足蹈　｜　343

图6-27 南阳汉画馆藏画像石"羽人饲凤取丹图"

势,似乎身后又有了什么新奇的事物,生动有趣。"应龙"为有翼之龙,《淮南子·览冥训》曰:"乘雷车,服驾应龙。"高诱注:"应龙,有翼之龙。"传说龙"能细能巨,能短能长,春分而登天,秋分而潜渊",常常见首不见尾。"龙能兴云致雨,调和阴阳之气",故为神仙坐骑之一。《庄子·逍遥游》云:"藐姑射之山有神人居焉,肌肤若冰雪,绰约若处子,不食五谷,吸风饮露,乘云气,御飞龙,而游乎四海之外。"《太平御览》引《括地志》曰:"昆仑之弱水中,非乘龙不得至。"据说黄帝就是骑着黄龙上天的,所以汉武帝也希望能乘龙上天。《汉书·礼乐志·郊祀歌·日出入》云:"吾知所乐,独乐六龙,六龙之调,使我心若。"应劭注:"武帝愿乘六龙,仙而升天。"[①]羽人没有汉武帝之焦虑,因为其身份已然是仙人和神人,与神龟、凤鸟、应龙地位平等,犹如伙伴一起玩耍,由"独乐乐"而"众乐乐"。

由人界而天界,由"独乐乐"而"众乐乐",羽人舞保持快乐原则的功能何在,思想背景何在?出土于山东微山两城镇的汉画像石"羽人饲凤取丹图"脱开了祥瑞和西王母而直接面对墓主人。(图6-29)大屋之中,男

图6-28 河南唐河出土画像石"羽人戏应龙图"

---

① (汉)班固撰,(唐)颜师古注:《汉书》,中华书局1962年版,第1059—1060页。

图6-29　山东微山两城镇出土画像石"羽人饲凤取丹图"

女墓主人端坐于厅堂，二人执笏拜见。厅堂之外左侧二侍女侍立，与女主人相应；右侧二吏侧身而立，与男主人相应。大屋之上，二羽人相背而舞，左手执仙草，右手从凤鸟嘴中取仙丹，仙丹清晰可见。屋檐左右，各有一猴抬前肢触摸凤尾，凤尾上又有小凤鸟昂首站立。天上又有数只鸟，亦是伸颈飞向仙丹。整幅画像结构对称均衡，叙事简洁明了：羽人取仙丹供给墓主人服用，完成墓主人羽化成仙的最大心愿。

在汉代，人们对于生死和灵魂不灭等问题的探讨达到了空前的高度，公元前134年汉武帝在位时，董仲舒提出"罢黜百家，独尊儒术"，由此确立了中国古代社会的正统思想，但这是一种扩大化的正统思想。据《武帝纪赞》载："罢黜百家，表彰六经"里的"六经"所包含的已不再是春秋战国时期的儒家思想，而是有了更为宽泛的意义，即除了儒家思想之外，还糅杂了道家、法家以及阴阳五行家的思想。孔子"未知生，焉知死"的儒家学说强调"入世"，认为生命是有限的，应该珍惜生命，重视生命价值，而生命价值实现的途径之一就是对功名的追求，不仅生前要功成名就，死后的精神也要"不死"，要永垂不朽。这一"永垂不朽"便与灵魂不灭的道教成仙思想挂上了钩。

图6-30 山东石刻艺术博物馆藏汉画像石"孔子见老子·羽人侍奉东王公舞图"

和图6-19的"敬老"主题一样,山东石刻艺术博物馆藏"孔子见老子图"为"尊崇圣贤"(图6-30)。全图自上而下由四部分组成:第一层中,东王公端坐在宝座之上,左右各被一龙围绕,两龙身后各有一紧身衣羽人对称,面向东王公踏步向前供奉;再后又有人首鸟身羽人和双蛇尾羽人作舞,构成以羽人舞为主的仙界。第二层为人界圣贤,左侧一拄杖者为老子,有一推独轮车少年为项橐,项橐面前有一弯腰作揖的人为孔子;孔子身后有四人跟随,分别是颜回、子路等人。第三层刻画的是人界现实生活中厨房的场景,从左至右依次刻有一人蹲地烧灶,二人一蹲一立和面,二人站立汲水;墙上挂满了各类食物。最底下一层是人界车马,最右侧有一辆车,车上坐一驾车之人,主人立于画面最左端弯腰与一坐地女子交谈,其典未知。如此,老子、项橐、孔子、颜回与东王公、羽人同时出现在同一画面中,虽有仙界与人界之隔,但儒道在此已然合一,为思想背景的"众乐乐"。

汉代统治阶级对于成仙的热切渴望促使其成为受人追捧的一种观念,人人希望成仙,人人祈求超脱尘世。早在陆贾的《新语》中就有对西汉初期求仙的描写:"乃苦身劳形,入深山,求神仙,弃二亲,捐骨肉,绝五谷,废《诗》《书》,背天地之宝,求不死之道,非所以通世防非者也。"[①]延至汉武帝时期,这样的观念在当时的社会背景下得到了极大的膨胀,八

---

① 王利器:《新语校注》,中华书局2012年版,第93页。

图 6-31　济宁城南张出土画像石"胡人羽人饲凤取丹图"

方方士为了赏赐都宣扬自己拥有不死秘方，能与神仙沟通，《史记》对此多有提到。于是，道教中的服药、外丹、内丹、炼气、导引等方法便和神仙思想合而为一。神仙思想贯穿了整个汉画的升仙题材之中，也贯穿进羽人舞中，胡汉不避，雅俗不避，"众乐乐"的范围进一步扩大。（图6-31、图6-32）"对人而言，死是万事了结；所以对人而言，只要还活着，便有希望。"[①] 于是，对于"长生"的追求在汉画羽人舞中就得到了充分的展现，构筑成人界到仙界再到天界一个个语篇，并且按照快乐原则形成了一个总体叙事。

图 6-32　南阳麒麟岗汉墓"羽人·仙草舞图"

从"一粒沙子看世界"的视角展开，羽人舞所持的快乐原则几乎就是汉画舞蹈的总体原则——包括诸如形而上的征服有限生命的羽人舞、形而中的"以手袖为威仪"的长袖舞、形而下的嬉戏滑稽一类的盘鼓舞。此

---

①　S. Kierkegaard, *The Sickness unto Death*, Walter Lowrie, tr., Anchor Booksed, p.144.

图6-33 安徽定远靠山出土"盘鼓巾袖对舞图"

图6-34 河南方城东关墓出土"踏鼓双人巾袖舞图"

前,我们在分析持快乐原则的羽人舞时,是从形而下到形而上;往后,我们在分析盘鼓舞的快乐原则时,则反向而为之①,直抵形而下。

安徽定远靠山乡出土的汉画像石中有"双人盘鼓巾袖舞"(图6-33)。在百戏及两位鼓手之间,盘鼓排列于地,二长巾舞伎腾踏其上,相向对舞,嬉戏竞技,类似我们在民间看到的"竞赛舞",恰好与周围的倒植、技击等技艺相呼应。形式即内容,比之独步于盘鼓之上的独舞的愉悦(见图1-34),双人盘鼓舞别开一种欢喜气氛。与之相似的是河南方城东关墓出土东汉踏鼓双人舞(图6-34)。二舞伎也是扬袖踏鼓而舞;不同的是二人所穿的略带滑稽的灯笼裤,已露出"马脚"。与图6-33的又一大不同是:图6-34二俳优盘鼓舞是人多盘鼓少,似在做抢踏盘鼓之游戏,上有乐队伴奏,下有面具舞人助威。

在汉画盘鼓舞中,待到俳优出场参与时,其世俗娱乐的一面就完全释放出来,甚至形成滑稽戏。南阳汉画馆藏许阿瞿汉画石,墓主人许阿瞿5岁夭折,作为给5岁孩子观看的表演,当然是快乐原则至上。(图6-35)

---

① 关于形而上与形而中,详见第二章第二节"二、形式即内容"。

图6-35 南阳汉画馆藏许阿瞿画像石"乐舞图"

图6-36 南阳卧龙岗沙岗店出土"俳优与长巾伎盘鼓舞图"

图6-37 南阳市考古研究所藏"俳优与长袖伎双人舞·凤栖阙图"

其中的盘鼓舞：四盘二鼓置地，有类南斗六星（主生）；长巾舞伎跳踏其上，巾裙飘扬；舞伎跳踏所向，一跳丸弄剑俳优迎面而来，左脚几欲踏在左侧鼓上，已然"侵犯"了长巾伎的空间。其后的俳优、长巾伎盘鼓舞的发展如何虽然不得而知，但让许阿瞿赏心乐事的舞蹈动机是预设好的。

按照这种动机预设，南阳卧龙岗出土的"俳优与长巾伎盘鼓舞图"应该是其连动续集。（图6-36）长巾伎达到向左跳踏极限时，拧身甩长巾回望；俳优则在达到右跨步极限时亦回身咧嘴大笑。这种咧嘴大笑如以面具舞形式表现出来，就是南阳市考古研究所藏的"俳优与长袖伎双人舞·凤栖阙图"中的形象。（图6-37）面具俳优昂首叉腰，扬手指向青天，咧嘴大笑的面具极为夸张；长袖舞伎跨步（或为踏盘鼓）呈飞翔状，其步幅之

第六章 手舞足蹈 | 349

图6-38 四川彭州出土东汉画像砖"盘鼓舞与俳优弄丸图"

图6-39 陕西靖边杨桥畔镇西汉墓出土乐舞百戏壁画

大,比咧嘴大笑面具更夸张。两者的快乐犹如汉阙上昂首展翅的凤鸟,人说"大汉气象",此之谓也。

无独有偶,这些集中在河南出土的俳优与巾袖舞伎男女盘鼓舞在四川地区也有表现(图6-38),形成了中原与"边地"的互动。按照汉语方言地理学的说法[①],河南方言与四川方言(乃至八大方言区)虽有不同,但都在相同的政治、经济、文化环境中自然生成,和而不同。基本词汇与语法,舞蹈身体语言也基本如此,如陕西亦有俳优与舞伎的双人盘鼓舞(图6-39)。这一状况在神经语言学中也得到解释:大脑中隐藏的纹理可以生物性地接纳母语并且定型。[②] 如果有身体母语的存在,其舞蹈身体语言也可以和而不同地输入和表现同一个现象。在汉代400余年的舞蹈世界,不仅有河南与四川俳优与舞伎盘鼓舞的和而不同,还有山东与河南、河南与四川、四川与陕西羽人舞的和而不同,等等。它们都一致性地表现了汉画舞蹈的快乐原则乃至汉代的达观精神。

---

① 参见黄晓东《汉语方言地理学大有可为——岩田礼教授访谈摘录》,《当代语言学》2012年第1期。
② 参见 Andrea Moro《〈通天塔的边界:大脑与不可能语言之谜〉介绍》,杨华华、刘承宇译,《当代语言学》2012年第1期。

第七章
舞动三界

第一节　人界的活泼灵动

一、世俗之乐

　　因为有"鸟""人"合一而形成的仙人和神人，又因为其职能为助人羽化飞升，所以汉画羽人舞能够舞动三界。三界（天界、仙界、人界）之说，源自巫鸿对汉代山东武梁祠画像的研究所得："这座小小祠堂能够使我们形象化地理解东汉美术展现出的宇宙观。其画像的三个部分——屋顶、山墙和墙壁恰恰是表现了东汉人心目中宇宙的三个有机组成部分——天界、仙界和人间。"① 散点式的天界、焦点式（偶像型）的仙界和叙事型的人界分别被描绘在武梁祠"上天征兆"的屋顶、"神仙世界"的山墙（锐顶）和"人类历史"的墙壁上。按照汉代流行的"天人感应"说，它们相辅相成地呈现出汉画羽人舞蹈场的三位一体，正所谓"上有云气与仙人，下有孝友贤仁"。这种结构把祠堂以及墓室转化为一个微型宇宙，使人明了"死

---

① ［美］巫鸿：《武梁祠——中国古代画像艺术的思想性》，柳扬、岑河译，生活·读书·新知三联书店2016年版，第92页。

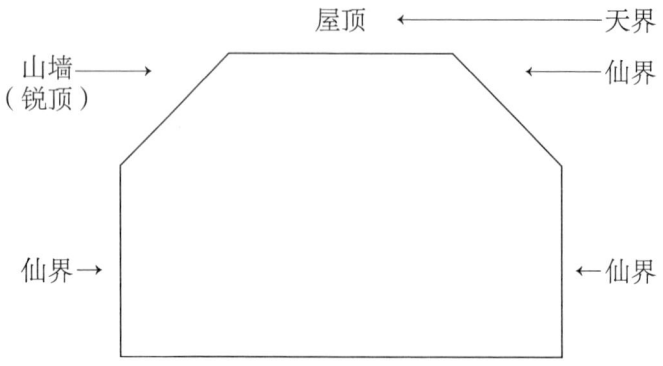

图7-1 武梁祠的屋顶1面、山墙2面、墙壁3面及象征空间

者虽然离开了人间,但他的灵魂仍得以跻身于这个模拟的宇宙之中"[1]。(图7-1)

关于羽人舞动的世界(或者说舞蹈场)还有"四界说"——天界、仙界、人界和鬼界。在长沙马王堆出土的"T"形帛画中,墓主人所站立的平台以下即阴间的鬼界,其中也有人首鸟身的羽人,栖息于神龛之上。不过这样的案例较少,并非汉画羽人所在舞蹈场的普遍现象。更重要的是,居于鬼界的羽人也多少染上阴间祭祀气息,失去了灵动活泼,更不要说手舞足蹈了。所以,我们把羽人舞置于三界中,让他们在原本空白的屋顶、山墙和墙壁上用舞蹈身体语言替逝者与生者解怀行道——人界多关涉生存伦理,仙界多关涉生命长久,天界多关涉精神自由。

俗语说:"人道近,天道远。"两汉时期(特别是东汉后期),人界的现世生活状态得到人们的加倍重视,"种种描绘现世生活的图像得到进一步发展,逐渐取代了天象和升天等题材,成为墓室壁画最主要的内容"[2]。像

---

[1] [美]巫鸿:《武梁祠——中国古代画像艺术的思想性》,柳扬、岑河译,生活·读书·新知三联书店2016年版,第240页。

[2] 黄佩贤:《汉代墓室壁画研究》,文物出版社2008年版,第224—225页。

巫鸿把汉代祠堂墙壁上的画像视为"人类历史"一样[①]，羽人在人界的身体行为多涉及生存伦理的"人道"之事——六博、角抵、入猎场、下庖厨、车马出行、设宴陈伎，当然还有歌功颂德和导引升仙。如此，人界羽人舞的功能就走向实用主义。

两汉之际，斗鸡、走犬、投壶、六博、角抵、格斗等博戏娱乐活动十分盛行，上自百官宫廷，下至民间里巷，多有迷恋于此者。这些活动往往是伴随着歌舞宴乐进行的，从一个侧面反映了汉代社会生活的富足和闲适。这其中，羽人常与六博、格斗一同出现，常常手舞足蹈，不可开交。所以如此，在于二者背后还潜藏着形而上学。《周易·系辞上》云："形而上者谓之道，形而下者谓之器"；宋方悫在《礼记集解》中以为"道运而无名，器运而有迹"。"道"是主观思想，"器"是客观物器，包括礼器，也包括人用身体表达的行为，羽人六博舞与格斗舞也当在其中。

"六博"又称"六簙"是中国古代一种掷彩行棋的博戏类游戏，因使用六根箸所以称为"六博"，以吃子为胜。屈原《楚辞·招魂》即有"菎蔽象棋，有六簙些。分曹并进，遒相迫些。成枭而牟，呼五白些"。延及汉代，贵族与平民皆好此戏。六博时，先要投箸碰运气，班固《弈旨》曰："夫博悬于投，不专在行。优者有不遇，劣者有侥幸，踦挈相凌，气势力争，虽有雌雄，未足以为平也。"投箸以后便行棋决胜负。这种身体的力争在汉画中多有表现，并且成为一种普遍的身体行为：一人双摊掌"遒相迫些"，一人高扬手"踦挈相凌"。又有重庆中国三峡博物馆藏"六博图"（图7-2），博弈者捉对厮杀，虽然是跽坐，却因张手、摊手、前伸手、立掌等方式表现出紧张和兴奋；图中还有一只仙鹤立于右下角，隐喻着阴阳五行的博戏之道和高度兴奋而带来的升仙气氛。

《汉书·五行志》记载了西汉哀帝建平四年（前3）祭祀西王母活动中

---

① 参见［美］巫鸿《武梁祠——中国古代画像艺术的思想性》，柳扬、岑河译，生活·读书·新知三联书店2016年版，第161页。

图7-2 重庆中国三峡博物馆藏"六博图"

图7-3 四川广汉市出土"天禄·羽人六博舞图"

图7-4 四川德阳出土"羽人六博图"

图7-5 四川广汉出土"羽人六博图"

的六博:《汉书·五行志》记载,从京师到几十个郡国,民众"聚会里巷阡陌,设张博具,歌舞祠西王母",从正月到秋天,闹腾近一年,用以求仙。其中的"设张博具"即六博,与歌舞相随。俗人民众如此,侍奉西王母的羽人动作比常人更夸张,甚至呈现舞蹈动作形态。四川广汉出土有"天禄·羽人六博舞图"(图7-3),比之图7-2,仙鹤变成天禄,俗人变成羽人,博戏动作夸张,羽饰飘飞,与昂首扬蹄之天禄互动。

四川德阳还出土有"羽人六博图"(图7-4),图中羽人皆为男性,高大粗犷,长耳大手,上身裸体,双臂饰羽毛,细长而稀疏,二人博弈,一人助威,扬手摊掌幅度远远大于常人。又有四川广汉出土的"羽人六博图",男女相杂,也是三人舞。(图7-5)二博弈者着紧身衣,有羽饰,双双高扬双手,张牙舞爪,羽饰飞动;右边羽人身后是女性观战者，高髻、广袖、长裙，有羽饰，左手前伸助阵，右手执灵芝而舞，与图7-3中的仙鹤隐喻相同——长生不老。四川德阳出土的另一幅"羽人六博舞图"（见图5-16）与之极为相似，证明了羽人六博在汉画像中是一种普遍的题材。

与人之六博不同，羽人之六博亦博亦戏、亦赌亦舞、亦俗亦仙。出土于山东安丘董家庄汉墓后室西间西壁画像"乐舞百戏图"中，有羽人六博及围观场景（见图2-75）。博弈者或苦思冥想，或坐立不安；围观者跃跃欲试。他们置身于乐舞百戏之中，本身就带来了一种化妆戏剧表演的性质。当这种表演以俊美的身姿出现在四川新津崖墓出土的"羽人六博"画像砖上时（见图2-2），一幅"羽人六博坐舞图"就活泼灵动地呈现出来：二羽人皆为女性，长耳，着紧身衣装，身材纤细，比之男性羽人更优雅飘然。她们相向席地跽坐，膝下有蒲团，中间设有博局。左边羽人肩生羽毛，羽毛横飞，似瘫坐于足跟，沉肘摊手作痛心疾首的无奈状；右边羽人同样肩生羽毛，双手张开高举，躯干前倾，羽毛上扬，几欲离席，显得高度兴奋。

有专家以为，六博赌局中的亢奋状态即升仙的感觉之一。这一说法可以被画面中展翅西向的飞鸟和羽人身后的灵芝所证明，它们分别代表着"飞升"和"长生不老"。至于博具前后的酒器，既是豪奢之表现，也是加助亢奋之"兴奋剂"。又有专家认为，六博之中藏有宇宙运行、阴阳变化之道，故而六博者能在博戏中体验宇宙阴阳。羽人为仙，当为道中人，故二人身体的一上一下、一前一后、一左一右，也是一种道行坐舞。如此，人界羽人之六博舞便顺理成章地奔向了昆仑山上的仙界。

与"六博赌胜"相似，"角抵格斗"也是羽人在人界的嗜好。汉代尚武，《晋书·舆服志》载，"汉制，自天子至于百官，无不佩剑"。又有徐州北洞山西汉楚王墓出土的彩绘背箭箙俑，也是类似于兵马俑的尚武体现。所以，角抵、格斗在尚武的汉代很普遍，是伍伯、门吏、武士、侠客等勇者所为，如山东滕州西户口的祠堂画像石上的武士格斗图（图7-6-1）。图

图7-6 格斗画像
1.山东滕州西户口祠堂画像石"武士格斗图"
2.榆林汉画像石博物馆藏"孔子见老子·格斗舞图"

分为三层：上层为天界九头人面兽；中层为奔向仙界的三鹿驾车，车中人物或为墓主人；下层为二人持械格斗，左边格斗者拧身跪步横刺，右边格斗者收腹跪步躲避，两边各立一观者。又有榆林汉画像石博物馆藏"孔子见老子·格斗舞图"（图7-6-2），图上方似为孔子见老子，彬彬有礼；下方则为执钩镰、剑、棍、锤、斧习武，刀光剑影。这算是汉代的"文武之道"。这种武舞颇为刺激，同时也有实用功能。乐舞百戏中的武舞，按道具类划作兵器舞，按形象类划作武士舞。一般来讲，角抵格斗分为三种——人与人斗，人与兽斗，兽与兽斗。如此，非"人"非"兽"的羽人角抵格斗当属第四种了。

出土于山东汉画像石的一幅羽人格斗图极为有趣。（图7-7）图的左侧为天界的"月母"人首蛇身的常羲捧月；右侧为人界生活场景，自下而上串联起三层画面：最下层为两侍从侍奉坐谈的男女主人；第二层为二主人起身西行；第三层是西行至羽人格斗处，驻足观看。仔细观看，格斗场上还有一只盛酒器和两只祥禽。盛酒器的功用大致与羽人六博舞相似；两只祥禽中的在下者像感到了打斗的激烈，垂翅缩颈；在上者则是回头观望，

图7-7　山东出土画像石"羽人格斗图"　　图7-8　四川金堂一号石棺前档"双阙·执金吾羽人舞图"

似在等待结局。羽人格斗之功能在于"保家卫国",也潜藏着某种形而上之"道",像图5-13中执盾荷戟之羽人对坟冢的守护,又像图7-28、图7-29对昆仑仙界的侍卫——当然这是其仙界所为。

在四川金堂出土的一号石棺前档上,刻有"双阙·执金吾羽人舞图"(图7-8)。石棺前档刻双阙显然有大门之意味,图中双阙为重檐庑殿式,华贵壮观。在汉画中,阙的第一级指示意义为人界庄园大门,第二级指示意义则为通往仙界的"天门"。双阙之间,是一手执金吾的长耳羽人跨步跳跃,左右挥舞金吾,似在驱逐,与无形之对手格斗。《汉书·百官公卿表上》载:宫中有百官,于"武帝太初元年更名执金吾。"颜师古注:"金吾,鸟名也,主辟不祥。天子出行,职主先导,以御非常。故执此鸟之象,因以名官。"晋崔豹《古今注》:"汉朝'执金吾','金吾'亦棒也,以铜为之,黄金涂两末,谓为'金吾'",很像孙悟空的金箍棒。图7-8中羽人执金吾而舞的目的,一是"辟不祥",保证墓主人的平安;二是升一格驱邪,保证仙界天门的清静。其舞如果再升格,羽人兵器舞就要为西王母服务,化形为西王母的持戟卫士了。

除了六博、格斗这类道具舞外,羽人在人界还有徒手舞。重庆璧山金宝凤凰坡九号崖墓石棺两侧有两幅别开生面的"羽人舞·跳丸·便面舞

第七章　舞动三界　｜　357

图7-9　重庆璧山金宝凤凰坡九号崖墓石棺左侧"羽人舞·跳丸·便面舞图"　　图7-10　重庆璧山金宝凤凰坡九号崖墓石棺右侧"羽人舞·跳丸·便面舞图"

图",是汉代石棺两侧的一体两面,均为上下两层和下层三格。(图7-9、图7-10)上层是三足乌和方胜对称图案,表示太阳、光明、吉祥如意,它们是羽人舞身体投射的方向,特别是手舞所指。下层中间和右边两格也都是人界便面舞,极为日常化。图7-9是三人便面舞,由右格的整齐划一变化为中格的不对称互动。图7-10右侧的便面舞有所变化,右格和中格都是以对舞为中心,另一人相伴。它们反映出人界生活的安宁、快乐、尊贵与伦理秩序。与这种沉稳有别,图7-10左格中的羽人舞则均是脚不沾地、双手上举、双脚屈蹲、跳跃向上。

图7-9左格有三位舞伎,"右边二伎均头着帻,穿紧身衣,腋下至腰间两侧有两片翼状物,用绳索系于两侧,扮演羽人,正跨步向前,双臂侧上抬作飞舞状。左边一伎,头戴山形冠,正躬身后退,手抛三丸于空中,作逗弄状"[①]。羽人则呈联手双人舞姿,向上跳跃。图7-10左格的羽人舞与此大同小异,只是以独舞的形式表现出来,舞姿更显挺拔向上,高于对面的二位乐伎。与这里两幅图相似的还有第八章的图8-22、图8-23、图8-24、图8-25。

罗兰·巴特尔在其艺术创作"整体联想"概念中提出了"两级指示行为"。[②]具体来讲,凡人便面舞表达的是人界的人与人的交流,重心向下,稳重优雅,其神话意义在于再现墓主人生活的尊贵与快乐,并且希望在死

[①] 四川省音乐舞蹈研究所编:《四川古代舞蹈图录集》,四川美术出版社2003年版,第72页。
[②] 参见张素琴、刘建《舞蹈身体语言学》第一章第三节"N级指示行为",首都师范大学出版社2020年版。

图7-11 陕西绥德汉画像石馆藏墓门楣"狩猎·车马·羽人舞图"

后依旧如此生活;而羽人舞者是从仙界落地,必然还会从人界上天,所以舞蹈重心向上,飘逸轻捷,其神话意义在于将墓主人导引至三足乌和方胜所在的仙界。正是这第一级指示和第二级指示之间,羽人舞充满着神奇的色彩;但这种神奇又是从现实中生成。

此外,由于活泼灵动,羽人舞还常常闪现在人界的庖厨、车马出行、驱赶牲畜、迎来送往等日常活动中,为日常生活美学平添乐趣。陕西绥德汉画像石馆藏墓门楣画像中有更生活化的羽人驱赶的图像。(图7-11)连绵卷云纹之下,左端是狩猎图景;右端依次是出行的导骑、轺车、从卫、辎车、栈车;牛拉栈车后,一羽人跨步紧随、似在催牛,神气活现,比之最右端的捣药玉鬼快活许多——毕竟一个在人界自由戏耍,享受世俗之乐;一个在仙界重任在身,为西王母捣药。

二、逐恶扬善

逐恶扬善,属于形而上之"道"中的儒家思想;"道"中还有"道可道,非常道"的道家思想。它们都需要在形而下的身体之"器"中表现出来,不仅疾恶如仇,还需从善如流,如羽人六博舞、格斗舞的两级指示行为。

羽人的格斗舞的第二级指示行为在于逐恶,守陵和看护门阙之外,还可以助力方相氏打鬼。在古代中国的傩仪中,方相氏手舞足蹈,其工作除了为逝者送葬时或入土后打鬼保平安外,更为平常的是为生者驱逐不祥。《周礼·夏官》云:"方相氏,狂夫四人。"又云:"方相氏掌蒙熊皮,黄金四目,玄衣朱裳,执戈扬盾,帅百隶而时傩。"又据《后汉书·礼仪制》,

图7-12 南阳草店出土"方相氏·应龙·羽人·奔牛图"　　图7-13 武梁祠"孝子伯俞图"

其打鬼时歌曰:"赫女躯,拉女干,节解女肉,抽女肺肠,女不急去,后者为粮。"他们边唱边舞,大叫大呼,来回搜索三遍。于此之中,经过格斗锻炼的羽人也参与其中,跟随方相氏狂歌劲舞。河南南阳出土有"方相氏·应龙·羽人·奔牛图"(图7-12),图左侧的方相氏(一说为"方士")呼叫打鬼;右有奔牛逆向发力;中间应龙张口回首;回首处是空中羽人,弓箭步倾身前冲,与方相氏同步,亦张嘴呼叫,勇武有力。

逐恶之"恶"还包括人间恶行,比如图5-35中的"骊姬害太子申生",顶层的羽人舞虽然没有直接参与逐恶,但却以表彰"周公辅成王"的方式表明了爱憎倾向。这也是与其保持快乐原则相关,即便"武舞",也是威而不怒。像图7-12,还带着几分戏谑。

"武舞"与"文舞"相对,如果说羽人格斗之武舞的终极目的是逐恶,那么其跳跃飞升的"文舞"则用于扬善,歌颂汉代儒家提倡的"忠孝节义"。这也是羽人由"鸟"而"人"而"羽人"而"羽人舞"的主要动因。

在汉画中,以"鸟"歌功颂德是一种普遍的范式。《说苑》记载了中国古代"孝子伯俞"的故事:"伯俞有过,其母笞之,泣。其母曰:'他日笞子,未尝见泣,今泣,何也?'对曰:'他日俞得罪,笞尝痛,今母之力不能使痛,是以泣。'"这个故事被刻在了山东嘉祥的武梁祠图像中(图7-13)。伯俞举长袖覆盖的双臂,跪在手拄拐杖的老母亲前面,老母颤巍巍地伸手欲扶之。伯俞母身后,是一只飞鸟,展翅起飞,倾身观看,注视着伯俞,面有赞许之态,很像敦煌壁画飞天舞中的"赞法飞天"。

类似的以"鸟"歌功颂德的画像在武梁祠中还有"朱明妻""魏汤""孝

鸟""孝孙原毅""刺杀吴王"等，像榜题"二侍郎，专诸炙鱼，刺杀吴王"的画面。(图7-14)专诸，吴国人，有才能，伍子胥从楚国逃亡吴国时，把他推荐给公子光，公子光待以宾。公子光的父亲吴王诸樊，没有将王位传给公子光，而是传给了其弟，然后又传给了公子光的侄子僚，公子光很不满意。九年后，吴王攻楚惨败。趁此机会，公子光派专诸去刺杀吴王僚。专诸将匕首藏于进献的鱼腹中行刺，画像即表现行刺的一刻：左为踞坐拔剑自卫的吴王，中为扔掉装鱼的盘子和掏出匕首的专诸，右为欲杀专诸的吴王侍卫。专诸头上，一飞鸟如匕首般投向吴王，为歌颂"义"造势。

由"鸟"之赞许化为模仿鸟形的"人"之赞许，就有了鲁义姑姊的故事。《列女传》："齐君攻鲁，义姑有节，见军走山，弃子抱侄，齐将问之，贤其推理，一妇为义，齐兵遂止。"鲁君闻之，赐妇人束帛百端，号曰"鲁义姑姊"。武梁祠画像对鲁义姑姊故事的描绘非常精彩。(图7-15)两位鲁国大臣捧着金子和丝帛送给鲁义姑姊，她跪在地上感谢君王的恩惠，怀中仍抱着她的侄儿；而她自己的儿子在她身后并没有伤心欲绝，而是展臂雀跃，赞颂母亲的大义。

当人界的歌功颂德之"鸟"和为此欢呼雀跃之"人"合为一个象征符号时，"羽人"便担负起了此责任。具体而言，人界羽人舞当然要和人事相关，不仅是介入日常生活，还要有价值判断。与专诸刺杀吴王相似，重庆合川汉墓出土的"荆轲刺秦王·羽人持尊供奉图"也表明了儒家"义"的价值取向。(图7-16)全图以插有匕首的立柱为中线，右面柱下一小人踞坐，应为秦武阳；他的右边是挥剑自卫的秦王；秦王的右边是武士射虎，渲染

图7-14 武梁祠"专诸刺吴王僚图"

图7-15 武梁祠"鲁义姑姊图"

第七章 舞动三界 | 361

图7-16 重庆合川汉墓"荆轲刺秦王·羽人持尊供奉图"

图7-17 山东武氏祠前石室后壁小龛东壁画像

图7-18 山东武梁祠左石室"中心楼阁拜谒图"

了射杀氛围。立柱左面是荆轲纵身刺秦王,一武士欲将他抱住;荆轲身后是羽饰裤装羽人持尊上前敬酒,羽人身后跟着三足乌和九尾狐。这是一个进入神话指示行为的叙事:在一个武士射虎的氛围中,荆轲孤身奋勇刺秦王;这一义行得到了由祥瑞陪伴的羽人的赞许,羽人持尊踏步敬酒,代表了仙界所认可的人界中能够羽化成仙的行为。同样的"刺秦图",在陕西的汉画像中,插有匕首的立柱被刻画为弯曲状,郑岩以为是通往昆仑山的象征。如此,仙界的羽人舞就是歌颂大义的明喻了。

在武氏祠前石室后壁小龛东壁图像中,也有羽人以舞赞许"丁兰供木人"和"邢渠哺父"的孝子事迹。(图7-17)图像自下而上分为四层:第一层为车马迎宾,是为礼。第二层为两个孝子的故事。第三层为羽人植仙草,四羽人种植嘉禾、灵芝(疑似)等仙草,仙草根茎部分恰与第二层二孝子图相连,其寓意与"刺秦图"中弯曲的柱子相似;左面上方是一身双蛇尾裙装羽人与迎面而来的飞鸟对舞。第四层为天界,飞鸟和鸟首状卷云纹中间,一双蛇尾羽人正抓着鸟尾嬉戏,恣肆飞扬,将第二层人界之"孝"

提升到天界。

在《武梁祠——中国古代画像艺术的思想性》一书中，巫鸿特别强调了汉画人界里"中心楼阁拜谒场景的装饰位置、尺寸和精美程度所显示的特殊重要性"，以之为"武梁的历史楷模被安置在中心楼阁的两侧，臣服于楼阁中正在接见臣下的君主形象"；而装饰楼阁的"凤凰、猴子和喂养瑞鸟的有翼仙人"则在嘉许忠于君权的表现，为臣民树立楷模。[①] 这种楷模被刻在武梁祠左石室中心楼阁画像中。（图7-18）中心楼阁内象征君权的中心人物体量巨大，面朝左方，正抬起胳膊，似乎让跪拜的大臣起身。楼阁下层为车马西行图，豪华的车马队止于其上楼阁左侧扶桑树下，马歇车空，车上之人开始谒拜。楼阁上层为西王母所在的仙界，众侍者从环拥，西王母似乎正在俯视人界的君臣相合。

有趣的是，连接起谒拜场景和西王母仙界的，是马车顶上一拧身弯弓射箭的羽人，用以暗示尽"忠"者可以子孙繁衍。其上，两座汉阙高耸入云，上面有猴子跳跃，楼阁顶端则是羽人饲凤鸟，左右开弓，半跪拧身起舞。凤鸟即凤凰，其出现也昭示君臣相合的天下安宁。《山海经·南山经》云："有鸟焉，其状如鸡，五采而文。名曰凤凰，首文曰德，翼文曰义，背文曰礼，膺文曰仁，腹文曰信。是鸟也，饮食自然，自歌自舞，见则天下安宁。"也就是说，代表"德""义""礼""仁""信"的五彩凤鸟，成为"中心楼阁拜谒图"的最高级祥瑞，而居于其中间的羽人饲喂行为则可谓"以舞供奉"。

无论世俗之乐还是逐恶扬善，作为亦鸟亦人亦仙的身体行为，羽人都离不开跨步起飞（图7-19）、跳跃飞翔（图7-20）、凌空展翅（图7-21）这三种形态，并由此形成人界活泼灵动的舞姿。图7-19羽人的姿势在舞蹈术语中叫作"起范儿"，出土于山东兰陵城前村汉墓墓门左立柱正面。画

---

① 参见［美］巫鸿《武梁祠——中国古代画像艺术的思想性》，柳扬、岑河译，生活·读书·新知三联书店2016年版，第208—211页。

像分上下两层：上层为蘑菇状昆仑山上端坐的西王母，手执作为西王母信物的带叶树枝。下有正向上爬的代表繁衍的九尾狐和猴子。下层为递次高升的羽人，昂头弓步折臂，正欲上飞。这种地面舞姿充满生活气息。图7-20出土于河南南阳麒麟岗汉墓，羽人仰头呈"C"形跳向天空，算是"倒踢紫金冠"。这种半空中的舞姿已有些半人半仙。图7-21出土于河南南阳，全图自右向左为：祥云蔓草中双鹿拉云车；一羽人执鞭驾驭，身后似为墓主人安坐；车后又有一鹿昂首飞奔，其下一羽人双手各执一灵芝倾身大跳跟随；其上又一羽人飞身逐鹿，似催促鹿车早载墓主人成仙。这种凌空舞姿当是"飞仙"所为，渐离人间烟火。此时，羽人之舞已完成了人界的任务，准备尽仙界之职了。

图7-19 山东兰陵城前村汉墓出土"跨步起飞的羽人舞图"

图7-20 河南南阳麒麟岗汉墓出土"跳跃飞翔的羽人舞图"

图7-21 河南南阳出土"升仙鹿车·凌空展翅的羽人舞图"

第二节　仙界的肃穆超然

一、侍奉与侍卫

在汉画羽人舞蹈场的三界之中，仙界没有人界那么自在，更没有天界那么自由，因为昆仑山上端坐着象征绝对权威的西王母。西王母又称"金母""王母""西姥"等，最先是以永生不死的辟邪之象征出现的。战国时期，西王母的传说已经广为流传，《山海经》《庄子》《竹书纪年》《穆天子传》等文献均有记载。《山海经·西山经》记录的西王母是半人半兽、性别不明的神，"豹尾虎齿而善啸，蓬发戴胜，是司天之厉及五残"。《山海经·大荒西经》也说："（昆仑之丘）有人戴胜，虎齿，豹尾，穴处，名曰西王母。"其动也，多有巫术或萨满的特征——跣足散发，手持枝条，口念符咒，神游天地，率领飞禽走兽，驱邪逐恶。这也是后来西王母身边多有动物及半人半兽形象的缘由，包括祥瑞和羽人。

西汉时期，东西交通，西方的神仙世界渗入东方神仙体系。[①] 于是人们把西王母与西方神仙世界联系起来，认为她不仅美貌，而且拥有长生不死之药。到了西汉末年，她变成大众宗教崇拜的对象，法力也大大增加，被视为能操纵生死的神祇。所以，至少在西汉晚期，西王母已被人格化了，有了穆天子和汉武帝追随之的野史。《汉武帝内传》有言：其"侍女年可十六七……真美人也。……（西王母）可年三十许，修短得中，天资掩蔼，容颜绝世，真灵人也。下车登床，帝跪拜。问寒暄毕，立，因呼帝共坐"。对此次相见，《博物志》云："汉武帝好仙道……时西王母遣使乘白鹿告帝当来，乃供帐九华殿以待之。七月七日夜漏七刻，王母乘紫云车而至于殿西……青气郁郁如云。有三青鸟，如乌大，使侍母旁……王母索

---

① 详见第六章第三节"快乐原则与达观精神"。

七桃,大如弹丸,以五枚与帝……母笑曰:'此桃三千年一生实。'"[1]仙桃与仙草、仙丹同属长生不老之仙药,由此才能出现"羽人仙草舞""羽人取丹舞"等。

东汉时期,西王母进一步成为宇宙力量"阴"之化身,雍容华贵,掌管不死之药(《穆天子传》)。汉代人认为宇宙是由阴阳构成的,伴随着这种观念的流行,东王公应运而生,成了西王母的配偶和"阳"的化身。如山东武梁祠画像中的西王母被刻画于西壁锐顶部分,对面锐顶的东王公与之相呼应,分别成为"阴仙"和"阳仙"。为了增添浪漫,周穆王和西王母相会的传说也流行起来。陕西绥德征集有一块榜题"周穆王见西王母"墓门楣画像石,右边的周穆王坐在三只仙鹤牵引的车上,向左边西王母方向奔去,其间有羽人驾鹿(鹿是羽人的坐骑)、羽人捧草,与乐舞百戏同场。山东嘉祥县城出土的一块汉画像石以及嘉祥纸坊镇敬老院出土的一块汉画像石上也刻有周穆王和西王母相会的图像。公元2世纪之际,西王母的势力再次扩大,原先被认为是上帝所居的神山昆仑变成了她的乐园,同时也成为仙界羽人的舞蹈场。

随着西王母地位的不断提升和所统辖的西方领地不断扩大,汉画艺术中吸收了不同来源的众多植物、动物、人物和其他象征物。据相关专家统计,到了东汉末年,西王母及其仙界的表现至少拥有10种图像特征:(1)西王母头上所戴之胜;(2)龙虎座;(3)捣药之玉兔;(4)神龟;(5)三足乌;(6)执兵器之侍卫;(7)祈福者;(8)九尾狐;(9)六博戏;(10)昆仑山。[2]这个清单中没有明确标示羽人,但他们实际上都化身在"执兵器之侍卫""祈福者"和"六博戏"中。张道一总结出西王母的特点与之大同小异,最后明确加上了羽人:西王母高居仙山,宽衣大袖,头上戴胜(又称"方胜",一种首饰),有的肩生两翼,有的人首蛇身,有的扶几打坐,有

---

[1] (晋)张华撰,范宁校证:《博物志校证》,中华书局2014年版,第97页。
[2] 参见[美]巫鸿《武梁祠——中国古代画像艺术的思想性》,柳扬、岑河译,生活·读书·新知三联书店2016年版,第157页。

的坐在龙虎座上，她或与东王公相并列，或与东王公遥遥相望。在她周围有三足乌、九尾狐、玉兔、蟾蜍和羽人等。[①]

这两种说法中，羽人似乎都不大重要或者排名靠后。其实，按照"出镜率""以人为本"和人的身体行为标准，西王母（包括东王公）身边的羽人应该有相当的位置，并要往前排。这不仅因为他们人数众多，以"身生羽"的鸟形人侍奉在西王母与东王公周围；而且在于他们所完成的工作是动物、植物等不可替代的，并且直接与人相往来。为完成这些工作，他们有时执兵器，有时执华盖，有时持仙草，有时六博，有时抚琴，有时起舞，或肃穆，或超然。此时，羽人舞也成为"人"舞，而非鸟舞，其羽翅同步转化为舞蹈服饰，并且也带有肃穆与超然。

《易经》有言："鸿渐于陆，其羽可用为仪。"《周易古经今注》解释说："仪，盖舞具也，其羽可用为仪，言鸿羽可用着舞具也。"[②] 周代《六小舞》中，《帗舞》者全羽、《羽舞》者半羽、《皇舞》者穿戴羽，用以祭祀宗庙、四方、辟雍，均为"羽舞"。春秋战国时期，还有《集羽》这样的舞蹈，与《微尘》并行，由女巫表演（《拾遗记》），言舞姿之飘逸如羽毛，尘埃从风。延及汉代，儒道并重的羽饰和羽舞依旧流行，许多祭祀舞蹈均是身披或头戴羽饰，腾出双手用以手舞。像广西西林普驮铜鼓鼓腰环饰的12组舞人，每组2人，头戴长羽冠，髻后饰羽翼，身着羽饰条状长裙，他们身体左侧转，仰身弓步左旋，或叉腰，或虎口张开作鸟翅手形而舞。（图7-22、图7-23）这种造型及舞姿在广西贵县罗泊湾汉墓出土的西汉铜鼓上亦有出现，舞姿夸张。（见图6-24）[③]

汉画羽人舞中这么夸张的羽饰比较少见，多以象征性的飘带或流苏方式发展了传统羽舞——特别是在仙界，由于龙虎座上戴胜西王母盛装就位，羽人简约的羽饰就更显必要，以用于侍奉、侍卫、供养和存思。

---

① 参见张道一《汉画故事》，重庆大学出版社2006年版，第169页。
② 高亨：《周易古经今注》，中华书局1984年版，第283页。
③ 今天，在哈尼族、景颇族、苗族等民间舞中，仍有此类"羽舞"表演，跳荡热烈。

图7-22 广西西林普驮铜鼓"羽人舞图"

图7-23 广西西林普驮铜鼓"羽人舞图"

图7-24 山东嘉祥出土"车马西行·拜谒偶像·羽人侍奉西王母图"

所谓"侍奉",即侍奉仙境昆仑山上的西王母(包括东王公),这是羽人到了仙界的首要任务。山东嘉祥宋山出土的"羽人侍奉舞图"为典型代表,自下而上表现了车马西行、拜谒偶像、羽人侍奉西王母的内容(图7-24)。

第一层前有导从的车马出行,除了炫耀墓主身份外,其西向方向暗含羽化升仙之义。第二层为拜谒,最左侧墓主端坐祠中,似已成仙,接见鱼贯而来的拜谒者。有趣的是,在祠外跽坐的拜谒者身后,还植一斜梯,行进中的第一位拜谒者正一只脚踏上阶梯躬身上行,梯口上面一猴(侯)躬身相迎,欢迎世人由"侯"而准备登上仙界成仙,将第一层车马出行的目的地表现了出来。第三层画面阔大,蔓草环绕,勾连起人界的车马与拜谒:戴胜西王母凭几端坐于曲茎蘑菇状的昆仑山上。① "胜"的字面意义为"胜过",与西王母原始辟邪相关,它在古籍中通常被认为是西王母的头饰。《汉书·司马相如传》颜注:"胜,妇人首饰也。"一根簪子横穿二小鼓状饰物,以见妇人行走起坐之平稳端庄。后有学者根据出土文物考证装饰物为抽象的飞鸟造型。(见图5-23局部及说明)昆仑山底部两侧,蟾蜍和玉兔一左一右在捣药伺候;左侧一鹄鸟仰视飞向西王母,更有祥瑞和多个羽人环绕周围;贴身侍奉西王母的是玉兔身后的持华盖羽人,挺拔直立;又有蟾蜍身后双手捧杯下跪的鸡头神怪(半兽半人的系列之一),俯首倾身②,二者一立一跪,毕恭毕敬。上层的上方和左右下角,是持仙草和供品的五个羽人,踏步倾身,面向西王母踏步而舞,所占空间最大,舞姿肃穆。又有左上角一拟鸟羽人,其舞姿有类于今天民间塔吉克族的鹰舞、哈萨克族的天鹅舞等飞鸟舞,与下面的鹄鸟相配,面向西王母,属"以舞供养"。

侍奉类舞蹈不仅要毕恭毕敬,而且有实物应对,像持华盖侍奉、持筹侍奉等,最高级品类当属仙草。

羽人仙草舞为汉画道具舞一大景观。"仙草"为瑞草,古人认为食之可以成仙。王充《论衡·道虚篇》云:"服金玉之精,食紫芝之英,食精身轻,故能神仙。"汉乐府诗《长歌行》亦有言:"仙人骑白鹿,发短耳何长。导我上太华,揽芝获赤幡。来到主人门,奉药一玉箱。主人服此药,身体日康强。发白复更黑,延年寿命长。"这里的"芝",即指仙草中的佼佼者灵芝。在汉代,西王母被看作拥有不死之药的女神仙,但她自己不制作、拿取和散发。制作不死之药的有玉兔等;仙药制作好了有凤鸟衔取;凤鸟多作鸟态而少人形,故而由和它相近的羽人执仙草或仙丹呈送西王母并奉命散发给世人。所以许多时候,羽人经常与象征"阴""天下太平"和"祥瑞"的口衔仙草或仙丹的凤鸟同场共舞。山东邹城出土有"羽人·凤鸟·仙草图"

---

① 据《河图括地象》《十洲记》等古籍载:昆仑如柱,接通天地;昆仑如盘,上宽下窄;或以为"悬圃"。
② 参见杨爱国《走访汉代画像石》,三秦出版社2006年版,第37页。

第七章 舞动三界 | 369

图7-25 山东邹城卧虎山石椁画像摹本"射鸟取仙草图"

（见图6-19）下层二凤鸟衔仙草相向而立，中层二羽人执仙草西向而舞，上层一羽人乘龙而去，构成"衔—取—送"的叙事。

有学者认为，口衔仙草或仙丹的凤鸟为飞鸟，故而意味着找到飞鸟即找到仙药。于是，在许多汉画里就出现了射鸟的画面（图7-25）。画面中一株大树，树干呈人形，树根像人的两条

图7-26 山东莒县出土"灵芝·羽人·凤鸟图"

腿，树干上部刻画着人面，一树枝下垂像人的左臂，一树枝上扬像人的右臂，上指树冠。树冠则像鹿角一样，其上栖息着八只小鸟，整个树形如同头戴巨大花冠的呈"S"形诱惑舞姿的树精。围绕着这棵人形大树，三人弯弓仰射，旁边还有三位急切观望者，仰着头期待着收获。这类"人们弯弓射鸟恐怕不单纯是弋射游戏，而是有着更深一层的用意，那就是借射鸟而讨要仙药"[①]。弯弓射鸟本有求爱、繁衍等隐喻，羽人也曾为之，它与长生不老有一定的联系。所以，不管"射鸟讨仙药"说成立与否，人们对仙药

---

① 张从军：《黄河下游的汉画像石艺术》，齐鲁书社2004年版，第145页。

图7-27　河南南阳出土画像石"西王母·羽人·玉兔图"

的渴望是汉代的一个现实。但无论如何，射鸟毕竟有射杀之意，且与羽人仙草舞完全是不同的身体行为。所以，有了羽人饲凤取丹之后，射鸟的图像叙事就好理解了。

事态再进一步发展，就是羽人慢慢和凤鸟脱离关系，纯粹地执仙草而舞。山东莒县沈刘庄出土的一块东汉画像石上刻有凤鸟、羽人与灵芝图像。（图7-26）画像上部分是羽人手执灵芝，跨步拧身向西回首，意气风发；下部分为一凤鸟蹲坐在地上，面有沮丧，似仙草被拿走。全图一动一静、一开一合，衬托出羽人所持之仙草或从凤鸟口中取出。本来仙草小巧玲珑，但在此却占有画面的三分之一，借以凸显其长生不老、羽化成仙之功效。更为有意味的是，此时的羽人与凤鸟共舞开始向羽人独舞转移，为纯粹意义上的羽人仙草舞开了先河，无论形象的仙草，还是抽象的仙草——后者的可舞性不亚于敦煌伎乐天的长绸舞。

仙草取来之后，要送到西王母那里。在河南南阳茹楼段庄出土的东汉画像石上，左面是西王母端坐，身前是羽人跪献仙草，羽人身后是玉兔捣药。（图7-27）如果我们把凤鸟纳入其中，仙药到达西王母手中的流程就成为：玉兔—（凤鸟）—羽人—西王母。换言之，凡人所需要的仙草或仙丹必当经羽人之手，故持仙草侍奉西王母的羽人舞实则为人们追求长生

图7-28　榆林汉画像石博物馆藏"仙界执戟羽人图"局部和"持节羽人图"

不老的代言人之舞,为高级别的侍奉,并可以自成系统:从与凤鸟共舞到独立起舞,从独舞到双人舞,从持短仙草舞到持长仙草舞,等等。

与持华盖、持仙草等道具的文舞"侍奉舞"不同,"侍卫舞"为持兵器、仪仗的武舞。如果以形象为羽人舞的第一级分类,第二级分类则可以包括羽人徒手舞和羽人道具舞;第三级分类则可以按道具舞性质分为文舞(执仙草、执华盖等)和武舞(执兵器、仪仗)。

榆林汉画像石博物馆藏有一块横眉石(图7-28),图像外栏为枝蔓草纹;内栏自左向右为柳树、执戟羽人、带翅西王母、饲凤鸟羽人、大小凤鸟、盘鼓长袖舞、飞天羽人。于此之中,九位执戟侍卫羽人最为显眼。他们长身披发,肩之羽和胯之羽在西风中横飞。披发是东方夷人风俗,是神仙的标志之一,也是羽人的象征之一,加之手持长戟,羽人就有了超人的本领。和在人界守护陵墓主人一样,在仙界,他们要护卫西王母,其本领是在人界格斗舞中练就出来的,用以辟邪。从画面看,9位执戟羽人威风凛凛,一旦舞动起来,定会令鬼魅望而生畏。又有山西博物院藏"仙界执戟羽人图",即图7-28的武舞起范儿。(图7-29)上下4位立于悬圃之上的持戟羽人探身碰戟,跃跃欲试……按照汉画以纵向设计人物为重的原则,这4位羽人地位显要,要看守仙界大门,身份当在狩猎者之上。由于有了这样的安全守卫,所以图左侧同样纵向设计的羽人华盖舞才显得摇曳多姿。

图7-29 山西博物院藏"仙界执戟羽人图"

图7-30 山东沂南汉画像石墓墓门西立柱、中立柱、东立柱画像

持兵器外,羽人还有持仪仗侍卫的。如果说图7-28持节羽人还是毕恭毕敬、西向侍卫的话,那么图2-99的持节羽人则西向弄丸起舞,与身前的裙装羽人、九华灯和身后的仙草、天禄共同侍奉,风格为之一变。

从风格来讲,羽人侍卫舞主要凸显的是肃穆中的威严甚至狞厉,这也与其功能相关。在山东沂南汉画像石墓,墓门立柱画像(图7-30)主题有两个:一是辟邪,二是升仙。辟邪体现在两门扉中间立柱上,自上而下是蹶张、食鬼的神虎、执鹿角打鬼的羽人和饕餮。扬臂踏足的打鬼羽人异常醒目,动作之激烈与东柱上东王公身边捣药侍奉羽人的温顺形成反差。辟邪是防止妖魔鬼怪侵袭或危害地下亡灵。仔细观看图中打鬼羽人,其舞姿颇似汉画舞蹈中的格斗舞,又颇似今日古典舞《秦俑魂》,只是秦俑侍卫的是王,羽人侍卫的是神。

二、供养与存思

与华盖、仙草、筹、戟、节等实物侍奉与侍卫不同,供养类的羽人舞是以抽象之乐舞来愉悦西王母的,类似敦煌舞中的箜篌舞、琵琶舞,有乐有舞。"供养"一词乃借用于佛教"乐舞供养",以乐舞娱神传道。与侍奉相比,供养类的羽人舞功能性不强,形式主要是徒手纯舞,手舞足蹈或飘飞在西王母和东王公左右和空中。在图7-24中，那身与鹄鸟齐飞、投身西王母的拟鸟羽人舞便是典型的舞供养，使仙界羽人舞在肃穆之中增添了些许欣悦，它们特别地表现在西王母、东王公的语境中，显出无功利之功利。

按照乐舞一体说，乐供养也可以归入其中。像纯舞一样，它不带来直接的功利，只带来视听融合中的飘飘欲仙，或肃穆或欣悦。在四川彭山江口石棺画像中，西王母端坐于龙虎座上，驾龙驭虎，如《焦氏易林·临之履》所云："驾龙骑虎，周遍天下，为人所使，见西王母，不忧不殆。"（图7-31）龙虎座左侧有九尾狐和三足乌，凝望白虎。三足乌为代表太阳的神鸟，九尾狐尾长而九歧，是象征繁衍之瑞兽。西王母右边有蟾蜍，直立拧身而舞，酷似人扮。据《淮南子·览冥训》载，后羿请不死之药于西王母，羿妻嫦娥窃之奔月，托身于月，是为蟾蜍，而为月精。蟾蜍以"月精"身份与三足乌构成日月同辉，其舞与青龙相呼应，又似乎在导引右下角着长衣者（疑似墓主人）升仙。图右上角是两个跽坐于蒲团之上的长耳羽人乐伎，疑似拍板（或吹箫）、抚琴（十弦琴，下有音箱，古琴之前身，流行于汉代），面向西王母，为其奏乐，一仰一俯，或双手击板，或手走弦上，亦可视为坐舞。

在"汉画艺术舞蹈形式分类"（见表2-2）中，道具舞被分为"乐器类""非乐器类"和"两者兼有类"三类，乐器类中有鼓舞、铎舞等。如此，加上"琴舞""箫舞"等也顺理成章，魏晋时期嵇康"手挥五弦，目送归鸿"就应算作琴舞。乐舞一体是东方艺术的传统，日本雅乐至今还保持着舞者

图7-31 四川彭山江口石棺画像"西王母·羽人乐供养图"及局部

必须掌握三种乐器的硬性规定。比之一般乐器，琴还有特别的意义。嵇康认为"众器之中，琴德最优"，其乐来自大自然，与大自然融为一体，亦使听乐者、表演者与大自然相合。在汉画像中，有俞伯牙和钟子期在盘状的昆仑山上抚琴的画像，左右似有蟾蜍和飞马作舞。俞伯牙曾经到过蓬莱山，这样就很容易与升仙联系在一起。在这里弹琴是一种与求仙主题密切相关的文化符号。[①] 如此，羽人俯身侧耳之抚琴便与道教求仙主题相关联，即今天依旧不绝于耳的道教仙乐。

在西方的观念中，人死后是要上天堂的，所以古希腊的神庙才会建造在山巅；而中国传统的死亡观念则是入土为安，深藏地下。西汉中后期的汉画表明，许多墓主已经改变了在地下生活的理想，转而朝向天上的仙界。这除了用图像来反映外，一些画像榜题也有明确的解释，如"此上人马上石天仓"等就从侧面说明了死后希望升天。从入地到升天，人们死亡观的变化表现在中西交通比较密切的西汉晚期至东汉时期。此时，一个重要的现象是，本来是半人半兽形象的西王母已完全人格化，和真正的贵族妇女没有什么两样。这种将西王母人格化的做法，实际上是对《山海经》等传说的修正。但与此同时，如果西王母和普通人完全一样的话，其神通之处则无法体现——人们之所以崇拜西王母，并不是因为她的女性特征，而是其具备的神通。为此，汉画进行了一个折中的处理：将西王母的野性分离给其所处的环境和她的部属，在其随从之中加上野性的动物和半人半动物的形象，从玉兔、蟾蜍、九尾狐到鸡头人身神、马头人身神等，其中最大的形象群体便是各类羽人和羽人舞。

这样一来，"西王母的原始状态通过转嫁的方式，依然保存在西王母的周围，而西王母则以文静贤淑的形象，以静制动的构图形式，使美女与野兽、文明和野性有机结合，西王母的无上威风和能量借此而迅速流布中

---

① 参见顾颖《汉画像艺术概论》，文化艺术出版社2017年版，第103页。

图7-32 "白霞圆光婴儿图"　　图7-33 "太上老君大存思图"

土,成为西汉中期以后民间最重要的崇拜对象"[1]。此时,夹带西方供养观念的羽人也应运而生。有人说昆仑山是佛教极乐世界前的西方净土、西王母是如来前的西方神仙、舞供养羽人是敦煌飞天前的飞天,此之谓也。

如果说"供养类"的羽人舞是因为中西交通而呈现开放姿态,那么"存思类"的羽人舞则更多地呈现内敛状态,使本土文化得以发展。"存思"一词取自道教,在道教经典中又称"存想""存神",指意念和外界对应物之间的连接关系,或意识的存放之处,即"存谓存我之神,想谓想我之身"(司马承祯《天隐子》)。存思是学道修身的根本方法——"为学之基,以存思为首。存思之功,以五藏为盛。……光而不耀,智静神凝,除欲中净,如山玉内明,得斯胜理,久视长生也"(《云笈七签·存思》)。从外在操作方法上看,存思也是专门的存神、内炼、出神之术,要结合身体修道进行,包括振左右手、仰头摇颈、鼓脚、摇身、拭目、捻鼻、按眉后两穴、轮耳、咽液等,动作反复按照阴阳五行象数观念施行。在道教仪式中,存思主要方法为存五方、存日月、存北斗、奔日月、存婴儿之法等[2](图7-32、图7-33),用舞蹈术语讲,它们常表现为不舞而舞之"坐舞"。

---

[1] 张从军:《黄河下游的汉画像石艺术》,齐鲁书社2004年版,第134页。
[2] 参见张素琴《道教仪式舞蹈的身体语言研究——以龙虎山天师道仪式舞蹈为例》,博士学位论文,中国艺术研究院,2019年。

图7-34 四川新津崖墓石函"六博·鼓琴图"

于此之中，仙界羽人"六博舞"最具代表性。

六博本是一种人界游戏，汉代人将其神化，与仙界西王母崇拜联系在一起。《风俗通·正失》说汉武帝与仙人对博，棋子沉没到石头中，讲的是一局棋下到可以海枯石烂，反映的是长生不老意愿。因此东汉时期就有了仙人之六博。此博戏更突出仙人于宇宙阴阳转换之间的修身养性，与人界羽人六博舞的呼号呐喊、手舞足蹈有所不同。这其中最重要的标识便是语境——在汉画舞蹈中，仙界羽人六博舞多是在昆仑山上对弈存思。

四川新津崖墓石函上有"六博·鼓琴图"（图7-34），图分为左右两部分，右边为鼓琴者，左边为六博者，他们均踞坐于昆仑山之上（一说为"悬圃"，一说为"云气"）；右边天上有蟾蜍和应龙环飞，左边天上有栖鸟和三叶草遮盖，各自形成一个封闭的与世隔绝的仙境。琴和听琴者被一些学者推测为俞伯牙和钟子期，是道教神仙系统中的所谓"真人"和"仙真"，二人"高山流水"，已出尘世，与左边的羽人六博形成呼应。左边六博者为女性羽人，长耳细身，裸露双乳，左边羽人背有羽饰，随手舞而飘飞，右边羽人则双手下垂。二人一高一低，一动一静。与人界羽人六博舞相比，此图所在山形为"盘"，平稳而无高危感，如同人界之平地。为了防止"盘"之两端出现悬空，左端被凤鸟栖枝封住，右端被一攀枝三叶草遮挡。于此"鸟语花香"之中，羽人六博之坐舞舞姿松弛自在，双人舞动作转换之间当为存思。二者还有一微妙不同之处：人界羽人六博舞蹈场中的凤鸟是上飞，仙界六博舞的凤鸟是栖枝下视；人界的灵芝是伸向青天，仙界的

图7-35　四川彭山文物管理所藏"三神山图"

图7-36　四川省长宁县博物馆藏"迎谒·羽人六博图"

三叶草是遮住白云。开放或封闭，决定了超然或冥想的动势。

与之相呼应，彭山三号石棺上的"三神山图"也将鼓琴和六博联系在一起，并且也是以神山形式将两者纳入仙界。（图7-35）《史记·秦始皇本纪》载："海中有三神山，名曰蓬莱、方丈、瀛洲，仙人居之。"汉代以后，西王母所在的西方昆仑山崇拜替代了东方的"三神山"，故图中三山当为转型后的昆仑山。三山中间者上有仙人抚琴，居右的昆仑山上有仙人听琴，居左的昆仑山上为琴声中的羽人六博，被封闭在两峰之间。六博者同样为女性，长耳细身，一着紧身衣，一广袖；紧身衣者扬臂举箸，广袖者垂手静观其变，可与图7-34形成姊妹篇。

将图7-34、图7-35的言辞语境范围再扩大，就能更加清晰地看到羽人所在的仙界与人界之区分。四川长宁二号石棺上有有关今生、来世的图像。（图7-36）按照巫鸿的解释，长方形的构图被分成两格，右格中，二人于人界连理树下相向而立，依依不舍地告别。左格长度加倍，进入仙

图7-37 四川彭山文物管理所藏"羽人六博图"

界,包括三组形象:第一组为二人手执仙草,其羽翼已见出仙人身份;第二组为天师道神职人员,执串珠节杖,跟随一只鹿向左行;第三组为左边的昆仑山,上有二羽人六博——"一种象征宇宙也与人的寿命天数有关的棋局"[1]。

最有超越感的羽人六博舞可以在四川彭山二号石棺的"羽人六博图"中窥见。(图7-37)该图分为三个空间:右边石柱拴一马,似从东面人界而来。中间蘑菇状的昆仑山一分为二,其上跽坐二羽人,长耳细身,裸露乳房,气定神闲地对弈,赌具置于两山之间;右边羽人智静神疑,左手扶膝,右手投箸,稳如泰山;左边羽人得斯胜理,左手前伸投箸,右手上举以示内明。左边为羽人起身骑鹿,鹿扬蹄西奔。

仙界羽人舞的肃穆超然是一种中间状态,它向下提升了人界的活泼灵动;向上打开了天界的高远恣肆。中国古人以为天有九重,具体到汉画中,它浓缩为二重——仙界和天界。仙界的羽人之所以兢兢业业地肃穆地侍奉与侍卫西王母,乃是成全汉代人渴望成仙的一种幻想;于此敬畏之中,才能生成超然的供养与存思。当其从存思中起身骑鹿扬蹄,就使"天外有天"的"观念或抽象精神获得实体"。[2]

---

[1] [美]巫鸿:《中国绘画中的"女性空间"》,生活·读书·新知三联书店2019年版,第110页。
[2] 芮传明、余太山:《中西纹饰比较》,上海古籍出版社1995年版,第5页。

第三节　天界的高远恣肆

一、步步升高

《汉书·礼乐志》注引应劭云"武帝愿乘六龙，仙而升天"，是讲武帝从人界登上昆仑仙界，见到西王母，算是入了天门[①]，可西王母之上还有天帝之天界。如此，汉画羽人就还有了扶摇直上的自由驰骋空间，并且还能重返人界与仙界，显示出汉代人现实又浪漫的精神追求——既超越了战国宴乐渔猎攻战纹铜壶的纯生活舞，又能使敦煌壁画中的飞天舞可以脚落大地。

在中国艺术史中，汉以前的画像多把"人道"作为出发点。这种倾向明显地反映在东周时期的艺术品，特别是当时刚刚出现的画像艺术中。东周青铜器的纹饰开始大量表现人的活动，诸如劳动、战争、狩猎、恋爱以及祭祀场面，像战国宴乐渔猎攻战纹铜壶。（图7-38）在这些图像中，不仅人和人打斗，人和动物之间也常常被表现为直接的对抗，人被表现为英雄般的战胜者，凌驾于动物之上。"在东周之际，人变成了主人或至少是成为了动物的挑战者"；然而到了西汉之际，"艺术品中表现人兽对抗的场面减少了，人类以强力降服动物的情形渐渐被平静和谐的场面取代。大体而言，动物不再被认为是需要降服的威胁，而是多被表现为与人类命运协调的祥瑞形象"。[②]如果说这种祥瑞图像在东周艺术中还不多，那么两汉之际这类图像则成了随处可见的主题。它们被描绘在马车、铜镜、香炉、酒瓮、漆器上以及房屋和墓室的画像中，自成"天道"。

天界是祥禽瑞兽的乐园。在1965年出土于河北定县三盘山的一件车饰（约制作于前110—前90年之间）上（图7-39），125个人物和动物形

[①] "登昆仑，入天门。"参见徐芹庭《焦氏易林新注》，中国书店2010年版，第99页。
[②] ［美］巫鸿：《武梁祠——中国古代画像艺术的思想性》，柳扬、岑河译，生活·读书·新知三联书店2016年版，第94页。

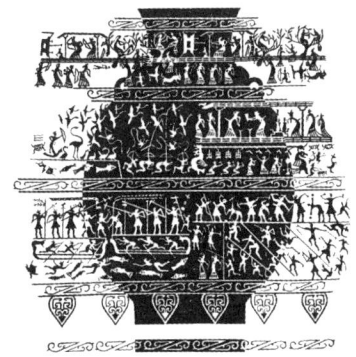

图7-38 四川成都百花潭出土战国"宴乐渔猎攻战纹铜壶"

象被安置在从上至下的青铜管形器的四层画面中。以动物形象为中心,自上而下分别是:吉祥的龙和南方所贡之象;腾跃的虎;吉祥的鹤及北方所贡之骆驼;祥瑞的凤凰。"这些形象以错金银的工艺技术来呈现,以曲线表现出来的蜿蜒起伏的崇山峻岭将这些祥瑞动物融入一个奇异的欢乐世界。"① 在这个世界中,能见出"人迹"的就是羽人了②:

图7-39 河北定县出土西汉圆筒车饰图像

第一层中心的大象上,有三个蓄势待发的长耳羽人,或坐或跪,踞跪于象头者持一杆状物似在戏象,后两者引颈观望;第二层的中心是猛虎,一骑马狩猎羽人拧身射虎,头上羽饰鲜明;第三层的中心是骆驼和站在骆驼上的长耳羽人,羽人也被祥禽瑞兽所环绕,如同一位指挥家与祥瑞交流;第四层的中心是凤鸟,昂首展翅起舞,构成百鸟朝凤主题……凡此天界,满目云彩缭绕、奇峰异树、祥禽瑞兽、百兽率舞,足以令羽人放开手脚起舞。这一步步高升的最高空间,应该是天界。

---

① [美]巫鸿:《武梁祠——中国古代画像艺术的思想性》,柳扬、岑河译,生活·读书·新知三联书店2016年版,第94页。
② 亦有学者称之为"仙人",其称谓判定,当以是否有羽饰或长耳。

| 第七章 舞动三界 | 381 |

二、驰骋天际及舞动流程

放开手脚的羽人一般按照三种主题内容在天际起舞——化形阴阳、天马行空、嬉戏祥瑞。

"化形阴阳"的羽人舞是一种宇宙观和生命意识的隐喻性表达,其始祖和形象代言人当是伏羲、女娲。关于伏羲,《帝王世纪》载:"太昊帝庖牺氏,凤姓也。母曰华胥,燧人之世,有大人迹出于雷泽,华胥履之,而生庖羲。长于成纪,蛇身人首,有圣德。"《周易·系辞下》:"古者包牺氏之王天下也,仰则观象于天,附则观法于地。观鸟兽之文与地之宜,近取诸身,远取诸物,于是始作八卦,以通神明之德,以类万物之情。"关于女娲,《楚辞·天问》载:"女娲有体,孰制匠之?"《太平御览》卷七八引《风俗通》:"俗说天地开辟,未有人民,女娲抟黄土作人,剧务力不暇供,乃引绳于泥中,举以为人。"《淮南子·览冥篇》:"往古之时,四极废,九州裂,天不兼覆,地不周载,火爁炎而不灭,水浩洋而不息,猛兽食颛民,鸷鸟攫老弱。于是女娲炼五色石以补苍天,断鳌足以立四极,杀黑龙以济冀州,积芦灰以止淫水。"[1] 伏羲与女娲不仅作八卦、积圣德,而且是中国古代祖先神。传说他们是兄妹,洪水滔天之后,结为夫妇,繁衍人类,这是古代血缘婚姻的反映。作为再造生命的形象,伏羲与女娲被塑造为人身蛇尾,多双双出现,双尾相交,暗示着交媾。作为尊崇之偶像,羽人曾为之起舞;作为效仿之对象,羽人还与之共舞。

在武梁祠,这种效仿性表达被刻画在天际云端之上(图7-40):右面伏羲举矩,左面女娲执规,蛇尾相交。在相背而舞的人类初祖之间,一对小羽人拉手扬臂相对而舞,与两位人身蛇尾的初祖一样,蛇尾相交,却又两手相连。他们可以说是由伏羲和女娲所体现的阴、阳两种宇宙力量结合而成的初始人类,亦可视为阴阳相合的别样视觉形象。作为一种相向的

---

[1] 陈广忠译注:《淮南子》,中华书局2016年版,第113页。

图7-40 山东武梁祠"伏羲女娲·羽人舞图"

"欲近先远"的舞姿,他们恰好与身体投射相背的伏羲和女娲形成一种闭合式的男女对舞,以一种秘密分享的"自由间接体"方式,续接了伏羲女娲舞蹈的身体叙事。

在《阿长与〈山海经〉》中,鲁迅念念不忘的"人面的兽,九头的蛇,三脚的鸟,生着翅膀的人,没有头而以两乳当作眼睛的怪物"等,都在汉画中体现出来。他们是中国神话中意象的视觉延续,同时也延续着"片段性、非情节性和非系统性的叙事"①,由此与奥林匹斯山上的众神及其故事划开界限。这其中,生着翅膀的羽人是代表之一,而"化形阴阳"的羽人舞更是典型地说明了这一点:在伏羲和女娲预设的言辞语境中,交尾羽人承担起了"阴阳合一"、"一生二、二生三"及"子子孙孙无穷尽也"的母题与情感的表达。整体来看,他们与其他类型的羽人似乎关系不大,自身也没有特殊的叙事结构;但他们就是在这种抽身事外的似乎非概念、非逻辑中让观者感悟或体验到了生命起源的最初形态。在图左右的云端,又各有一单蛇尾裙装羽人:右边羽人持供品后倾飞舞,面向伏羲构成男子对舞;左边羽人头梳发髻,正以"俯冲阿拉贝斯"的舞姿与女娲构成女子对舞。他们的身量小于伏羲女娲而大于居中的小羽人,恰好构成生命循环的"老中青"三代中的"中",组成了四组对舞或者说"交响编舞",构图精巧,意

---

① 王怀义:《中国史前神话意象》,生活·读书·新知三联书店2018年版。

图7-41 滕州汉画像石馆藏"青龙白虎图""朱雀玄武图"

味无穷……此后，约公元1世纪起，在西王母取代女娲（还有东王公取代伏羲）后，这种羽人双人舞就很少见了。

"天马行空"的羽人舞抛开了复杂的观念意识，把缠夹不清的隐喻化为自由自在的明喻，风格上更凸显恣肆——当然，这种自由自在不会脱离包括伏羲女娲在内的天界的言辞语境。陕西米脂县博物馆藏有墓门组石（见图2-70），左右门柱自上而下为伏羲、女娲、执戟吏、拥彗吏、玄武；横楣石左右两端为日中金乌、月中蟾蜍，中为云气纹中的祥禽瑞兽；白虎之下，一长耳羽人昂首吸腿倾身，右臂前伸，与主力腿形成一条长长的斜线，倾斜流动于云际，呼啸腾跃，其舞姿比伏羲的仙草舞和女娲的便面与鼗鼓舞更为舒展，几乎融入云气纹中。

与这种倾斜流动的徒手舞姿相伴，羽人尚有天际踏歌仙草舞。山东滕州汉画像石馆藏有两块可以"连动"的天际羽人仙草舞（图7-41）：第一块"青龙白虎图"中，左面虎后为一熊，熊左是伏羲，下有一鹿；右面上方是一羽人，右手执三珠草，左手上扬，双臂呈一条斜线，双脚呈踏步状，俯首踏仙草而歌；其下为女娲和骑鹿羽人。第二块"朱雀玄武图"与"青龙白虎图"结构相同，左面为一龙一鹿，鹿上有持仙草羽人；右面上方

图7-42　河南南阳凤庄出土"异兽·羽人仙草舞图"

图7-43　四川德阳出土"仙草·羽人六博舞图"

位置,同样是一执三珠草羽人,左右臂均屈肘,呈"W"形,双脚也同样呈踏步状,踏歌而舞,或为第一块画像石上羽人的连动;他的下方是伏羲和一天狗,天狗由羽人驾驭。此时,羽人仙草舞已与天神、祥瑞同场,而非侍奉西王母。两块画像石右上角的羽人舞一俯一仰,相互呼应,使片段的、非情节性的舞姿具备了动作逻辑连动叙事的能指与所指。

如果把这种天际踏歌仙草舞横向展开,就是南阳凤庄出土的"异兽·羽人仙草舞图"(图7-42)。流云仙草间,四只异兽似醉酒狂欢,羽翼飞扬,一羽饰裙装羽人处身其中,双手执仙草,后倾身跳,作踏步舞,身体完全放开,与异兽融为一体。

这种连动还可以有前置、延续和展开的"连环画"。四川德阳出土"仙草·羽人六博舞图"算是前置动作。(图7-43)图中三羽人均裸露上身,双臂、背部生有稀疏而细长的羽毛。他们以跽坐和半跪的舞姿与仙草等高,左边二羽人前伸手对舞(似六博),右边一羽人扬臂面向树而舞。当这些仙草被摘取下来成为舞具时,羽人的仙草舞就会转换成许多直立的舞姿。

四川长宁三号石棺上刻有"联璧·羽人仙草舞图"(图7-44)。图的左右刻联璧纹,隐喻太阳与繁衍;中间一羽人,长耳广袖,执仙草(一说

第七章　舞动三界　｜　385

图7-44 四川长宁三号石棺"联璧·羽人仙草舞图"

图7-45 四川新津二号石棺"灵芝·瑞兽·羽人舞图"

为长巾,但长巾不会分支出叶状物)而舞。仙草绕过头顶形成弧形,与左右联璧纹相合。

在汉画中,仙草贴近地面生长时常伴以羽人坐舞;还有被羽人执在手中的,它们常伴以立舞;更有仙草挂在空中的,羽人非"凌空跳"不可及。四川新津二号石棺右侧有"灵芝·瑞兽·羽人舞图"(图7-45)。图下部刻玄武,上部刻灵芝,灵芝枝叶分两枝,每枝枝干上各立一只昂首展翅的朱雀,一青龙自东西向灵芝走来。玄武右侧,一羽人乘瑞兽天禄而至;玄武左侧,一羽人攀缘灵芝枝叶而舞,有"倒踢紫金冠"之动势。

比之仙草,仙丹是提炼的仙药,更精致,需要经过玉兔等的捶捣方能制成。羽人在仙界的工作任务之一便是取仙丹——药制成后,需要人来拿去,进而交给西王母。取仙药是极为兴奋的事情,故羽人取药(或取丹)舞也是兴高采烈的。山东邹城西南大故县村出土有"羽人戏凤取丹图"(见图5-38)。画面正中一株合欢树,两虎头作根部,树上为一凤鸟侧身而立,口中衔有仙珠若干,下有二羽人神情专注,伸手取之;左侧有一羽人与凤相戏。如果说图5-38的羽人取丹是由人界而仙界,那么由天界而仙

图7-46 四川渠县王家坪无铭阙
"玉兔献药·羽人取丹舞图"

图7-47 四川渠县蒲家湾无铭阙
"羽人骑天马图"

界的取丹羽人舞,就应该是四川渠县王家坪无铭阙上趣味十足的"玉兔献药·羽人取丹舞图"了。(图7-46)图中一只玉兔双手捧药罐,躬身踏步前来送丹;一长耳羽人空翻而下,伸手取丹,其长裤脚的羽饰凌空飞扬,与身体构成"C"形。这种造型的舞姿在汉画舞蹈中多有呈现,很像后来敦煌石窟中的飞天舞姿之一种——"跳水飞天",即从高空飞下、飘举上扬或横飞。以此推论,取丹羽人也可能是从天界而来的,是"天马行空"后返回仙界重生,就像他们在人界六博、格斗后飞升到仙界一样。这样,羽人仙草舞的连动叙事就构成了一种三界循环。

天界羽人舞的"天马行空"不仅表现在舞仙草、取仙丹的精神自由上,还表现在形象地与天马共舞上,或纵马狂奔,或逐马天际。四川渠县蒲家湾无铭阙上,有"羽人骑天马图"(图7-47)。长耳羽人背生双翅,左手执马鬃,右手高扬,驭天马奔驰;天马昂首扬蹄,头前有一飞鸟,大有"马踏飞燕"的造型感,堪称"马上芭蕾"。又有四川广汉出土四联张"羽人·天马舞图"(图7-48至图7-51):在图7-48中,羽人手执仙草,倾身跨步,追逐天马,身后有瑞兽起舞助威。在图7-49中,羽人飞身上马疾驰,羽饰在疾风中横飞;身后另一羽人右膝跪于地,左腿弯曲上抬,右臂前伸,五指奋力张开,上身前倾并微弯曲,似欲抓住前者。在图7-50中,左边戴冠羽人立身前倾,手执灵芝欲追赶同样戴冠的骑行羽人,全身

图7-48 四川广汉出土"羽人·天马舞图"（一）

图7-49 四川广汉出土"羽人·天马舞图"（二）

图7-50 四川广汉出土"羽人·天马舞图"（三）

图7-51 四川广汉出土"羽人·天马舞图"（四）

羽饰飞扬。在图7-51中，天马上的羽人拧身回头，手执仙草挥动，似在逗引马下飞奔而来的羽人。四图中有天马的舞姿造型，有骑行羽人的舞姿造型，有追逐天马的羽人舞姿造型以及马上马下的羽人互动的舞姿造型，个个别开生面，又可以互为一体。

羽人与天马共舞还有一定的现实基础。陕西绥德汉画像石馆藏墓门楣上有"出行·狩猎·奔马·羽人舞图"（图7-52），可以分明见出车马出行、围猎射虎、烈马狂奔和手执灵芝的羽人舞，其大弓箭步舞姿似乎是在引奔马前来。全图分为外层与内层，内层6株仙草隔开猎手、虎、奔马和羽人，似人界又似仙界。于此之中，执仙草而舞的羽人面向迎面而来的奔马，像在人界，又像在天界。似乎是为了验证这天地一体，外层的车马出行队伍中，又有祥瑞凤鸟展翅其间。如果说外层的鸟为具有神性的凤鸟，那么内层的奔马亦可看作天马。与此同时，我们也应该分清：此时的羽人与天马共舞，已然不像是一种身体追求，倒更像祥瑞嬉戏的自娱自乐——毕竟，天马也是祥瑞之一。

最后，我们来到以日月星辰为背景的天界羽人戏祥瑞舞面前。所谓祥瑞，除了四神等祥禽瑞兽外，还有许多异兽，似人似兽且常跳出出人意

| 388 | 翘袖折腰——汉画舞蹈的深描与重建 |

图7-52　陕西绥德汉画像石馆藏墓门楣"出行·狩猎·奔马·羽人舞图"

图7-53　四川彭州出土"羽人戏异兽舞图"

料的人形舞。从舞蹈的立场上看，它们虽然怪异，却应该先进入我们的视野。

四川彭州出土有奇特的"羽人戏异兽舞图"（图7-53），图的上端有南斗六星连缀，中间有蔓草云纹，三个舞者舞在其间。中间当为戴面具的羽人，头顶、手臂皆生羽，双钩尾，似怪兽。他跨步向左倾身，张牙舞爪，似在恐吓，吓得左边的长尾瑞兽几乎后仰跌倒。更有右边长臂异兽在羽人身后助威，它右臂前伸，似执仙草，左臂屈肘呈攻击三角形，紧随羽人跨步前行，其腰间似有长尾缠腰后掠，动势鲜明。又有徐州韩兰成汉画馆藏"羽人饲凤戏祥瑞舞图"（图7-54），两只恐龙似的怪兽自左右奔来，冲向跽坐饲凤的手持仙草的羽人。它们身后好像还跟来诸多祥瑞，令其扭头回望。最跳荡不安的是羽人身后的异兽，似熊非熊，甩臂踢腿，作人形舞。与图7-53相反，羽人在此以静制动。

天界羽人戏祥瑞图体现了汉代人与动物的和谐相处，也是今人追求的一种境界。这种天界羽人舞大体分为两大类——饲喂与玩耍，许多情况

图7-54 徐州韩兰成汉画馆藏"羽人饲凤戏祥瑞舞图"

图7-55 山东临沂出土"羽人跪饲凤鸟图"　　图7-56 江苏师范大学藏"羽人饲凤·乐舞·秘戏图"

下两者是合一的。

或是物以类聚,在祥禽瑞兽中,羽人饲喂最多的是凤鸟,或跪喂,或跳喂,姿态万千。山东临沂棉织厂出土的汉画像中有一幅"羽人跪饲凤鸟图"。(图7-55)图四周绘有边栏,左部为一连理树,根部壮硕,树叶繁茂,右部为一凤鸟,双腿弯曲卧于地上,尾部羽毛丰盈,高卷于背部,与连理枝叶相呼应。树下有一羽人,探出大半个身子,似在捉迷藏,躬身俯首,喂食凤鸟;画面中又有数只小鸟,于树上鸣唱。整个画面优雅细腻,生机勃勃。这种生命力,在羽人跳喂凤鸟时更加凸显,有时还暗藏潜台词。江苏师范大学藏有"羽人饲凤·乐舞·秘戏图"（图7-56）。图分上下两格，下格分三层，上两层为乐舞，最下层为秘戏。所谓"秘戏"就是男女亲热，像最下层的三对男女：左边一对在私语；中间一对在相约；右边一对在亲热。其上两层人界的乐舞是对秘戏的缓冲，由此将世俗人情引至上格天界的羽人饲凤：两只凤鸟分左右翘尾昂首站立，中间一羽人跨步跳跃，双手各饲喂一只。按照饲喂动作逻辑，其面向右者饲喂之后，必然还有面向左者的动作，左右不知疲，甚至惊吓到了上格下方的小瑞兽。

酒足饭饱后，便是玩耍嬉戏。在天界，羽人属于自由跑位者，故与其嬉戏的对象很多，从凤到龙，从虎到鹿，完全放开，少了功能性而多了可舞性，体现了舞蹈发生的"游戏说"。徐州汉画像石艺术馆藏有"侍者献食·羽人戏凤图"（图7-57），下格为铺首衔环和侍者西向进奉食物，云气缭绕，祥禽瑞兽相随，肃穆凝重，隐喻侍奉羽化升天的墓主人。上格为"羽人戏凤"，活泼跳跃：图中一凤鸟踏步向西，带起的疾风使其颈上飘带横飞，搅得周围的花草鸟兽随之舞动。引领凤鸟踏步飞舞的是上格左侧的羽人，长耳细身，肩、肘、胯、膝均带羽翅。他跨步拧身回头，右手执仙草，左手前伸立掌，似在与奔来的凤鸟嬉戏。

凤鸟属于比较老实的嬉戏对象，待到戏龙、戏虎、戏鹿等瑞兽时，羽人也会随之腾挪跳荡。图7-58左面为一飞龙，凌云飞奔，扭头伸颈；身后有一羽人，后"斜塔"式大跳追来，双手执物戏龙（右手所持似仙草），羽饰飘扬；右面为一怪兽，似因追羽人不及而呈跌倒状，动感十足。

河南新野县博物馆藏有两幅可以连接在一起的"羽人戏祥瑞图"，

图7-57 徐州汉画像石艺术馆藏"侍者献食·羽人戏凤图"

第七章 舞动三界 | 391

图7-58 河南南阳出土"羽人戏龙图"

图7-59 河南新野县博物馆藏"羽人戏祥瑞图"(一)

图7-60 河南新野县博物馆藏"羽人戏祥瑞图"(二)

比单纯戏龙凤更热闹。(图7-59、图7-60)二图的主体均为张牙舞爪的"二龙穿璧",上图瑞兽还有虎、熊、牛;下层则有翼虎、鹿、熊、蟾蜍和仙人骑射。上图羽人蓄势待发,跪持三珠树,在群兽的奔突争斗中稳如泰山;下图羽人由静而动,于空中呼啸飞行,持利器(似弩)戏翼虎、逗飞龙,无所畏惧,与右边骑射仙人戏龙呼应……无论如何,羽人的一半是"人",比较战国"渔猎攻战纹铜壶"中的"人满为患",驰骋天际的"半人"羽人舞可谓不见人间烟火,满目皆是"与人类命运协调的祥瑞形象"(巫鸿)——更准确地说,是手舞足蹈的祥瑞形象,羽人不过是其中的舞者之一。

从人界到仙界再到天界的步步升高以及驰骋天际,羽人不是直线跑,而是绕圈跑,循环往复,其舞动流程有如一个立圆。

在舞蹈立体空间范围中,贴近地面者称一度空间,正常站立者为二度空间,跳跃或托举而高于头顶者是三度空间。早期基督教曾将这身体的三个空间位置比喻为地狱、人间和天堂。在古代中国,从道家和道教思想中诞生的羽人舞去掉了彼三界的地狱,而以人界、仙界和天界与之对应,按照快乐原则为舞蹈增添了一个向上的空间层次。特别需要指出的是,在人界与仙界、仙界与天界之间,还存在两个过渡地带,有些像人类学中的"阈限",但又不如楚河汉界那样分明,类似于八卦太极图中的阴阳鱼。它们使羽人舞的表达获取了更大的张力。

图7-61 陕西靖边寨山墓门左、右立柱"三界图"

在陕北靖边寨山墓门左、右立柱画像石上,清晰地刻画着三界并存的"你中有我,我中有你"状况。(图7-61)右立柱自下而上分为四层:第一层长着拔地而起的连理树,树左为执戟侍卫,树右为饲马者;马之上方为一博山炉,有香烟飘升。大树和香烟都有通天的隐喻。第二层有执钩镶和短剑格斗者,也是羽人常有的行为,可见出汉代人的尚武与侠气,也隐喻着侍卫与驱逐;其上是拱手侧立的交谈者和执笏跪拜者,文质彬彬,或为墓主人。第三层为羽人饲凤,羽人双手执仙草踏跳向前,一凤鸟张嘴向仙草,又一凤鸟凌空赶来,和羽人对应,形成向上的动势。第四层左面灵芝形悬匾顶上,羽人正与东王公六博,运筹阴阳,手舞足蹈,下有仙鹿伫立。第四层右侧分上下两格,下格右面有一执仙草昂首向上羽人,上有仙界鸱鹗。有学者以为鸱鹗在汉代墓葬语境中可通天，与建木、扶桑相同[①]；上格是人身蛇尾的女娲；女娲为天神，当在天界，此时正踏步向仙界而来。

左立柱自下而上也分为四层：第一层是伏地而行的翼龙和玄武。第二层为二牛抬杠的耕作与生长的谷子及家禽，是对现实生活的刻画，却处身祥瑞之上。第三层为长袖舞，左侧舞伎中正方圆，长裙扫地，右手搭袖，左手执一物上举[②]，一上一下，一左一右，一阴一阳；右侧舞伎倾斜抛扬袖，已出画格，其向上的动势与右立柱上的羽人饲凤舞相近。第四层右格是西王母坐于同样的悬圃之顶，左有玉兔捣药，右有羽人持仙草侍奉，其身下有九尾狐、三足乌等环绕；左格分上下两层，下层为卧鹿和走马，上格为人首蛇尾的伏羲，与女娲隔空相对……于此之中，长袖舞与羽人饲凤舞相对；仙草侍奉坐舞与羽人六博坐舞相对，伏羲与女娲踏步而来的天神之舞步相对；而西立柱的羽人仙草舞想要驰骋天际与祥瑞共舞，他们就还需唤起左右立柱最下层的翼龙。此时，下即上，上即下，天、地、人合一。

具体到从人界到仙界的第一个过渡地带，羽人舞明显呈现向上的动势。在陕西绥德征集的墓门左、右立柱画像中，一组对称图描绘出由人界到仙界的羽人仙草舞。（图7-62）左立柱画像自下而上是马系扶桑树；执彗门吏；牛首东王公坐于仙山神树悬圃上，有灵芝草、九尾狐和三足乌护卫；打通人界、马、树、执彗门吏和仙界东王公者，是执卷云蔓草而舞的头羽飘飞的羽人——扬臂顿足，卷云蔓草如长绸，直上仙界，以手中道具跃上三度空间，惊跑两只长尾狐。与之相对的右立柱画像自下而上是出格的玄武，紧贴地面，与系在扶桑树上的马（一说为天马）对视；其上为捧笏门吏，与执彗门吏相对而立，一文一武；再上面的仙山之上，是灵芝草、九尾狐、三足乌环卫着的鸡首西王母，与牛首东王公隔空对视；捧笏门吏身后有一长耳羽人，高抬腿，双扬手，头羽飘飞，拧身回望，同样舞

---

① 参见练春海《汉人向往升天，墓葬中有天梯吗？图像会有什么特点？》，"兰台挥麈"微信公众号2021年1月17日。
② 汉画界对所执物莫衷一是，或以为是铎，或以为是铃，或以为是古代"麦克风"。

图7-62 陕西绥德汉画像石馆藏墓门左、右立柱"羽人仙草舞图"

图7-63 山西离石马茂庄三号墓"升仙图"

动向上飘飞的卷云蔓草;卷云蔓草纹中间又有鹿与仙鹤,与舞仙草的羽人同步拧身回望,延伸了画面空间;最有趣的是西王母身后的一长耳羽人,挥臂作舞,与卷云蔓草融为一体,羽化飞仙,奔向天界。

更有山西离石马茂庄三号墓前室西壁右侧画像,直接描绘出了由人界而仙界的"升仙图"(图7-63)。图之两侧由盘旋而上的云气纹镶边;紧贴地面为重叠的西向倾斜而立的巨大山石,下有一羽人,长耳裙装,昂头躬身扬手,执仙草而舞,仙草扶摇直上;上有骑马者(当为墓主人)驭马奔驰,前有苍龙飞鸟引领;其上是五龙所驾云车,凌空飞驰,骑马者(当为墓主人)于云车之上跃升一级;在最高一层,卷云蔓草之间是祥瑞拱卫的天柱悬圃和华盖,其间一长耳裙装羽人扬手取仙草,为身后骑马升仙者伴舞。于此之中,骑马墓主人逐级跃升,与之始终相随之人,唯由羽人而已。在此意义上,作为仙人的羽人对俗人有着一种责任感,自下而上地导引飞升。

第七章 舞动三界 | 395

图7-64 陕西米脂县博物馆藏"祥瑞·羽人·仙草舞图"

图7-65 陕西绥德出土"羽人降落仙山图"

再具体到仙界与天界的第二过渡地带,羽人舞的身体投射有了更多的对象和更宽广的空间,可以在天界与天神、祥瑞平行站位,自由往来;可以在仙界与天界的交汇处昂首上行,一步登天;亦可以在这一交汇处下行降落,重返仙山。陕西米脂县博物馆藏墓门门楣画像(图7-64)分上下两层:上层,日月高悬两端,卷云蔓草之间祥禽瑞兽遍布其中。有趣的是,祥瑞中间一羽人毛发上扬,躬身发力,执一瑞兽长尾,似在游戏,如同前面的白虎戏鸟。下层亦为祥瑞、龙、虎、桃拔、奔马、朱雀、鹄鸟,还有仙界的捣药玉兔;最左端有一羽人,长发向后飞扬,手执仙草昂首跨步,与祥瑞嬉戏,其动势与最右端任劳任怨的玉兔恰成反差。

我们说过,羽人舞的最重要任务是引导墓主人飞升到仙界,求得长生不老,天界之羽人舞所带来的自由驰骋的前提也在于此——肉体升仙后精神的自由。因此,羽人必须不忘自己在仙界的任务,要常常从天而降。绥德延家岔汉墓前室东壁门有"羽人降

图7-66　山东费县出土"六虎·羽人舞图"

落仙山图"（图7-65）。图分两层，上层仙山错落，中峰突起，两侧各有一长耳裙装羽人对舞，羽饰飘飞。她们面向中峰（西王母之抽象化），一手斜下前伸，一手曲肘上扬，体现出敬畏与崇拜。比之面对真实的西王母，身体投射对象的抽象化使羽人的表达更具舞蹈性，像左边羽人的半脚尖舞步和"后斜塔式"舞姿，似乎刚从天界落下，轻盈飘逸，这在舞蹈中被称作纯舞。此时的羽人舞算是由神人舞变成了仙人舞，属于"仙女下凡"。

山东省费县垛庄镇潘家疃出土的"六虎·羽人舞图"带着一种不断起飞的意味。（图7-66）图四周绘有三角纹与垂帐纹，六只翼虎或卧或立，似从天界降落人间。中间卧虎口衔一只小鹿，其身前有一羽人跨步拧身腾飞，轻巧玲珑，似召唤诸翼虎重新起飞……

如果把这种舞动三界的羽人舞以立体圆雕的方式呈现出来，我们就会有更直观的感受。1972年，洛阳涧西七里村出土一件东汉彩绘陶百花灯。（图7-67）灯座呈覆喇叭形，四周堆塑跃动的家畜，满目人间烟火；又有或坐或蹲者（似艺伎与俳优）小憩，以静衬动。灯柱和曲枝灯盘上，当是仙界与天界，着紧身衣的长耳羽人，或坐或立，或仰或俯，于飞龙凤鸟间手舞足蹈，下接地，上连天。与之相似，三星堆出土的青铜曲枝灯也有通天达地的羽人快乐起舞。（图7-68）如此，舞动三界的羽人不仅在空间上

第七章　舞动三界　｜　397

图7-67 河南洛阳出土的东汉彩绘陶百花灯及羽人舞　　图7-68 四川三星堆出土青铜曲枝灯

遍布华夏，而且在时间上深入与青铜鎏金面具同时的青铜时代。

洪堡特认为，人类的精神活动是以不同的程度和不断更新的形态逐渐发展起来的。① 在汉画舞蹈中，能够将汉代社会风俗和人的精神活动以一种形象系列呈现者，非舞动三界的羽人莫属。

---

① 参见［德］威廉·冯·洪堡特《论人类语言结构的差异及其对人类精神发展的影响》，姚小平译，商务印书馆2008年版。

第八章
深描基础上的重建

第一节 高棉古典舞范例

一、前图像的把握

当代中国古典舞建设发轫于20世纪50年代前后,依托的是中国戏曲和西方芭蕾,对于中国古人讲求的"左图右书"(历史图像与文献)没有太多的注意。因此形成了今天"墙上芦苇"的状况,既不能在视觉直观中清晰地寻找到原型,也难以在身体文化与审美上引发"body to body"(身体对身体)的共鸣。2015年,中央音乐学院杨民康教授对柬埔寨吴哥窟舞蹈图像进行了深入考察;2018年,历经半个世纪重建的高棉古典舞被联合国教科文组织列入人类非物质文化遗产代表作名录。[①] 前者属于音乐人类学的田野工作,后者已然是世界舞台的舞蹈艺术表演(图8-1),两者间的转换值得中国古典舞借鉴,用以寻找到一条如何由舞蹈图像深描而重建古典舞的路径。

继印度、韩国、印度尼西亚、泰国等亚洲国家之后,高棉古典舞被

---

① 迄今为止,中国古典舞尚未申报。

图8-1 高棉古典舞的"脚踏莲花"舞姿
（陈小憘提供）

联合国教科文组织确认为世界古典舞非物质文化遗产代表作，这不仅是对20世纪中期前后伴随着民族解放运动而兴起的东方古典舞重建的肯定，也是对古典舞艺术多元化存在的认可——东方古典舞同样可以成为静观的舞台艺术。和印度等国古典舞最初的建设一样，立于舞台上的高棉古典舞缘起于柬埔寨吴哥窟舞蹈图像资源，历经了"在场（舞蹈）—不在场（舞蹈图像）—重建在场（舞蹈）"的重建，由此形成今天程式化的表演与训练系统。当然，这一重建过程离不开相应的支持体系。

对历史舞蹈图像语境的把握是第一步要走的，它在图像学中被称为"前图像志研究"，包括舞蹈场域的社会语境研究、舞蹈场域的言辞语境研究。

从社会语境观看，公元9世纪初，阇耶跋摩二世完成了统一真腊大业，建立起一个新的王朝——吴哥王朝。12世纪前半叶，为了祭祀保护之神毗湿奴和炫耀自己的功绩，信奉婆罗门教的国王苏利耶跋摩二世建造了著名的吴哥窟。公元12世纪中叶吴哥窟毁于战火，再由信仰大乘佛教的阇耶跋摩七世（1125—1215年在位）耗费巨资重建，同时还在王城中心修建了宏伟的巴扬寺。除了中央宝塔外，寺中两层台基四周还排列着几十座相同的石塔，每座塔的四边各雕刻一个菩萨微笑的脸型。在内层回廊上，满布着各种描绘神话故事、印度教传说和佛教故事的精美雕刻。通常，人们把它看作大乘佛教传入柬埔寨的一个重要标志。此后，在阇耶跋摩八世统治高棉王国长达半个世纪（1243—1295）。其间，他又重新提倡湿婆教

（婆罗门教之一种）。再往后，其女婿因陀罗三世（1295—1308年在位）继位，开始信奉传入不久的小乘佛教，用巴利文取代梵文作为官方语言，遂使小乘佛教迅速占有优势。① 如此，在历史的流变中，印度教的毗湿奴信仰和湿婆信仰、佛教的大乘佛教和小乘佛教，都先后灌入吴哥窟中，灌入吴哥窟的舞蹈图像中，使这些图像舞姿同时兼具了多元语境所带来的特点。这种情况和中国汉画舞蹈同时受到儒家与道家及初显苗头的佛家思想观念影响而形成的舞姿多元性一样。

作为中国云南省的近邻，柬埔寨主体民族高棉人与我国的布朗、佤、德昂等同属于孟—高棉语族，且与这些民族及我国傣族共同信仰南传佛教，他们之间有着非常近似的文化渊源和艺术风格。历史学家以为，古代柬埔寨（真腊）是一个中间圈存在：一端是华夏文明，另一端是印度文明，真腊在这两大文明中间，有自己的规矩。宋代赵汝适的《诸蕃志·真腊国》、元代周达观的《真腊风土记》，均对真腊国吴哥王朝的社会景况、宗教教派、宫观特征、佛教仪式、仪式的音乐舞蹈活动以及相关民俗活动等进行了记录和梳理。与此同时，建造于公元9—12世纪的柬埔寨吴哥窟保留了大量精美的石雕壁画和塑像资源，"后世柬埔寨王室及民间舞蹈艺术家据此去重建高棉古典舞蹈艺术体系"②。

英国艺术史学家丹尼斯·海伍德认为："舞蹈和建筑分别关涉节奏和空间的运用，自古以来一直被视为两种最重要的神性的艺术。古希腊时期，舞蹈被看作是神的活动，在神庙和圣坛表演。在柬埔寨，这两种重要的艺术受到婆罗门教的启发，通过与印度的海上贸易，高棉人开始同后者的宗教、艺术、建筑和美学思想产生接触，受其影响并丰富了自身。"③ 在此过程中，就像古代东方国家那样，王宫和寺庙成为最重要的表演舞台。如同

---

① 参见陈显泗《柬埔寨两千年史》，中州古籍出版社1990年版，第290、420页。
② 杨民康：《吴哥窟石雕壁画中的舞蹈图像研究》，《云南艺术学院学报》2016年第1期。本文引文部分资料多使用杨民康教授实地考察及研究成果，特加以说明。
③ 转引自杨民康《吴哥窟石雕壁画中的舞蹈图像研究》，《云南艺术学院学报》2016年第1期。

图8-2　向王宫贵族膜拜时的女子群舞浮雕（杨民康提供）

柬埔寨皇室舞蹈家诺罗敦·帕花黛维公主所说："自从吴哥时期的高棉国王开始，古典舞蹈就已经是王宫和寺祭祀活动的一个重要的组成部分。"① 在政教一体的社会语境中，宫廷乐舞大体上与《骠国乐》十二首佛曲中的第一首《佛印》相近，表达一种"国人及天竺歌以事王也"（《新唐书》）的内容。（图8-2）

又据《诸蕃志·真腊国》载：当时真腊国王"奉佛谨严，日用番女三百余人舞献佛饭，谓之阿南，即妓弟也"②。柬埔寨寺院碑刻也有类似的记载。以吴哥的达普洛姆庙宇为例，该寺由阇耶跋摩七世为了供奉他去世的母亲而建（1186），时有18名高僧、2740名主祭师、2202名寺僧和615名舞者，其舞蹈形象多保留在吴哥寺庙的雕像中。例如吴哥王城中的圣剑寺（曾是吴哥时期著名佛学院）门头上的女子群舞浮雕。（图8-3）

宗教信仰是社会语境中的"观念语境"或"认知语境"，它们同时具有客观性和主观性（人头脑中的产物），且呈非静止状态，就像高棉王国信仰的变化一样。这些"用来处理话语的语境不是预先给定的，而是在交际

---

① 转引自杨民康《吴哥窟石雕壁画中的舞蹈图像研究》，《云南艺术学院学报》2016年第1期。
② （唐）赵汝适著，杨博文校释：《诸蕃志校释》，中华书局2000年版，第18页。

图8-3 吴哥圣剑寺女子群舞浮雕(杨民康提供)

过程中选择产生的,而支配这种选择的原则是关联理论。话语的关联和理解都离不开语境"[①]。它们可以从小吴哥寺和巴扬寺的乐舞浮雕中显现出来:小吴哥寺代表着印度教风格。印度教为三大主神崇拜,化身众多,变化多端,从生殖(林伽)崇拜到雨神崇拜,故其神庙复杂精致,舞蹈也飞扬夸饰。巴扬寺代表着佛教风格。从巴扬寺的佛教壁画看,这一时期的乐舞图像较其他印度教寺庙明显减少,且人物形象端庄、秀美、圆润,趋向于含蓄和保守。佛教为一神信仰,生殖与性均在戒律中。当初它在印度的诞生即是为了反婆罗门教的奢华。在柬埔寨,僧人皆削发穿黄,偏袒右肩,下系黄布裙,跣足。寺庙准许用瓦盖,瓦盖的寺庙中只有一尊佛像,穿红,塑以泥,饰以丹青。塔中之佛以铜铸成,无钟鼓铙钹,亦无幢幡之类。[②]这种简朴使其舞蹈风格含蓄内敛,这在重建后更加明显,以为现实服务。这两种风格,如同汉画长袖舞,中正方圆、含蓄内敛者为儒家舞蹈;倾斜流动、超凡脱俗者为道家舞蹈。

这样,公元9—12世纪王宫和寺庙的文化空间以及更大范围的印度文化的影响,就构成了高棉古典舞的社会语境。

---

① 蔡文辉、赵鸿瑜:《浅谈语境理论的形成与发展》,《山西师大学报(社会科学版)》2006年第S1期。
② 参见陆峻岭、周绍泉编注《中国古籍中有关柬埔寨资料汇编》,中华书局1986年版,第130页。

图8-4 吴哥圣剑寺中用于祭祀的舞蹈场

图8-5 印度教神庙上的舞蹈浮雕（Leela提供）

二、图像的激活和对中国图像舞蹈建设的启发

由社会语境而言辞语境，我们便来到了高棉古典舞具体的舞蹈场——古代宫殿和寺庙的舞蹈场地。①宫廷舞蹈与世俗生活相关，主要用于礼乐和宴乐，图8-2的宫廷膜拜舞队就是一种礼仪排场，以威严取势。寺庙舞蹈与信仰生活相关，主要用于祭祀。在吴哥圣剑寺中，有专门用作祭祀的舞蹈表演场（图8-4），犍陀罗式的建筑恢宏华丽，接近于古代印度神庙（图8-5），其几何式造型与我们所见到的自然线条的佛寺全然不同。寺院大厅，就是当时祭祀舞蹈的场所。②在这一舞蹈场四周的门头上，都镌刻着戴冠裸身舞女（神伎）群舞浮雕像，她们呈曲线的蛙式舞姿，扬臂抬头，躯干侧倾，构成正面夸张的商羊腿"S"形（见图8-3），动力腿高踏，以舞娱神。

如同汉代乐舞百戏，除宫廷与寺庙外，高棉古典舞还会扩大到节日庆典等更大的舞蹈表演场中，使宫廷舞和寺庙祭祀舞向外扩大传播。在小吴

---

① 舞台化重建后依旧保持着虚拟的言辞语境。
② 参见杨民康《吴哥窟石雕壁画中的舞蹈图像研究》，《云南艺术学院学报》2016年第1期。

图8-6 小吴哥寺中节庆舞蹈巡游展演浮雕(杨民康提供)

哥寺的浮雕壁画当中,用于表达印度教、佛教传统故事和戏剧内容的古典舞常以队列乐舞方进行式展演(图8-6),显然不是宫廷和寺庙所能容纳的。据《真腊风土记》记载:当时吴哥城内"五月则迎佛水,聚一国远近之佛,皆送水来与国主洗身。陆地行舟,国主登楼以观"[1]。这里描述的是南传佛教国家过泼水节(佛诞节)的盛况。今天,包括中国云南傣族在内受南传佛教影响的地区的此类节日中,皆有大型舞队,成为活的民俗。

在具体的舞蹈表演场中,图像学中高棉古典舞的语形(形式)与语义(内容)开始本体性地呈现在我们面前[2],视觉直观的激活也由此开始实操。按照世俗性和宗教性两大类别的形象构成,吴哥窟的舞蹈图像包括湿婆神舞、仙女舞、战神舞、神猴舞、僧舞、丑角舞、飞禽舞等,相当于汉画舞蹈形象分类中的伏羲女娲舞、羽人舞、武士舞、俳优舞、祥禽瑞兽舞等。在这里,我们重点分析仙女舞、飞禽舞和神猴舞的重建,从表演形式和内容、训练方法和程式为汉画舞蹈乃至中国古典图像舞蹈的重建提供借鉴。

---

[1] (元)周达观著,夏鼐校注:《真腊风土记校注》,中华书局2000年版,第121页。
[2] "语形""语义"术语的使用是与"语境""语种""语用"等语言学术语同步,也是舞蹈身体语言学使用的术语系统。参见张素琴、刘建《舞蹈身体语言学》,首都师范大学出版社2020年版,第138页。

图8-7　巴扬寺"踏花仙女"独舞（杨民康提供）　　图8-8　巴扬寺"踏花仙女"双人舞（杨民康提供）　　图8-9　巴扬寺"踏花仙女"三人舞（杨民康提供）

在吴哥窟的浮雕形象中，镌刻了近2000个女性雕像，其中大部分都是带有舞姿的仙女，她们被称作"阿帕莎拉"（Apsara）。其中一部分是脚踏莲花的，相当于汉画盘鼓舞上的舞伎或敦煌舞圆毯上的伎乐；另一部分是身在云端的，相当于汉画天界羽人舞或敦煌中的飞天舞。这两类仙女，可以分别被称为"踏花仙女"和"飞天仙女"。20世纪以来，仙女舞的浮雕形象成为柬埔寨王室及舞蹈艺术家重建古典舞蹈体系最重要的素材，"仙女舞"也成为高棉古典舞的一个代称，以"踏花仙女"为标识，包括独舞、双人舞、三人舞等形式。（图8-7、图8-8、图8-9）

在语形上，浮雕上的两类仙女均袒胸露乳，光腿赤脚。《真腊风土记》记载了吴哥王朝当时的这种社会风尚："大抵一布缠腰之外，不论男女皆露出胸酥，椎髻跣足，虽国主之妻，亦只如此。"[①] 重建后的仙女舞改变了这一状况，其重要原因之一是印度教向佛教信仰的语义转换，算是与时俱进。（图8-10）这种观念性的转换直接带来形而下的实操。

按照文献的描述，这两类仙女的叙事文本可能出于同一个奠基神话。根据《柬埔寨舞蹈》（2008）一书作者丹尼斯·海伍德解释，梵语里的"阿帕莎拉"意为仙女（nymphs）或飞天舞者（heavenly dancers）。她们在

---

① （元）周达观著，夏鼐校注：《真腊风土记校注》，中华书局2000年版，第101页。

古代印度神话里往往同水相联系，即和印度《搅拌乳海》的神话故事相关联（见《摩诃婆罗多》《毗湿奴往事书》《罗摩衍那》等印度史诗）。故事中，众阿修罗为了取得长生不老的甘露，带着曼多罗山和蛇王瓦苏基来到海边。他们请求水神伐楼那允许

图8-10　重建的高棉古典舞《仙女》三人舞
（祝嘉怡提供）

他们搅拌乳海，获取长生不老甘露，还请求龟王把曼多罗山放在背上沉入海底，作为搅拌乳海的支点。之后，他们把瓦苏基蛇当作绳子缠在山腰，有人抓住大蛇的头，有人抓住大蛇的尾巴，开始搅拌乳海，约定之后均分甘露。

经过一千年搅拌，海水化成乳。在此过程中产生了49种圣物，包括梵天、湿婆、哈奴曼神猴和阿帕莎拉仙女。仙女中的一位是身着白色衣服的幸福女神拉克什米（"吉祥天女"）。她走近毗湿奴，成为他的妻子。之后又从海水里冒出了阿帕莎拉中最美的一位——阿帕莎拉兰跋，被一大神抢走。还有一位仙女是毗湿奴的化身。当长生不老药最终炼成的时候，众阿修罗试图哄抢，为了制止混乱，毗湿奴变成了一个跳舞的仙女，她的姿色和舞技魅惑住了众阿修罗，他们停止了争夺，把药都给了这个女人。顷刻间，美女和长生不老药都不见了，众阿修罗只能眼睁睁地看着毗湿奴等天神远走高飞。当代高棉传统舞蹈研究者用"阿帕莎拉舞"概括了不同仙女的特质，使之成为一个概称。[①]

在文献为重建者提供了"踏花仙女"的叙事文本语义后，图像又一次

---

① 参见杨民康《吴哥窟石雕壁画中的舞蹈图像研究》，《云南艺术学院学报》2016年第1期。

图8-11 高棉古典舞的手部训练

呈现在眼前,将她们的身体语形逻辑直观地按身体四信号(头、躯干、手、脚)呈现出来。据《柬埔寨舞蹈》一书所言,阿帕莎拉仙女是在修罗和阿修罗搅拌乳海时,由乳海浪花喷溅幻化而成,因此她们的动作与水花(象征生殖繁衍)存在关联,要求呈水状,呈花状。仔细观察"阿帕莎拉舞"中的手舞,会发现其形态均有浪花飞溅和蓓蕾绽放的瞬间造型。如此,在技术上就要求舞者的手臂和五指极其柔软,以表现出水飞溅和花绽开的动态过程。从训练角度出发,今天高棉古典舞的女舞者均要求手的四指向后能搭到腕部。(图8-11)由手舞而足蹈,踏着浪花的故事在佛教意象中变为脚踏莲花,其"商羊腿"中主力腿全脚掌立于莲花台上,动力腿凌空外开,并有左右前后的不同舞姿,与印度婆罗多舞"阿拉瑞普"的双腿外开、双脚掌落地又呈现不同程式的"花开的身体"。手舞足蹈外,踏花仙女头部的侧拧及躯干的旁移,使其整体身姿呈现细微多重的"S"形,表现佛教"花供奉"的语义,并由此供奉给今天的观众。

比之"踏花仙女","飞天仙女"离开海浪或莲花,呈凌空展翅的舞姿,很像中国汉画中的天界羽人舞和敦煌壁画中的飞天舞。在吴哥窟里,飞天仙女的形象往往出现在宏大叙事的大中型浮雕中。比如在小吴哥寺西壁雕刻的"搅拌乳海"故事里,成群的飞天仙女就跳着舞渲染气氛,扬手蹉步,悬空腾飞。此外,小吴哥窟中又有飞天仙女围绕佛像而舞的祭祀舞蹈图像(出现在印度教衰落之后的佛教开始兴盛时期),其独特的相当于飞翔的跪翘后腿的舞姿,也是高棉古典舞重建的身体标识和技术训练内容。(图8-12)

"飞禽舞"的语形是人的上半身和鸟的下半身合一,类似于汉画舞蹈中的羽人舞和由敦煌而来的日本雅乐《迦陵频伽》。高棉古典舞中的飞禽舞

图8-12 小吴哥寺入口处"飞天仙女"的舞蹈浮雕及重建的跪翘腿舞姿
（杨民康、祝嘉怡提供）

图8-13 小吴哥寺紧那罗与紧那梨双人舞
浮雕（杨民康提供）

图8-14 缅甸古典戏剧表
演中的紧那罗与紧那梨双人
舞（杨民康提供）

与原始佛教时期和印度教神话里的"紧那罗"和"紧那梨"相关，这对词语曾经被用来指涉一对雌雄相伴的半人半鸟、且歌且舞的乐神。在印度史诗《摩诃婆罗多》中，他们为一对恋人。小吴哥寺的石壁浮雕中，有多幅紧那罗与紧那梨的舞蹈图像，戴冠、半裸、羽毛裙，他们相互勾臂或搂肩而舞，亲密无间（图8-13），亦有自舞自歌的独舞。他们的重建形态与缅甸等东南亚国家的鸟形舞相似。（图8-14）像供奉西王母的汉画羽人舞和供奉佛陀的敦煌迦陵频伽舞一样，飞禽舞的身体语义也是以舞供奉。在语形上，它与仙女舞的上身动作相似，增加了佛舞的手印；下身的动作则凸显了跪翘后腿舞姿，因此在训练系统上是统一的。

"神猴舞"属男子舞蹈，其形象动感十足，勇猛好斗，滑稽诙谐，形

图 8-15　敦煌莫高窟第 288 窟西魏"药叉舞图"

图 8-16　高棉古典舞神猴舞男演员与作者的合影

似汉画舞蹈中的俳优和敦煌舞中的药叉。(图 8-15)高棉古典舞中的神猴舞专有一个类别,从表演到训练,系统周全,且配有专门的表演面具。(图 8-16)

高棉古典舞的神猴与印度的哈奴曼神猴有着血缘关系。在小吴哥寺西廊北翼的浮雕中描绘有印度史诗《罗摩衍那》里的楞伽大战,即罗摩与猴子军团大战魔王的故事。这个故事曾经由柬埔寨舞蹈家改编为舞剧。柬埔寨皇家芭蕾舞团节目单中,第六个节目即该舞剧的片段:罗摩和弟弟来到森林采摘鲜花,准备献给美丽的王后西达。这时,魔王也来到森林,为西达的美色所吸引,化身为金鹿,将西达引入树林深处,显出原形,掳走了西达。罗摩率领猴子军越过大海来到魔岛,魔王当即率领魔军前往迎战。[①] 小吴哥寺回廊浮雕的楞伽大战图像展示了猴子军团且打仗且嬉闹的舞乐情景。(图 8-17)此外,在吴哥窟各个寺庙的门槛和墙柱上,也遍布着神猴嬉闹的舞

---

① 参见 1965 年柬埔寨皇家芭蕾舞团节目单。

图8-17 楞伽大战中不忘嬉闹的猴子大军（杨民康提供）

图8-18 女王宫门楣上《罗摩衍那·猴国篇》中的猴王争夺战（杨民康提供）

蹈图景。（图8-18）它们球状的身体和拟猴舞姿与汉画舞蹈中的俳优与敦煌舞中的药叉几无二致。

当我们不停地把高棉古典舞和中国图像乐舞相互挂钩时，实际上是在强调一个重要问题：如果说高棉古典舞可以通过半个世纪的重建而成为世界非遗并参与世界古典舞的对话，那么中国古典舞为什么不能以这种方式立于世界古典舞之林？诸如汉画舞蹈、敦煌壁画舞蹈、龟兹壁画舞蹈、唐代墓葬壁画舞蹈、响堂山石窟壁画舞蹈、云冈石窟壁画舞蹈、集安高句丽墓壁画舞蹈，等等。

所谓古典舞非遗，就是保持一种人类共同认可的文化与审美的身体记忆，是"精神与肉体的谐振"，用以"建立起与非在场性的联系和可能性"。吴哥窟浮雕上的舞蹈是舞蹈非在场的美术作品——尽管它们曾经是肉体的在场，但重建的高棉古典舞又使它们在精神与肉体的谐振中重新在场，成为柬埔寨乃至世界的一种身体文化与审美记忆。今天，对于已经处于失忆状态的中国古典舞来说，其更多的属于精神的复兴必须回到肉体原点的重建。

如此前所述，这种重建必须有一个强大的支持体系而使之成为一种国家行为。高棉古典舞的重建，是在20世纪中期柬埔寨王室支持下进行的。1965年，柬埔寨皇家芭蕾舞团由柬埔寨国家元首诺罗敦·西哈努克亲王的女儿、舞蹈家帕花黛维公主率领来华演出，共演出11个节目，包括《百花园中的仙女舞》,帕花黛维公主在节目中扮演仙女。在此过程中,中国舞蹈家还曾与之进行过交流,并且被柬埔寨学者载入该国的艺术文化史册。例如中国东方歌舞团舞蹈演员张均表演阿帕莎拉舞后,西哈努克亲王亲自上台献花并热情洋溢地致辞祝贺。同年,前线歌舞团随周恩来总理和陈毅副总理出席万隆会议,并访问柬埔寨,张均随团表演了柬埔寨古典舞《百花园中的仙女舞》,被观众称为"中国的帕花黛维"。语言"真正有意义"的意义是具体语境中使用中的意义——无用的语言在本质上讲是没有意义的。遗憾的是,中国古代图像乐舞中的"仙女们"至今还没有形成集团冲击力而构成与世界交流的主体。

按照结构主义原则:一个结构自有其边界,凡内部转换均不可越出边界,以保持结构和稳定性。换言之,当人们一旦做到了把某个知识领域归结为一个有自身调整性质的结构时,人们就会感到已经掌握这个体系内在的发动机了,从而使结构自身调整过程的问题最终成为形成过程的问题。今天的中国古典舞自有结构边界,其建设的内在发动机之一,就是稳定的图像乐舞。当中华民族伟大复兴给予它自调的机遇时,剩下的工作便是这些图像乐舞元模式重建的"形成过程"了。

第二节　从在场到不在场到重新在场

一、在场的舞蹈与不在场的美术

今天的高棉古典舞是这样走过来的:历史上活生生的存在于宫廷和寺庙的古典舞→刻画成吴哥石窟等美术作品中的古典舞→被重新建立起来的舞台艺术的古典舞,即"在场→不在场→重新在场"。和吴哥窟的舞蹈浮雕一样,刻画在器物上的中国图像舞蹈也是舞蹈"不在场"的美术学上的舞蹈图像,我们研究它们不是为了技法及风格的美术学研究,而是要将这些美术学上的静态画面激活，返回到它们当初"在场"的舞蹈学上的动态舞蹈，并且最终在今天重建它们，使之能够按照身体实感主义"重新在场"。

在这三个环节中，当初在场的活生生的舞蹈是要首先被认可的，没有它们的原型，美术的舞蹈图像是无法被刻画出来的，我们今天也无法按照直观的视觉图像进行重建。

追溯在场的舞蹈，今天中国的谚语研究给我们提供了一种范式。20世纪晚期，钟敬文先生提出语言是民俗的一种载体，是一种民俗现象，要用一般民俗文化的基本特征去考察语言现象。在这种观点引领下，民俗学研究尝试建构一种把语言放在生活中来理解和研究的方法，发现谚语不仅是一种文学的形式，而且还是一种表演性的、活的文化现象。由此，"只重视谚语文本"的思路转向了"文本与语境并重"的思路，认定了谚语作为传递知识经验、讲述道理的一种话语，经常会被引用到日常话语中，帮助达成交流。比之中国谚语的原初状况，同样作为文本的中国图像舞蹈原初表演性更强，其身体对身体的交流过程更直接、更活跃、更生动，它们手舞足蹈在布迪厄所说的场域中——"每个场域都规定了各自特有的价值观，拥有各自特有的调控原则，这些原则界定了一个社会的构建空间。在这些空间里，行动者根据他们在空间里所占据的位置进行着争夺，以求改变或力图维持空间的范围或形式"[①]，并由此巩固着或改变着什么。汉画中的建鼓舞巩固了春秋战国的建鼓舞，但其盘鼓舞则改变了先秦乐悬鼓舞的霸主地位。敦煌的伎乐天舞夺走了汉画羽人舞的位置，但其飞天伎乐只能把人界的范围让位给伎乐人表演。宋代壁画乐舞人将自己的身体调控回中正方圆（图8-19-1）；也是在宋朝，建于公元996年阿里地区札达县托林寺的壁画上有"十六金刚舞女图"，这些古格王朝的女舞者着长裙、戴花冠、挂耳环、披帛带，动作精致，浑圆典雅，带着印度的风格。（图8-19-2）所有这些舞蹈构建的空间已远非汉唐气象……在场舞蹈社会

---

① 转引自张素琴、刘建《舞蹈身体语言学》，首都师范大学出版社2020年版，第144页。

图8-19 宋代壁画中的舞人
1.山西高平开化寺乐舞壁画局部；2.西藏阿里札达县托林寺"十六金刚舞女图"之一

语境（场域）制约着舞蹈的身体，也给了中国图像乐舞之所以丰富多彩的条件。

在汉画中，多有浩浩荡荡的车马出行图和技艺高超的车骑建鼓舞。本来，这些车马和建鼓多用于战场。天下太平后，它们则更多地成为一种出行仪仗，成为社会身份的象征，并且有严格的等级制度，比如"贾人不得乘马车"。据《后汉书·舆服志》记载，二千石以下的官吏，仅能用一马拉车；二千石以上至万石丞相、王公贵族，可用二至四马；天子用六马。汉代的巴蜀之地少王公贵族，多庄园主和商贾，但随着经济地位的提升，后者也要使用三马马车，还要同样西向的小兔子（到了月宫，它就成了玉兔，还能为王母捣仙药）伴行（图8-20），也要有马上建鼓舞做鼓吹仪仗。这样，巴蜀地区的车马出行图和车骑建鼓的造型及飞扬热烈的击打舞姿一面巩固着汉代车马和建鼓舞的空间范围和形式，一面在使用者和使用方式的构型上发生了改变，使建鼓舞呈现多样化形态。

汉王朝以"孝"治天下，连帝王的谥号也称之曰"孝文""孝武"之类；百姓欲入仕途为官，亦必须先被乡里举为"孝廉"。由此，敬祖崇孝之风遂大炽。于此思想政治和富足的社会经济影响之下，厚葬之风得以普及，而作为丧葬文化的产物，汉画也就完好地保存并展示了当时人们生活的各个方面，包括丰富多彩的舞蹈。有学者将汉画内容归纳为：（1）神话传说；（2）舞乐·百戏；（3）贵族生活；（4）车马出行；（5）平民生活；（6）历史故

图8-20 重庆市博物馆藏东汉"车骑·跑兔图"

事;(7)建筑艺术;(8)动植物;(9)文字与装饰图案。舞乐·百戏占1/9。具体到微观的画面内容——如四川成都曾家包东汉画像砖石墓前室(东西壁各有画像砖九块)东壁组合次序,则可以划分为:(1)帷车;(2)小车;(3)骑吹;(4)丸剑·起舞;(5)宴饮起舞;(6)宴集;(7)六博;(8)庭院;(9)盐场。[①] 于此之中,"骑吹""丸剑·起舞""宴饮起舞"都是在场乐舞的写照,占到2/9。事实上,"神话传说""贵族生活""平民生活""历史故事""动植物""骑吹""六博"等类别中,也还有各式各样的舞蹈,可见它们在社会生活和家庭生活中都占有极重要的地位。

汉代是一个乐舞的时代,上自帝王,下至百姓,常以歌舞抒发思想感情,由此,汉王朝设立了汉乐府,负责采集和整理各地的歌谣,并制定乐谱,创制乐舞,使之成为社会存在的一个重要组成部分。和歌舞一样,汉代的乐器应用也相当广泛,祭祀、作战、出行、出殡送葬、各种宴饮以及舞蹈、杂技表演,都用乐器伴奏。乐器可分为打击乐器、弹弦乐器、吹管乐器。打击乐器有钟、铙、磬、鼗鼓等,弹弦乐器有琴、瑟,吹管乐器有

---

① 参见龚玉、戴嘉陵、龚廷万《读巴蜀汉代画像札记》,载《中国汉画学会第九届年会论文集》(下),中国社会出版社2004年版,第205页。

埙、笙、竽、排箫、笛、篪、管等。与此同时,"百戏"也是盛行于两汉的一种综合性表演艺术,它集倒立、飞剑、跳丸、冲狭、弄壶、吐火等杂技、幻术为一体,深受欢迎。这些乐、歌、舞、杂技、幻术等合在一起,常被称为"乐舞百戏",它们共同在场,相互渗透,形成视觉、听觉一体的"民俗现象"的表演文本(钟敬文),从社会生活一直贯穿到家庭生活,生机勃勃地构成"言之不足""画之不足"的满天星式的在场舞蹈。

但是,问题出现了。当这种多元的立体的活生生的民俗表演被凝固在二维空间的画像或三维空间的雕塑中时,它们便成为静止不动的视觉对象,身体对身体的文本与语境间的交流中断,完整的在场舞蹈被切割成一幅幅美术作品。此时,作为多模态话语媒介系统构成的生命有机体的身体的表述,舞蹈就变得不在场了。

索绪尔曾把自己的理论建立在"在场"(presence)和"不在场"(absence)的经典关系上,认为语言现象属于现实世界的"在场",而语言系统属于虚拟世界的"不在场",语言应该从现实与虚拟状态的对立统一中实现自己。① 由语言学到舞蹈身体语言学,我们所见的活生生的舞蹈现象是在场的舞蹈,它们有名称,有律动,有歌词内容,有动作连接,告知我们这些舞蹈在跳什么,怎么跳。而一旦它们只是以"乐舞百戏"或"设宴陈伎"之名刻画在图像上时,这些舞蹈就变得虚拟而不在场了,已经不能在现实与虚拟的对立统一中实现自己。在这一点上,存留在汉画中的舞蹈身体语言表达,甚至不如存留在民间的古老谚语中——这是舞蹈身体语言比之语言的劣势,也说明汉画舞蹈重建之困难。

重庆中国三峡博物馆藏有成都昭觉寺汉墓出土的"宴饮起舞图"画像砖。(图8-21)图中央有樽、盂、杯、杓等饮酒器皿,为宴饮的言辞语境或场;上方右侧一男一女席地而坐,欣赏身前乐舞。左侧一乐伎正在演奏古琴,后面一歌者在抚耳伴唱。下方左边一人戴冠,广袖长袍,正在

---

① 参见张素琴、刘建《舞蹈身体语言学》,首都师范大学出版社2020年版,第144页。

击鼓；右边为一束发戴冠、宽袍曳地的舞者，一臂举袖下搭，一臂下斜垂袖，袖为套袖中的螺袖，十分精致。在此，我们只能从舞者束发戴冠辨认出其男性性别，听不见乐者与歌者的节奏旋律和唱词，只能看见舞者扬袖垂袖的一瞬间，并不知道他们

图8-21 成都昭觉寺汉墓出土"宴饮起舞图"

在跳什么和如何跳。又有陕北汉画中多处可见的"女子长袖执物舞图"（见图7-61左立柱第三层左格）：首先是所执之物为何难以辨析，似铃、似铎、似"麦克风"，专家莫衷一是；其次是其燕尾口扫地裙和罩裙双羽饰的造型与功能难以知晓；再次就是她为何起舞。凡此，从舞蹈身体语言的表达角度来看，这种"不在场"的舞蹈给我们带来了极大的困惑。

这种困惑在于不在场舞蹈的形式表达，包括因刻画媒介而产生的粗糙与符号化。粗糙的舞蹈形象典型地表现在崖壁上的镌刻图像，统称为岩画。这些岩画反映的内容是丰富的，包括升仙、谶纬、历史故事、乐舞百戏、夫妻恩爱等[1]。但其形式表达实在难具美感，像羽人舞的巨大翅膀——即使翅膀被羽饰取代，但整体造型仍显粗砺，很难将其归之为艺术舞蹈。

在审美定型上，符号化是不在场舞蹈的又一桎梏，它们同样来自刻画媒介的美术性要求，如石棺上的乐舞图。石棺除了出自崖墓外，也出自一般的墓葬中，故石棺可脱离崖墓自成画像石的一种载体。石棺的形体决定了石棺画像必须简之又简：在有限的4个面或5个面（加棺盖）内，要尽量

---

[1] 参见顾森《秦汉绘画史》，人民美术出版社2000年版，第162—163页。

第八章 深描基础上的重建 | 417

表达出既对死者负责又对生者负责的内容来。这就决定了石棺画像的特点是集中和简练,即用最基本的艺术形式(最简练的艺术单元)表达出最基本的要求。通过对川渝石棺画像的研究,能找到升仙、富足和生殖这三种题材的最基本的表现方法就是符号式、象征式的表现方法。21世纪以前,川渝各地已出土几十具画像石棺,为这一研究提供了可能。① 这些石棺上面的舞蹈图像是汉代现实生活的一个瞬间;但在它们成为符号化的复制品后,就成为索绪尔所说的虚拟世界"不在场"的复制性舞蹈图像,比如羽人舞和便面舞。

有一点必须申明:即便是符号化的复制,不在场的汉画舞蹈也多是出于在场舞蹈的原型,即出于现实世界的舞蹈身体语言现象。在重庆璧山广普镇蛮洞坡崖墓群M1石棺两侧,有世俗生活的便面舞和信仰生活的羽人舞同场的图像。(图8-22、图8-23)与之相似,璧山小河坝墓群M1石棺两侧,也有两者同场的舞图。(图8-24、图8-25)在两组舞图中,我们可以看到第一组图中羽人舞的模式化和便面舞原型化;而在第二组图中我们则看到了羽人舞的原型化和便面舞的模式化。② 对于汉画图舞蹈"在场"与"不在场"问题的研究,这是个非常有趣的个案。

在图8-22、图8-23中,三人一组的羽人扔掉了巨大的翅膀或人面鸟身的笨重装束,只在背后束上轻便的双羽,以便手舞足蹈。但仔细分辨,六羽人均为蛙式或鸟式起飞舞姿,模式化地"以一当十",与左边的活泼的舞丸弄剑和右边带有叙事性的便面舞相比,他们就成为一种符号化复制。相比之下,同样三人一组的便面舞就灵动许多:图8-22右边的便面舞是男子三人舞,舞者头戴进贤冠,垂胡袖,佩刀。其中二人执便面分立对舞,一人居中,似在接靠右者,似在准备轮转起舞。图8-23右边的便面舞也是三人舞,但换成一男一女一孩子(或为墓主人),女子做袖舞,男

---

① 参见顾森《秦汉绘画史》,人民美术出版社2000年版,第162—163页。
② 图8-22至图8-25采自重庆市文化遗产研究院编著《重庆汉代画像考古报告集》,科学出版社2019年版。

图8-22　重庆璧山蛮洞坡崖墓群M1石棺左侧"羽人舞·跳丸弄剑·便面舞图"

图8-23　重庆璧山蛮洞坡崖墓群M1石棺右侧"羽人舞·跳丸弄剑·便面舞图"

图8-24　重庆璧山小河坝墓群M1石棺左侧"羽人舞·跳丸弄剑·便面舞图"

图8-25　重庆璧山小河坝墓群M1石棺右侧"羽人舞·跳丸弄剑·便面舞图"

子持便面起舞呼应，孩子昂头望，面向女子摊手而舞，形成一种内在的叙事。图8-23左格中更是有便面舞与徒手舞的对舞。跳丸弄剑者相随——大与小、高与矮、垂胡袖与窄袖、道具舞与徒手舞、乐舞与百戏同场，热闹欢快。

在图8-24、图8-25中，情况相反：图8-24右边男子三人便面舞是图8-22的复制；而图8-25的两组男子三人便面舞均为同一模式。相反，羽人舞倒显露出原生性的变化：图8-25二羽人变成踏地为节的双人舞，与跳丸弄剑同场；图8-24二羽人变成拧身回望的双人舞，似欲别离世俗而飞升。

凡此独特的便面舞和羽人舞的生活原型或舞蹈原型，我们可以在汉画中发现许多，像生活原型的"执便面与袋俑"（图8-26），有板有眼，便面执于胸前，这一动作可以是便面舞的起式或收式，中间的表演则变化多端，有男有女，有凡人有天神，有纯便面舞有便面巾袖盘鼓舞。陕西定边郝滩东汉壁画墓中有羽人侍奉西王母场景（图8-27），图中西王母端坐于蘑菇状昆仑山上，一羽人立持华盖，一羽人跪献琼浆。二人戴冠，红衣，

第八章　深描基础上的重建　｜　419

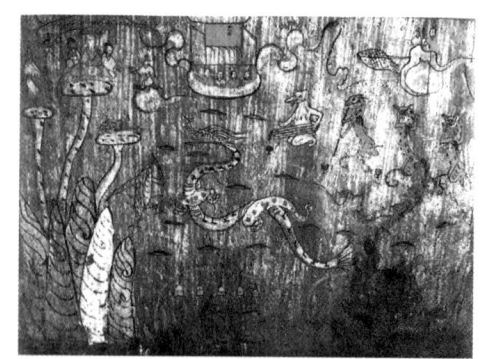

图8-26 重庆璧山棺山坡崖墓 M3石棺右侧"执便面与袋俑"

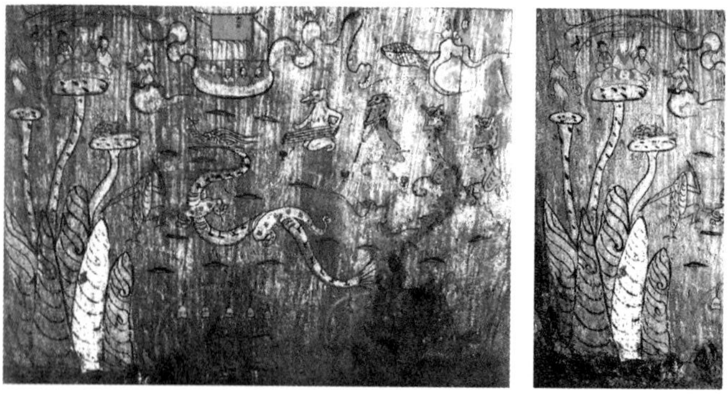

图8-27 陕西定边郝滩东汉壁画墓"拜谒西王母舞乐图"及局部

外罩天蓝色羽饰披肩[①]与过膝裙。如果撇开仙界语境,他们活脱是汉代引领时髦者。

相比于舞蹈图像的粗糙和符号化复制的刻板,不在场的精致生动的汉画舞蹈图像呈压倒性优势,它们以这样或那样的方式留存于不在场的汉画舞蹈中。这些基于现实的原型存在是切实的,从云山雾罩的祥瑞动物舞蹈、半鸟半人的羽人舞,再到人之舞蹈。

陕北榆林地区的榆林市,以及绥德、米脂、子洲、吴堡、神木等县都是画像石的主要出土地,其中又以绥德为最。陕北在秦汉主要属上郡、西河郡,汉武帝前是汉王朝与匈奴、西羌交兵的前哨。汉武以降对匈奴战争的胜利,逼匈奴势力西移;西羌也在汉武以后各代政府的军事行动中受挫,致使陕北一带经济开始复苏。西汉晚期至东汉初期,陕北一带成为商业、畜牧业、农业发达之地,形成了水草丰盛、土宜产牧、群羊塞道、牛羊衔尾的景象。东汉初中期,商人、地主、军吏成为主要的富有者和有权势者。陕北画像石的出现,大约就在东汉初年至顺帝永和年间,前后流行了一百年左右;其高峰期应在安帝永初五年(111)首次将上郡内迁彭衙

---

① 披肩也曾是中国对外丝绸贸易中的一个品种,亦属于羽人舞服之一种。

图8-28　陕西绥德县博物馆藏"仙鹿祥云图"和"灵羊祥云图"

图8-29　陕西绥德县博物馆藏"日月·祥瑞·羽人图"

(今陕西澄城县西北)之前。在有限的区域和时间里,陕北画像石没有捕鱼、纺织方面的题材,极少有历史故事内容,而更多的是放牧、耕地、射猎、出行、宴饮,以及数量很多的神仙灵异及羽人内容。① 其祥瑞中的鹿(禄)和羊(祥)与真鹿真羊大同小异,还时常有羽人骑之。蔓草云纹之中,背生羽翅的仙鹿灵羊可以傲然独立(图8-28),亦可以扔掉羽翅载羽人而飞奔。(图8-29)此时,羽人的"鹿"上舞与日月、飞鸟、山羊、奔马、衔鱼仙鹤同在,颇似游牧的西部骑手。

与陕北汉画舞蹈的现实语境和原型不同,巴蜀汉画中的祥瑞则多为凤鸟、象、猿甚至犀牛之属。《华阳国志·蜀志》云:"其宝则有……犀、象……之饶。"由此又有了羽人六博舞时有猿相伴的"川味儿"瑞兽。(图8-30)它蹲坐于二手舞足蹈的六博羽人边上,挠胸抓腿,仰望天空,身上羽饰上飞,大有超然世外之姿。又与陕北汉画羽人舞不同,巴蜀羽人六

---

① 参见顾森《秦汉绘画史》,人民美术出版社2000年版,第166页。

图8-30 四川德阳出土"羽饰猿·羽人六博舞图"

博非常普遍,且以女性居多,长耳多羽,轻灵似仙,尽显闲暇。

由祥瑞而羽人而舞伎,我们就来到了纯舞原型的面前。在汉画舞蹈中,由生活向艺术的转换几乎是一种自然生成,舞伎及舞蹈也是如此,像重庆璧山棺山坡崖墓群发掘的随葬女侍俑和女舞

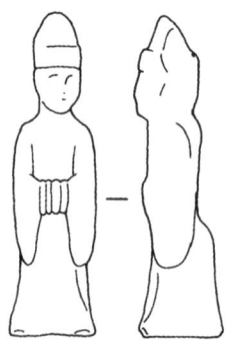

图8-31 重庆璧山棺山坡崖墓"女侍俑"线描图

图8-32 重庆璧山棺山坡崖墓"女舞俑"线描图

俑(图8-31、图8-32),就能见出这种转换。前者立姿,圆脸高髻,身体微躬,着长袍,垂胡袖,双手相抱藏于袖内,恭敬候立。后者同样立姿,但身体稍后倾,圆脸梳鬟云髻,头戴抹额;她身着右衽长袍,衽部加襈(边饰),腰部束带,右手举过肩,藏于袖中,长袖下垂,左手叉于腰,同样藏于袖中,屈膝微蹲,准确描述应该是准备踏歌的女舞俑。

服饰道具外,舞蹈身体语言与日常身体语言的区别,在于身体四信号(头、躯干、手、脚)的延长(夸张)与畸变(变形)。从这一角度来讲,女舞俑的躯干微后倾是相对于前者身体微躬而言的,是一种舞伎身份不同于侍者的职业化标识,更是需要扬袖踏步而舞的动作前提。在基本直立的躯干上,两者头部语势都是敛目前视,但舞俑鬟云髻所占有的空间显然大于侍者的高髻,加之抹额的装饰,其头部之厚重美被凸显出来。比之侍俑的

袖手，舞俑之袖手是以延长和畸变的方式表现出来的：其屈肘过肩的右手上举同时，又被手藏其中的下垂的长袖拉回；其叉腰的左手亦藏在袖中，又把向外的左肘拉回。这样，便形成了一种"欲上先下""欲放先收"的手舞。与手舞相呼应，女舞俑右膝微抬，做踏步式，同时也和左肘形成了一个"S"形，全然不同于僵立的侍俑。如果我们希望这一"踏歌女舞俑"能够重新在场踏歌扬袖而舞，就还需要有更多的瞬间的图像，像动画片制作那样把它们连接起来，以此寻找到动态的身体历史建构。

图8-33　重庆璧山出土踏歌舞俑

又有出土于四川成都牧马山、资阳南市和绵阳江油佛尔岩七号墓的踏歌舞俑，她们可以按原型动作顺序排在我们分析过的重庆璧山踏歌舞俑（图8-33）后面：牧马山出土东汉舞俑微笑起身，抬高重心，右臂屈肘旁抬，长袖前垂，左手提袍裾，衣裙下露出正欲向前上步的左脚，双腿微屈，上身左拧右倾，面向右前，提袖上步向右转身，提眉微笑，笑容可掬，舞姿委婉，呈小"S"形。（图8-34）资阳出土的舞俑身体修长，

图8-34　成都牧马山出土舞俑

右手举袖，长袖搭在臂上，左手叉腰出肘，略提袍裾，右脚前踏膝微屈，上身稍前倾左拧，头略仰，面带微笑，舞姿优雅，呈扩展的"S"形。（图8-35）待到江油出土的舞俑，则是绾髻插花，抹额束发，面带微笑，开口放歌；她左手举袖而舞，长袖搭在臂上，右手插于腰际，左腿微屈，右脚提起，正踏歌舞袖，柔美舒展。（图8-36）四者连接起来，就会成为一个

第八章　深描基础上的重建　｜　423

汉代袖舞组合。[①]

汉画袖舞有许多种，除了这里所见的套袖中的延袖外，还有长袖、广袖、垂胡袖、窄袖，它们和鼓舞一样种类繁多。此外还有巾舞、帔舞、羽舞、兵器舞、便面舞以及五花八门的道具舞和徒手舞的原型。这些由在场而不在场的汉画舞蹈，不仅是中国美术史的宝藏，也是中国舞蹈史的金碗之一，使中国古典舞的建设有了历史视觉直观的保障，大可不必"捧着金碗要饭吃"（孙颖）。

图8-35　资阳南市出土舞俑

图8-36　绵阳江油出土舞俑

二、由静而动转换的重新在场

关于四川地区汉画舞俑的排列组合，其实已经进入汉画舞蹈重建的由静态而动态转换的重新在场的操作。今天，当我们无法找到活体传承的在场的汉画舞蹈时，所有这些出于在场原型的不在场的舞蹈图像，就成为我们使其重新在场的"踪迹的踪迹"（德里达），是我们首先要搜寻、整理、研究的。

伊格尔顿认为，作为经典的"伟大传统"，第一"是保留在现代人的记忆中、话语中、行动中的那一部分过去；第二，传统是被现代人从过去之中精选出来的，由于现代人的选择这部分过去才得以留存下来；第三，由于现代人的反复实践和应用，这些留存的过去获得了传统的意义；第四，现代人通过对过去'重构'的方式生产出传统，而这是一个集体的和社会

---

① 这其中还需要有相当的舞蹈编排技术和袖舞表演技术等。

的行动过程"①。在经典的传统艺术样式中,属于君王与贵族的古典舞是最难"留存"与"反复实践和应用"的,欧洲的古典芭蕾和日本的雅乐只是凤毛麟角;而现在世界上大多数古典舞,都是经由当代集体和社会对过去行动过程的成果,中国古典舞亦应如此,而汉画舞蹈的重建只是中国古典舞重新在场的原点之一。

在"踪迹的踪迹"把握之后,便是重新在场的动态性操作,因而在方法论上也要由以名词为主的语言学深描向以动词为主的舞蹈身体语言学转移②,最终创作出汉画舞蹈的表演文本,并建立起相应的训练体系。

名词最重要的功能是给事物下定义,比如"汉代舞蹈"不等于"汉画舞蹈","袖舞"不等于"长袖舞"。定义是我们交流的基础,除非知道确切的定义,否则连我们自己也会糊涂,比如"袖舞"是母概念,"长袖舞"是子概念,不可混用。由名词构成的定义可以分作本义定义和限定定义及引申定义,本义定义可以查字典。像关于"长袖"的"长袖善舞,多钱善贾",此语出自《韩非子·五蠹》,可见战国已流行长袖舞了,汉代更是风行,也有文献记录,如傅毅《舞赋》中的"长袖交横"等。限定定义是更准确深入对一个词的认知。像韩非子和傅毅所说的"长袖舞"之袖,在汉画舞袖中还会被划分为"长袖""广袖""垂胡袖""窄袖"和"套袖",它们各有其限定并且相互限定。引申定义会使一个词更加专业化。"套袖"在字典里一般被解释为保护袖管的套子,和围裙的功能相当,很难见到对舞蹈套袖的详解,这就需要引申理解。在汉画袖舞分类中,"套袖"自成一类,它又包括"延袖""螺袖"子类。(见表4-1)四川金堂出土有乐舞条形砖(图8-37),图正中一舞伎,发髻高耸,着广袖套长袖舞衣(我们称之为"延袖"),细腰束带,呈右手扬袖、左手甩袖或旋拧屈蹲之势,左右两边分坐七乐人为其伴奏,其垂悬和扩张感既不同于长袖,也不同于广袖。

---

① 郑杭生:《现代性过程中的传统和现代》,《学术研究》2007年第11期。
② 其考古学、历史学、社会学、图像学方法论亦然。

图8-37 四川金堂出土的东汉"延袖舞图"

舞蹈服装的款式外,汉代贵族服装的颜色和纹饰也都有定制。《后汉书·祭祀中》记载了东汉明帝郊祭的服制:"立春之日……车旗服饰皆青。……立夏之日……车旗服饰皆赤。……立秋之日……车旗服饰皆白。……立冬之日……车旗服饰皆黑。"[①] 又如马王堆一号墓辛追夫人所着翅膀形垂胡袖绕襟深衣,其上布满精细的云气纹(见图5-9),意在满身云气纹中托着女主人升入仙界。这也属于名词性界定的引申定义,是汉画舞蹈"第二层皮肤"重建的依据。

由静态向动态转换,动词性的实践分析就被提到日程上来,像对图8-37延袖舞姿的建构——手之"扬""甩",脚之"屈蹲",躯干之"倾""旋""拧",头之"侧歪"等。语言是个人以外的事物,单独的个体既不能创造语言也不能改变语言,语言只依照在社会成员中普遍接受的规约而存在。和语言学中用名词给事物下定义一样,舞蹈身体语言的动词性描述也是按社会规约而来,都有其普遍接受的语形和语义。更确切地讲,这些能指的语形和所指的语义,是依赖舞蹈身体本体而构成的,服饰道具等非本体的媒介表达只是身体的延长(夸张)之延长或畸变(变形)之畸变。

出土于成都牧马山的东汉女舞俑(见图8-34)曾被称为"微笑舞俑":

---

① (南朝宋)范晔撰,(唐)李贤等注:《后汉书·祭祀中》,中华书局1965年版,第3182页。

她云髻高耸，以花带束发，面带微笑，外着右衽广袖长袍，内有长袖舞衣，袖口镶叶状云边，细腰束带，其抬手前垂袖和提袍裾收袖使身体语言保持欲开先合的内敛。一旦其垂袖"延长"成抛垂袖、其收袖"畸变"为绕袖，这"微笑舞俑"就会转换成北京玉佩舞人的"甜笑舞俑"。就舞蹈身体语言而言，其"笑"主要依靠的不是头部势语中的微身体语言，而是依靠身体显要动作的"抛垂袖"和"绕袖"：前者指向远抛甩袖且自然垂荡的袖技，要求舞者身体瞬间发力，以身带袖，将袖奋力甩出，双袖借势飞动，如鸿雁展翅；如任其自然垂落，便成抛物线式的抛垂袖。后者是通过手腕或小臂的翻转动作，将长袖在空中画圆，"上扬绕袖"形成环绕的动作。相对于抛袖形态着重放射性地占有空间，绕袖是在占有空间的同时又呈现出向心力的内敛，装饰感强。北京玉佩舞人右袖抛垂，成飞流直下；左袖于腰间"垂绕袖"，形成一袖花，脸不笑而"袖笑"。

山东沂水韩家渠出土的东汉"羽人饲凤·乐舞百戏图"中有对称的长袖舞（见图3-1）：右边舞者双手同时向左边甩袖，但有着一上一下、一顺一折反的变化，形成横向喇叭口开放空间。与此同时，左边舞者则双绕袖，向下呈喇叭开放空间。二者"大笑"的开口袖舞恰与上面两只凤鸟开口暗合。又有徐州韩兰成汉画馆藏两块垂胡袖舞汉画石。其一可谓"祥瑞·乐舞图"（图8-38），跳荡的祥瑞之间，四位舞伎西向而舞。戴冠男舞者斜展臂领舞，三位戴胜女舞者握手倾身而随，垂胡袖与拖地裙呈横向的"前仰后合"。其二可谓"羽人饲凤·乐舞图"（图8-39），上层的羽人扬手踏步，引得凤鸟展翅跨步而来；下层的舞伎垂胡袖，双袖展开，上下左右占有了最大空间，乃至一只小凤鸟"栖枝"其上，形成"开怀大笑"。

更有"高絙长袖舞"，把袖舞的动词性使用推向极限，令袖舞发展出了超稳定技术和惊险的飞降技术。"高絙"是高空拉绳的绳上杂技。《通典·乐六》载："高絙伎，盖今之戏绳者也。"《汉元帝纂要》载："百戏起于秦汉曼衍之戏，后乃有高絙、吞刀、履火、寻橦等也。"其时，这种杂技舞蹈已达到了很高的水平。《汉官典职》曰："正旦，天子幸德阳殿，作九宾乐……

图8-38 徐州韩兰成汉画馆藏"祥瑞·乐舞图"

图8-39 徐州韩兰成汉画馆藏"羽人饲凤·乐舞图"

图8-40 山东邹城出土"高緪长袖舞图"

以二丈丝系两柱中,头间相去数丈,两倡女对舞,行于绳上。"①山东邹城郭里镇卧虎山出土有西汉"高緪长袖舞图"(图8-40)。高高架起的长绳之上,两名长袖舞者挥袖对舞,一腿盘曲半蹲,一腿承重,在保持高度平衡时舞动双袖,似"行于绳上"准备换位;另有两名长袖舞者双扬袖从斜緪上缘绳飞身而下,双袖和裙裾飘飞,其飞降技术带着很大的危险性。凡此,足以笑傲袖舞江湖。

如果我们以汉画女子袖舞为焦点,按顺序把图1-43至图1-47、再把图8-34至图8-40排列起来,不仅能够看到动词所描绘出的从"肃然"到"微笑",从"微笑"到"傲笑"的舞蹈身体语言,而且还能够看到从儒家的"以手袖为威仪"到道家的"体如游龙,袖如素蜺"②,乃至世俗娱乐的

---

① 转引自王利器校注《盐铁论校注》(定本·上),中华书局1992年版,第364—365页。
② (汉)傅毅:《舞赋》,载龚克昌等评注《全汉赋评注·后汉上》,花山文艺出版社2003年版,第135页。

杂耍炫技。它们将身体世界的事实化为行动，构成动作符号及符号体系。但问题至此还未完结，这些动词构成的符号及符号体系还面临着更大的任务——动作性的身体叙事。2017年4月15日晚，北京舞蹈学院导师工作坊"汉画舞蹈实验演出"后，北京大学汉画研究所所长朱青生教授现场发表感言，提到了身体叙事的问题：

> 各位老师好！我是作为研究者来看刘建老师的工作坊的，非常感动。首先因为我看到了所有的动作的关键点、停顿的地方都有出处，这一点是一个严肃的学术态度。建鼓舞这些舞蹈，我们做汉画的人闭目它就在眼前，当它凝固的时候，其实是一幅汉画，是凝固里的雕刻，它们本来上面可能有色彩，有线条，然而在岁月当中模糊了……在这样的模糊中间，怎么让它变回原来的样子？刘建老师帮我们打开了这条道路，我们要为此祝贺我的同事。在汉画界，大家都密切地关注着刘建老师的工作，甚至有的人带着一种挑剔的批评帮助着他的工作，刘建老师跟他们的对话，我们都在中间讨论，日夜在进行。随着工作的深入，他在我们面前展示了一次考古的探索，这是我要说的第一点。
>
> 第二点，是关于如何把一个动作的瞬间还原成一个过程。按照刘建老师的话来说，就是用身体叙事。这里边是需要创作、需要创造的，这个创造既有它的原理，也有它的精微之处，精微之处就是要进行身体实验。我很感谢这些同学，因为他们有不少人都来过我们汉画研究所。他们平时就跟我们北京大学的学生一样，都是在读书，都在做历史考证。但当他们在舞台上让人看到一个凝固的画面变成流动的画面时，他们则动用了自己的身体不断地追求极限，找到一种转变的微妙过渡，一步一步地做出来，这样的过程是不容易的，我们从学术角度看到了这个变化。此前，我们也在疑惑这个动作能做出来吗？这个动作到下一个动作能连贯吗？今天，刘建老师用他的创造性向我们展示这是可能的。刘建老师一再地跟我们说，他的工作是为了弥补历史的

断裂,这个断裂也在图画和动作中间,历史本来就遗留有断裂,用这样的方法来弥补历史的断裂我觉得就是一种创造性。

最后一点,是关于美感。我看到这些舞蹈是很美的,甚至有些细节的美感已经让人感觉到有点沉迷,像羽人舞在灯光之下若隐若现的效果,以及动作之间达到的状态,让我们感觉到也许在古代的仙境有时候也不过如此。虽然刘建老师今天条件还不够,但能用这样的条件走出重要的一步,我要祝贺。我想我们汉画研究界的、艺术史研究的同事们,有机会的话,会让刘建老师的工作不仅在舞蹈学院作为一种实验的成果展现,而是会把它作为一种美感的传布放之天下!谢谢刘建老师。[①]

朱青生教授谈了三点:"动作""叙事"和"美感"。动作是依据"左图右书"将凝固的名词性的画面转化成动词性的手舞足蹈;叙事是将一系列动作连接起来,创造性地将画面动词性的舞姿变成有意义的叙事文本;美感是将创造性的身体叙事文本风格性地送上舞台。在动作的骨骼与美感的肌肤之间,叙事是血脉,将二者联通成一个完整的有机体,使重新在场的汉画舞蹈成为舞台艺术形象。

叙事学是语言学的分支,舞蹈的身体叙事是舞蹈身体语言的延伸、扩展和整合。由于汉画舞蹈重建面对的是身体历史,因此其身体叙事必须尽可能地做到保持历史的"本真性",并由此贴近历史的"虚构"。也正是在这两点上,"重建"不同于有完整舞图、舞谱、乐谱、舞辞等文献的"复现"。凡此,如朱青生教授所言,重建的汉画舞蹈应该是"做汉画的人闭目它就在眼前"的画面,但又是一种"创造性"的重新在场的身体叙事。

在出版于1997年的学术史著作《追寻本真性——民俗研究的形成》

[①] 郑琪、李贝:《面对身体的历史——"汉画舞蹈实验演出"问答录》,《舞蹈研究》2017年第2期。有删减。

中，德国民俗学家瑞吉娜·本迪克丝提出了"本真性"（authenticity）概念，认为它不是我们一般所谓的原真性或原生态，它首先不是指文化事实层面的真伪，而是生存的价值层面的本真与否。原生态只有在本真性概念的前提下才是有意义的。那些非本真的文化传统（如缠足、猎人头祭）无论是否保留了传统或原真性，也不会激起现代人的兴趣。所以，本真性首先是一种生存品质或一种体验，如音乐表演时脊柱发凉的感觉，那个能让我哭、笑、激动的时刻。这一时刻在反思中被具体化为一种范畴，其叙事话语意图超越了事实意义上的"原生态"概念，进入价值意义和生存论意义中。①

对于汉画舞蹈的重建而言，这无疑是一个恰如其分的理论支撑点：我们不是为了把一帧一帧汉画舞蹈"原真性"或"原生态"地跳出来——而且也无法证实跳出来的舞蹈是原生态的，而是为了将它们连动地构建出汉家天下四百年身体叙事的生存价值意义，比如"一鼓立中国"的建鼓舞，由此确立它可以成为现代中国鼓舞的标志。这也就是"汉画舞蹈实验演出"的第一个节目确定为《建木之下》（建鼓舞）的原因——以最常见的男子双人舞形式表达"祭地—祭天—天地人和"的本真性话语意图。

建鼓舞在汉代遍布中华大地，种类繁多，形式多样②，每一种类、每一形式都足以构成单独的身体叙事。

出土于山东济宁喻屯镇城南张的东汉建鼓别具一格（图8-41），为仰身所击的落地高鼓：鼓座为双虎一头、虎爪相合造型，二虎两尾横甩，六爪抓地，两爪相合，见出"地"之厚重；虎头顶着圆锥形建鼓，其上建木通天，顶有悬挂式双羽葆飘扬，上边是凤鸟，或栖或飞，见出"天"之高远。男子双人鼓舞者戴冠，垂胡袖执桴，着宽口裤，骑二虎上仰身击鼓。全图以建鼓为中心点划出四部分：上层左面为四乐伎，吹箫击筑，为最右

---

① 参见胥志强《当代民俗影像中的本真性话语》，《民间文化论坛》2019年第4期。
② 详见第二章第四节"分门别类"中的建鼓舞深描。

图8-41 山东济宁出土"乐舞百戏图"

图8-42 四川彭州太平出土"女子单人建鼓舞图"

边一长袖舞伎伴奏；舞伎倾身舞袖，袖之动势与左羽葆相合。上层右面坐三观者，旁边为一柔术倒立艺人，高鼻深目顶发，似胡人，其倒立的喇叭口裤横飞，与右羽葆相合。下层左面虎尾下一鱼，表示富裕繁衍；虎尾上又为一柔术倒立者，显然是汉人，正对最左边站立者炫技；上方是二执剑俳优，对舞弄剑。右面虎尾上方为跳丸者，与左面弄剑者呼应；虎尾又是三乐伎……全图以二男子建鼓舞为中心，下有瑞兽，上有祥禽，中有乐舞百戏欢欣鼓舞。于此，我们可称之为"山谷为之震荡"的宏大叙事。

建鼓舞中亦有"小桥流水"的个人叙事。四川彭州太平出土有"女子单人建鼓舞图"（图8-42），小轩之外，树一建鼓，款式属于高、中、低鼓中的中鼓，与舞伎等高，鼓座平实，无羽葆，鼓面绘有简明的花卉图案，鼓舞者高髻广袖长裙，执桴击鼓，腕部轻打发力，广袖轻荡，动作优雅，似在诉说"盈盈一水间，脉脉不得语"（《迢迢牵牛星》）。此外，马上建鼓舞、骆驼上建鼓舞、男女建鼓舞、俳优建鼓舞等，或鼓吹前行，或炫技娱人，或男欢女悦，与"山谷为之震荡"和"脉脉不得语"并行。凡此建鼓舞，当是一种能让人"哭、笑、激动""脊柱发凉"的本真性表演，其意义就在于上能通天达地，中能调理社会人伦，下能提供世俗娱乐。今天韩国除男子建鼓舞外，还有女子的三面鼓（见图1-39），其鼓形有类于图8-42。它们均已是鼓之舞之的主流文化行为。这种身体叙事不应该在今天的中国古典舞中缺位，我们有责任使其重新在场。

在"汉画舞蹈实验演出"后的问答环节中，这一问题也被涉及：

> 观众一：刘老师好，我有一个疑问，为什么本次汇报叫作"汉画舞蹈实验演出"，而不是普通意义上"舞蹈演出"？
>
> 刘建："实验"这个词其实不是我提出的，是北京大学汉画研究所所长朱青生教授在第一次"汉画舞蹈批评会"上提出的[①]，他是我们汉画舞蹈工作坊的学术顾问。朱青生教授当时提出一个比较大的概念——"身体实验艺术史"，大于身体舞蹈史，它还可能包括像汉代百戏或者一些更为宽泛的身体行为，在时空上可以从汉画像砖石延伸到敦煌壁画、克孜尔壁画等。"实验"二字会给我们带来两点启发：第一是思想的；第二是身体的。
>
> 作为思想的启发，是关于今天中国古典舞建设的时间向度及其本真性价值问题。"北京大学汉画研究所"的牌子是向古代的；它旁边还有一块牌子叫"当代艺术研究中心"，是向现当代的。去年，朱青生教授邀请我们第一次到北大碰面时率先就提出了这样一个问题："你们做这些舞蹈是古代的还是当代的？"我明确回答说是古代的，属于"欲前先后"的"先后"，即扎根于切实的传统中。已故的孙颖先生从事舞蹈

[①] 详见第一章第三节"二、实验过程"。

一共55年，有28年全是钻在"死人"书堆里，包括20年在北大荒时读"二十四史"、8年在《舞蹈》杂志做古典舞钩沉的编辑。这28年的积淀让他64岁时创编出《踏歌》、75岁时创编出《楚腰》。前者的窄袖、后者的广袖不仅在形式上先在于汉画舞蹈中，而且分别本真性地表现出"踏地而歌"的欢娱和"楚人好巫"的敬畏。汉画实验舞蹈也是最大限度地接近于今天仍有价值的身体历史。

第二个启发叫作身体的实验，是讲汉画舞蹈上手操作时遇到的困难，包括客观的和主观的。在今天中国舞蹈分工极为细密的语境中，要求做理论的人去实践，很像"公鸡下蛋"，因为我们提出的很多观念很少有人做，所以只能自己做，也因此才叫"实验演出"，知道做出的东西还很不合格。中国舞蹈有三大学科，第一是舞蹈学，第二是舞蹈编导，第三是舞蹈表演。舞蹈学是为大家提供思想资源的一个冷知识系统；舞蹈编导就是把这种冷知识系统加热变成身体叙事，编创成由冷而热的剧目；最后由舞蹈表演形成一个热知识系统呈现给观众。毫无疑问，在编导专业和古典舞表演专业的眼睛中，汉画舞蹈的编导和演员都是属于"业余"的，没技术、不光鲜；的确，他们中有中国艺术研究院的博士，也有北京师范大学艺术与传媒学院的本科生等，在编舞和身体能力上明显不足，但他们认定的对象和对对象的研究却是当下诸多编导和演员所缺乏的，即这些舞蹈的生存品质。所以在身体实验上，我们就是力图形成一个舞蹈学、舞蹈编导、舞蹈表演的共同在场，将历史、品质与表演融于一体。具体讲，汉代成立乐府时芭蕾舞还没有诞生，也没有现代舞编舞技法，那么汉画中的长袖舞和建鼓舞是怎样训练的和编创的？一定会有在场的身体行为。因此，在本真性的身体叙事上，我们不仅需要"神似祖先"，而且需要"形似祖先"。①

---

① 郑琪、李贝：《面对身体的历史——"汉画舞蹈实验演出"问答录》，《舞蹈研究》2017年第2期。有删改。

图 8-43　1870年的黄鹤楼和1985年重建的黄鹤楼

身体叙事的历史本真性话语之外，就是这种话语的"虚构"问题了。在汉画舞蹈的重建中，虚构是将动作结构成身体文本的必要手段，它与本真性是孪生兄妹：对于本真性的表现以一种虚构的叙述策略完成。虚构不是虚假，不是伪造，而是将本真性主题从复杂多样的生活织体中抽离出来，刻意放大，并赋予其一种夸张的崇拜，为自己的行动赋予（强加）一种意义。① 这种虚构，是民俗学对日常生活和信仰生活加以抽离的叙事策略，艺术学上也是如此：黄鹤楼初建于公元223年，凡三层，后屡毁屡建；现在的黄鹤楼是1985年重建的，凡五层，登楼更见"孤帆远影碧空尽，唯见长江天际流"的景观。（图8-43）

建筑艺术如此，舞蹈艺术亦然。陕西绥德出土有东汉"拾粪图"：图的上面为家禽和狗，下面一马扬尾拉粪，身后一农人伸出粪铲收集之。没有人相信这一日常生活场景会被虚构成舞蹈，但在今天的山东海阳秧歌的大场中，"跑驴"的舞蹈之后就是"拾粪舞"：拾粪者穿彩衣红肚兜，左手提粪篮，右手执粪铲，跟在"回娘家"的驴后，见驴拉粪即伸手收集，收集之后喜形于色，手舞足蹈。而所有这一切，全是动词性的舞蹈身体叙

---

① 参见胥志强《当代民俗影像中的本真性话语》，《民间文化论坛》2019年第4期。

图8-44 陕西绥德出土东汉"拾粪图"和山东海阳秧歌"拾粪舞"

事。(图8-44)美国人曾写过《拾粪者》一书,以此勾画出中国农民勤劳持俭之精神。中国民间艺人虚构出了"拾粪舞"身体叙事文本,它至少是由汉代延续下来的本真性现实的虚构,是所谓"礼失求诸野"。[①]

对于这种本着历史本真性虚构的身体叙事,我们也曾在"汉画舞蹈实验演出"后问答环节中提道:

  观众二:刘老师好,汉画舞蹈中能看到很多汉代的舞姿造型,在编排过程中,您是如何从静态的汉画过渡到动态的舞蹈,有没有您的编排原则?

  刘建:汉画上的舞蹈是一个二维或三维空间的美术对象,但在刻上去之前却是一种连续性的四维空间的身体艺术,因为汉代贵族们生前死后都不会看一格一格的静态舞姿。这就跟敦煌壁画一样,壁画中的反弹琵琶舞不是给佛祖只演一个舞姿,它一定是一个连续的手舞足蹈,而且是"乐舞不分家"的自弹自跳。这就有一个从图像学到叙事学的过渡,有一个"然后→然后→然后"的"跳什么"的动态发展逻辑呈现过程,无论讲故事、抒情还是"意识流"。

[①] 参见刘建、赵铁春《身份、模态与话语——当代中国民间舞反思》,民族出版社2015年版,第156页。

图8-45　四川彭州出土"巾袖盘鼓舞图"（及局部）和汉画实验舞蹈《逶迤丹庭·司命》

我们举实验剧目盘鼓舞《逶迤丹庭》为例：那么多汉画盘鼓舞，如何结构成一个叙事文本？首先，盘鼓代表日月星辰，星辰中有北斗七星和南斗六星，河南南阳出土有二鼓四盘的盘鼓巾袖舞图，这样我们就可以按照南斗六星星相的"司命"（求福）→"司禄"（求禄）→"延寿"（求长寿）→"益算"（求智慧）→"度厄"（驱邪）→"上生"（求飞升）来虚构这个女子6人舞，让她们分别代表其一。人是直立动物，从身体同质化和人的本质对象化的动觉默契来讲，祈求的身体是向上，屈蹲是敬畏，所以"司命"祈福的巾袖舞也是向上的动势，古今同质（图8-45）。而跳到"度厄"时是表现驱逐，动势向下，古今亦同质。"南斗六星说"和"南斗六星舞"取自汉代文献和汉墓文物，文献和文物是追寻历史的双驱力，再根据舞蹈身体语言学和叙事学规律，慢慢推导出古人可能在跳什么，是怎么做的，使我们不断地接近古人，并动态地激活祖先的身体言说。①

---

① 郑琪、李贝：《面对身体的历史——"汉画舞蹈实验演出"问答录》，《舞蹈研究》2017年第2期。有删改。

| 第八章　深描基础上的重建 | 437

图8-46 重庆中国三峡博物馆藏"女娲广袖鼗鼓舞图"和"伏羲女娲广袖长巾双人图"

《逶迤丹庭》只是汉画实验舞蹈动词性身体叙事的一个实验文本①,从身体语言到身体叙事,力求在历史的本真性和虚构的互动中生成汉代人驱逐祈福的信仰生活——这也是人类信仰生活的黄金律。由《逶迤丹庭》到汉画实验舞蹈,由汉画舞蹈的重建到中国图像乐舞的重建复现,中国古典舞由静态到动态转换的重新在场就有了一个更广阔的空间。那时,羽人、伏羲女娲等将和中华大地多彩的石窟飞天、飞仙等并行而舞。(图8-46)

第三节 中国古典舞建设的一条路径

一、多元一体踪迹的展开与确认

当汉画舞蹈的深描与重建向中国图像乐舞展开的时候,中国古典舞建设就找到了一条多元一体的有踪可循的复兴路径。

如前所述,为了取得合法地位,20世纪中期前后,诸多东方古典舞开始了自己的重建,以使新的民族国家取得身体文化与审美的身份标识。比如之前的韩国古典舞和之后的高棉古典舞,它们先后完成了自己的建设使

---

① 详见第一章第三节"二、实验过程"。

图8-47 高句丽安岳三号墓"建鼓舞图"

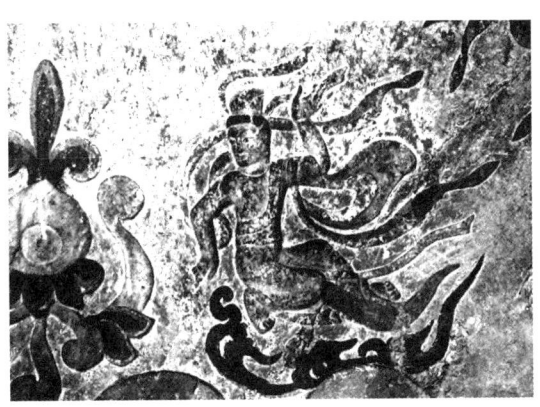

图8-48 河北邯郸响堂山石窟北齐"飞天舞图"

命,踏进了世界古典舞之林。就时间而言,中国古典舞应该比韩国古典舞更悠久,像汉画中的建鼓舞,比三国时代(4世纪中叶)高句丽墓同类鼓舞(图8-47)早200多年;就文化空间而言,中国古典舞应

图8-49 山西大同云冈石窟北魏"飞天舞图"

该比高棉古典舞更阔大,像与吴哥窟舞蹈相媲美的佛教龟兹石窟、敦煌石窟、麦积山石窟、响堂山石窟(图8-48)、云冈石窟等诸多石窟中的舞蹈。(图8-49)今天,韩国鼓舞已形成表演体系,高棉古典舞的《仙女》已由浮雕图像而重建成为世界非物质文化遗产的舞台艺术。遗憾的是,中国古典舞深广的历史视觉踪迹远没有充分呈现为今天舞台上的实践,甚至没有充分地"睁开眼看"(鲁迅)。

事实上,当我们睁开眼看到这些踪迹时,会惊讶地发现其丰富性和统一性足以令人震撼,包括眼花缭乱的建鼓舞和仙女舞(飞天舞),它们如同

第八章 深描基础上的重建 | 439

一个巨大容器中差异性组合的万花筒。

从"地球学""土地学""地理学""地缘政治学"到"人类地理学""艺术地理学"，历史上的中国古典舞可以在中国陆地版图上呈"半月"形，与东南沿海的"半月"环抱其五彩缤纷。今天，考古学已清楚地在证明一个事实——"中国不是中原"，在中国艺术史形成的整体进程中，正是"中央更新和边缘微变"[①]不断地推进着中国古典舞的发展。这其中，经济的、政治的、民族的、文化的、语言的种种因素都影响着中国古典舞的形态——从丝绸之路到唐蕃古道和茶马古道，从汉帝国、唐帝国到元代"土司制"、明代"土司—卫所制"和清代"改土归流"政策，从汉藏语系到汉语八大方言和西南官话……正是这种高度的融凝状态，使汉画"一鼓立中国"的建鼓舞由"汉"而"胡"而"胡汉"，由中原而草原而朝鲜半岛；亦使山东沂南汉墓羽人舞（见图5-1）演变成了敦煌壁画上的"羽人"（图8-50）、"飞仙"（图8-51）和"飞天"（见图5-2），胡汉相融[②]，东西互通，汉唐一体。它们都称得上是和而不同的中国古典舞，不仅时间长、地域广，而且血脉相连，或是一因一果，或是一因多果，或是多因一果，或是多果一因。

杨念群曾借清王朝的统治形式谈到"多元一体"中"一体"的大一统国家认同问题，罗列了学术界三种不同的看法：一是秉持传统的"大一统"政治观，强调大汉民族，把中央对少数民族的关系看作行政规划逐渐渗透的体现，而少数民族对这种版图统一的接受和适应的态度成为其归化与团结程度的指标，少数民族由此变成了行政治理的对象；二是突出不同的族群特征，而淡化的是作为中国形象代表者之中华民族统治者的完整身份；三是在"边缘研究"的叙说框架下，"族群"被看作一个人群主观的认同范

[①] 郭物：《边疆考古：亮点尤多，为"多元一体"提供实证》，"澎湃新闻·私家历史"微信公众号2020年5月5日。
[②] 关于"胡"，学界有"东胡"之说，指中国北方游牧民族；此外，"胡"还泛指汉族之外的其他民族。

图 8-50 敦煌莫高窟第 297 窟北周"羽人舞图"　　图 8-51 敦煌莫高窟第 285 窟"持节长耳飞仙舞图"

畴,而非一个特定语言、文化与体质特征凝聚而成的综合体。这种以"边缘研究"取代本质化的"内涵研究"可以"防止上层统治者和知识精英任意使用权力界定族群特质和边界的弊端"[①]。关于中国的历史论述如此,关于"中国古典舞"的历史观照亦当如此。如果说这种边缘研究在区别地理学、民族学、文学、艺术学领域可以使用的话,那么它在舞蹈中更可以开放绿灯,因为身体语言的模糊性提供了这一基础[②],中国古典舞融凝状况的汉、唐中国如此,元、明、清中国未尝不是如此。

13—14 世纪,兴起于漠北草原的蒙古族群,历经数十年西征南伐,"起朔漠,并西域,平西夏,灭女真,臣高丽,定南诏,遂下江南,而天下为一。故其地北逾阴山,西极流沙,东尽辽左,南越海表"(《元史》卷五八《地理一》),建立起横跨欧亚的元王朝,其疆域远迈汉唐,实现了五代、宋、辽、金时期未能实现的对于辽阔疆土的大一统。大一统之中,品味精微的舞蹈也如耶律楚材《赠蒲察元帅诗》其五所云:"素袖佳人学汉舞,碧髯官妓拨胡琴。"又有 15—16 世纪已纳入中国版图的西藏古格王朝的官

---

① 杨念群:《我看"大一统"历史观》,《读书》2009 年第 4 期。
② 参见张素琴、刘建《舞蹈身体语言学》,首都师范大学出版社 2020 年版,第 58 页。

廷"宣"舞,是高原上的"以手袖为威仪"。(图8-52)

图8-52 15—16世纪西藏古格王国遗址红殿"宣"舞图及还保存在民间的阿里普兰多油的"宣"舞（王晓莉提供）[1]

事实上,古典舞的多元一体并非只是中国古典舞独特的现象,古典芭蕾舞、印度古典舞等都存在着这种"中心"与"边缘"互动的关系。在西方芭蕾舞史上,古典芭蕾"中心"的不断转移和"边缘"的后来居上已是历史常识;而印度古典舞的七大流派则相互构成七个中心与边缘。

在多元一体的中心和边缘之间有"中间地带",用以描述不同文化在其中接触与互动的同时,所谓"中间人"活动产生的结构上的张力,呈现出一种近似利奇所言的钟摆过程。[2] 像汉高祖征战期间发现的"巴人舞",后来将其纳入宫廷,汉高祖算是一个"中间人"。在古典芭蕾的发展过程中,丹麦学派及其创始人布农维尔、美国学派及其创始人巴兰钦等,算是现代"中间地带"的实践者;印度古典舞中卡塔克流派的形成与发展也是来自这钟摆过程。由此我们还能看到:高棉古典舞处在南亚舞蹈文化圈的"文化接触带"中,其《仙女》舞与印度舞蹈文化脱不开关系;同样,韩国古典舞则处在东亚舞蹈文化圈的"文化接触地带"中,这也就是高句丽墓中建鼓

---

[1] 图为十女子前交臂拉手而舞,为宫廷礼仪,与后交臂拉手而舞的宗庙礼仪有别,今天还流传在西藏阿里地区的民间舞中。
[2] 特纳的"边疆论"以之为文明与野蛮交汇的地点,这一概念后来被美国边疆历史学派发展成为"文化接触带"(zone cultural contact)。参见王丽娜《"中心"与"边缘"之间——中间地带的发现》,《读书》2019年第2期。

舞与汉画舞蹈中建鼓舞何以带来结构上的相似性和各自张力的原因。

与这种充满张力的思想并行的，是大量"中心""边缘"和"中间地带"舞蹈图像视觉踪迹的存在，它们构成了中国古典舞多元一体重建复现的可能。于此之中，踪迹的确认就成为其复活的前提。

作为法国著名的美术史家，埃米尔·马勒（1862—1954）提倡用图像学的方法研究法国哥特式艺术和建筑，其目的是使之在今天重享盛名。这与中国图像乐舞重建复现的目的与方法不谋而合："我从这座教堂来到那座教堂……我久久地欣赏着门廊中的雕像或中央广场的彩绘玻璃窗，但从来没有人和我分享这种乐趣……如果可以，我决心复兴这一遭到忽视的重要艺术，使她重新享有盛名。"[①] 他"复兴"的内容，包括这些艺术的类型、观念、价值以及相关知识——从宇宙起源到人的行为戒律。中国图像乐舞的复兴内容与之殊途同归。

这种殊途同归还体现在"复兴"的方法上，包括"作品与文献对应"原则、象征主义的"传统解经法"原则和阐释的"适度原则"，相当于中国古人的"左图右书"。从潘诺夫斯基对图像学的定义来看，马勒的图像学研究还停留在图像志分析的阶段——根据原典知识解释约定俗成的题材，并根据不同历史条件下运用对象和事件来表现特定主题和概念，尚未到达潘氏的图像学解释阶段。[②] 但他对中国图像乐舞重建复现所要迈出的第一步——寻找踪迹并加以确认来讲，马勒略显刻板的研究恰恰是首要的，相当于胡适在《治学的方法与材料》一文中所说的"尊重事实，尊重证据""大胆的假设，小心的求证"。这就如同汉画舞蹈重建依凭的就是图像与文献的证据。汉画虽然是刻工所为，但依凭的是画工或画师亲眼所见的绘制文本。传说汉代宫廷画师毛延寿把王昭君画丑，才有了"昭君出塞"；

---

① 转自引范景中、曹意强主编《美术史与观念史Ⅵ》，南京师范大学出版社2007年版，第207页。
② 参见梅娜芳《马勒的图像学研究》，载范景中、曹意强主编《美术史与观念史Ⅵ》，南京师范大学出版社2007年版，第206—221页。

如果昭君起舞,也当是袖舞和巾舞,不会像今天舞台上的"土芭蕾",完全没有历史视觉踪迹。

"踪迹"就是"尊重事实,尊重证据"的事实和证据;在寻找到之后还要通过"大胆假设,小心求证"来确认。在中国舞蹈史中,四川成都百花潭出土的战国嵌错铜壶上有局部舞蹈图,多被指认为战国女子采桑舞。(图8-53,全图见图7-38)"壶颈部有一组妇女采桑图。在茂密的桑树丛中,许多妇女正在采桑:中间有一形体较大的人物,正扭腰、出侧胯,高扬双臂卷袖飞舞,造型优美,洋溢着欢快、豪放的情绪;旁边两个采桑女,一个把盛桑叶的篮子放在地上,一个把盛桑叶的篮子顶在头上,正面向舞者,兴奋地为舞者击掌伴奏。这真是典型的'桑间濮上'民间歌舞图。"① 又有学者还为此图加上了文献考证:"春秋战国时期的民间乐舞十分兴盛,这在古籍和出土文物中都有反映。例如四川成都百花潭出土的战国嵌错铜壶壶颈部的一组妇女采桑图,就可以将它称为'采桑歌舞图'。"② 此外,《中国舞蹈文物图典》也确认其为"桑树林中众妇女在采桑,中间1人倾身扭腰作舞"③等。但如果我们从语境的确认、人物的辨识、叙事的表达和题材与主题的确立上小心求证,就可能会得出别样的结论。

先来看语境,它是人物活动和事件发生的场景。图中人物活动的背景是两棵繁茂的桑树,可以代表桑林。桑林是古代的祭祀场所,多与祈雨和生殖崇拜相关。关于桑林,《淮南子》高诱注:"桑山之林,能兴云作雨也。"《吕氏春秋·顺民》:"天大旱,五年不收,汤乃以身祷于桑林。"桑林社坛还是祭高禖神之地,《周礼·地官》载:"仲春之月,令会男女。于是时也,奔者不禁。"殷商遗音《桑林》乐舞,情意缠绵,史曰"宋音燕女溺志"。由此可知,"桑林之舞"最初是祀雨,雨常来万物生长;后来转向男女之间的生殖隐喻,使桑林、桑树、桑叶、桑葚都有了新的所指。像

---

① 王克芬:《万舞翼翼:中国舞蹈图史》,中华书局2012年版,第51页。
② 袁禾:《中国舞蹈》,上海外语教育出版社1999年版,第37—38页。
③ 刘恩伯编著:《中国舞蹈文物图典》,上海音乐出版社2002年版,第44页。

图8-53 四川成都百花潭出土战国"宴乐渔猎攻战纹铜壶"舞蹈纹线描图局部

图8-54 花山岩画中腰挂环柄长刀的男舞者

《诗经·卫风·氓》的"氓之蚩蚩,抱布贸丝。匪来贸丝,来即我谋。""桑之未落,其叶沃若。于嗟鸠兮,无食桑葚!于嗟女兮,无与士耽!"这种隐喻一直延续到两汉。四川画像砖中有两幅内容大略相同的《野合》画像:在枝繁叶茂的桑树下,一对男女交媾,脱下的衣服挂在桑树上,女子采桑用的竹筐抛在一旁。由此,桑树成为中国传统文化的一个符号,汉代人称之为"合欢树",桑树或桑林之语境就成为男女的"桑濮之会",并带有生殖意象。

接下来看人物,人物是艺术的中心,有性别,有身份,有历史与文化的特征。图中共有长裙曳地者15人,并非全是女性,而是8男7女。男子以束发或戴冠为标识,腰间佩刀,属上层社会。和执弓、执戟一样,男子佩刀或剑古已有之(见图8-54),延及战国已成规矩。在图8-53下层的右侧,有着裙束发执弓佩刀者,为"渔猎攻战"的男性。图中女子以梳长辫为标识,所执物为盛桑叶的篮子和采桑的弯头树棍。女子7人,故图中篮有7只,或置于地,或头顶,或挂树枝上;弯头棍不必人人皆有,树上的采桑者一般不用,所见树下者3根,却都没用在采桑上,心不在焉。特别需要指出的是,所有所谓采桑女的服装均与宫廷乐悬女伎相同,表明其贵族或附属贵族身份。事实上,在"男耕女织"的传统中国社会,贵族妇女从采桑到纺织,都是一种社会伦理的象征行为,并非农人的真正劳作。

语境确认、人物辨识后,便是桑林中男女身体语言的叙事表达了。全图由左而右，由上而下构成7个共时性段落：其一，左面树上两女子采桑，树下一男子挎篮执弓欲射，中国传统中有射鸟求爱风俗，故男子在此显然是为了招引女子。其二，两桑树中间一男一女，男子左手执女子手拿的弯头棍，右手指天似信誓旦旦；直立的女子亦执弯头棍不松手，手手相连。其三，右面树上一对男女"执手相看泪眼"，情意绵绵，男子身下的挂篮荡在半空中。其四，右面树下的男女争执，男子背身拉女子前行，女子身体后倾欲挣脱，一篮一棍立在身后，或成为采桑任务尚未完成而不能跟随的借口，加大了挣脱的视觉空间。其五，下边一层的"三人行"，最右面下方两男子似乎在争执，前者双手指向前面女子，拧身回头告诉后者自己的心之所向；后者摊手下垂，似表无奈；争执之中，前面的女子伸双手欲取采桑工具，借以躲避缠夹中的追求。其六，画面中的双人舞是核心，左面女子顶篮伸手朝向男子，使比例放大的男子的身体四信号（头、躯干、手、脚）丰富生动：面向左侧的头部本应面对女子，却仰望天空，似无所见；双手窄袖上扬做白鹤亮翅，得意万分，躯干面向右，却做拧身状，见出了心之所在；双脚长裙下向右跨步又欲跨先止。其七，铺首右上面露出半个身位的一孤身男子，成为一个内视角的观看者，使画面动静相合。

  这样，全图按马勒所说的约定俗成的题材和象征主义解经法的主题就清晰可见了：它不是众妇女采桑的劳动图，而是桑间濮上男女相恋图，可称作舞蹈者，为中间男子的求爱舞。为了证实这一点，黑龙江省博物馆藏南宋佚名《蚕织图》中局部的"忙采叶"（图8-55）可以证明这一点。在同样桑林语境中，现实主义的劳作与象征主义的求爱是两种不同的身体行为。

  由于初步的图像志确认误差，所以一些有关舞蹈图像学的阐释也随之出现了误差，不能够全面地解答这一图像所需要回答的"有什么""是什么"和"为什么"的问题。至少，双筒袖舞者腰间为何物使我们难以做出解答，并出现了多米诺骨牌式的误读："河南辉县出土的战国壶盖上，也有一幅女子采桑图，其中一女舞者正扬臂扭腰作舞，形象十分生

图8-55　黑龙江省博物馆藏南宋佚名《蚕织图》

动。"① 文字的误判又影响了舞蹈美术描图的误差,一幅"折腰应两袖"的女子舞蹈图被绘制出来②,原铜壶盖上人物腰间的方头饰物(且不判定是否为男子配刀)先被改换成尖头饰物的线描图,次又变成舞伎腰间飘带。③（图8-56）"左图右书"之间存在着相互补充和相互诠释的互文性,一损俱损,一荣俱荣。

图8-56　河南辉县出土战国铜壶盖桑林图及被依文字误判描绘的采桑舞女图

此外,历史图像说明,战国时期舞伎发型多为后面梳辫,前面短发平头(图8-57、图8-58),少有男子式的头顶束发者。延及秦汉,这一发型依旧如故。湖北江陵出土的秦代漆绘木梳乐舞图上,中间舞伎发髻披脑后做长袖舞(图8-59);又有诸多汉代女舞俑,平顶垂发,称作"坠马髻",多与长袖、广袖、垂胡袖、套袖相配,少与窄袖搭档。

---

① 王克芬:《中国舞蹈发展史》,上海人民出版社1989年版,第63—64页。
② 参见王宁宁《中国古代乐舞史》(上),山西人民出版社2009年版,第260页。
③ 参见孙景琛《中国舞蹈通史》(先秦卷),上海音乐出版社2012年版,第176页。

第八章　深描基础上的重建 | 447

图8-57 战国玉佩舞人　　图8-58 战国玉佩舞人线描图　　图8-59 湖北江陵出土秦代漆绘木梳上的舞伎

关于战国铜壶上桑林之舞的辨识，我们做了一个从舞蹈语境到舞者发型的确认，目的是在中国古典舞断裂与重生的时代找到一种为历史踪迹作证的方式。当克罗齐将历史事件的完整性、叙述与文献的统一性以及发展的内在性作为历史意识的三大特性时，他实际上已道出了历史感形成的基础。[①] 这也如施莱尔马赫在界定"一般阐释学"时指出的那样：部分必须置于整体之中才能被理解，而对部分的理解又加深对整体的理解，部分与整体在理解中互为前提，相互促进，形成理解的循环运动。阐释者所解释的文本必须置于它的历史语境中，上述整体与个体之间的循环也必须以整体为基础。由此，才能在起点上打破种种原因造成的迷茫与纠葛。这是中国图像乐舞重建的前提，失去这个前提，所谓艺术和技术的重新在场就会成为墙上芦苇，以致把男子佩刀舞跳成女子腰间飘带舞。

比之"老树繁花"的民间舞，中国古典舞蹈尽显凋零。[②] 所幸的是，大量的舞蹈图像给我们留下了直观的视觉踪迹。在踪迹确认的方法上，图像

---

① 参见［意］贝奈戴托·克罗齐《历史学的理论和实际》，傅任敢译，商务印书馆2019年版，第230页。
② 参见常任侠《中国舞蹈史话》，上海文艺出版社1983年版，第81页。

学之外，考古学、历史学、文献学、人类学、语言学等，都可以引导我们进入历史视域，包括民间活动（如民间舞蹈、民间武术等）。这些方法都有自身的要求，像图像的阅读，就要求眼力，"能看见什么、能看得多细，并且可以把这种眼力传达出来"（约翰·罗斯金）。不仅如此，方法之间还应该形成伽达默尔所说的"视域融合"，形成"多重证据法"，最终让"个人视域"（或称"现今视域"）与"历史视域"形成对话，达成融合，超越原来各自的界限，达到一种全新展示——我们称为重建。踪迹遗存本身不会讲话，它不会告诉我们战国铜壶上的桑林之舞的舞者性别或舞蹈功能，也不会告诉我们其窄袖舞的律动与袖技，但通过确认它们会给我们凭什么跳它们的依凭。

二、踪迹复活的必要条件

今天，中国图像乐舞踪迹复活的探索已经开始以多元一体的方式进行，从"古格王朝壁画舞蹈与藏族宫廷舞研究"到"龟兹石窟壁画乐舞的动态呈现初探"，从"敦煌舞重建的图像与文献依托"到"唐代韩休墓壁画的对舞方式"，"从响堂山石窟伎乐天舞研究"到"云冈石窟伎乐天舞研究"，从"《人舞》复现"到"汉画长袖舞的社会人伦形式"，从"汉画舞蹈训练研究"到"汉画舞蹈与敦煌壁画舞蹈训练的比较研究"……[①] 星布全国各地。2017年9月15—18日，"首届'一带一路'图像乐舞重建复现研讨会"在云冈石窟研究院召开；按照两年一届的约定，2019年11月1—3日，"第二届'一带一路'图像乐舞重建复现研讨会"在山东青年政治学院舞蹈学院召开。它们均是以实操的复活展开理论研讨。

这里的"一带一路"是一个中国历史时空内交合的概念，是中国古代主流舞蹈多元一体范畴的表述，远远超出了"汉画羽人舞""汉画舞蹈""汉

---

① 摘自下列两届研讨会发表论文题目。

代舞蹈"等断点、断面、断代的研究,走向中华民族大传统舞蹈的广阔天地,并直指中国古典舞的建设。① 在中国近代史上,面临着救亡图存,"中国的脊梁"除了以"实业救国"、以"教育救国"、以"医学救国"、以"文学救国"等救国论外,还有"兴史救国"论,以为历史的复兴可以"让国土和民族不致沉亡,反得永生"②。这种以史"永生"的观念与方法是今天"民族复兴"在不同时代的共同切入点。当它们以身体历史的方式追求"永生"时,便需要图像乐舞出场了。

"图像乐舞"概念的提出,首先基于视觉踪迹的原点,其次在于乐舞一体的以道具舞为主的构建方式,在图像学的基础上使长期分离的中国音乐学与舞蹈学"分久必合"。诸如汉画建鼓舞,既是"乐",又是"舞",不仅要打出"乐章",还要跳出"天地人和"的舞段;又如敦煌舞的反弹琵琶伎乐,要自弹自跳,以此才能与西方芭蕾的纯舞相媲美。鼓和琵琶既是乐器,也是舞具,其独特的表现方式有别于芭蕾舞和现代舞。图像乐舞还能向我们展示奇特的道具舞,如汉画巾舞不同于敦煌巾舞,从巾的长短、质地到持巾方式和舞容舞技均迥然不同。又有河南南阳出土的超长袖舞(图8-60),图中长袖舞伎大步流星,拧身回首,两只长袖一抛一绕,用巾袖占据了最大的空间。凡此,与敦煌舞伎徒手执巾并于小圆毯上的定点旋转技术全然不同。(图8-61)当然,这其中还隐藏着道家"踏罡步斗"和佛家"轮回觉悟"的不同。这是极为复杂和艰难的知行一体的工作。

这样,参与"重建复现"的队伍就至少需要三种知识结构——踪迹学、音乐学和舞蹈学,借以从埋头钻研的"纸上谈兵"到乐舞实操的"兵戎相见"。在这里,踪迹学是重建复现的逻辑起点,是第一个必要条件,属

---

① 详见第三章第三节"从中华民族大传统舞蹈到中国古典舞"。
② 孙庆伟:《苏秉琦:"为历史而考古"的学科缔造人》,《读书》2019年第4期。

 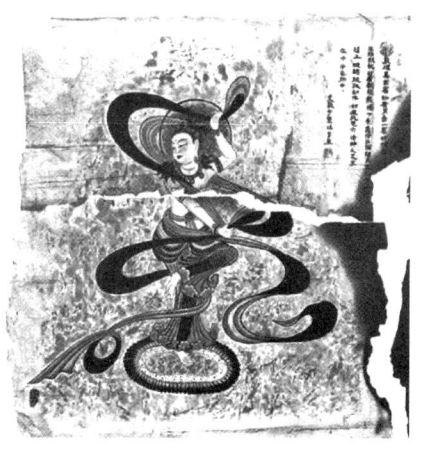

图8-60　河南南阳市文物考古研究所藏　　图8-61　敦煌莫高窟第341窟初唐"持巾
　　　　　"长袖舞图"　　　　　　　　　　　　　　　伎乐舞图"（史敦宇提供）

于学术；音乐学与舞蹈学是重建复现的过程和结果①，是第二个必要条件，属于艺术；第三个必要条件是支持体系，属于管理。无此，任何实践理论都不可能完满呈现，尤其是在艺术舞台上。

分开来看，学术、艺术与管理可以各行其道，但作为图像乐舞的踪迹复活，三个必要条件是一体性的，任何分离都会导致图像乐舞重新在场的流产、残疾，难以成为经典。

宋代程式化的宫廷乐舞是中国图像乐舞的又一元模式，其中的《采莲队舞》为代表之一："队舞之制，其名各十……女弟子队凡一百五十三人……六曰采莲队，衣红罗生色绰子，系晕裙，戴云鬟髻，乘彩船，执

---

① 这里主要谈的是视觉踪迹的舞蹈建设问题。关于音乐研究，道深似海，不过多涉及，比如音乐考古学中的古代音乐复原，包括乐器形制、律志与调高、曲目的传承、曲谱的有无等。但两者绝对是一体性的，且许多面临的问题也相似，比如今天的一些"怀古之曲"或"古风之曲"与民国时期"国乐改良"等运动结果相似，非狭义古曲。在这个意义上，吴晓邦"天马工作室"的"古曲新舞"之作，在"曲"和"舞"上均属综合创造。之后的"汉唐古典舞"也遵循着这条路径，有别于刘凤学"唐乐舞"的以古曲为本和"汉画实验舞蹈"的以古图为本的重建，踪迹学的考证相对焦点化。

图8-62 四川泸县出土宋墓石刻"采莲舞女图"

图8-63 明代仇英临宋画"宋代奏乐图"（赵越提供）

莲花。"① 四川泸县石桥镇新屋嘴村宋墓出土有两幅石刻"采莲舞女图"（图8-62）：二位采莲舞女戴软脚花冠，着圆领窄袖上衣，罩一云肩，圆领上露出内衣衣领，下穿及地长裙，系一腰带，束腰袄，跷尖鞋踏莲叶，一手执饰物莲花，一手提袖摆臂，屈膝缓步起舞。② 遗憾的是，这一南宋乐舞至今还被束之高阁，因为艺术圈里的舞蹈并不以之为然。更遗憾的是，当音乐考古学者已经按宋代《事林广记》中的古乐谱重建出乐曲时，也只能是有"乐"而无"舞"。（图8-63）这一"乐舞分家"现象不仅是因为20世纪50年代效仿苏联艺术教育体系的结果，而且还因为此结果所导致的至今老死不相往来的现状。这就涉及我们的艺术管理、文化管理乃至文化政治管理诸环节。

作为第一必要条件的学术，我们在此前的"多元一体踪迹的展开与确认"中已涉及，但远远不够。因为它直接制约着第二必要条件的艺术实践。

与宋代宫廷《采莲队舞》迥然不同，元宫廷的《十六天魔舞》典型地呈现出中国古典舞"中心"与"边缘"的融凝状态。关于《十六天魔舞》的表

---

① （元）脱脱等：《宋史·乐志》，中华书局1985年版，第3350页。
② 参见四川省音乐舞蹈研究所编《四川古代舞蹈图录集》，四川美术出版社2003年版，第178—179页。

现内容，学界现有两种观点：一部分学者认为表现了莲花生大师收服魔女成为护法神的传说，是在佛教密宗供养诸佛的"金刚舞"基础上形成的，其舞为"法舞"；另一部分学者则认为表现了佛拒绝天魔色相引诱，认为天魔扮演的

图 8-64　元代胜乐"十六天女"之一（高励霆提供）

图 8-65　安西榆林窟第4窟元代壁画"铃杵舞"

是与佛相对立的角色，其舞为"淫舞"。后者在舞蹈史学界占有上风。依图像与文献考证，此舞当为"法舞"——"舞以礼佛，舞以象功"，这在《元史·礼乐志》中关于"说法队"，在元杂剧"十六天魔舞柘枝"的唱词[1]，以及当代学者的论述中均有论证。[2] 此外，关于《十六天魔舞》的图像也是有案可稽，法舞气象多样。（图 8-64、图 8-65）

元人朱樉《元宫词》对《十六天魔舞》有过描述："本是河西参佛曲，把来宫苑席前歌。""河西"为黄河之西，"宫苑"则是元大都（北京）的宫廷了。又有清代乾隆写过《过蒙古诸部落》一诗："小儿五岁会骑驼，乳饼为粮乐则那。忽落轻莎翻得意，揶揄学父舞天魔。"可见这一空间并联中国

---

[1] 朱有燉所撰杂剧《惠禅师三度小桃红》的第一折和第四折都提到了天魔舞，内容大致如下：飞仙会中，二圣迷失正道，化身为刘员外和小桃红。惠禅师就让十六天魔舞女表演舞蹈以启示他们，刘员外、小桃红看了舞蹈后，忆起当日往事，恍然大悟，了却尘缘，重返天庭。（参见《惠禅师三度小桃红》，载吴梅编《奢摩他室曲丛》第二集，商务印书馆 1928 年版）在此意义上，也说明《十六天魔舞》为"法舞"而非"淫舞"。
[2] 参见王红梅、杨富学《回鹘文〈吉祥轮律曼陀罗〉所见十六金刚天女研究》，《敦煌研究》2005 年第 2 期；杨富学、王红梅《回鹘文文献所见藏密十六佛母考》，载《安多研究》第一辑，中国藏学出版社 2005 年版。

东西、时间串联历史500年的乐舞不会以其"淫舞"获得如此生命力。21世纪初,内蒙古艺术学院曾以《珠岚舞》剧目企图再现《十六天魔舞》,但由于学术把握不足,呈现的既非"法舞"又非"淫舞",内容与形式上均离原典甚远,最后和许多脱离学术的古典舞一样,没有引起多大反响。

作为第二个必要条件的艺术,包括舞蹈艺术、音乐艺术以及多模态话语媒介系统中的其他艺术。就舞蹈艺术而言,其舞种和范畴的界定是首先需要明确的,中国图像乐舞踪迹的复活,既是为中国古典舞建设尽力,其多元一体的范畴也是今天中国古典舞无法回避的——至少《胡旋舞》《小胡旋》等作品已纳入其剧目库。

"胡"在中国的每个历史时期所指地理范围不同,故胡文化所表示的歌舞艺术也不尽相同。[①] "胡人"这一概念是战国、秦汉时期出现的,主要是中原人对北方和西方游牧民族的统一称呼。"胡舞"也是很早就进入中原,在汉代即盛行于宫廷,步入大传统舞蹈文化殿堂。在汉画舞蹈的深描与重建中,"胡舞"甚至可以自成一类。到了唐代,胡舞就成了风俗。李白《前有一樽酒行》云:"胡姬貌如花,当垆笑春风。笑春风,舞罗衣,君今不醉将安归?"其乐舞的地理范围则常与西域乐舞相互代替。

胡舞中,"胡腾舞"和"胡旋舞"齐名,都是历史上的中国古典舞名舞,文献有记载,图像有踪迹。(图8-66、图8-67、图8-68)图8-67壶腹两面模刻着相同的"胡腾舞":中间舞者高鼻深目,戴尖帽,着窄袖、翻领长衫,腰系宽带,脚蹬长靴,回首摇臂,扭胯提膝,作扭动踢踏舞状,与两边胡人乐伎互动。图8-68来自20世纪40年代法国人路易·艾黎在西安古玩市场收集到的铜舞俑,1980年捐赠给了甘肃山丹县。胡腾铜舞俑高鼻深目,同样戴尖帽,着窄袖、胡靴,他身后背一酒葫芦,一臂高扬,一臂反手叉腰,左腿弯曲,右腿直立于一六瓣莲花中心。1996年,经过国家文物局专家组鉴定,被认定为国家一级文物。

[①] 参见罗希《唐代胡乐入华及审美问题研究》,博士学位论文,西北大学,2012年。

图8-66 西安唐代苏思勖墓室壁画"胡腾舞"　　图8-67 河南安阳出土北齐"胡腾舞黄釉扁壶"　　图8-68 甘肃山丹县博物馆藏"唐代胡腾舞铜人"

图8-69 陕西省歌舞团创作的《唐乐舞·胡腾》　　图8-70 甘肃省山丹县文化馆自编的《胡腾舞》

依据这三幅图像，陕西省歌舞团创作了群舞《唐乐舞·胡腾》（图8-69）；河南博物院华夏古乐团也将其创编为舞台形象；甘肃省山丹县文化馆和当地演艺公司则将其自编为群众性舞蹈，舞者均为汉族，男女不限，并准备申报非遗项目。①（图8-70）如果说前面两者尚未在"腾跃"能指和"醉胡腾"的所指上达到相合的话②，那么最后的《胡腾舞》则是将古典

---

① 参见韩曦彤《甘肃山丹县胡腾舞的传承与保护》，硕士学位论文，西北民族大学，2018年。
② 参见张庆捷《"胡腾舞"的考古资料》，载"首届'一带一路'图像乐舞重建复现研讨会"论文集，2017年。

第八章　深描基础上的重建　　455

舞的建设拉向伪民间舞……如此，许多图像乐舞的重建就显得有些迫不及待、消化不良、支离破碎，甚至误入歧途。

在第二个必要条件中，舞蹈艺术与音乐艺术"乐舞一体"的问题是中国图像乐舞重建所面临的更大困难。在敦煌壁画乐舞研究中，郑汝中将舞蹈和音乐进行过清楚的分类（表8-1、表8-2）。

表8-1 敦煌壁画舞蹈分类表

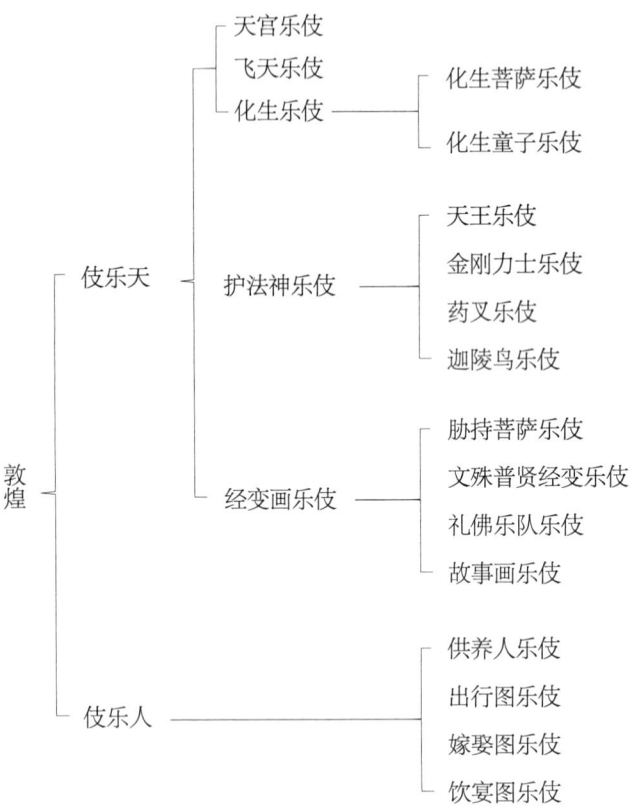

表8-2 敦煌壁画音乐分类

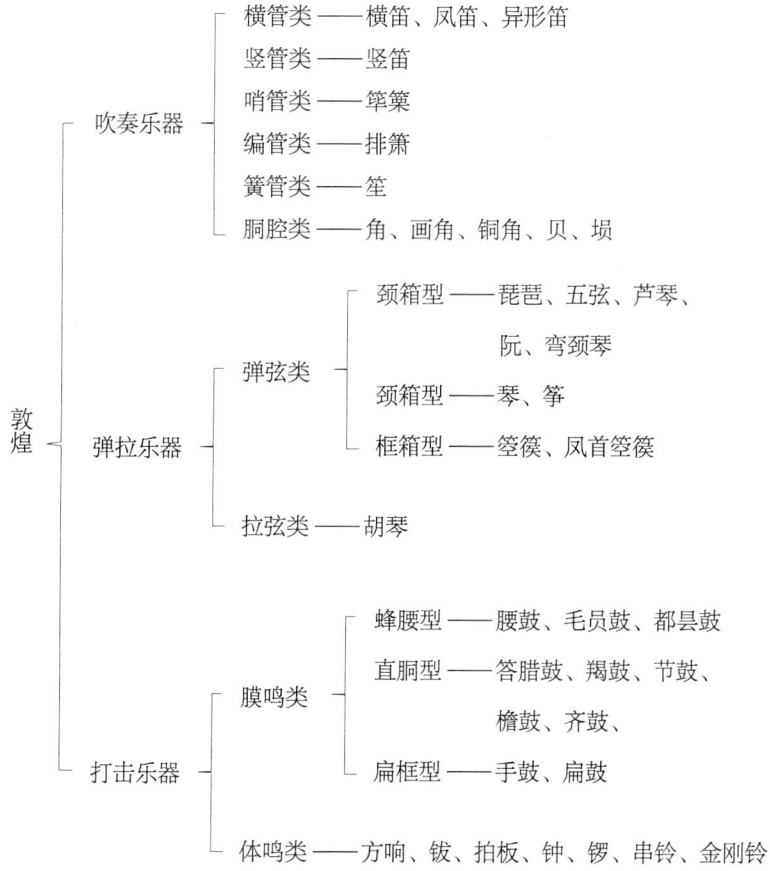

按照中国传统的"乐舞一体"的多模态话语媒介系统构成，按照唐代相关机构中左右教坊的分工合作（左教坊培训"乐"，右教坊培训"舞"），按照丰富的文献与图像所提供的踪迹，按照现实的敦煌舞蹈和敦煌音乐的实绩，敦煌乐舞建设的必要条件是非常充分的。但实际情况却不然，比如药叉乐伎（药叉乐舞）和迦陵鸟乐伎（迦陵频伽乐舞）。"药叉"为梵文的音译，意译为"啖鬼""捷疾鬼""勇健""轻捷"等，是护法神，亦能作乐跳舞娱佛，因而同时有护法和供养功能。在敦煌壁画中，药叉多绘制在

图8-71 敦煌莫高窟第249窟西魏药叉乐伎

壁画的下方或中心柱龛外下方基座的四方,与天宫乐伎上下对称。药叉乐伎身材短粗,双腿弯曲,光腿赤脚,上身赤裸,下身只穿一条短裤,形如侏儒,还有人身兽头的形象出现(当为面具)。他们的舞蹈动作彪悍有力,手位多变,常手持各种乐器,包括弹弦乐器(箜篌、琵琶)、吹奏乐器(长笛、筚篥)和打击乐器(手鼓)。据郑汝中考证,药叉乐舞(图8-71)源于汉代的乐舞百戏[1],与汉画俳优舞相似——无论在形象塑造还是在身体技术上,俳优也能同时击打建鼓、播鼗鼓而舞。

无独有偶,类似汉画羽人舞的迦陵鸟乐伎安身立命的法宝同样如此。迦陵鸟全称"迦陵频伽",是梵文 Kalavinka 的音译,因其声音美妙动听,婉转如歌,故又名"美音鸟"。[2]《正法念经》曰:"山谷旷野,其中多有迦陵频伽,出妙音声,如是美音,若天若人,紧那罗等无能及者,惟除如来音声。"传说妙音鸟歌声美妙,当年释迦牟尼还未成佛之前,在祇园精舍修行,妙音鸟歌舞与共,且演奏《迦陵频曲》;后经释迦牟尼弟子阿难传之,为"林邑八乐"之一。正是因为有这个典故,所以敦煌莫高窟在绘制佛说法及礼佛时都有迦陵频伽绘入其中,计有80余身。[3] 人首鸟身的迦陵

---

[1] 参见郑汝中《敦煌壁画乐舞研究》,甘肃教育出版社2002年版,第94页。
[2] 参见韩兰魁主编《敦煌乐舞研究文集》,文化艺术出版社2014年版,第344页。
[3] 参见王克芬等《佛教与中国舞蹈》,天津人民出版社1995年版,第70页。

图 8-72 敦煌莫高窟第 148 窟唐迦陵鸟乐伎（冯蕾临摹）

鸟还有一身双头的形象，被称为"共命鸟"，头戴菩萨冠或童子冠，身披彩色羽翅，立在莲花或乐池平台上，或徒手，或执巾，或抱乐器演奏（图8-72），展翅歌舞。

易存国在《敦煌艺术美学——以壁画艺术为中心》中曾言："这种乐舞不分的表达形式从整体造型和意义诉求上，实际上直逼人的内模仿本能，听觉以内在节奏的主旋律导引着形式感的情绪积累，将人们视觉感官从表象推向深层，将空间画面拓展为时间的纵深，将客体对象融入主体的世界。这种综合的美感效应正是乐舞不分的本体性特征所决定的，歌、乐、舞、诗之并举是中国文化传统的一个常识。"①但当这种常识应用于实践中时，它们便"劳燕分飞"——音乐的只管演奏，舞蹈的只管跳舞，将乐器只当作道具。这从训练时即被定型，像敦煌古典舞的迦陵频伽训练方式。（图8-73）②

实际上，踪迹复活的第三个必要条件——管理是最重的砝码，它同时制约着学术的"纸上谈兵"和艺术的"兵戎相见"。

按照布迪厄社会阶层区隔和品味区隔理论，古典舞属于精英艺术，具有精微的"合法趣味"③，从古至今均为民族和国家身份表征，故而有强大的文化支持和物质后援。如宋朝的《采莲队舞》、元朝的《十六天魔舞》；又如至今依旧由英国皇室出资维系的英国皇家芭蕾舞团和由国家支持体系支撑的高棉古典舞。

---

① 易存国：《敦煌艺术美学——以壁画艺术为中心》，上海人民出版社2013年版，第302页。
② 参见冯光《敦煌莫高窟乐舞形象研究——以护法神乐伎为例》，硕士学位论文，西北民族大学，2018年。
③ ［法］皮埃尔·布尔迪厄：《区分：判断力的社会批判》（上册），刘晖译，商务印书馆2015年版，第442—462页。

| 第八章 深描基础上的重建 | 459

图8-73 西北民族大学舞蹈学院迦陵频伽乐伎琵琶舞姿训练（冯光提供）

中华人民共和国成立后，中国古典舞的管理同样不例外。1956年，中国科学院哲学社会科学部召开了十二年的发展规划会议，会议上制定了舞蹈的十二年规划，从一组非常具有说服力的数据可以看到它与"五四"时期截然不同的对待传统舞蹈文化的态度："以百分之五十的比重，研究古代舞蹈，百分之三十的比重进行资本主义社会的舞蹈研究，仅以百分之二十进行社会主义的舞蹈研究。"①按我们今天的舞种划分，即中国古典舞占50%，西方芭蕾舞、国标舞、现代舞等占30%，现实主义题材的当代舞占20%。正是因为有了这一支持，吴晓邦及其"天马工作室"对古代舞蹈的追求才能转化为实践的操作：1956年，他去苏州拍摄了道家乐舞的全部资料；1957年，再次于曲阜拍摄了"六佾舞"与完整的祭孔仪式；1959年，"古曲新舞"的《青鸾曲》《十面埋伏》《阳春白雪》《春江花月》《梅花操》《平沙落雁》剧目创作完成……"我想久而久之，这项研究工作会取得成绩，一种区别于戏曲舞蹈、芭蕾舞、现代舞的'新古典舞'会有前途的。"②但很快，管理体系发生了偏差，因为古代舞蹈与"封建主义"牵连，吴晓邦被批判，"天马工作室"被解散……20世纪80年代的改革开放和新世纪

---

① 吴晓邦：《吴晓邦舞蹈文集》第一卷，中国文联出版社2007年版，第123页。
② 吴晓邦：《吴晓邦舞蹈文集》第一卷，中国文联出版社2007年版，第170页。

的民族复兴,从政治管理到文化政治管理为中国图像乐舞的踪迹复活提供了一个开放的平台,特别是"考古"与"让博物馆里的文物活起来"问题的提出,直接关涉艺术管理层面。

改革开放后,敦煌古典舞、汉唐古典舞应运而生,闯进了古典舞建制派;一批仿古乐舞引领起踪迹复活的热潮。民族复兴的纵深背景使踪迹的复活更加广泛和深入,并且按照"踪迹学"的方法论寻求不同的图像乐舞元模式,如从汉画舞蹈到龟兹壁画舞蹈。从艺术管理的角度讲,比之敦煌舞和汉唐舞,重建的龟兹舞蹈规模很小,其支持体系只是新疆艺术学院舞蹈系硕士研究生与导师群体,以及2013年国家艺术基金的资助。①

新疆地区的龟兹是中国、印度、希腊、伊斯兰四种文化的交汇之地(季羡林),独特的龟兹文化集中体现在3—9世纪的龟兹石窟中(库车的库木吐喇、森木塞姆、克孜尔尕哈和拜城的克孜尔、台台尔等石窟),其中的乐舞图像资源丰富多彩,包括供养人舞(图8-74)和伎乐天舞(图8-75)。

龟兹乐舞萌发于西汉,发展于魏晋南北朝,兴盛于隋唐,至宋元间逐渐衰落。史载,上起北周、隋朝,下至唐开元、天宝之际,龟兹乐舞地位超群。《新唐书·礼乐志》谓:"周、隋管弦杂曲数百,皆西凉乐也。鼓舞曲,皆龟兹乐也。"至开元时,唐玄宗"又分乐为二部:堂下立奏,谓之立部伎;堂上坐奏,谓之坐部伎"。立部伎有安舞、大平乐、破阵乐、庆善乐、大定乐、上元乐、圣寿乐、光圣乐八种。"安舞、太平乐,周、隋遗音也。破阵乐以下皆用大鼓,杂以龟兹乐,其声震厉。"可知立部伎8种有6种"杂以龟兹乐"。坐部伎有燕乐、长寿乐、天授乐、鸟歌万岁乐、龙池乐、小破阵乐6种。"自长寿乐以下,用龟兹舞,唯龙池乐则否。"可知坐部伎6种中有4种用龟兹乐。总共立、坐两部伎14种,有10种用龟兹

---

① 情况与汉画舞蹈实验演出相似。详见第一章第三节"二、实验过程"。

图8-74 新疆克孜尔石窟第189窟供养人舞图

图8-75 新疆克孜尔石窟第69窟伎乐天舞图

乐。① 也就是说，如果我们建设唐代古典舞，龟兹舞是回避不开的，就像回避不开唐代长安墓葬壁画中的宫廷图像舞蹈一样。

龟兹壁画中的"本生故事图""因缘故事图""佛教故事图""说法图""经变图"等图像内容，给龟兹乐舞提供了明确的身体语义。在语形上，龟兹乐舞音律悦耳，舞姿优美，"皆初声颇复闲缓，度曲转急躁……或踊或跃，乍动乍息，跷脚弹指，撼头弄目，情发于中，不能自止"②。这些文献记载与保留至今的龟兹壁画乐舞互为印证，如图8-74中的"撼头弄目"、图8-75中的"跷脚弹指"。当然，还有龟兹舞蹈标识之一的旋转舞姿，它在龟兹壁画中有大量的表现。《妙法莲华经·劝发品》有"旋陀罗尼"说："旋"是旋转之意，通过旋转而转化。在佛舞之中，人通过身体旋

---

① （宋）欧阳修、宋祁：《新唐书》，中华书局1975年版，第474—475页。
② （唐）杜佑：《通典·乐二》，中华书局1988年版，第3615页。

图8-76 新疆库木吐拉石窟新2窟顶部伎乐舞图　　图8-77 新疆克孜尔石窟第77窟"旋转巾舞图"

转思考和感悟，转化内心的苦，达到六根清净的境界，此为"胡旋舞"的动机说之一。表现在龟兹舞上，其旋舞还在于舞伎头顶的圆形光环、脚下的半足尖、身上悬挂的彩带和手上变化多端的姿势及手印（图8-76）——当然，还有半裸体和裸体的特征。这些标识在重建时要注意到古今风俗之差异，像高棉古典舞重建时对于裸体的回避。翦伯赞认为："裸体舞，是生活于较原始的历史阶段之歌舞的形式，在中原地区亦曾存在过，但随着历史的进展早已消灭了……此种不合封建礼数的裸体歌舞，决不会在本土再生长出来，因而，确切地证明，这是一种外来的歌舞形式。"① 此时，"跳什么舞"就进入"如何跳舞"的身体技术构成阶段，这是图像乐舞重建中最重要最艰辛的阶段，舍此无以踏入艺术舞蹈殿堂。

克孜尔千佛洞东区4世纪大象窟第77窟有"旋转巾舞图"（图8-77）。舞伎为男性，肤色白，发髻总起，五官棱角分明，为高加索人特征。耳有坠，脖有环，上身敞胸披巾，腰系带，腿着灯笼松石绿裤，双脚赤足。他左腿为主力腿，膝盖稍弯，左脚半脚掌踏地外开，右腿小腿外开搭于左膝，右脚自然放松，双手腕各戴三环，左手高举持巾，右手持巾另一端，

---

① 转引自刘云辉《简论两汉时期的裸体画像和裸体雕塑》，《文博》1990年第3期。

图8-78 龟兹舞持巾跨腿转试验（平萍提供）　　图8-79 汉唐古典舞训练中的"半月""斜塔"舞姿（牛锡桐提供）

长巾处于抛物线状态，身上披巾随之飘动，故舞者当在半足尖支点上的旋转动作之中。在图像的动作分析基础上，就需要通过人体试验对其动作进行重建：头微抬，双手执巾，左腿立，经右旁腿做逆时针方向的旋转。转动时，人体处于匀速运动状态，产生气流，由于巾的重量小于风的阻力，故滞留在空中呈稳定的抛物线形状，由此形成龟兹舞单脚跨腿转。（图8-78）① 此外，还有双脚转旋转舞姿。类似的训练和剧目表演都能在重建的龟兹乐舞中见到，以实践形态完成研究者与研究对象动态交互的"主体间性"（胡塞尔）。需要说明的是，和汉画舞蹈等后来的图像乐舞踪迹复活一样，龟兹乐舞无论在训练上还是在表演上都还处于零散化状态，其主要原因就在于管理的砝码。

汉唐古典舞的这只砝码大于龟兹舞蹈，所以它形成了汉唐古典舞训练体系、《寻根述祖》的作品系列和《铜雀伎》舞剧（舞剧的复排投入1200万

---

① 参见平萍《龟兹石窟中的旋转舞姿——质点动力学的分析与讨论》，硕士学位论文，新疆艺术学院，2017年。

元,且有北京舞蹈学院的专业教室、专门排练时间和汉唐古典舞专门的演员)。与管理的必要条件相呼应,汉唐古典舞的学术与艺术追求和实绩保持三角稳定性,投入与支出基本持平,为中国古典舞的建设做出了开创性的贡献——"综合创造"类型的踪迹复活。

具体而言,汉唐古典舞的内核是汉画舞蹈,这特别体现在风格呈现上。"如何跳舞"是继"凭什么跳舞"和"跳什么舞"的第三次发力。佛经中有"不要把指向月亮之手当作月亮"的隐喻,告诫我们舞蹈的研究只有形成身体艺术方可体现,而且这些艺术必须是一种整体风格的技术系统,而非东拼西凑。汉唐古典舞以"跳什么舞"的道家风范为先,从《踏歌》到《相和歌》,但其依凭则是在汉画舞蹈风格的身体技术构成上。孙颖也是以汉画为切入点,取其"失重"的"半月"与"斜塔"舞姿(图8-79),激发舞姿的"动势—动势的延续—下一动作的发生"。这之中首先是舞姿确认:对舞姿进行性质分析,确认它是动态还是静态——动态舞姿为流动、连接过程中的瞬间定格或失重态势,静态舞姿是相对静止的舞姿状态。其次是动作连接:这一动作通过一个什么样的形态过渡到下一动作,即连接舞姿的各种可能性,并要求风格统一。再次是过渡方式认定,如急速过渡、缓慢过渡、强接、直接转换等。此外,还有舞姿出现的节奏型和发力方式,如轻重、断连、重复发力等。例如汉画中"翘袖折腰"舞姿由静而动的变化。

由甘肃省艺术学校、北京舞蹈学院、西北民族大学等院校建立的敦煌古典舞训练系统建立在1978年敦煌歌舞剧院表演的舞剧《丝路花雨》之后。此前的1977年夏,文化部文学艺术研究所音乐舞蹈研究室组成五人考察组(董锡玖、刘恩伯、吴曼英、李才秀、陆文鉴)对敦煌壁画舞蹈进行了考察和临摹。任务完成后在向甘肃省委汇报时,他们提出了希望搞一个丝绸之路的舞蹈作品。在甘肃省委宣传部的支持下,甘肃省歌舞剧团开始了创作。此后,高金荣又以兰州市艺术学校为基地进行教材建设……如此,敦煌古典舞建设的学术队伍和艺术队伍又远远优越于孙颖的单兵作

图8-80　敦煌莫高窟第197窟中唐"飞舞迦陵频伽"　　图8-81　敦煌莫高窟第156窟晚唐"执巾而舞的迦陵频伽"
（冯蕾临摹）

战。但由于宏观与微观的管理尚存在疏漏，所以敦煌古典舞至今仍未形成流派。[①] 微观上看，它的乐舞分离我们已经谈过了，还没有谈过伎乐人舞的缺位、伎乐天舞形象及徒手舞与道具舞分类的粗放等，比如迦陵频伽形象的"徒手飞舞"和"长巾（或长绸）道具舞"。（图8-80、图8-81）

如此，敦煌古典舞中的迦陵鸟乐伎就不能与药叉乐伎和金刚力士乐伎共同构成丰满的护法神乐伎，从而与飞天乐伎等平行站位。此外，从宏观的管理视野看，我们的迦陵鸟乐伎无法从日本雅乐保存的迦陵频伽中脱离出来，以超越性的重建而成为独特的世界艺术经典。

---

① 参见刘建《在世界坐标与多元方法中——中国古典舞界说》第六章"风格与流派"，民族出版社2020年版。

结语：
走向经典

当我们从羽人舞说开，说到汉画舞蹈、汉代舞蹈、中国古代图像乐舞，说到高棉古典舞、世界古典舞时，其实是想为今天的中国古典舞探索一条路径，使其能以经典的方式建立起自己的表演与训练体系，让中国乃至世界认知它的思想与艺术价值。

"经典"一词古已有之，汉代许慎《说文解字》云："经，织也"，指纺织的纵向纹路，《文心雕龙·宗经第三》将"经"引申为亘古不变的根本道理，不可改变的伟大教导："'经'也者，恒久之至道，不刊之鸿教也。"① 如《诗》《书》《礼》《易》《春秋》五经或佛教、道教经典，它们是不会被时间打败的。"典"的本意为常道、法则。《尔雅·释诂》中说："典，常也。"在英语中，canon 中表示"规范""规则"，被视为典范的或传统的东西。2003年，诺贝尔文学奖获得者库切在《何为经典——一个经典演讲》中以为艺术经典是经历了野蛮攻击而得以劫后余生的幸存者，幸存是因为数代人不愿放开紧握住它的手、忍眼看它就此流逝，以至于无论付出何种代价

---

① （南朝梁）刘勰著，王运熙、周锋译注：《文心雕龙译注》，上海古籍出版社2016年版，第17页。

都愿一直将它保留着——这即真正意义上之经典。①在历经改革开放之后，今天的民族复兴给予了真正经典意义上的中国古典舞重拾自己的机遇，让我们可以"紧握住它的手"而使它再生。如此，问题就来到终点——中国古典舞的经典化过程，汉画舞蹈的深描与重建多少透露了这一过程的轨迹。

"深描"是格尔茨在《文化的解释》中提出的概念，指民族志描写不仅限于现象，更要深入描绘当地人的思维方式和文化观念。转用到大传统文化身体审美现象中的思想方式和文化观念时，就是用深描求真与存真，这对于几近"流产与断种"（鲁迅）的中国古典舞而言尤为重要。和所有的舞蹈一样，古典舞的本质是实践的，是身体在社会历史"场域"与"惯习"的相互作用下展开的（布迪厄）；但它更强调历史，强调历史之镜中祖先的身体。因此，其深描必须借助于考古学、历史学、文献学、图像学、语言学、美学等多种视角才能接近真相，这是中国古典舞经典化过程的第一步，尤其是在面临缺位之际。"重建"是这样的一种必要性："在固定的、不可追问的准则或传统与可以'商讨'（可以进行论证性或象征性加工）的准则或传统之间找到一种平衡，而这种平衡是不断需要重新加以实现的。"②即我们所说的，按照历史的本真性使踪迹尚在的中国古典舞重新在场。今天，当中国古代经典已经从以历史文化重建为中心逐渐向社会功能重建为中心时③，中国古典舞更加需要这种转型，从历史文化的深描走向社会现实的重建。

深描与重建是思想与身体的知识共建。人类知识的获得不是研究者的思想劳动或实践者的身体劳动各自的成果，而是他们合谋互动产生出来的。具体到中国古典舞，它也应该是由"教学中心""演员中心""编导中

---

① 参见[南非]J.M.库切《何为经典——一个经典演讲》，吴可译，《外国文艺》2007年第2期。
② [德]沃尔夫冈·卡舒巴:《话语分析：知识结构与论证方式》，包汉毅译，《文化遗产》2018年第3期。
③ 参见孙庆伟《鼏宅禹迹：夏代信使的考古学重建》，生活·读书·新知三联书店2018年版。

心"走向与"学术中心"的共建，借以恢复古典准则，使失落的传统找到当代平衡。这其中，汉画舞蹈的深描与重建只是中国古典舞经典化之路的一个组成部分——尽管它距离经典还很远。

从中国传统文化多元一体的经典表达来看，中国古典舞远未达到巴赫金所说的多个"宇宙相对中心"①。由于自身的不成熟，现存所谓的"中国古典舞"尚无法展开五光十色的中国古典舞经典的条条大路，在所谓"当代语境"中呈现出"主体的屈服状态"②——屈服于芭蕾舞、现代舞乃至流行舞，成为一种失去主体性的通过痛苦反噬来续命的拼贴艺术，从而也失去了面对现实的功能，以致畏惧在成百上千的"中国舞剧"前面标明"中国古典舞"的属性。就像缺失了药叉乐伎和迦陵频伽乐伎的《大梦敦煌》，只能以罗密欧和朱丽叶式的"土芭蕾"技术来维持，似乎中国古典舞只能在梦中，而非世界舞蹈艺术史的一个分支。

事实上，中国古典舞在时间上是切实存在的，这一事物"占有"时间而存在于时间中，"经历"时间而存在于时间中③，至今还以二维和三维的图像存在于我们的视野中，可以以"家族相似"的继承、演化、迁移、重建、复现等方式超越历史而到达今天。但它们不会自动到来，它们必须依凭规则，假之以行动，进行社会力量的努力，继而才能达到目标。用马克思的话讲："人们自己创造自己的历史，但是他们并不是随心所欲地创造，并不是在他们自己选定的条件下创造，而是在直接碰到的、既定的、从过去继承下来的条件下创造。"④ 中国古典舞的经典也只能来源于此。

今天，民族复兴实际上是在中国走向世界时的呼唤，也是中国古典舞需要与世界古典舞对话的语境。问题的提出是政治性的，但解决问题的途

---

① ［俄］巴赫金著，钱中文主编：《巴赫金全集》第6卷，李兆林、夏忠宪等译，河北教育出版社1998年版，第12页。
② ［法］米歇尔·福柯著，汪民安编：《什么是批判：福柯文选》Ⅱ，北京大学出版社2016年版，第169页。
③ 参见［美］麦克尔·路克斯《当代形而上学导论》，朱新民译，复旦大学出版社2008年版。
④ 转引自李立纲编纂《马克思恩格斯人类学编年史》，云南民族出版社2009年版，第209页。

径却是艺术性的。也就是说，今天中国古典舞的经典之路，已经不能刻舟求剑地封闭在特殊的空间中，它需要社会结构的力量和个人行动的力量相结合，使每个人都要面对自己的行动所造成的后果，承担行动的重量，从而发掘出被埋葬已久的一个又一个历史的微声，建立起中国古典舞的公共空间，并且以活的形态融入世界古典舞的公共空间中。

可以设想，以星布在中国大地上的图像乐舞为焦点，重建的图像乐舞可以使中国古典舞逐步走向名副其实的"古典"，从而建立中国"第二个乐舞时代"。这一设想类似于张振涛关于考古音乐学的"第二个青铜时代"的说法：

> 一九九九年，香港中文大学音乐系在湖北定制了曾侯乙式三十六件一套的编钟……组装完毕，扑打衣裳，执锤敲击，声满堂壁。看着满屋子同学心旌摇荡的样子，我突然冒了一句："这是第二个青铜时代。"
>
> "安装"引发的后续效应，也令我吃惊。香港中文大学音乐系与香港大学音乐系，一直暗中较劲……香港大学的一位男生，身穿红格子英格兰短裙，怀抱绛紫竹管的苏格兰风笛，边走边吹，绕场一周。那股必欲夺冠的逼人劲头儿，让人觉得这不是学术讲演而是演艺大比拼。"风前横笛斜吹雨"，作秀"亚历山大"……轮到我发言，为了造势，我也不先走上讲台，而是站到了编钟前，敲了一阕国风十足的《孟姜女》。苏汉涛敲下层低音组，击打重音；我敲中层组，演奏旋律。钟声叩响，如鼓风涛，双锤振壁，一举滔天。
>
> 接下来我介绍一钟双音，系主任陈永华，亲自上台执钟。我秉锤敲击，正鼓部、侧鼓部，两个相距三度的音，一一跳出。那时，香港大部分师生（特别是外籍教师）从未见过编钟，更甭说现场聆听。只知一钟一音的老外，如同当年刚刚发现先秦伟大创造的中国音乐家一样，个个被"中国阵势"惊得目瞪口呆。有位外籍教师，甚至跑到台上，从

里到外，翻看编钟，想查个底儿掉……"成排的编钟"把"孤独的风笛"压下去了……托尔斯泰说："伟大的社会有着强大的内部力量。他们拥有足够的生命力，能够从最惨重的失败中站立起来。"中国音乐家绕了个大弯子，再次折回，从这套乐器上，既看到了自己的过去，也看到了自己的未来。[1]

这里所说的"中国音乐家"，其实是指操作黄钟大吕、钟磬乐悬而发出金石之声的中国古典音乐家，更确切地说是先秦两汉的音乐家。正是站在遍布中国大地成百上千套出土的编钟之焦点上，中国古典音乐家努力地"使乐悬成为国家形象的代言体之一"。作为视听一体的代言体，中国传统乐舞则应该在民族复兴当中参与国际的乐舞比拼——不只是中西，而且是中外，诸如与高棉古典舞。这不仅在于舞蹈考古学、图像学、文献学已经为我们进行了学术铺垫，也不仅在于音乐考古学已经为我们进行了身体符号律动的铺垫[2]，更在于许多立志于中国古典舞的建设者已经走在中国图像乐舞重建的路上。

在这个意义上，深描是身在其外的冷静的观察与思考，用文献与图像"小心求证"；重建则是身在其内的热情的体验与操作，包括从创作到训练。两者是内生性的结晶体，直奔鲜活的舞蹈。用人类学者兼小说家高希的话来讲，就是"成为水中的鱼远比站在岸边观察更有趣"[3]。太阳每天都是新的，但太阳还是那个太阳，这就是经典；而迎着阳光前行的过程，就是走向经典。

---

[1] 张振涛：《第二个青铜时代》，《读书》2020年第6期。
[2] 参见马圆瑞《音乐的符号转换与意义生成——论埃罗·塔拉斯蒂音乐符号学理论的内涵与视角》，《中国文艺评论》2020年第4期。
[3] 转引自徐蕾《〈罂粟海〉：跨界的文学想象》，《读书》2020年第6期。

结语：走向经典 | 471

后　记

　　能够成为"汉学大系"的一员，是一个莫大的荣幸。它使汉家天下四百多年的图像舞蹈有了一个更大更高的平台——无论是学术上"左图右书"的深描还是艺术上四维空间的重建，都能同时得到这两个领域的专家学者的斧正。平心静气地讲，这本专著与其说对当下的中国古典舞表示遗憾，不如说是在真诚地寻找一种身体知识以及它的重建所带来的结果，这是中国舞蹈界内外许多人所关心的。于此之中，首先要感谢朱存明教授，在2020年12月12日的"汉代乐舞研究与复原实践"学术会议上，他真诚地邀约此书入列，让一本舞蹈书跳出井底而游向大河。

　　汉画舞蹈于今日能成为活蹦乱跳的鱼儿，还应该感谢朱青生和汉画界的专家学者。2016年11月11日，当我带着我的研究生惴惴不安地踏进北京大学汉画研究所请教时，朱青生热情地接待了我们，给予学术上与艺术上的肯定，并两次带领其团队现场观看和指导。由此，汉画实验舞蹈才在汉画界"近乎挑剔的注视下"（朱青生）蹒跚长大——作为身体历史文化与审美的确认，汉画界自有发言权。

　　舞蹈是活的，要编创，要表演。因此，我们同时应该感谢参与到汉画舞蹈复活"混成旅"作战的朋友们。从21世纪初到今天，他们都是以研究生或志愿者的身份投入这至今还被冷眼的身体母语建设活动中——牛锡桐、帅晓军、刘佳、刘婷、任语迟、李贝、沈阳、张杏、张昂、李广森、宋雪瑞、孟雪、郑晨、郑琪、郑靖潇、姚远、胡景博、高众、黄兰雅、黄婉蓄，还有许多参与编创、教学与表演的舞者。

　　需要感谢的还有陈小憕和本书的编辑董良敏，没有他们对近500张图片和30余万字的筛选与校对，此书难以"图文并茂"呈现于世。换言之，正是因为图文俱在，无论是汉画界还是舞蹈界，也都有了"横挑鼻子竖挑眼"的证据。当然，我们共同的目的，都是以此作为一块垫脚石，使经由"考古"而进入博物馆的中国古代舞蹈以一种元模式"活起来"，为中国古典舞蓄力，力争早日参与到世界古典舞之林。

　　本书为北京舞蹈学院民族舞蹈文化研究基地"中国舞蹈学科理论体系项目"子项目"民族舞蹈身体语言学深描"（项目编号：RCMDXM20190022）成果之一，亦为广东省普通高校特色创新类项目"西汉南越王府图像乐舞重建研究"（项目编号：2018WTSCX128）、深圳大学青年启动项目"基于拉班动作分析理论的汉代图像乐舞重建研究"成果之一。

　　最后要感谢的是，为本书写推荐词的汉画界与舞蹈界的专家学者，他们的褒奖使我们汗颜。就实践理论的序列而言，《在世界坐标与多元方法中——中国古典舞界说》一书是提出问题和分析问题的起始；这本《翘袖折腰——汉画舞蹈的深描与重建》是解决问题的初探；此后，还将有《重建立场上的汉画舞蹈分类》专著问世，它将一心投入汉画舞蹈的建设中，借以回馈所有对汉画舞蹈重新在场的支持者。

作者
2021年7月26日于北京舞蹈学院